Jean-Marc CARA

Le concert des nations

Le tour du monde en 198 hymnes

EDIT1IONS

Maquette :
conception et réalisation Sylvie Nguyên

ISBN 2-84612-166-4
N° d'édition : 13795/01
Dépôt légal : novembre 2004
N° d'impression : L94704

Imprimé et relié, en octobre 2004,
par l'imprimerie Pollina à Luçon

Imprimé en France

SOMMAIRE

Avant-propos

■ Le 28 novembre 2003 à la Rod Laver Arena de Melbourne, quatorze mille spectateurs s'apprêtent à assister au premier match de la finale de la coupe Davis de tennis qui oppose l'Australie à l'Espagne. Avant que ne débute la rencontre, les équipes sont présentées puis, comme le veut la tradition, le public se lève pour écouter les hymnes nationaux. Mais dès les premières notes de l'hymne espagnol, les sifflets fusent, entraîneurs et joueurs ibériques se jettent des regards perplexes et, dans la tribune officielle, le ministre espagnol des Sports, Juan Antonio Gómez Angulo, bondit en hurlant sa colère contre cette « offense subie par la délégation et la nation espagnoles ».
Que se passe-t-il donc ? Les cérémonies protocolaires sont d'ordinaire plus propices au recueillement et à l'émotion qu'à de tels coups d'éclat ! La scène est pour le moins inhabituelle et surprend les organisateurs. Elle est fort simple bien qu'assez gênante : les Australiens se sont tout bonnement trompés ! Au lieu de jouer la *Marcha real,* hymne royal espagnol, officiellement reconnu depuis le XVIIIe siècle, c'est l'*Hymne de Riego*, marche républicaine notoirement antimonarchique, qui a été entonné.

Cet impair pourrait prêter à sourire, mais la « gaffe » du pays hôte devient vite un véritable incident diplomatique ! Le ministre espagnol exige illico des excuses officielles et charge l'ambassadeur d'Espagne en Australie de demander des explications au gouvernement de Canberra...
Les malheureux Australiens ont confondu les deux mélodies, enregistrées sur un CD compilant de nombreux hymnes mondiaux passés et présents. L'affaire en restera finalement là et les excuses officielles seront acceptées.

Pour beaucoup, cet incident, dont les images ont fait le tour du monde, reste anecdotique. Peut-être. Mais cela démontre à quel point les peuples, les nations, les politiques et les diplomates peuvent se montrer sourcilleux dès qu'il s'agit de leur hymne national. Dans le stade de Melbourne, il ne s'agissait alors que du préambule d'un match de tennis entre deux pays amis et alliés... En d'autres temps et en d'autres lieux, pour bien moins que cela, l'incident se serait réglé à coups de canon !

■ De toute évidence, il est difficile, voire impossible, de toucher aux hymnes, protégés, comme les drapeaux d'ailleurs, tels de véritables trésors nationaux. Leur manquer de respect, même involontairement, même avec humour, est souvent passible de lourdes amendes, quand ce ne sont pas purement et simplement des peines de prison qui guettent le contrevenant...
Certes, la question des hymnes et de leur utilité revient épisodiquement, ici ou là, et provoque quelques débats parfois enflammés, mais qui sont toujours, finalement, de courte durée.
De par le monde, il faut bien le reconnaître, nombreux sont ceux qui tiennent par-dessus tout à leur hymne national, qui l'apprécient et ressentent une véritable émotion dès qu'il est

joué. Loin d'être ces nationalistes un peu bornés que leurs détracteurs se plaisent parfois à décrire, ils se montrent de fervents patriotes ou nostalgiques d'une grandeur passée. Il y a aussi ces ardents supporters de l'équipe nationale qui se drapent dans ses couleurs et entonnent les hymnes à l'unisson avec leurs compatriotes. Le plus souvent pourtant, ce sont de simples citoyens amoureux de leur pays et fidèles aux symboles qui le représentent. Ils refusent un éventuel déclin de leur hymne national et aimeraient lui conserver une place de choix dans la société, afin qu'il demeure respecté et aimé de tous, appris et chanté dans les écoles.

À l'inverse, une minorité s'affirme allergique aux patries, aux drapeaux, aux frontières et en général à tout ce qui symbolise les États et les nations. Ces citoyens du monde appellent de leurs vœux l'oubli définitif de ce qu'ils considèrent comme autant de ferments de discorde, des symboles qu'ils jugent le plus souvent archaïques, dangereux même. Mais que l'on aime passionnément ou que l'on rejette vigoureusement cette « musique qui marche au pas », comme le chantait Georges Brassens, nul ne peut nier que les hymnes nationaux appartiennent depuis deux siècles à notre environnement. Ils ne laissent certainement personne indifférent !

Hymnes et nations

Le pouvoir des chants

Il est des traditions auxquelles on ne peut guère échapper. Comment, par exemple, concevoir une compétition sportive internationale sans le spectacle de ces joueurs saisis par l'émotion en écoutant leurs hymnes nationaux, fredonnant parfois maladroitement ces paroles apprises sur les bancs de l'école, le regard humide perdu vers l'horizon et la main sur le cœur ?

À l'issue des épreuves, juchés sur le podium, combien de ces athlètes ne peuvent retenir leurs larmes quand retentit dans le stade, devant un public debout, la musique la plus sacrée de leur pays ? Sont-ils alors les seuls ? N'y a-t-il pas pour s'émouvoir avec eux une famille, des amis, un pays entier ?

Bouleversé par le drapeau qui monte au mât et par l'hymne solennel qui résonne, qui oserait affirmer ne jamais avoir frissonné d'émotion ? Avoir été surpris par la chair de poule et un pouls accéléré ? C'est bien souvent ainsi que l'on réagit aux hymnes !

Manifestation d'un patriotisme enfantin ? Réflexe de foule ? Ferveur nationaliste ? Peut-être un peu de tout cela ! Véritables chants de dévotion à la nation, les hymnes ont, à n'en pas douter, un caractère profondément religieux, à mi-chemin entre la prière et l'action de grâces.

Reconnaissons que, parfois, au cours de ces dernières années, nous avons eu droit au poing levé, à l'indiscipline, à l'hilarité, à une certaine dose d'indifférence ou au pis à quelques sifflets largement médiatisés. Mais cela est finalement si rare. Les hymnes nationaux remuent la plupart d'entre nous jusqu'au plus profond de nos êtres. Et n'est-ce pas le secret de leur « efficacité » ?

Pendant la Seconde Guerre mondiale, au terme d'une démarche parfaitement calculée, la BBC ne diffusait-elle pas chaque semaine à travers toute l'Europe occupée les hymnes français, belge, néerlandais, danois, norvégien et tant d'autres ? Redonnant ainsi – et bien plus que de nombreux discours – force et courage aux millions d'hommes et de femmes qui les écoutaient en silence, le soir, regroupés autour du poste de TSF. Au péril de leur vie...

■ Enjoués ou graves, les hymnes nationaux exaltent ou font sourire. Ils émeuvent ou donnent de l'ardeur au combat. Mais il n'est pas un État qui puisse imaginer en faire l'économie.

Lorsqu'un jeune pays accède à l'indépendance et demande son admission dans le concert des nations, il n'oublierait pour rien au monde trois éléments essentiels : un drapeau, des armoiries et, bien entendu, un hymne national. Petit ou grand, puissant ou faible, démocratique ou non, pacifique ou belliqueux, chaque État du monde possède aujourd'hui son hymne. Y compris ceux qui n'ont pas encore de reconnaissance officielle. Indispensable symbole, presque initiatique, ce chant permet d'être reconnu en tant que nation souveraine, aussi bien d'ailleurs par le reste du monde que par ses propres citoyens.

La plupart d'entre eux sont nés au fil des conflits, des révolutions ou des luttes pour les indépendances. Bien souvent, avant qu'ils n'en viennent à représenter une nation, ils n'étaient que des chants de guerre, des antiennes révolutionnaires ou des dithyrambes au souverain. Leur origine est souvent modeste, et, dans bien des cas, ils ont été griffonnés par d'humbles poètes anonymes devenus malgré eux des héros de la nation.
Ainsi, les hymnes tels que nous les entendons aujourd'hui dans les stades ou lors des diverses commémorations sont une invention tout à fait récente.

Cependant, prêtres et guerriers de l'Antiquité connaissaient et maîtrisaient parfaitement l'extraordinaire pouvoir de la musique et des chants. Un pouvoir quasi politique, décrit par Platon quatre siècles avant Jésus-Christ.
Dans le troisième livre de sa *République*, le philosophe grec décrit la cité idéale au cœur de laquelle politique et morale sont intimement liées et cohabitent en toute harmonie. Au sein de cette société, la musique est un outil : « Plus puissant que tout autre, affirme le disciple de Socrate, parce que le rythme et l'harmonie ont leur siège dans l'âme. Elle enrichit cette dernière, lui confère la grâce et l'illumine. »
Pour Platon, parce qu'ils donnent force et courage, la musique et le chant amènent l'homme à se surpasser, à accomplir les actes les plus grands et les plus nobles. Mais ils peuvent aussi le tirer vers le côté le plus sombre de lui-même et le confiner à la bestialité. Le philosophe préconise donc de mettre la musique et les chants au seul service des valeurs nobles qui enrichissent et élèvent l'homme, non de celles qui l'avilissent ou l'affaiblissent. Car cette musique-là, subversive et négative pour l'individu et la cité, peut amener le chaos et l'immoralité.

Comment ne pas penser à la manière dont les chants et la musique ont été utilisés dans la plupart des liturgies totalitaires ? Par exemple, lors des grandes cérémonies nazies de Nuremberg dans les années trente. Le pouvoir de la musique, et plus particulièrement des chants, sur le comportement humain n'est plus à démontrer.
Outre la musicothérapie, qui tend à devenir une science à part entière, chacun sait intuitivement qu'une musique douce diminue l'agressivité ambiante ; que les mélodies soigneusement choisies en fond sonore dans les supermarchés influent sur le comportement de la clientèle.

Les chants manipulent les émotions humaines en développant chez ceux qui les reprennent une cohésion souvent indispensable. Cela est vrai dans bien des cas, des ballades de feux de camp aux chorales des églises ou des monastères, des rondes de notre enfance aux hymnes nationaux entonnés dans les stades. Sans oublier, bien entendu, les chants militaires et guerriers, comme *La Marseillaise* entonnée par les soldats de l'an II à Valmy ou par les poilus de Verdun...

Les origines

Pourquoi donc symboliser une nation par des musiques, des chants ou des chœurs ? Les autres symboles (drapeaux, armoiries) ne suffisent-ils pas ?
La place prépondérante que la musique, et plus particulièrement les chants, occupe dans l'histoire de l'humanité dès qu'il s'agit d'affirmer une idée ou d'imposer un pouvoir, spirituel ou temporel, prouve que non. Supports d'un message religieux ou politique, simples à retenir et faciles à chanter, les hymnes possèdent l'immense avantage de rassembler.
Pour comprendre la genèse de nos hymnes, il

faut certainement remonter à ces chants interprétés par les prêtres et les guerriers de l'Antiquité pour prier ou marcher au combat. Liturgie chantée qui concrétise l'appartenance à un groupe et affirme puissamment l'engagement et la détermination de chacun.

■ Au commencement, les hymnes sont des chants à la gloire des divinités. L'un des premiers textes sacrés à l'origine de l'hindouisme, le *Rigveda*, est ainsi un recueil de plus de mille *rig* (« hymne » en sanskrit), eux-mêmes issus d'une tradition orale remontant à environ 1400 avant Jésus-Christ. Avec les Psaumes de David ou le cantique de Moïse dans l'Exode, l'Ancien Testament est également riche en hymnes. C'est cependant dans la Grèce antique que les hymnes, les péans et les dithyrambes – véritables ancêtres de nos hymnes nationaux modernes – prennent une dimension non seulement religieuse, mais aussi politique et militaire.
Les hymnes grecs sont avant tout dédiés aux dieux, mais ils chantent aussi les batailles passées et les exploits des héros, vivants ou morts. Comme les dithyrambes, qui célèbrent à l'origine la naissance de Dionysos, avant de s'ouvrir à une autre symbolique, ils sont interprétés par des chœurs et par le public.
Avant qu'ils ne s'adressent aux multiples divinités de l'Olympe, les péans sont d'abord des chants dédiés au seul dieu Apollon, vainqueur du serpent Python. Il ne s'agit pas vraiment de prières, mais plutôt de chants de marche et de guerre destinés à donner du courage à la troupe tout en impressionnant les lignes adverses. Les armées s'affrontent alors face à face dans un champ clos. La musique est toujours présente, essentiellement sous forme de trompettes qui sonnent la charge. Mais au moment de monter à l'assaut, ce sont des péans guerriers que les hommes entonnent avec force et détermination. On sait que les troupes grecques reprennent en chœur nombre de ces chants face à l'ennemi pendant les combats, mais aussi à l'heure de la victoire, en signe de remerciement.
Cette tradition militaire se perpétue naturellement dans le monde latin. Les légions romaines chantent en marchant au combat et font largement appel à des instruments tels que la *tuba*, le *cornu* ou la *bucina* pour monter à l'assaut et effrayer l'ennemi. On pense que les armées de César transmettent aux Gaulois les vertus que les Grecs et les Romains accordent alors aux chants de combat.

■ Au-delà des théories de Platon et des chants des légions romaines, la première tentative d'utilisation d'une musique – ou en l'occurrence d'un genre musical – à des fins politiques concerne… le chant grégorien.
Le chant grégorien, hymne national ? Pas exactement dans le sens actuel, mais ce chant religieux va être imposé par Charlemagne à l'ensemble de son empire comme l'un des tout premiers symboles unitaires.
Pour l'Église des premiers siècles, la musique, ou plus précisément le chant, est un instrument de pouvoir qui doit être au seul service de la spiritualité. Pas question de musique joyeuse ni de divertissement populaire. La notion de gaieté est exclue. Il s'agit avant tout d'exprimer la beauté de Dieu. Seule la voix humaine et donc les chœurs sont autorisés. « Quand il m'arrive d'être plus ému par le chant que par le contenu des paroles chantées, je m'accuse d'un grave péché, et je préférerais ne pas entendre le chantre », avoue même saint Augustin.
Sous l'impulsion du pape Grégoire Ier, qui dirige la chrétienté de 590 à 604, l'Église romaine tient à affirmer sa puissance et son emprise sur tous les royaumes d'Occident. Pour éviter dispersion

et discorde, elle entreprend alors d'unifier les liturgies de son obédience avec comme outil un seul et unique chant religieux, que l'on appelle depuis « grégorien ».
Pour Grégoire le Grand, il s'agit avant tout d'imposer la conformité au rite romain, par opposition à Constantinople et à l'Église d'Orient. C'est ainsi que l'Église romaine entend développer sa place prépondérante en Europe. Précisons que dès Dagobert Ier, roi des Francs de 623 à 639, les liens étroits entre le pouvoir et l'Église s'imposent comme les garants essentiels de la stabilité politique de la royauté.

Plus tard, Pépin le Bref, roi des Francs de 751 à 768, s'emploie avec le soutien du Saint-Siège à construire et à maintenir l'unité de son royaume. Son arme ? Une liturgie romaine unique du Rhin à l'Aquitaine.
Cette volonté politique est poursuivie par son fils. Charlemagne impose le chant grégorien, systématiquement, à l'ensemble de son empire, en combattant énergiquement tout chant considéré comme non conforme à la liturgie et aux préceptes de Rome. « Que les psaumes, les notes, le chant, le calcul et la grammaire soient enseignés dans tous les monastères et tous les évêchés », impose l'empereur dans son capitulaire de 789, développant ainsi non seulement des écoles à Metz ou à Aix-la-Chapelle, mais aussi de grands centres musicaux à Paris, à Reims ou à Strasbourg.

Jusqu'à son déclin vers le IXe siècle, ce chant d'hommes (sa pratique est interdite aux femmes depuis le concile de Châlons en 650), monodique, sans accompagnement musical, se répand donc de monastères en cathédrales. Symbole unique et fort du pouvoir de l'Église et de l'Empire, vecteur d'unification liturgique et politique, le chant grégorien, ou plain-chant, prend l'allure de véritable hymne de l'Occident chrétien, presque « national » avant l'heure ! Dès lors, la puissance symbolique et politique des chants ne cesse de gagner en importance.

■ Au XIe siècle, dans le sud de la France, les troubadours créent la rime moderne, tandis qu'au nord les trouvères développent la chanson de geste composée de strophes et de vers, en inventant le refrain. Les premiers en langue d'oc, les seconds en langue d'oïl. De château en château, ils chantent les exploits guerriers et les amours des seigneurs et des chevaliers. Jusqu'au XIIIe siècle, leur renommée sera grande et nombre d'entre eux – de Guillaume de Poitiers à Guiraut Riquier – laisseront leur nom dans l'histoire.

Aux XIe et XIIe siècles, c'est aussi le temps des croisés qui partent en Orient défendre la Chrétienté contre les Sarrasins. En 1095, en Auvergne, au concile de Clermont, le pape Urbain II, un ancien moine clunisien français, prêche la première croisade. Sous le commandement de l'évêque du Puy, Adhémar de Monteil, l'une des quatre armées de croisés part du midi de la France et se donne comme hymne le *Salve Regina*, un chant en latin dédié à la Vierge, dont les paroles, « *Salve Regina, mater misericordiae, vita, dulcedo et spes nostra, salve* », seront reprises par les chevaliers à la croix à travers tout le bassin méditerranéen. Ce même *Salve Regina*, plusieurs siècles plus tard, sera à l'origine de l'hymne corse.

La tradition rapporte que, en embarquant à Aigues-Mortes, la flotte des croisés, au XIIIe siècle, entonne le *Veni Creator*, hymne religieuse qui commence par ces mots : « Viens, Esprit créateur, nous visiter, viens éclairer l'âme de tes fils. »
Il existe pourtant un autre « hymne » repris par les croisés lors de leur avancée en Orient et au

cours de leurs nombreux combats. Un chant qui marque l'avènement de l'amour courtois en développant le thème du chevalier qui part combattre au loin en laissant celle qu'il aime. Il s'agit de *Hélas ! Amour !* (*Ahi ! Amors !* en ancien français), qui avait, dit-on, les faveurs de Philippe Auguste et de Richard Cœur de Lion, rois de France et d'Angleterre. Un poème écrit par Conon de Béthune, chevalier-poète picard qui participa à deux croisades et fut même un temps régent de l'Empire latin d'Orient.

■ À la fin du Moyen Âge, la musique échappe peu à peu à l'emprise de l'Église et se découvre une dimension bien plus profane. C'est la Renaissance ! Dès cette époque, pour le peuple, les chants et la musique connaissent une véritable « politisation », en véhiculant le plus souvent la contestation, voire le rejet du pouvoir en place.

Au XVIIe siècle, par exemple, la foule parisienne exige le départ de Mazarin qui gouverne la France depuis la mort de Louis XIII et accable le pays de lourds impôts. C'est la Fronde ! Dès 1649, des milliers de pamphlets, très souvent chantés et d'une rare violence, s'en prennent à l'impopulaire cardinal. Bien que leurs auteurs encourent la prison ou même la mort, ils se répandent irrésistiblement dans Paris puis en province. On les appelle les « mazarinades » et près de six mille d'entre elles sont écrites pendant les six années que dure la Fronde.

Voici quelques exemples de textes : « Faut que je couche / Mazarin au tombeau. / Faut sonner le tocsin, / Pour prendre Mazarin ! »

Ou encore : « Notre France est ruinée, / Faut de ce cardinal / Abréger les années, / Il est auteur du mal. »

Pourtant, bien que le terme n'existe pas encore, les musiques que l'on peut qualifier d'« officielle » sont toujours et avant tout des musiques religieuses. Il est ainsi d'usage, dans les cathédrales et autres chapelles dans lesquelles le roi assiste à l'office, de l'accueillir par un *Domine salvum fac regem*. Ce motet, qui signifie « Seigneur sauve le roi », est à la fois une prière et l'un des symboles les plus importants de la monarchie française. Notez au passage que cette expression fait indéniablement penser au « Dieu sauve le roi » de l'hymne britannique ; elle sera choisie comme devise de la France entre 1815 et 1848.

■ Au XVIIIe siècle, ce que l'on peut qualifier de « politisation musicale » se poursuit et s'amplifie. Chants, pamphlets et autres libelles courent dans les faubourgs et permettent de vulgariser la pensée des philosophes des Lumières tels Diderot, Montesquieu ou Rousseau. Des airs populaires qui sont, d'une certaine manière, les précurseurs de ces chansons politiquement bien plus engagées qui ponctueront la Révolution française et tout le XIXe siècle.

À partir de 1789, les chants et les hymnes deviennent en effet de puissantes armes politiques, aussi bien pour les royalistes que pour les sans-culottes. Vecteurs de propagande, souvent éphémères et au contenu plutôt simpliste, ils inondent les villes et les campagnes et se répandent de manière spectaculaire. Beaucoup disparaîtront, tels *La Complainte de Marie-Antoinette*, Le *Retour de Varennes* ou *Vive la république*, tandis que d'autres passeront à la postérité, comme le *Ça ira !*, *La Carmagnole*, *Le Chant du départ*, mais aussi ce *Chant de guerre pour les armées du Rhin* qui deviendra *La Marseillaise*.

Dès lors, à travers l'Europe puis sur les autres continents, des chants ne cesseront de voir le jour et soutiendront les nombreux mouvements révolutionnaires. Ils sont mûrs pour devenir des hymnes nationaux ! En quelques siècles, les odes à la gloire de Dieu ont laissé place à celles qui vénèrent le souverain, puis à celles qui chantent et exaltent la nation.

■ L'apparition des hymnes nationaux modernes se situe indéniablement en Europe, et plus précisément en Grande-Bretagne et en France. Deux pays qui donneront au monde deux hymnes superbes mais fort différents, souvent antagonistes, et qui ne cesseront de s'opposer, à l'image des nations qu'ils représentent.
Interprété depuis le milieu du XVIIIe siècle lors des cérémonies officielles, le *God Save the King* est le chant auquel s'identifie le souverain britannique et, par extension, l'ensemble de l'empire. Bien que créée plusieurs décennies après l'hymne britannique, *La Marseillaise* est et demeure, aux yeux des historiens, le modèle absolu des hymnes modernes. C'est le premier chant à symboliser non seulement le sentiment national de tout un peuple, mais surtout un cortège d'idées issues de la France du siècle des Lumières et de la Révolution de 1789. Là est la grande nouveauté, le véritable ferment des hymnes.

Dès la fin du XVIIIe, mais surtout au XIXe siècle, alors que le monde redécouvre la puissance et la portée symbolique de certaines musiques, ces deux partitions s'imposent comme les références de la grande majorité des hymnes modernes. Solennel et majestueux, tout à la gloire de la Couronne, *God Save the King* séduit nombre de cours européennes qui n'hésitent pas à le reprendre et à l'adopter, parfois sans en changer les paroles. C'est le cas en particulier du tsar de toutes les Russies, qui se l'approprie et le fait interpréter en maintes occasions officielles. Aujourd'hui encore, la mélodie de l'hymne du Liechtenstein et l'hymne royal norvégien sont toujours le vénérable *God Save the King*.

Quant à *La Marseillaise*, marche guerrière rapide et pleine d'enthousiasme symbolisant le pouvoir du peuple et la lutte contre l'oppression, elle est également chantée à travers toute l'Europe et le reste du monde. De Cuba à la Pologne, de l'Italie à la Belgique, nombre de compositeurs révolutionnaires n'hésitent pas à la prendre comme modèle ultime. Pendant quelques mois, en 1917, la toute jeune Russie soviétique l'adoptera même comme hymne national.

État-nation et nationalisme

Pour mieux comprendre la raison d'être de ces hymnes nationaux, il faut aborder l'idée même d'« État-nation », dont ils sont l'un des plus puissants symboles.
En Europe occidentale, cette notion est ancienne. La plupart des historiens considèrent qu'elle voit le jour vers le XVe siècle, quand la féodalité cède la place à un système politique comprenant une administration centralisée, un gouvernement national, des frontières bien déterminées, une langue et une culture communes. Éléments majeurs qui sont les attributs d'une nation souveraine dans sa conception actuelle.
Certains pays comme la France ou l'Angleterre sont des États depuis fort longtemps. Ils seront tout naturellement les premiers à se doter d'hymnes. Dans d'autres pays comme l'Italie, la Russie, la Grèce ou l'Allemagne, les hymnes verront le jour beaucoup plus tard, au cœur des remous et des événements souvent violents qui ont amené leur constitution en États.

Si le concept d'État-nation est ancien, c'est indéniablement la Révolution française, profond bouleversement historique et culturel, qui marque le point de départ de son développement. Un processus complexe à l'origine duquel se trouve le rejet total, par les peuples, du

concept même de monarchie absolue.
Pour le révolutionnaire Emmanuel Sieyès, qui en est l'un de ses plus fameux théoriciens, la nation est une entité qui existe naturellement et dont la volonté ne peut s'exprimer que par ses représentants. Elle est la seule source de souveraineté. « Le peuple, c'est la nation ! » s'écrie-t-il, et dans cette nation souveraine il voit aussi bien les citoyens qui la composent que les générations disparues, et même les futurs citoyens...
Presque un siècle plus tard, quand le philosophe Ernest Renan pose à la Sorbonne sa fameuse question « Qu'est-ce qu'une nation ? », il la définit également comme un groupe humain au sein duquel chacun se sent totalement solidaire des autres par la langue, la religion, l'ethnie, les racines, et surtout la volonté de vivre ensemble. « Une nation est une âme, un principe spirituel. Deux choses qui, à vrai dire, n'en font qu'une, explique-t-il. Avoir des gloires communes dans le passé, une volonté commune dans le présent ; avoir fait de grandes choses ensemble, vouloir en faire encore, voilà les conditions essentielles. [...] Le chant spartiate : "Nous sommes ce que vous fûtes ; nous serons ce que vous êtes" est, dans sa simplicité, l'hymne abrégé de toute patrie. » Les hymnes nationaux sont l'un des ciments essentiels de ce concept.

■ La chute de Napoléon Ier, après Waterloo, en 1815, marque la fin d'une époque. Celle du pouvoir absolu et des monarques de droit divin. À la suite du puissant séisme que représente la Révolution française, l'Europe puis ses colonies sont ébranlées par de nombreuses révoltes, revendications nationales et autres révolutions. En France bien entendu, mais aussi en Allemagne, en Autriche, en Espagne, aux Pays-Bas, en Italie, en Pologne, en Grèce, en Serbie, en Hongrie et jusqu'en Amérique latine... Malgré le congrès de Vienne de 1815 qui cherche à redonner au Vieux Continent son allure prérévolutionnaire, les mots de liberté, d'indépendance, d'égalité et de droit fleurissent à travers les multiples revendications nationales.
On appellera les révolutions de 1848 le « printemps des peuples » ou « printemps des nations ». C'est dans cette période teintée de romantisme et d'exaltation populaire que naissent la plupart des hymnes européens. Les nationalismes ne cessent d'y voir le jour et de se développer. Puissants comme des raz-de-marée, ils sont les principales forces révolutionnaires qui soulèvent les foules et ébranlent les systèmes en place, vagues libératrices qui s'acharnent à briser les ordres anciens pour en ériger de nouveaux.
La Révolution française avait décrété que toute nation a droit à devenir un État. Les peuples d'Europe vont s'approprier la grande idée, ignorant que ces nationalismes qui les animent et les motivent alimenteront de profondes frustrations au sein des grandes puissances et les conduiront inéluctablement à la terrible confrontation de 1914.

■ C'est à cette époque, alors que l'idée d'État-nation fait son chemin sur le continent, que l'Europe connaît un formidable essor économique et démographique. Elle affirme, pour un temps encore, sa domination mondiale en dépassant largement ses frontières et en se lançant dans un colonialisme effréné.
Bien entendu, comme pour les intégrer dans ces nations qui leur apportent « les multiples bienfaits de la civilisation », on s'empresse d'apprendre aux peuples colonisés les lointains hymnes nationaux des colonisateurs ! C'est ainsi que des milliers de Bambaras, de Sérères et autres Peuls chanteront en chœur *La Marseillaise* et apprendront pendant des décennies que leurs ancêtres s'appelaient des Gaulois...

Symboles et ciments des nations

Afin que chacun développe le sentiment indéfectible d'y appartenir corps et âme, les nations doivent s'identifier clairement et impérativement aux yeux de tous. Une nécessité absolue, indispensable pour obtenir cette homogénéité qui est aussi garante de survie.

Pourvus d'institutions solides telles que l'armée et l'école, chargées toutes deux d'éduquer les citoyens, de défendre l'unité de la nation mais aussi d'imposer une langue commune, les grands États d'abord, puis l'ensemble du continent européen, adoptent de nombreux symboles d'identité et d'unité nationales. Des notions qui sont parfois toutes nouvelles.

Les nations disposent déjà de nombreux éléments que l'on peut qualifier de « totémiques ». Il s'agit des drapeaux et des armoiries, mais aussi des récits mythiques, des honneurs rendus aux grandes figures fondatrices et des différents rituels communs. Vont s'y ajouter ces hymnes nationaux que l'on chante ensemble, côte à côte et en public, avec respect, dévotion et solennité. Comme *La Marseillaise* qui, à ses débuts, était entonnée au théâtre et à l'opéra. C'est la vocation et la force des hymnes.

Rituels partagés par tous, ils créent d'autres croyances et traditions. Ils imposent des valeurs communes et une forte identification collective à la nation en développant le sentiment d'appartenir à la même communauté. Même – et peut-être surtout – si ceux qui l'interprètent ne se connaissent pas entre eux.

De par l'émotion qu'ils transmettent et qu'ils font vivre à leurs auditoires recueillis, les hymnes nationaux modernes ne sont finalement guère éloignés de ces hymnes de l'Antiquité qui louaient sans réserve les multiples divinités des panthéons grecs ou romains. À cette différence que c'est la nation qui est devenue elle-même la divinité à laquelle chacun s'adresse et qu'il s'agit de vénérer et de protéger. Il est d'ailleurs intéressant et sans doute logique de constater à quel point certains hymnes nationaux, de part le monde, ressemblent à s'y méprendre à de véritables prières.

De fait, dès leur création, les hymnes nationaux ne symbolisent ni le souverain, ni les gouvernants, ni même le peuple, mais la nation dans son ensemble, immuable et intemporelle. Quelques notes et quelques vers concentrant en quelque sorte les hommes, les femmes, la culture, les idées, les traditions, les coutumes, les particularismes et l'histoire d'un État-nation. Comme l'explique Michael Walzer, philosophe et professeur de sciences politiques à l'Institut d'études avancées de Princeton, « l'État est invisible ; il faut le personnifier pour le distinguer, le symboliser pour l'aimer, l'imaginer pour le créer ».

De fait, les individus compris dans la nation doivent impérativement se reconnaître entre eux comme membres d'une même et vaste tribu. Ils doivent partager le même mode de vie. La même identité, qu'elle soit linguistique, culturelle ou parfois religieuse.

S'il fallait utiliser une image chère aux spécialistes de la communication, on pourrait dire qu'un hymne national est à la fois un logo, une affiche, un message et un slogan publicitaire. Lorsque l'on entend un hymne, et à plus forte raison celui de son pays, l'identification au « produit » nation est immédiate ! Et ô combien puissante !

Parce qu'il véhicule, mieux que bien d'autres supports, nombre d'images, d'idées et de symboles, un chant peut être une arme redoutable. Certains hymnes dont la portée est devenue universelle vont même bien au-delà de la simple identification à la nation concernée en sous-tendant des notions bien plus vastes. Aux premiers accents de *La Marseillaise*, le monde entier n'identifie-t-il pas immédiatement l'ensemble des valeurs que la nation française a pu personnifier depuis le siècle des Lumières ? N'en est-il pas de même avec les hymnes britannique ou américain ? Avec l'ancien hymne soviétique ou avec *L'Internationale* ?

L'un des exemples les plus marquants et peut-être le plus ancien de cette identification profonde d'un pays à une musique, à un chant ou à un hymne, c'est la mélodie suisse du *Ranz des vaches*. Véritable hymne national du pays de la Gruyère, dans la Suisse romande agricole, cet air fort ancien est repris dans les alpages dès 1710. Il représente si bien l'âme du pays, sa douceur de vivre et ses paysages tranquilles, que les jeunes Gruériens, enrôlés alors comme mercenaires dans les gardes suisses des rois de France ou des souverains des Pays-Bas, souffrent du mal du pays dès qu'ils l'entendent. Ils ont dès lors une fâcheuse tendance à déserter pour rentrer chez eux…

Un « délire mélancolique » que relève Jean-Jacques Rousseau dans son *Discours sur l'origine de l'inégalité*, publié en 1753 : « Il y a dans la Suisse un air célèbre appelé *Le Ranz des vaches*, que les bergers sonnent sur leurs cornets, et dont ils font retentir tous les coteaux du pays. Cet air, qui est peu de chose en lui-même, mais qui rappelle aux Suisses mille idées relatives au pays natal, leur fait verser des torrents de larmes quand ils l'entendent en terre étrangère. Il en a même fait mourir de douleur un si grand nombre qu'il a été défendu, par ordonnance du roi, de jouer *Le Ranz des vaches* dans les troupes suisses. »

Interdit à Versailles, le fameux *Ranz des vaches*, qui provoque chez les jeunes soldats suisses neurasthénie et mal du pays, n'a pourtant rien de subversif : « Venez toutes, blanches, noires, / Rousses ou étoilées / Jeunes et autres / Sous ce chêne où je vous trais, / Sous ce tremble / Où je fais le fromage… », dit ainsi le texte.

■ Comme c'est le cas avec les drapeaux, les hymnes nationaux donnent aux populations qui les chantent ou qui les écoutent un puissant sentiment d'identité nationale. Quand montent ses couleurs ou que retentit l'hymne de son pays, il n'y a plus de Bretons, de Ouolofs, de Sardes ou de maronites, mais des Français, des Sénégalais, des Italiens ou des Libanais.

L'unité ainsi forgée est souvent réelle et profondément ressentie. Les symboles ne font que la concrétiser, la consolider. Mais à l'inverse, elle peut être aussi dangereusement artificielle. Si la nation a toujours eu pour priorité absolue de s'imposer face à la puissance des liens ethniques, religieux ou régionaux, ce fut parfois avec difficulté.

On a pu constater, sur la plupart des continents, ce que la faiblesse de certains États qui étaient loin d'être des nations pouvait entraîner. En Europe, la difficulté ou même le refus d'intégrer certaines minorités ethno-culturelles ont conduit au génocide arménien, à l'Holocauste et jusqu'aux « purifications ethniques » de l'ex-Yougoslavie.

En Afrique, après la décolonisation et la vague d'indépendance des années soixante, on a vu naître nombre d'États aux frontières tracées autrefois par les colonisateurs sans tenir compte le moins du monde des réalités ethniques ou religieuses. Une catastrophe dans bien des cas, malgré les tentatives désespérées de certains États pour créer artificiellement un sentiment national, notamment à travers ces hymnes appris par les écoliers et chantés en chœur chaque jour. En Afrique toujours, des nations explosent sous la pression de groupes ethniques ne se reconnaissant pas dans leur nouvelle communauté

nationale. Il en fut ainsi au Biafra, au Katanga, au Rwanda, au Tchad, en Érythrée et tout récemment en Côte d'Ivoire.
Ailleurs, les drames du Kurdistan, de la Tchétchénie, la volonté de sécession des Karens ou des sikhs ne sont rien d'autre que la manifestation de l'échec des États-nations à intégrer différentes minorités pour s'imposer durablement.

Quand le ciment national est naturellement faible, quand les liens ethniques ou linguistiques l'emportent et que la société ne connaît aucune cohésion naturelle, la nation cherche avec opiniâtreté à s'imposer en brisant les liens anciens pour en créer de nouveaux. Les communautés régionales, ethniques, culturelles ou religieuses, souvent puissantes, doivent alors s'intégrer dans la communauté nationale, en partageant une histoire et des valeurs communes. Chacun doit se reconnaître dans cette collectivité unie par un idéal partagé.

C'est le rôle de l'État de parvenir à cette cohésion. Il dispose de multiples moyens tels que ses institutions, ses rituels, mais surtout ses symboles forts comme le drapeau et l'hymne. On fait chanter l'hymne national dans les écoles de la plupart des pays jeunes. Ce fut le cas en France, où l'on a longtemps appris et fait chanter *La Marseillaise* aux petits écoliers. Certains regrettent cette époque.
Dans bien des pays formés d'un kaléidoscope de peuples venus de tous les horizons comme les États-Unis, l'Australie ou le Canada, l'une des étapes du processus de naturalisation ne consiste-t-elle pas – de nos jours encore – à apprendre et à chanter en chœur l'hymne national ?

■ Les hymnes se doivent d'être en symbiose parfaite avec les sociétés auxquelles ils appartiennent et, par conséquent, avec leurs membres. Ils expriment le sentiment national et la loyauté envers la nation. Leur caractère est quasi religieux. C'est sans doute pourquoi l'attachement à de tels symboles peut être aussi fort.
Pourtant, rares sont les hommes et les femmes à en connaître les paroles complètes, et encore moins l'histoire. Cela est sans doute normal et de peu d'importance. Les hymnes échappent au rationnel ; les mots peuvent être guerriers, aimables, violents, simplistes, revanchards, idylliques ou symboliques, ce qui compte avant tout c'est ce qu'ils représentent et l'usage qui en est fait. N'est-ce pas la définition même du symbole ? Et de fait, s'y attaquer revient à s'en prendre non seulement à la nation et au message qu'elle sous-tend, mais surtout à chaque citoyen.

■ En octobre 2001, lors de la rencontre de football entre la France et l'Algérie, puis en mai 2002 à l'occasion de la finale de la coupe de France entre Lorient et Bastia, *La Marseillaise* a été sifflée au Stade de France, provoquant une véritable affaire d'État et suscitant une émotion dans tous le pays. Fallait-il que le président de la République se mette publiquement en colère en évoquant « l'affront fait à la France » ? Fallait-il que les journaux en fassent leurs gros titres et que les politiques montent au créneau ? La patrie était-elle donc de nouveau en danger ?
Il faut le croire, puisque le 23 janvier 2003, les députés votaient à l'unanimité un amendement instituant un nouveau délit d'« outrage au drapeau tricolore et à l'hymne national », inconnu jusqu'alors en France. Délit punissable de sept mille cinq cents euros d'amende et de six mois de prison...
Les policiers se demandent comment diable ils pourront faire appliquer cette nouvelle disposition, mais le fait est là. Les trois couleurs du drapeau français et *La Marseillaise* sont des éléments devenus intouchables. Dès lors se pose une question : où commence l'outrage ? Gainsbourg

aurait-il eu droit au cachot pour avoir osé chanter « Aux armes et cætera... » sur un air de reggae ? Pour certains, il est vain d'imposer le respect de symboles par la force et par la loi. Mieux vaut éduquer et expliquer leur importance et encourager le respect des hymnes. La puissance d'un symbole ne tient-elle pas au fait qu'il est la propriété de tous, qu'il est admis et reconnu par tous ? Sinon, est-il encore le symbole d'une nation ?

Depuis son origine, *La Marseillaise* a connu bien pire situation que ces quelques sifflets entendus au Stade de France. Elle n'avait à ses débuts aucune loi pour la protéger ! Et c'est sans doute de là qu'elle a tiré toute sa force.
Mais la loi votée par les députés français n'est pas une exception. Dans une multitude de pays, la protection est farouche et il est parfois illégal non seulement de porter atteinte à l'hymne national, même avec de simples mots, mais de s'aventurer dans une interprétation non officielle...

Thèmes et idées

Mais que disent donc les hymnes nationaux pour remuer autant les foules ? Que contiennent-ils en termes d'émotion et de puissance pour arriver à de tels résultats ? Ils en apprennent parfois plus sur l'histoire, le caractère et les aspirations communes d'une nation que bien des ouvrages.
Les plus anciens d'entre eux honorent souvent le souverain, ou appellent aux armes pour la défense d'une cause ou la lutte pour la liberté. À l'instar de la France, les nations dont la culture politique est bien ancrée utilisent souvent dans leurs hymnes de grandes idées ou des symboles complexes et lourds.
À l'inverse, les hymnes les plus récents préfèrent avancer des images de paix, de calme, et décrivent la beauté de leur pays dans un registre plus ou moins poétique. Il est vrai que les jeunes nations n'ont pas la prétention de délivrer un message universel au reste du monde. Elles se bornent le plus souvent à raconter leur histoire récente, leurs luttes de libération et leurs aspirations. Avec parfois même des dates et des noms de lieux. Elles n'hésitent jamais non plus à détailler presque naïvement leurs vertus et leurs richesses morales.

Certains hymnes ressemblent à de grandes déclarations politiques. Parfois, ce sont de véritables prières. Il en est qui saluent et acclament le pays, cette patrie tant aimée. D'autres vantent le courage de ses fils prêts à mourir pour défendre le sol sacré. Il y a aussi les cris de ralliement et les appels aux armes, comme en France.
Nombreux sont les hymnes qui parlent directement au pays comme à une mère, cette « mère-patrie » nourricière qui prend en charge, réconforte et protège ses enfants. Ce qui peut surprendre quand on sait que le mot père, en latin *pater*, a donné les mots patrie et paternité. La patrie, c'est effectivement la terre de nos pères, le lieu d'attachement et de fidélité où ont toujours vécu nos ancêtres.
L'hymne de l'île anciennement appelée Ceylan débute ainsi par ces mots : « Mère Sri Lanka, notre Sri Lanka, / Tu es vénérée encore et encore, / Terre de beauté, terre de graines, / De fleurs et de fruits. »
Même chose pour l'Éthiopie, qui affirme : « Mère de naturelle vertu, mère d'un peuple valeureux. / Nous te protégerons – c'est notre devoir ; / Que vive notre Éthiopie ! Et soyons fiers de toi ! »
Quant à l'hymne mauricien, il personnifie également l'île superbe de l'océan Indien : « Ô ma mère patrie ! / Douce est ta beauté / Doux est ton parfum. »

À travers le monde, peu d'hymnes se sont imposés seuls de par leur force et leur popularité. Très souvent, c'est à la suite d'une décision politique délibérée que des concours ont été organisés pour trouver l'hymne du pays. C'est peut-être pour cette raison que peu de textes ont été écrits par de grands poètes ou des écrivains de renom.
Quelques exceptions notables cependant. Au Sénégal, les paroles de l'hymne ont été écrites par l'ancien président du pays, Léopold Sédar Senghor, de l'Académie française. Un très beau poème, pour ainsi dire unique sur le continent noir. En Norvège, en Inde et au Bangladesh, les auteurs sont des prix Nobel de littérature. Pour les musiques, Haydn, Mozart et Gounod côtoient d'humbles compositeurs amateurs…

Sur un même continent, les hymnes se ressemblent. À les observer, on peut même parler d'authentiques styles régionaux. De nombreuses îles d'Océanie, fortement marquées par l'influence des missionnaires chrétiens, ont, par exemple, adopté des hymnes qui sont de véritables prières, souvent fort semblables entre elles.
En Amérique latine, où la plupart des hymnes sont nés à la même époque, au cœur de ces luttes contre le colonisateur espagnol qui occuperont une partie du XIXe siècle, les textes, à forte consonance guerrière, revendiquent haut et fort les notions de liberté, de lutte et d'indépendance. Les musiques étant parfois écrites par des compositeurs italiens (au Nicaragua, en Colombie et en Bolivie, par exemple), ils ne sont pas sans rappeler certains airs fameux de l'opéra transalpin du XIXe siècle, avec chœur et orchestration grandioses.

Concernant l'Afrique, il est intéressant de constater que les pays francophones n'hésitent pas à aborder et à développer de grandes idées souvent généreuses, alors que leurs homologues anglophones sont plus proches des hymnes religieux.
Volonté délibérée ou phénomène culturel, c'est un fait constaté à travers le monde que les pays nouvellement indépendants choisissent des hymnes proches de ceux de leurs anciennes puissances de tutelle. C'est vrai pour les anciennes colonies de la France ou du Portugal, et peut-être encore plus pour celles de la Grande-Bretagne. Beaucoup de ces hymnes ont été inspirés, quand ils n'ont pas été directement écrits ou composés, par des citoyens des anciens pays colonisateurs.

L'écriture de ces hymnes, quel que soit le continent, est bien souvent entourée d'une sorte de légende quasi mystique. Envoûtés peut-être par un destin hors du commun, qu'ils ne pressentent d'ailleurs jamais, leurs auteurs semblent pris d'une inspiration subite et c'est l'Histoire même, avec un grand H, qui semble alors faire voler leur crayon ou leur plume sur le papier. Les hymnes ont-ils besoin de cette magie susceptible de forger la légende ? Sans doute, et quoi qu'il en soit, certains des plus grands hymnes sont nés ainsi.

À Strasbourg, c'est lors d'une courte nuit que Rouget de Lisle écrit le texte de *La Marseillaise*. Même inspiration fulgurante pour l'Italien Mameli, qui écrit *Fratelli d'Italia* en quelques heures ! Devant Baltimore en flammes, Francis Scott Key sort de sa poche une vieille enveloppe froissée et griffonne d'un seul jet ce qui deviendra l'hymne américain. En une soirée, face au majestueux fleuve Saint-Laurent, Calixa Lavallée compose celui du Canada. C'est également en une seule nuit que, en juillet 1797, Józef Wybicki compose le chant des légions polonaises qui combattaient les Autrichiens avec Bonaparte en Italie ! Chant qui deviendra l'hymne polonais.

Dieu et la religion

Au panthéon des thèmes les plus utilisés, l'originalité est peu présente. En revanche, tout ce qui soulève l'ardeur des foules depuis que s'écrit l'histoire des hommes est bien là : Dieu, l'amour de la patrie, la liberté, la victoire, le drapeau, l'hommage au souverain, l'invocation de la nature, la beauté du sacrifice.

Sur tous les continents, un nombre considérable d'hymnes font référence à Dieu, à la religion ou à la foi. Les séparations officielles entre Église et État, comme en France depuis 1905, sont relativement rares dans le monde. De fait, l'ancestrale alliance entre religieux et gouvernants est toujours bien vivante et la notion de Dieu se retrouve dans près de la moitié des hymnes du monde.

Faut-il donc s'approprier le divin pour renforcer la valeur du symbole ? Sans aucun doute. Comme si la cohésion de la nation devait emprunter à la religion sa force, sa puissance et son emprise sur les populations. D'un océan à l'autre, les hymnes qui abordent ce thème comportent un discours somme toute assez simple : notre nation existe puisque le Très-Haut s'y intéresse. Il la bénit, la protège, la guide. Il l'a même créée parfois...

Si la légitimité du pays vient de Dieu lui-même, qui donc peut prétendre l'agresser ? Ce serait s'attaquer à Dieu en personne. Inconcevable ! C'est en quelque sorte la nation de « droit divin ».

■ Pour comprendre cette référence à Dieu dans les hymnes, il faut préciser – même si cela n'explique pas tout – que beaucoup ont été écrits par des pasteurs, des prêtres, des missionnaires et autres hommes de foi... C'est le cas en particulier pour de nombreux pays d'Afrique et d'Océanie.

Des exemples ? Outre le très célèbre *God Save the Queen* britannique, ou le similaire *God Defend New Zealand* de leur ancienne colonie du Pacifique Sud, ils sont légion. « Aucune épée ni aucune lance ne peut nous conquérir, / Car il est sûr que Dieu nous défendra », proclame textuellement le petit archipel de Saint-Kitts et Nevis dans les Caraïbes, de même que sa voisine Sainte-Lucie, qui implore : « Puisse le Bon Seigneur bénir notre île. »

Autres îles, majoritairement musulmanes, dans l'océan Indien, les Comores mettent en avant la « force d'une même religion », tout en affirmant : « Comoriens issus de même sang, / Nous embrassons la même idéologie religieuse. »

En Libye, autre terre d'islam, l'hymne débute par une affirmation des plus simples, qui est aussi l'un des appels à la prière du monde musulman : « Dieu est grand ! Dieu est grand ! » (Allah akbar !), appel qu'utilise également le tout nouvel hymne de l'Afghanistan. L'hymne libyen poursuit ensuite : « Il est au-dessus des conspirations des agresseurs, / Et Il est le meilleur soutien des opprimés ; / Avec foi et avec des armes, je défendrai mon pays, / Et la lumière de la vérité brillera dans ma main. »

Pays phare de l'islam et gardienne de ses lieux saints, l'Arabie saoudite clame également sa foi : « Mon pays, puisses-tu vivre toujours, / Gloire de tous les musulmans ! / Longue vie au roi, / Pour le drapeau et le pays ! »

« Nous sommes les soldats de Dieu », lance le Soudan. « Remercions maintenant le Bon Seigneur qui est au ciel », demande l'hymne de Papouasie-Nouvelle-Guinée. « Garde-là, ô Seigneur, comme tu l'as toujours gardée », chante l'hymne de Malte. « Bénis notre terre et notre nation », prie le Kenya. « Guide nos dirigeants avec justesse », supplie le Nigeria. « Envoie-nous la connaissance, Père céleste », demande la Jamaïque. « Puisse Dieu nous accorder sa bénédiction », chante-t-on en Malaisie.

Parfois, certains hymnes nationaux n'hésitent pas

à affirmer que le pays lui-même est un don de Dieu à ses habitants. C'est le cas du Chili, qui chante ainsi : « Majestueuse est la blanche montagne / Que le Seigneur t'a donnée comme bastion. »
Ou du Burundi qui implore : « Veuille Dieu, qui nous a fait don de toi, / Te conserver à notre vénération. »
Même le Liechtenstein, vénérable principauté alpine, proclame sans détour : « Ce pays natal aimé / Cette chère patrie / A été choisie pour nous / Par la sage main de Dieu. »
Mots curieusement proches de l'hymne du Botswana, petit pays du sud de l'Afrique, qui chante aussi : « Bénie soit cette noble terre, / Don de la puissante main de Dieu. »

Dans bien des cas, les hymnes nationaux demandent aussi l'aide du Seigneur pour bénir, protéger ou guider les habitants. « Ô Dieu, nous T'implorons de bénir notre terre natale », avance l'hymne du Zimbabwe, tandis que le Vanuatu, petit État du Pacifique Sud, lance cette supplique : « Puisse Dieu notre Père nous aider ! / Nous sommes heureux de proclamer / Nous sommes le peuple du Vanuatu ! »
L'ancienne Guyane néerlandaise, le Surinam, affirme aussi : « Dieu est notre guide / Toute notre vie et jusqu'à notre mort, / Nous nous battrons pour le Surinam. »
Tandis que le Brunei, richissime État d'Asie du Sud-Est, déclare plus sobrement : « Dieu sauve Brunei Darussalam. »
En Extrême-Orient, il faut reconnaître qu'il est moins souvent fait référence à la religion ou à la foi. À quelques exceptions près cependant. Le Cambodge avance sa culture et une autre foi : « Les chants montent dans les pagodes / À la gloire de la sainte foi bouddhique. / Soyons fidèles aux croyances de nos pères. / Ainsi le ciel prodiguera-t-il tous ses bienfaits / Au vieux pays khmer, le Moha Nokor. »
Plus à l'ouest, le Pakistan, pays majoritairement musulman, proclame ainsi : « Bénie sois-tu, citadelle de la foi. [...] / Ce drapeau avec le croissant et l'étoile / Ouvre la voie au progrès et à la perfection. »
Quant au Bhoutan, petit royaume himalayen, il exprime avec simplicité ce souhait empreint d'une grande sagesse : « Alors que s'épanouit la doctrine du Seigneur Bouddha, / Puisse le soleil de la paix et du bonheur / Briller sur le peuple. »

Le sol sacré de la patrie

Autre « valeur sûre » des hymnes nationaux, le sol sacré de la patrie. Nombre d'entre eux se plaisent à magnifier les paysages, la nature idyllique, les montagnes, les vallées, les fleuves, les côtes, les couleurs, les saisons ou la douceur de vivre du pays bien-aimé.
Souvent, c'est d'abord la terre elle-même qui est chantée. Une terre à laquelle s'applique une multitude de qualificatifs plus ou moins imagés. « Terre de nos aïeux » des Canadiens, « terre chérie » des Camerounais, « terre d'amour, terre de lumière » des Philippins, « terre d'une beauté rare » des Sud-Coréens, « terre de liberté, d'espoir et de gloire » des Fidjiens, « terre de héros » des Lituaniens, « terre de liberté » des Américains, etc.
Quand il s'agit d'être plus précis, les choix sont innombrables. Le Bénin, petit pays d'Afrique occidentale, met en avant ce qu'il appelle sa « vive parure », constituée de « monts ensoleillés, [de] palmiers et [de] verdure ». Le Bangladesh, qui s'étend sur l'immense delta du Gange et du Brahmapoutre dans le golfe du Bengale, décrit dans un magnifique poème la beauté des différentes saisons sur ses paysages lacustres : « Mon Bengale en or, je t'aime. / Pour toujours tes cieux, ton air font chanter mon cœur / Comme s'il était une flûte. »

Il faut dire que le texte a été écrit par Rabindranath Tagore, prix Nobel de littérature en 1913, également auteur de l'hymne de l'Inde voisine.

Loin du Gange, les pays nordiques aiment aussi à rappeler leurs paysages grandioses. « Toi, Nord ancien, libre et montagneux, / D'une beauté calme et joyeuse, / Je te salue, plus beau pays sur terre ! », chantent les Suédois. « Oui nous aimons ce pays / Qui se dresse, rude, tempétueux / Au-dessus de l'Océan », affirment les Norvégiens. « Il est un doux pays / Avec de larges hêtres », déclarent les Danois...

Quant aux Finlandais, leur hymne est une véritable déclaration d'amour, simple et superbe : « Notre pays est pauvre / Et le sera toujours pour qui demande de l'or. / L'étranger passera dédaigneusement / Devant lui sans s'arrêter, / Mais nous l'aimons ainsi. / Avec ses landes, ses rochers, ses récifs, / C'est pour nous un pays d'or. »

Le sacrifice

Après Dieu et le sol natal, nombre d'hymnes glorifient l'histoire du pays, la défense de la patrie et le sacrifice de ses citoyens. Des valeurs qui se portent plutôt bien, quel que soit le continent ou le contexte historique.

Le « Qu'un sang impur abreuve nos sillons » de *La Marseillaise* a parfois choqué quelques oreilles sensibles, mais que penser de l'hymne vietnamien qui annonce « Notre drapeau, rouge du sang de la victoire », ou des Cambodgiens révolutionnaires qui leur répondent : « D'un rouge éclatant, le sang était répandu sur les villes et les plaines du Kampuchéa » ?

Pays traumatisés par des années de guerre ? C'est incontestable ! Mais que dire alors des calmes Uruguayens qui affirment « la patrie ou la tombe », ou des Burkinabés qui s'exclament : « La patrie ou la mort, nous vaincrons. »

« L'homme est né pour mourir, / Mais béni soit celui qui donne sa vie / Pour défendre la liberté de son pays », lancent les Arméniens. « Ne craignez pas une mort glorieuse, / Car mourir pour la patrie, c'est vivre », déclament les Cubains, et cela dès le XIXe siècle, bien avant les révolutionnaires castristes.

« Nous sommes prêts à verser notre sang pour toi », déclare l'hymne de l'Azerbaïdjan. « Chassons les envahisseurs », lance le pacifique Belize. « Préparez vos baïonnettes », annonce l'hymne mexicain. « Nous sommes résolus de mourir, / Pour l'Afrique et pour toi Mali », affirme-t-on aussi sur les rives tranquilles du fleuve Niger. « Nos ennemis mourront, comme la rosée au soleil », préviennent les Ukrainiens, qui reprennent plus loin : « Et nous prouverons, frères, que nous sommes de la race des Cosaques. » Les exemples sont légion.

À l'évidence, les pays qui ont arraché leur liberté de haute lutte ou après de longues guerres traduisent toujours dans leurs hymnes les événements dramatiques qu'ils ont vécus. Il en est ainsi de l'hymne américain, qui glorifie la résistance de ses combattants face à la flotte et aux canons anglais lors de la guerre de 1812-1814 et n'hésite pas à affirmer, parlant des anciens colonisateurs britanniques : « Leur sang a effacé les traces de leurs infectes empreintes. »

Cette violence verbale est aussi une quasi-généralité en Amérique latine, où les indépendances se sont gagnées dans la fureur des combats, derrière Simón Bolívar ou José de San Martín. C'est fréquent également dans de nombreux pays d'Afrique ou d'Asie qui ont connu de longues guerres d'indépendance. Au Laos, l'hymne proclame ainsi : « Les Laotiens de toutes origines sont égaux / Et ne laisseront pas plus longtemps les impérialistes et les traîtres les

agresser / Le peuple entier protégera l'indépendance / Et la liberté de la nation laotienne. »
Tandis que l'Angola, lui aussi ravagé par des années de guerre, rend hommage aux innombrables victimes des combats : « Ô patrie, nous saluons tes fils / Qui sont morts pour notre indépendance. »
La Palestine également, qui possède un hymne bien qu'elle n'ait pas encore d'existence internationalement reconnue, ne manque d'affirmer après des années de conflit et de violence : « Je vivrai comme un combattant / J'irai comme un combattant / Je mourrai comme un combattant / Jusqu'à ce que je sois de retour. / Mon pays, mon pays, / Nation d'éternité. »
Plus près de nous, la République d'Irlande, dont l'hymne s'intitule le *Chant du soldat*, fait référence à ces combats contre les « Saxons » qui ont amené son indépendance : « Ce soir, que viennent le malheur et les larmes, / Nous resterons vigilants au danger, / Pour la cause de l'Irlande, / Dans le rugissement des canons et la fusillade, / Nous chanterons notre chant de soldats. »
Quant à Andorre, principauté pyrénéenne enclavée entre France et Espagne, elle se réfère aussi à sa longue histoire dans une ode à l'empereur Charlemagne : « Le grand Charlemagne, mon père, / Nous délivra des Arabes, / Et du ciel me donna la vie. » Ajoutant plus loin : « Je reste la seule fille / De l'empire de Charlemagne. / Croyante et libre onze siècles / Croyante et libre je veux demeurer. »
Enfin, au Maghreb, dans un de ses couplets qui n'est plus guère utilisé, l'hymne algérien fait explicitement référence à sa lutte pour l'indépendance. Le texte avertit même l'ancienne puissance coloniale : « Ô France ! voici venu le jour où il faut rendre des comptes ! »

De fait, il est plutôt rare qu'un hymne national s'en prenne directement à un autre pays. À plus forte raison en le nommant. Une fois l'indépendance acquise, peu de temps après la fin des combats, les règles feutrées de la diplomatie et des relations internationales reprennent leurs droits. Dans bien des cas, les hymnes originaux aux paroles trop virulentes sont rapidement réécrits en adoucissant ou en supprimant systématiquement toute référence à l'ancien colonisateur. Ce fut le cas en Algérie, tout comme en Amérique latine avec l'Espagne et en Belgique avec les Pays-Bas.

Héros, drapeaux et histoire

Outre ces faits guerriers, de nombreux pays aiment à rappeler la mémoire de leurs héros nationaux. C'est le cas du Danemark avec le roi Christian, d'Haïti qui vénère Dessalines, général à l'origine de son indépendance, ou de quelques pays d'Amérique latine qui chantent Bolívar et San Martín. La Pologne, quant à elle, possède le seul hymne au monde à rendre hommage au général Bonaparte : « Nous traverserons la Vistule, nous traverserons la Warta, / Nous serons Polonais ! / Bonaparte nous a montré / Comme il nous faut triompher ! »
Certains pays font aussi référence à quelques épisodes marquant de leur histoire, n'hésitant pas, à l'occasion, à rappeler quelques dates, connues des seuls habitants du pays... « Ô patrie, nous n'oublierons jamais / Les héros du quatre février », jurent les Angolais. « Trente juin, ô doux soleil, / Trente juin, du trente juin, / Jour sacré, sois le témoin », affirme l'hymne du Congo démocratique.
Quant au drapeau, autre symbole puissant des nations, il est très souvent associé à l'hymne, notamment dans les pays jeunes dont les symboles ont besoin d'être affirmés et « doublés » s'il le faut. C'est le cas du Gabon : « Des bords de

l'Océan au cœur de la forêt, / Demeurons vigilants, sans faiblesse et sans haine ! / Autour de ce drapeau, qui vers l'honneur nous mène ». De la République de Djibouti : « Notre drapeau, dont les couleurs / Sont le vert éternel de la terre, / Le bleu du ciel, et le blanc, / La couleur de la paix. » Des Maldives : « Nous saluons les couleurs de notre drapeau / Vert, rouge et blanc, / Qui symbolisent la victoire, la bénédiction et le succès. » Ou même de l'Albanie : « Tous unis autour du drapeau / Avec un même souhait et un même but, / Jurons sur notre honneur / De lutter pour notre salut. »

Au-delà de toutes ces valeurs, religieuse, patriotique, esthétique ou guerrière, il existe tout de même quelques hymnes réellement originaux. Ainsi l'hymne de Moldavie, écrit par un prêtre passionné d'histoire et de linguistique, qui est un véritable appel au renouveau de la langue roumaine, support de la nation : « Notre langue est un trésor qui surgit / Des profondeurs sombres du passé. [...] / Notre langue est une flamme brûlante / Parmi un peuple qui s'éveille. »

Enfin, pour finir, comment ne pas évoquer l'hymne de la Micronésie, minuscule État-archipel du Pacifique Sud, qui donne un véritable cours d'histoire et d'ethnologie en expliquant comment ces petites îles ont été peuplées jadis : « Nos jours ont commencé quand les hommes / Ont exploré les mers sur des radeaux et dans des canoës. / Notre nation est née quand les hommes ont voyagé / Sur les mers en se guidant sur les étoiles. »

Les hymnes nationaux : immuables ou en évolution ?

Et l'Europe de demain ? La question mérite d'être posée.

Dans un avenir plus ou moins proche, les Français, Belges, Espagnols et autres Allemands ne seront-ils pas des peuples comparables aux Bretons, Alsaciens et Provençaux de la France du XVIIIe siècle ? La nation Europe parviendra-t-elle à s'imposer comme a pu le faire la nation française autrefois ? Et ce jour-là, verra-t-on disparaître nos symboles français au profit de nouveaux symboles, européens ?

Aux oubliettes *La Marseillaise* ? Adieu *God Save the Queen* ? Certains doivent se révolter à cette idée et d'autres se réjouir. Mais ne voit-on pas désormais flotter aux frontons de nos écoles et dans les salons de la République le drapeau bleu de l'Europe au côté de nos trois couleurs nationales ? Est-ce un signe ? Un passage de relais ?

La nation européenne existe-t-elle ? Quelle question ! Il est certain que de Gibraltar aux forêts finlandaises, les Européens veulent vivre ensemble, prospérer ensemble et avancer ensemble. Mais est-ce suffisant ? Seul l'avenir pourra répondre à cette question.

En France, certains n'hésitent pas à exiger des paroles plus douces et moins guerrières pour *La Marseillaise*. Mais comment imaginer que l'on puisse un jour toucher à un tel symbole, à la fois national et universel ?

■ Pourtant, les hymnes sont loin d'être immuables et figés dans leurs textes. Chaque bouleversement historique permet de constater une évolution souvent importante. Qu'elle soit volontaire ou contrainte !

Après la Seconde Guerre mondiale et la défaite du IIIe Reich, les paroles et le titre de l'hymne allemand ont ainsi été supprimés par les puissances alliées. Chargées de terribles souvenirs et jugées bien trop agressives, les deux premières strophes de l'hymne, débutant par le fameux « *Deutschland über Alles* » (« l'Allemagne au-dessus de tout »), disparaissent. Seule la troisième strophe est autorisée, qui commence par un plus pacifique « Unité, droit et liberté »... Même chose en Autriche, dont le texte de l'hymne actuel est l'objet d'un concours public en 1946, après l'avènement de la nouvelle république.

Dans l'Union des républiques socialistes soviétiques, *La Marseillaise* est choisie comme hymne pendant quelques mois en 1917. Puis, jusqu'en 1944, l'hymne national de l'URSS n'est autre que *L'Internationale*. Staline la remplace peu avant la fin de la Seconde Guerre mondiale par le *Gimn Sovetskovo Soyuza* (« Hymne de l'Union soviétique »), plus « russe » et moins politique. À la chute du Mur, la fin du communisme marque la fin de l'hymne ancien, qui est remplacé par une musique plutôt anodine, mais sans texte, les autorités de Moscou revenant rapidement à l'ancien hymne soviétique, mais doté de nouvelles paroles.

En Afrique du Sud, la fin de l'apartheid et l'avènement du nouveau régime conduisent à un changement spectaculaire de l'hymne national, le chant antiapartheid *Nkosi Sikelel' iAfrika* étant accolé à *Die Stem*, hymne de l'ancien pouvoir blanc. Le nouvel hymne, chanté à la fois en xhosa, en zoulou, en sesotho, en afrikaans et en anglais, est à l'image du nouveau pays. Une image de paix et de réconciliation entre les peuples.

Les exemples de cette nature sont multiples.

Plus près de nous, la réconciliation entre les deux communautés grecque et turque de Chypre passe par un nouveau drapeau et un nouvel hymne national, symboles que les Nations unies se sont donné pour mission d'élaborer. Même chose dans les Balkans, où la fin officielle de la Yougoslavie, remplacée par la Serbie-Monténégro, vient de donner naissance à deux nouveaux hymnes.

■ À l'image des peuples, des nations et peut-être aussi des histoires qu'ils incarnent, les hymnes nationaux sont bien des entités vivantes qui naissent, vivent, se développent, évoluent et parfois meurent. Mais ce sont des symboles que nul ne pourra supprimer.

Un 14 Juillet sans « flonflons » ni bals populaires serait assurément bien triste, mais que deviendrait notre fête nationale sans que résonnent de la plus petite commune de France aux prestigieux Champs-Élysées les cuivres évocateurs de *La Marseillaise* ?

Quel que soit le continent, pourrait-on imaginer une cérémonie officielle de quelque importance – accueil d'un chef d'État ou commémoration historique civile ou militaire – sans haies de soldats rendant les honneurs au son des hymnes ? Serait-il possible de réaliser le jumelage des plus modestes villages sans que les fanfares entonnent à nouveau ces airs qui symbolisent les pays concernés ?

Et que dire des jeux Olympiques et autres grand-messes sportives à la gloire des nations, qui ne sauraient se passer de symboles tels que les drapeaux et les hymnes ? À tel point que les cérémonies protocolaires ou les présentations des équipes constituent aujourd'hui des moments clés de ces compétitions, chaque pays organisateur cherchant du mieux qu'il peut à mettre en scène de manière originale et parfois pompeuse ces instants de recueillement, avec orchestres symphoniques, ténors et cantatrices.

■ Vénérés dans la plupart des pays, les hymnes sont parfois l'objet d'un véritable culte. Il n'est pas rare qu'ils soient chantés chaque matin dans les écoles devant le drapeau du pays ou qu'ils soient interprétés en ouverture d'une manifestation sportive. Aux États-Unis, par exemple, une rencontre de football ou de base-ball sans *Star Spangled Banner* est inconcevable ! Même s'il s'agit de matchs tout à fait mineurs entre écoles ou lycées.

Dans de nombreux pays, les hymnes sont même diffusés quotidiennement sur les ondes des radios et télévisions nationales à l'ouverture et à la clôture des programmes. Ce fut longtemps le cas de la BBC elle-même !

Au même titre que les couleurs et autres emblèmes nationaux, ces musiques solidement ancrées dans nos traditions symbolisent nos pays depuis parfois plus de deux siècles. Écrits par de grands noms de la littérature ou des poètes anonymes, grandioses ou simplistes, agressifs ou bucoliques, les hymnes symbolisent toute liturgie nationale. Incontournables et proches. Indispensables et ô combien familiers ! Mélodieux ou rugueux, comparables à des marches militaires ou à des airs d'opéra, leur valeur musicale et littéraire pèchent souvent par faiblesse. On peut aussi dire que le monde les a ignorés pendant quelques millénaires.

C'est pour cela sans doute que parfois des voix s'élèvent pour en exiger la suppression pure et simple au nom de l'universalité. Mais il est un fait : les hymnes nationaux sont devenus la marque obligatoire et impérative de toute souveraineté nationale, le ciment des peuples, les piliers des nations.

Afrique

Afrique du Sud . Algérie . Angola
Bénin . Botswana . Burkina Faso
Burundi . Cameroun . Cap-Vert
République centrafricaine . Comores
Congo-Brazzaville . Congo-Kinshasa
Côte d'Ivoire . Djibouti . Égypte . Érythrée .
Éthiopie . Gabon . Gambie . Ghana . Guinée
Guinée-Bissau . Guinée équatoriale . Kenya
Lesotho . Liberia . Libye . Madagascar
Malawi . Mali . Maroc . Maurice
Mauritanie . Mozambique . Namibie
Niger . Nigeria . Ouganda . Rwanda
São Tomé et Príncipe . Sénégal
Seychelles . Sierra Leone . Somalie
Soudan . Swaziland . Tanzanie . Tchad
Togo . Tunisie . Zambie . Zimbabwe

Afrique du Sud

Pour développer le sentiment national entre ses multiples peuples et apaiser les anciennes tensions raciales si lourdes à porter, rien ni personne n'a fait plus en Afrique du Sud que… l'hymne national. Une histoire absolument unique sur le continent noir, et sans doute même dans le monde !

Le 20 avril 1994, une modification de la Constitution d'Afrique du Sud attribue en effet au pays deux hymnes nationaux jusque-là fort éloignés et totalement opposés : le très africain et très anti-apartheid *Nkosi Sikelel' iAfrika* d'un côté et, de l'autre, *Die Stem*, hymne de l'ancien pouvoir blanc, cher aux Afrikaners et aux anglophones du pays. Quelques mois plus tard, le président de la **République d'Afrique du Sud**, Frederik De Klerk, confère à la combinaison de ces deux chants le statut d'hymne national unique. Un ensemble étonnant, que l'on aurait pu considérer comme disparate, voire explosif quelques années plus tôt, mais qui marque la très forte volonté politique d'unir enfin tous les peuples d'Afrique du Sud, blancs et noirs.

■ L'hymne que l'on peut qualifier de « blanc », *Die Stem van Suid-Afrika (La Voix de l'Afrique du Sud)*, a été chanté pour la première fois le 31 mai 1928, au moment même où le drapeau du pays voyait le jour. Écrit par le poète afrikaans Cornelius Jacob Langenhoven en mai 1918, il est mis en musique par le révérend Marthinus Lourens de Villiers en 1921. Chaque jour, à la fin de ses émissions, la radio sud-africaine South African Broadcasting Corporation prend l'habitude de diffuser l'un après l'autre le *God Save the King*, en hommage à l'ancienne puissance coloniale, puis *Die Stem*. Apprécié par la population d'origine européenne et régulièrement joué en diverses occasions officielles, l'hymne anglo-afrikaner ne devient pourtant officiel que le 2 mai 1957.

De son côté, *Nkosi Sikelel' iAfrika*, Dieu bénisse l'Afrique, est né dans les régions noires et pauvres du pays. Œuvre d'un professeur méthodiste de Johannesburg, Enoch Mankayi Sontonga, qui l'écrit vers 1897, le texte de base est enrichi en 1927 par le poète Samuel Mqhayi, qui y ajoute sept autres couplets. Comme son titre le laisse entendre, il s'agit avant tout d'un chant à vocation religieuse qui témoigne de la souffrance du peuple africain. Écrit en xhosa et dans quelques-unes des nombreuses langues parlées par la communauté noire sud-africaine, le chant devient, pendant les années de lutte contre l'apartheid, un symbole de résistance. Subversif et presque clandestin, Solomon Plaatje, l'un des écrivains sud-africains les plus renommés et cofondateur de l'African National Congress (ANC), l'enregistre à Londres en 1923.

■ Lorsqu'il est joué de manière officielle, l'hymne sud-africain commence toujours par *Nkosi Sikelel' iAfrika*, chanté en xhosa, en zoulou et en sesotho. Il semble bien, d'ailleurs, qu'il n'y ait aucun texte officiel de cet hymne et que selon les langues utilisées et les régions du pays, les paroles varient régulièrement, ce qui ne paraît gêner personne. Suit alors, en afrikaans et en anglais, *Die Stem van Suid-Afrika*.

À l'origine, quand la décision d'unir les deux hymnes fut prise, sa longueur cumulée était telle que toute interprétation publique relevait d'une longue épreuve de patience. C'est donc le père de la nation nouvelle, Nelson Mandela lui-même, qui, dès son arrivée au pouvoir, exige qu'une version courte soit écrite.

Aujourd'hui, toutes les communautés d'Afrique du Sud se reconnaissent profondément et avec une grande fierté dans leur hymne double et multilingue, unique au monde.

Paroles d'Enoch Mankayi Sontonga (1860-1904)
et de Cornelius Jacob Langenhoven (1873-1932)
Musique d'Enoch Mankayi Sontonga
et de Marthinus Lourens de Villiers (1885-1977)
Adopté comme hymne national en 1994

Nkosi Sikelel' iAfrika

Nkosi sikekel' iAfrika,
Maluphakanyisw' uphondo lwayo,
Yiswa imithandazo yethu,
Nkosi sikelela, thina lusapho lwayo.

Morena boloka sechaba sa heso,
O fedise dintwa le matshwenyeho,
O se boloke, o se boloke sechaba sa heso,
Sechaba sa South Africa, South Africa.

Uit die blou van onse hemel,
Uit die diepte van ons see,
Oor ons ewige gebergtes,
Waar die kranse antwoord gee,

Sounds the call to come together,
And united we will stand,
Let us live and strive for freedom,
In South Africa our Land.

Dieu bénisse l'Afrique

Dieu bénisse l'Afrique,
Puisse sa corne s'élever vers les cieux,
Que Dieu entende nos prières
Et nous bénisse, nous Ses enfants d'Afrique.

Que Dieu bénisse notre nation,
Et qu'il supprime toute guerre et toute souffrance,
Préservez, préservez notre nation,
Préservez notre nation sud-africaine, l'Afrique du Sud.

Résonnant depuis nos cieux d'azur
Et nos mers profondes,
Au-delà de nos monts éternels
Où rebondit l'écho,

Retentit l'appel à l'unité,
Et c'est unis que nous serons,
Vivons et luttons pour que la liberté
Triomphe en Afrique du Sud, notre nation.

ALGERIE

Algérie

Écrit en 1955, au début de la guerre d'Algérie, *Nous jurons* a été interprété pour la première fois deux ans plus tard, en juillet 1957, sur les ondes de la radio tunisienne. Son auteur, Mufdi Zakariah, a longtemps vécu à Tunis, où il est l'un des trois membres fondateurs du Néo-Destour, le parti nationaliste tunisien.

■ Au début des années cinquante, en Algérie, Mufdi Zakariah rejoint différents mouvements indépendantistes, collabore à de nombreux journaux clandestins et est même arrêté à plusieurs reprises. En 1955, il adhère au Front de libération nationale (FLN), et c'est cette même année qu'il lui est demandé d'écrire un hymne à la révolution et aux combattants qui affrontent l'armée française.

■ *Nous jurons* est adopté comme hymne national par la jeune **République algérienne démocratique et populaire** dans les semaines qui suivent son accession à l'indépendance. Dans les années quatre-vingt, le président Chadli Bendjedid aurait tenté de supprimer le couplet mettant directement en cause la France (« France ! voici venu le jour où il faut rendre des comptes ! »), mais la résistance fut à ce point farouche qu'il abandonna son projet.

Paroles de Mufdi Zakariah (1908-1977)
Musique de Mohamed Fawzi (1918-1966)
Adopté comme hymne national en 1963

Version en arabe

Kassaman

قسما بالنّازلات الماحقاتْ   والدِّماء الزّاكيات الطاهراتْ
والبُنودِ اللاّمعاتِ الخافقاتْ   في الجِبال الشّامخاتِ الشاهقاتْ
نحن ثُرنا فحياةٌ أو مماتْ   وعقدنا العزمَ أن تحيا الجزائرْ
فاشهدوا...

نحن جُندٌ في سبيلِ الحقّ ثُرنَا   وإلى استقلالِنا بالحرْب قُمْنا
لمْ يكن يُصغى لنا لمّا نطقنا   فاتّخذنا رنّةَ البارُودِ وزْنا
وعزفنا نغمةَ الرشّاشِ لحنًا   وعقدنا العزمَ أن تحيا الجزائرْ
فاشهدوا...

يَا فِرنسا قد مضى وقتُ العتابْ   وطويناهُ كما يُطوى الكتابْ
يَا فِرنسا .. إن ذا يوْمُ الحسابْ   فاستعِدّي .. وخُذي منّا الجوابْ
إنّ في ثورتِنا فصلُ الخطابْ   وعقدنا العزم أن تحيا الجزائرْ
فاشهدوا...

نحنُ مِن أبطَالِنا ندفعُ جُندا   وعلى أشلائِنا نصنعُ مجدا
وعلى أرواحِنا نصعَدُ خُلدا   وعلى هاماتِنا نرفعُ بُندا
جبهةَ التحريرِ اعطيناكِ عهدا   وعقدنا العَزم أن تحيا الجزائرْ
فاشهدوا...

صرخةُ الأوطانِ من ساحِ الفِدا   فاسمعُوها واستجيبُوا لِلنِّدا
واكتبُوها بِدِماءِ الشّهَداءْ   واقرأُوها لِبَنِي الجِيلِ غدا
قدْ مَدَدْنَا لكَ يامجدُ يَدا   وعقدنا العزمَ أن تحيا الجزائرْ

Nous jurons

Nous jurons par les tempêtes dévastatrices abattues sur nous,
Par notre sang noble et pur généreusement versé,
Par les éclatants étendards flottant au vent
Sur les cimes altières de nos fières montagnes,
Que nous nous sommes dressés pour la vie ou pour la mort !
Car nous avons décidé que l'Algérie vivra.
Soyez-en témoins !

Nous sommes des combattants pour le triomphe du droit,
Pour notre indépendance, nous sommes entrés en guerre.
Nul ne prêtant l'oreille à nos revendications,
Nous les avons scandées au rythme du canon
Et martelées à la cadence des mitrailleuses,
Car nous avons décidé que l'Algérie vivra.
Soyez-en témoins !

Ô France ! le temps des palabres est révolu,
Nous l'avons clos comme on ferme un livre.
Ô France ! voici venu le jour où il faut rendre des comptes !
Prépare-toi ! voici notre réponse !
Le verdict, notre révolution le rendra,
Car nous avons décidé que l'Algérie vivra.
Soyez-en témoins !

Nos braves formeront nos bataillons,
Nos dépouilles seront la rançon de notre gloire
Et nos vies celle de notre immortalité,
Nous lèverons notre drapeau bien haut au-dessus de nos têtes.
Front de libération, nous t'avons juré fidélité,
Car nous avons décidé que l'Algérie vivra.
Soyez-en témoins !

Des champs de bataille monte l'appel de la patrie,
Écoutez-le et obtempérez !
Écrivez-le avec le sang des martyrs
Et enseignez-le aux générations à venir !
Ô gloire, vers toi nous tendons la main,
Car nous avons décidé que l'Algérie vivra.
Soyez-en témoins !

Angola

Pour marquer la fin de plusieurs décennies de guerre civile, les autorités angolaises envisagent de changer drapeau, emblème et hymne national. Un concours devrait être organisé dans les mois qui viennent pour choisir les nouveaux symboles de la **République d'Angola**. À la fin de l'année 2004, l'hymne ancien était toujours en vigueur.

Paroles de Manuel Rui Alves Monteiro (né en 1941)
Musique de Rui Alberto Vieira Dias Mingas (né en 1939)
Adopté comme hymne national en 1975

Version en portugais

Angola, avante!

O Pátria, nunca mais esqueceremos
Os heróis do quatro de Fevereio.
O Pátria, nós saudamos os teus filhos
Tombados pela nossa independência.
Honramos o passado e a nossa história,
Construindo no trabalho o homem novo,
Honramos o passado e a nossa história,
Construindo no trabalho o tomem novo.

Angola, avante!
Revolução, pelo poder popular!
Pátria unida, liberdade,
Um só povo, uma só nação!

Levantemos nossas vozes libertadas
Para glóriados povos africanos.
Marchemos, combatentes angolanos,
Solidários com os poroso primidos.
Orgulhosos lutaremos pela paz
Com as forças progressistas do mundo.
Orgulhosos lutaremos pela paz
Com as forças progressistas do mundo.

Angola, etc.

En avant, Angola !

Ô patrie, nous n'oublierons jamais
Les héros du quatre février.
Ô patrie, nous saluons tes fils
Qui sont morts pour notre indépendance.
Nous honorons le passé et notre histoire,
Comme par notre labeur nous construisons l'homme nouveau,
Nous honorons le passé et notre histoire,
Comme par notre labeur nous construisons l'homme nouveau.

En avant, Angola !
Révolution par le pouvoir du peuple !
Un pays uni, liberté !
Un peuple, une nation !

Élevons nos voix libérées
À la gloire des peuples d'Afrique.
Nous marcherons, combattants angolais,
En solidarité avec les peuples oppressés.
Nous combattrons fièrement pour la paix
Avec toutes les forces progressistes du monde.
Nous combattrons fièrement pour la paix
Avec toutes les forces progressistes du monde.

En avant, etc.

Bénin

L'hymne de la **République du Bénin** a été composé lors de l'accession à l'indépendance du pays, qui s'appelait alors le Dahomey, le 1er août 1960. Son auteur est un homme d'Église, Gilbert Dagnon, curé de la paroisse Saint-Jean de Cotonou.

Paroles et musique de Gilbert Dagnon (né en 1926)
Adopté comme hymne national en 1960

L'Aube nouvelle

Jadis à son appel, nos aïeux sans faiblesse
Ont su avec courage, ardeur, pleins d'allégresse
Livrer au prix du sang des combat éclatants.
Accourez vous aussi, bâtisseurs du présent,
Plus forts dans l'unité, chaque jour à la tâche,
Pour la postérité, construisez sans relâche.

Enfants du Bénin, debout !
La liberté d'un cri sonore
Chante aux premiers feux de l'aurore ;
Enfants du Bénin, debout !

Quand partout souffle un vent de colère et de haine,
Béninois, sois fier, et d'une âme sereine,
Confiant dans l'avenir, regarde ton drapeau !
Dans le vert tu liras l'espoir du renouveau,
De tes aïeux le rouge évoque le courage ;
Des plus riches trésors le jaune est le présage.

Enfants du Bénin, etc.

Tes monts ensoleillés, tes palmiers, ta verdure,
Cher Bénin, partout font ta vive parure.
Ton sol offre à chacun la richesse des fruits.
Bénin, désormais que tes fils tous unis
D'un fraternel élan partagent l'espérance
De te voir à jamais heureux dans l'abondance.

Enfants du Bénin, etc.

BOTSWANA

Botswana

L'hymne de la **République du Botswana** est adopté le 30 septembre 1966, jour de l'accession à l'indépendance de cet ancien protectorat anglais du sud de l'Afrique, connu jusque-là sous le nom de Bechuanaland.

Paroles et musique de
Kgalemang Tumedisco Motsete (1900-1974)
Adopté comme hymne national en 1966

Version en tswana

Fatshe leno la rona

Fatshe leno la rona,
Ke mpho ya Modimo,
Ke boswa jwa borraetsho;
A le nne ka kagiso.

Tsogang, tsogang! banna, tsogang!
Emang, basadi, emang, tlhagafalang!
Re kopaneleng go direla
Lefatshe la rona.

Ina lentle la tumo
La chaba ya Botswana,
Ka kutlwano le kagisano,
E bopagantswe mmogo.

Tsogang, etc.

Version en anglais

Blessed Be This Noble Land

Blessed be this noble land,
Gift to us from God's strong hand,
Heritage our fathers left to us,
May it always be at peace.

Awake, awake, o men, awake!
And women close beside them stand,
Together we'll work and serve
This land, this happy land!

Word of beauty and of fame,
The name Botswana to us came.
Through our unity and harmony,
We'll remain at peace as one.

Awake, etc.

Bénie soit cette noble terre

Bénie soit cette noble terre,
Don de la puissante main de Dieu,
Héritage que nous ont laissé nos pères,
Puisse-t-elle toujours être en paix.

Éveillez-vous, éveillez-vous, ô hommes, éveillez-vous !
Et, femmes, tenez-vous à leurs côtés,
Ensemble, nous allons travailler et servir
Cette terre, cette heureuse terre !

Mot de beauté et de gloire,
Le nom de Botswana est venu à nous.
Par notre unité et notre harmonie,
Nous resterons unis et en paix.

Éveillez-vous, etc.

Burkina Faso

Arrivé au pouvoir à la suite d'un coup d'État en août 1983, le capitaine Thomas Sankara engage une « révolution démocratique et populaire » pour sortir son pays, la Haute-Volta, l'un des plus pauvres de la planète, de la misère et de la corruption. Un an plus tard, il en change le nom en **Burkina Faso** – le « pays des hommes intègres » – ainsi que tous les symboles nationaux. À cette occasion, Thomas Sankara écrit lui-même les paroles de l'hymne national, aux accents résolument révolutionnaires. Le jeune capitaine de trente-huit ans est assassiné le 15 octobre 1987, mais son hymne sera conservé.

(Extrait)

Paroles de Thomas Sankara (1949-1987)
Musique traditionnelle
Adopté comme hymne national en 1984

Une seule nuit

Contre la férule humiliante, il y a déjà mille ans,
La rapacité venue de loin les asservir il y a cent ans,
Contre la cynique malice métamorphosée
En néocolonialisme et ses petits servants locaux,
Beaucoup flanchèrent et certains résistèrent.
Mais les échecs, les succès, la sueur, le sang
Ont fortifié notre peuple courageux et fertilisé sa lutte héroïque.

Et une seule nuit a rassemblé en elle
L'histoire de tout un peuple.
Et une seule nuit a déclenché sa marche triomphale
Vers l'horizon du bonheur.
Une seule nuit a réconcilié notre peuple,
Avec tous les peuples du monde,
À la conquête de la liberté et du progrès,
La patrie ou la mort, nous vaincrons !

Nourris à la source vive de la révolution,
Les engagés volontaires de la liberté et de la paix,
Dans l'énergie nocturne et salutaire du quatre août,
N'avaient pas que les armes à la main, mais aussi et surtout
La flamme au cœur pour légitimement libérer
Le Faso à jamais des fers de tous ceux qui,
Çà et là, en polluaient l'âme sacrée de l'indépendance, de la souveraineté.

Et une seule nuit, etc.

Et séant désormais en sa dignité recouvrée,
L'amour et l'honneur en partage avec l'humanité,
Le peuple du Burkina chante un hymne à la victoire,
À la gloire du travail libérateur, émancipateur.
À bas l'exploitation de l'homme par l'homme !
Hé, en avant pour le bonheur de tout homme,
Par tous les hommes aujourd'hui et demain,
Par tous les hommes ici et pour toujours !

Et une seule nuit, etc.

Révolution populaire notre sève nourricière,
Maternité immortelle du progrès à visage d'homme,
Foyer éternel de démocratie consensuelle,
Où enfin l'identité nationale a droit de cité,
Où pour toujours l'injustice perd ses quartiers,
Et où, des mains des bâtisseurs d'un monde radieux
Mûrissent partout les moissons de vœux patriotiques, brillent les soleils infinis de joie.

Et une seule nuit, etc.

Burundi

Version en kirundi

Burundi Bwâcu

Burundi Bwâcu, Burundi buhire,
Shinga icúmu mu mashinga.
Gaba intahe y'úbugabo ku bugingo,
Warápfunywe ntíwapfúye.
Waráhabishijwe ntíwahababuka
Uhagurukana, uhagurukana, uhagurukana, ubugabo urîkukira.
Komerwamashyí n'ámakúngu,
Habwa impundu nâbâwe.
Isamírane mu mashinga, isamírane mu mashinga.

Burundi Bwâcu, rági ry'ábasôkúru,
Ramutswa intahe n'íbihúgu,
Ufatanije ishyaka n'ubú hizi.
Vuza impundu wiganzuye uwakúganza uwakúganza.

Burundi Bwâcu, nkóramútima kurí twese,
Tugutuye amabóko, umítima n'úbuzima.
Imâna yakúduhaye ikudútungire.
Horana umwami n'ábagabo n'ítekane, sagwa n'úrweze, sagwa n'ámahóro mezá.

Comme son voisin le Rwanda, la **République du Burundi** a terriblement souffert de longues années de guerre civile. Chanté chaque matin par les écoliers du pays, l'hymne national devient aujourd'hui un outil de rassemblement de la population, message d'espoir et de concorde pour un avenir pacifique.

Cher Burundi

Cher Burundi, ô doux pays,
Prends place dans le concert des nations.
En tout bien, tout honneur, accédé à l'indépendance,
Mutilé et meurtri, tu es demeuré maître de toi-même.
L'heure venue, tu t'es levé
Et fièrement tu t'es hissé au rang des peuples libres.
Reçois donc le compliment des nations,
Agrée l'hommage de tes enfants.
Qu'à travers l'univers retentisse ton nom.

Cher Burundi, héritage sacré de nos aïeux,
Reconnu digne de te gouverner,
Au courage tu allies le sentiment de l'honneur.
Chante la gloire de ta liberté reconquise.

Cher Burundi, digne objet de notre plus tendre amour,
À ton noble service nous vouons nos bras, nos cœurs et nos vies.
Veuille Dieu, qui nous a fait don de toi, te conserver à notre vénération.
Sous l'égide de l'unité, dans la paix, la joie et la prospérité.

Paroles écrites en commun sous la direction
de Jean-Baptiste Ntahokaja (né en 1920)
Musique de Marc Barengayabo (né en 1934)
Adopté comme hymne national en 1962

CAMEROUN

Cameroun

L'hymne de la **République du Cameroun** a été écrit longtemps avant que ce grand pays bilingue d'Afrique centrale n'accède à l'indépendance. *Le Chant de ralliement* aurait en effet été composé dans les années trente par des étudiants nationalistes opposés à la double tutelle coloniale de la France et de la Grande-Bretagne. Des années plus tard, lorsque la France crée l'Assemblée représentative du Cameroun, le 25 octobre 1946, le chant gagne en popularité et acquiert une grande notoriété, aussi bien dans sa version française qu'en anglais. Il faudra cependant attendre le 10 mai 1957 pour que l'assemblée camerounaise choisisse officiellement le drapeau, la devise et l'hymne national du pays. En 1978, la version originale de l'hymne est légèrement modifiée pour supprimer des mots tels que « barbarie » ou « sauvagerie », qui n'ont plus lieu d'être, et les remplacer par des expressions plus consensuelles.

Paroles de René Djam Afame (1910-1981)
Musique de René Djam Afame, Moïse Nyatte Nko'o (1910-1978)
et Samuel Minkio Bamba (né en 1911)
Adopté comme hymne national en 1957

Version en anglais

The Rallying Song

O Cameroon, thou cradle of our fathers,
Holy shrine where in our midst they now repose,
Their tears and blood and sweat thy soil did water,
On thy hills and valleys once their tillage rose.
Dear fatherland, thy worth no tongue can tell!
How can we ever pay thy due?
Thy welfare we will win in toil and love and peace,
Will be to thy name ever true!

Land of promise, land of glory!
Thou, of life and joy, our only store!
Thine be honour, thine devotion,
And deep endearment, for evermore.

From Shari, from where the Mungo meanders
From along the banks of lowly Boumba Stream,
Muster thy sons in union close around thee,
Mighty as the Buea Mountain be their team;
Instil in them the love of gentle ways,
Regret for errors of the past;
Foster, for mother Africa, a loyalty
That true shall remain to the last.

Land of Promise, etc.

Le Chant de ralliement

Ô Cameroun, berceau de nos ancêtres,
Va, debout et jaloux de ta liberté.
Comme un soleil, ton drapeau fier doit être
Un symbole ardent de foi et d'unité.
Que tous tes enfants du nord et sud,
De l'est à l'ouest soient tout amour !
Te servir que ce soit le seul but
Pour remplir leur devoir toujours.

Chère patrie, terre chérie,
Tu es notre seul et vrai bonheur,
Notre joie, notre vie,
À toi l'amour et le grand honneur.

Tu es la tombe où dorment nos pères,
Le jardin que nos aïeux ont cultivé.
Nous travaillons pour te rendre prospère,
Un beau jour enfin nous serons arrivés.
De l'Afrique sois fidèle enfant
Et progresse toujours en paix,
Espérant que tes jeunes enfants
T'aimeront sans bornes à jamais.

Chère patrie, etc.

Cap-Vert

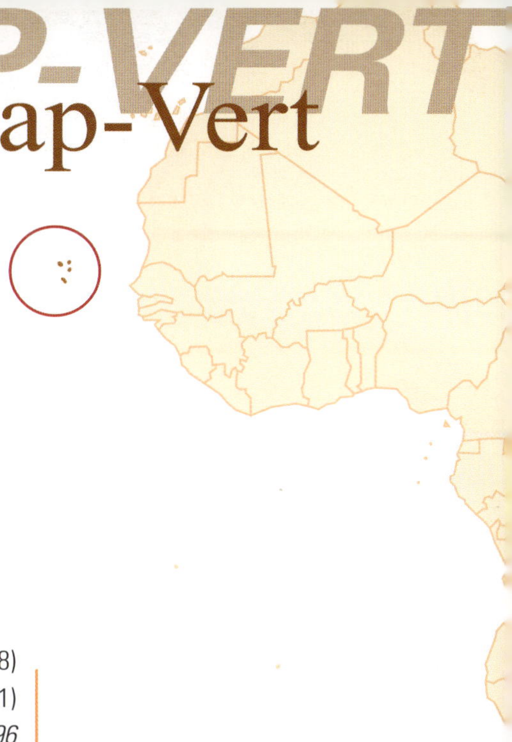

Lors de son accession à l'indépendance en 1975, la **République du Cap-Vert** possède le même hymne national que la Guinée-Bissau voisine. Les deux pays sont d'anciennes colonies portugaises ayant lutté conjointement pour obtenir leur autonomie. Une union fut même un temps projetée, mais les relations entre les îles du Cap-Vert et la Guinée continentale ne cessèrent de se détériorer. En 1996, un nouveau drapeau et un nouvel hymne, *Le Chant de la liberté*, sont adoptés par le Cap-Vert.

Paroles d'Amilcar Spencer Lopes (né en 1948)
Musique d'Adalberto Higino Tavares Silva (né en 1961)
Adopté comme hymne national en 1996

Version en portugais

Cântico da liberdade

Canta, irmão,
Canta meu irmão
Que a liberdade é hino
E o homem a certeza.

Com dignidade, enterra a semente
No po da ilha nua:
No despenhadeiro da vida
A esperança e do tamanho
Do mar que nos abraça.
Sentinela de mares e ventos perseverante
Entre estrelas e o Atlântico
Entoa o cântico da liberdade.

Canta, irmão, etc.

Le Chant de la liberté

Chante, frère,
Chante mon frère
Car la liberté est un hymne
Et l'homme une certitude.

Avec dignité, plante la graine
Dans la poussière de l'île nue :
Ne désespère pas de la vie
L'espoir est aussi vaste
Que la mer qui nous entoure.
Sentinelle inébranlable des mers et des vents
Entre les étoiles et l'Atlantique
Chante le chant de la liberté.

Chante, frère, etc.

République centrafricaine

En 1958, tout en restant intégrée au sein de la Communauté française, l'ancienne colonie française de l'Oubangui-Chari devient **République centrafricaine.** Située comme son nom l'indique au cœur de l'Afrique, la jeune république ne devient réellement indépendante que le 13 août 1960. Elle se dote alors de symboles nationaux, dont cet hymne à la gloire de l'unité du peuple bantou.

Dans sa courte histoire, le pays va connaître de nombreux épisodes mouvementés, dont plusieurs coups d'État, mais aussi une étonnante période impériale, avec le règne de Bokassa Ier dans les années soixante-dix.

Paroles de Barthélemy Boganda (1910-1959)
Musique d'Herbert Pepper (né en 1912)
Adopté comme hymne national en 1960

La Renaissance

Ô Centrafrique, ô berceau des Bantous !
Reprends ton droit au respect, à la vie !
Longtemps soumis, longtemps brimé par tous,
Mais de ce jour brisant la tyrannie,
Dans le travail, l'ordre et la dignité,
Tu reconquiers ton droit, ton unité,
Et pour franchir cette étape nouvelle,
De nos ancêtres la voix nous appelle.

Au travail dans l'ordre et la dignité,
Dans le respect du droit, dans l'unité,
Brisant la misère et la tyrannie,
Brandissant l'étendard de la patrie.

COMORES

Comores

C'est par référendum, en décembre 1974, que l'archipel des Comores se déclare favorable à l'indépendance et souhaite se séparer de la France. Seule une île, Mayotte, vote à 64 % son maintien dans la République française. Le 6 juillet 1975, le reste de l'archipel devient donc indépendant. Le nouvel hymne national reflète la volonté d'unité autour d'une même religion, l'islam. En décembre 2001, la République fédérale islamique des Comores deviendra l'**Union des Comores**.

Paroles de Said Hachim Sidi Abderemane (né en 1942)
Musique de Said Hachim Sidi Abderemanede et de Kamildine Abdallah (1943-1982)
Adopté comme hymne national en 1978

L'Union des grandes îles

Au faîte le drapeau flotte,
Appelle à la liberté totale.
La nation apparaît,
Force d'une même religion au sein des Comores.
Vivons dans l'amour réciproque dans nos îles.

Les Comoriens issus de même sang,
Nous embrassons la même idéologie religieuse.
Les îles où nous somme nés !
Les îles qui nous ont prodigué la bonne éducation.
Dieu y a apporté son aide.
Conservons notre unité pour l'amour de la patrie,
Amour pour la religion
Et pour l'évolution.

Au faîte le drapeau flotte
Depuis le six du mois de juillet
La nation apparaît,
Les îles devenues souveraines :
Maore, N'Dzuani, Mwali et N'Gazidja.
Gardons notre amour pour les îles.

Congo-Brazzaville

Créé le 4 novembre 1959, peu de temps après le référendum permettant son accès à l'indépendance, l'hymne de la future **République du Congo** a été inspiré par un journaliste congolais, Georges Kimbangui. Retravaillées, les paroles et la musique ont été soumises à un vote de l'Assemblée nationale, puis adoptées officiellement lors de l'accession du pays à l'indépendance le 15 août 1960.

Selon un député ayant adopté le texte, *La Congolaise* « chante au cœur de tous les Congolais l'amour du prochain, aux gouvernants l'esprit de justice et d'équité sociale, aux nouvelles générations l'esprit de sacrifice pour que vive le Congo, dans l'unité, le travail et le progrès ».

La Congolaise

En ce jour, le soleil se lève
Et notre Congo resplendit.
Une longue nuit s'achève,
Un grand bonheur a surgi.
Chantons tous avec ivresse
Le chant de la liberté.

Congolais, debout, fièrement, partout
Proclamons l'union de notre nation.
Oublions ce qui nous divise,
Soyons plus unis que jamais
Vivons pour notre devise :
Unité, Travail, Progrès.
Vivons pour notre devise :
Unité, Travail, Progrès.

Des forêts jusqu'à la savane,
Des savanes jusqu'à la mer,
Un seul peuple, une seule âme,
Un seul cœur ardent et fier,
Luttons tous, tant que nous sommes,
Pour notre vieux pays noir.

Congolais, debout, etc.

Et s'il nous faut mourir, en somme,
Qu'importe puisque nos enfants
Partout pourront dire comme
On triomphe en combattant,
Et dans le moindre village
Chantent sous nos trois couleurs.

Congolais, debout, etc.

Paroles et musique de Jean Royer,
Jacques Tondra et Jo Spadilière
Adopté comme hymne national
en 1962, puis en 1991

CONGO-K.

Congo-Kinshasa

Adopté lors de l'accession de l'ancien Congo belge à l'indépendance en 1960, *Debout Congolais* est resté l'hymne national jusqu'en 1971. Cette année-là, le pays change de nom et devient le Zaïre. Le président de l'époque, Mobutu Sese Seko, interdit les prénoms chrétiens et les appellations « monsieur » et « madame ». Les Zaïrois s'appellent désormais « citoyen » et « citoyenne ». Tout naturellement, le pays sc dote d'un nouvel hymne, *La Zaïroise*.

En 1997, après la prise de pouvoir de Laurent-Désiré Kabila et la chute de Mobutu, la **République démocratique du Congo** voit le jour et reprend l'hymne ancien de 1960. Notons que les deux hymnes *Debout Congolais* et *La Zaïroise* ont pour auteur-compositeur le même homme, le père Simon-Pierre Boka di Mpasi, jésuite originaire du bas Congo.

Paroles de Joseph Lutumba
Musique de l'abbé Simon-Pierre Boka di Mpasi Londi (né en 1929)
Adopté comme hymne national en 1960, puis en 1997

Debout Congolais

Debout Congolais,
Unis par le sort,
Unis dans l'effort pour l'indépendance,
Dressons nos fronts longtemps courbés
Et pour de bon prenons le plus bel élan, dans la paix.
Ô peuple ardent, par le labeur, nous bâtirons un pays plus beau qu'avant, dans la paix.

Citoyens, entonnez l'hymne sacré de votre solidarité,
Fièrement, saluez l'emblème d'or de votre souveraineté, Congo.

Don béni (Congo) des aïeux (Congo),
Ô pays (Congo) bien-aimé (Congo),
Nous peuplerons ton sol et nous assurerons ta grandeur.
(Trente juin) ô doux soleil (trente juin) du trente juin,
(Jour sacré) sois le témoin (jour sacré) de l'immortel serment de liberté
Que nous léguons à notre postérité pour toujours.

La Katangaise

La province du Katanga, qui tente de faire sécession du Congo dans les années soixante, proclame son indépendance et se dote d'un drapeau et d'un hymne national.

Allons, allons, marchons, Katangais valeureux,
Le soleil s'est levé sur le sol des aïeux,
Vieille terre ancestrale. Du ciel aux profondeurs,
Tu revis opulente à l'appel du bonheur.

Enfants du Katanga, *(bis)*
Défendez-le jusqu'à la mort !
Rendez-le fier, rendez-le fort,
Avec vos bras et votre sang,
Avec vos dents.

Allons, allons, marchons, Katangais valeureux.
L'ennemi destructeur, tel un lion furieux,
Rôde sur nos frontières. Que votre valeur guerrière
Maintienne hors du pays la fatale oppression.

Enfants du Katanga, etc.

Allons, allons, marchons, Katangais valeureux.
Notre bannière au vent, symbole pour tous ceux
Que ses riches croisettes et sa verte jeunesse
Sa rouge force aussi soulèvent d'allégresse.

Enfants du Katanga, etc.

Côte d'Ivoire

Adoptée en 1960, lors de l'accession de la **République de Côte d'Ivoire** à l'indépendance, *L'Abidjanaise* a toujours été l'hymne ivoirien, même après que la capitale a cessé d'être Abidjan au profit de la petite ville de Yamoussoukro, au centre du pays. Très officiellement, il est recommandé par les autorités ivoiriennes que *L'Abidjanaise*, hymne qui « exalte la grandeur de la Côte d'Ivoire, terre d'espérance, pays d'hospitalité, de paix et de dignité grâce à la vaillance de nos combattants de la liberté », soit chantée « sans complexe et avec fierté ». Tout citoyen devant alors impérativement se lever...

Paroles de l'abbé Mathieu Ekra (né en 1917),
Joachim Bony (né en 1927) et Pierre-Marie Coty (né en 1927)
Musique de Pierre-Michel Pango (né en 1926) et de Pierre-Marie Coty
Adopté comme hymne national en 1960

L'Abidjanaise

Salut ô terre d'espérance,
Pays de l'hospitalité.
Tes légions remplies de vaillance
Ont relevé ta dignité.

Tes fils, chère Côte d'Ivoire,
Fiers artisans de ta grandeur,
Tous rassemblés et pour ta gloire
Te bâtiront dans le bonheur.

Fiers Ivoiriens, le pays nous appelle.
Si nous avons dans la paix ramené la liberté,
Notre devoir sera d'être un modèle
De l'espérance promise à l'humanité
En forgeant, unis dans la foi nouvelle,
La patrie de la vraie fraternité.

DJIBOUTI

Djibouti

En 1977, l'ancienne Côte française des Somalis, devenue ensuite Territoire français des Afars et des Issas, accède à l'indépendance. La jeune **République de Djibouti** adopte alors un hymne tout à la gloire de son nouveau drapeau.

Paroles d'Aden Elmi (né en 1950)
Musique d'Abdi Robleh (né en 1945)
Adopté comme hymne national en 1977

Notre drapeau

Surgissez avec force ! Pour nous, hissez le drapeau,
Ce drapeau qui nous a tant coûté
Jusqu'à la soif et dans la souffrance.

Notre drapeau, dont les couleurs sont le vert éternel de la terre,
Le bleu du ciel et le blanc, la couleur de la paix,
Et au centre l'étoile rouge du sang versé.

Ô notre drapeau, quelle vision glorieuse !

Version en somali

Hinjinne u sara kaca,
Calankaan harraad iyo
Haydaar u mudateen.

Hir cagaarku qariyayiyo habkay samadu tahayoo,
Xiddig dhi igleh hoorshoo,
Caddaan lagu hadheeyaay.

Maxaa haybad kugu yaal!

Égypte

À son arrivée au pouvoir, peu après la révolution de 1952 qui exile le roi Farouk, le raïs Gamal Abdel Nasser choisit comme hymne national un véritable chant de guerre et de lutte écrit par Ahmed Chafik Kamel. Après la mort de Nasser, Anouar el-Sadate, homme de paix, veut changer l'hymne et confie à l'un des plus grands musiciens du pays la mission d'en écrire un nouveau. Mais ce dernier retrouve en fait une chanson patriotique ancienne, particulièrement célèbre sur les bords du Nil. Écrite lors de l'exil du leader Saad Zaghloul après les mouvements révolutionnaires des années vingt contre l'occupation anglaise, elle chante avant tout et très simplement l'amour de la patrie. Sadate en fera l'hymne national de la **République arabe d'Égypte**.

Paroles et musique de Sayed Darwish (1892-1923)
Adopté comme hymne national en 1979

Ma patrie

Ma patrie, ma patrie, ma patrie consacrée,
À toi seule est dédié mon amour chaleureux.
(bis)

Égypte, mère du grand pays ancien,
Mon souhait sacré et ma sainte demande,
Tous doivent t'aimer, te respecter et te chérir,
Élégant est ton Nil envers l'humanité.

Aucune main malveillante ne peut te nuire ou te tromper
Tant que tes fils libres sont forts.

Ma patrie, ma patrie, ma patrie consacrée,
À toi seule est dédié mon amour chaleureux.

Version en arabe
Biladi, Biladi, Biladi

بلادى بــــــــلادى بــــــــلادى

لــــــك حــــبى وفــــــــــؤادى
بلادى بــــــــلادى بــــــــلادى
لــــــك حــــبى وفــــــــــؤادى

مصر يــــــا أم البــــــــلاد
أنــــت غــــايتى والمــــــراد
وعلى كــــل العبــــــــاد

كم لــديلــــــــك مــــن أيــــــاد

ERYTHREE

Érythrée

En 1993, au terme de trente années d'une guerre impitoyable pour arracher son indépendance à l'Éthiopie, l'**État d'Érythrée** devient souverain et se dote de symboles nationaux, dont cet hymne à la gloire de sa victoire.

Paroles de Solomon Tsehaye Beraki (né en 1956)
Musique d'Isaac Abraham Meharezgi (né en 1944)
et d'Aron Tekle Tesfatsion (né en 1963)
Adopté comme hymne national en 1993

Érythrée, Érythrée, Érythrée

Érythrée, Érythrée, Érythrée,
Ses ennemis barbares décimés
Et ses sacrifices justifiés par la libération.

Résolue dans ses buts
Symbolisant l'endurance
Érythrée, la fierté des peuples opprimés,
A prouvé que la vérité triomphe !

Érythrée, Érythrée, Érythrée,
A trouvé sa place légitime dans le monde.

Version en tigrigna

Ertra, Ertra, Ertra

ኤርትራ ኤርትራ ኤርትራ
በዓል ደማ ኣናልቀስ ተደምሲሱ
መስዋእታ ብሓርነት ተደሲሱ

መዋኣል ነኺሳ ኣብ ዕላማ
ትእምርቲ ጽንዓት ኰይኑ ስማ
ኤርትራ'ዛ ሓበን ዉጹዓት
ኣመስኪራ ሓቂ ከምትዕወት

ኤርትራ ኤርትራ ኤርትራ
ኣብ ዓስም ጨቢጣቶ ግቡእ   ኩበራ

Éthiopie

Après le renversement de l'empereur Hailé Sélassié en 1974, l'ancien hymne éthiopien, composé en 1926 par un Arménien du nom de Kevork Nalbandian et tout à la gloire du négus, « Roi des rois », devenait obsolète. Les militaires marxistes arrivés au pouvoir lui préfèrent alors un hymne aux accents plus révolutionnaires. Mais au début des années quatre-vingt-dix, avec la chute du colonel Mengistu Hailé Mariam, les autorités d'Addis-Abeba, capitale de la **République fédérale démocratique d'Éthiopie**, se choisissent un hymne bien plus consensuel, qui est toujours en vigueur aujourd'hui.

Paroles de Dereje Melaku Mengesha (né en 1957)
Musique de Solomon Lulu Mitiku (né en 1950)
Adopté comme hymne national en 1992

Version en amharique

Whedefit gesgeshi woude Henate Ethiopia

የዜግነት ክብር--በኢትዮጵያችን ጸንቶ፣
ታየ ህዝባዊነት--ዳር እስከዳር በርቶ::

ለሰላም ለፍትህ--ለህዝቦች ነጻነት፣
በእኩልነት በፍቅር--ቆመናል በአንድነት::
መሰረተ ጽኑ--ሰብእናን ያልሻርን፣
ህዝቦች ነን--ለሥራ በሥራ የኖርን::

ድንቅ የባህል መድረክ--የአኩሪ ቅርስ ባለቤት፣
የተፈጥሮ ጸጋ--የጀግና ህዝብ እናት::

እንጠብቅሻለን--አለብን አደራ፣
ኢትዮጵያችን ኑሪ--እኛም ባንቺ እንኩራ!!!

En avant, chère mère Éthiopie

Le respect de la citoyenneté est fort dans notre Éthiopie ;
D'un bout à l'autre du pays brille la fierté nationale.
Nous nous tenons unis pour la paix, pour la justice,
Pour la liberté des peuples, dans l'égalité et dans l'amour.
Solides sur nos fondations, nous ne rejetons pas l'humanité ;
Nous sommes des gens qui vivons par le travail.
Merveilleuse est la voie de la tradition, maîtresse d'un fier héritage,
Mère de naturelle vertu, mère d'un peuple valeureux.
Nous te protégerons – c'est notre devoir ;
Que vive notre Éthiopie ! Et soyons fiers de toi !

Gabon

C'est à l'un des musiciens nationaux les plus dynamiques et certainement les plus talentueux que revient d'écrire, peu avant l'indépendance, l'hymne de la **République gabonaise**. Un hymne dont le titre et les paroles appellent à la fraternité et à l'effort.

Paroles et musique de Georges Aleka Damas (1902-1982)
Adopté comme hymne national en 1960

La Concorde

Uni dans la concorde et la fraternité,
Éveille-toi, Gabon, une aurore se lève,
Encourage l'ardeur qui vibre et nous soulève !
C'est enfin notre essor vers la félicité. *(bis)*

Éblouissant et fier, le jour sublime monte
Pourchassant à jamais l'injustice et la honte.
Qu'il monte, monte encore et calme nos alarmes,
Qu'il prône la vertu et repousse les armes.

Uni dans la concorde, etc.

Oui, que le temps heureux rêvé par nos ancêtres
Arrive enfin chez nous, réjouisse les êtres,
Et chasse les sorciers, ces perfides trompeurs
Qui semaient le poison et répandaient la peur.

Uni dans la concorde, etc.

Afin qu'aux yeux du monde et des nations amies
Le Gabon immortel reste digne d'envie,
Oublions nos querelles, ensemble bâtissons
L'édifice nouveau auquel tous nous rêvons.

Uni dans la concorde, etc.

Des bords de l'océan au cœur de la forêt,
Demeurons vigilants, sans faiblesse et sans haine !
Autour de ce drapeau, qui vers l'honneur nous mène,
Saluons la patrie et chantons sans arrêt !

Uni dans la concorde, etc.

Gambie

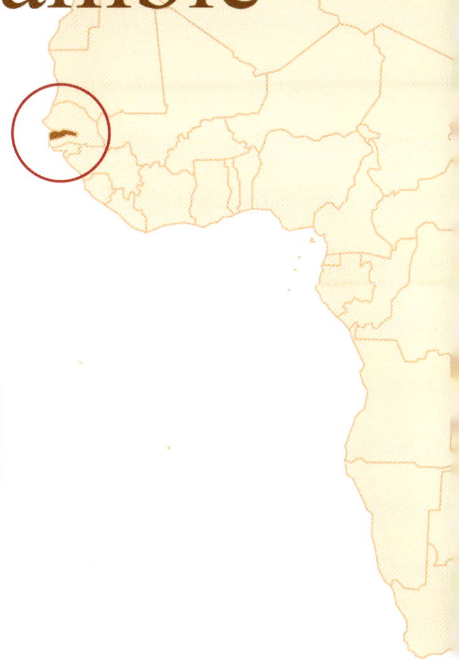

L'hymne de la **République de Gambie**, petit pays enclavé dans le Sénégal, à l'ouest de l'Afrique, a été composé à l'occasion de son indépendance. Les auteurs se sont inspirés d'un chant traditionnel mandingue qui s'intitule *Foday Kaba Dumbuya* et qui rend hommage à l'un des opposants les plus farouches à la domination britannique au XIXe siècle.

Paroles de Virginia Julie Howe (née en 1927)
Musique de Jeremy Frederick Howe (né en 1929)
Adopté comme hymne national en 1965

Version en anglais

For the Gambia, Our Homeland

For the Gambia, our homeland,
We strive and work and pray,
That all may live in unity,
Freedom and peace each day.
Let justice guide our actions
Towards the common good,
And join our diverse peoples
To prove man's brotherhood.

We pledge our firm allegiance,
Our promise we renew;
Keep us, great God of nations,
To the Gambia ever true.

Pour la Gambie, notre patrie

Pour la Gambie, notre patrie,
Nous luttons, travaillons et prions
Pour que tous puissent vivre dans l'unité,
La liberté et la paix chaque jour.
Que la justice guide nos actions
Vers le bien commun,
Et unissons nos différents peuples
Pour prouver la fraternité des hommes.

Nous faisons fermement allégeance,
Nous renouvelons notre promesse ;
Garde-nous, grand Dieu des nations,
À la Gambie toujours authentique.

Ghana

L'hymne de la **République du Ghana** a été composé peu avant l'indépendance du pays, en mars 1957, alors que celui-ci était encore appelé Côte-de-l'Or. En 1966, à la suite d'un coup d'État, la mélodie de l'hymne est conservée, mais les paroles originales de Philip Gbeho sont supprimées. Le gouvernement fait alors appel à un Comité de sélection pour écrire de nouvelles paroles, toujours en vigueur.

Paroles écrites par une commission gouvernementale
Musique de Philip Comi Gbeho (1904-1976)
Adopté comme hymne national en 1957

Saluons le nom du Ghana

Dieu bénisse le Ghana, notre patrie,
Et en fasse une grande et forte nation,
Hardie à défendre pour toujours
La cause de la liberté et du droit ;
Qu'il remplisse nos cœurs d'une réelle humilité,
Nous fasse chérir sans peur l'honnêteté,
Et nous aide à résister à la domination des oppresseurs
Avec toute notre volonté et peut-être plus encore.

Saluons ton nom, ô Ghana,
À toi nous faisons notre promesse solennelle :
Résolus à construire ensemble
Une nation forte et unie ;
Avec le don de l'esprit et la force de nos bras,
Jour et nuit, au milieu de la tempête,
Quels que soient le besoin et la raison de l'appel,
Pour te servir, Ghana, maintenant et toujours.

Que flotte haut le drapeau du Ghana,
Uni avec l'Afrique qui progresse ;
Étoile noire de l'espoir et de l'honneur,
Pour tous ceux qui ont soif de liberté ;
Où la bannière du Ghana flotte librement,
Puisse s'étendre la route de la liberté.
Debout, debout, ô fils du Ghana,
Marchons à jamais sous la protection de Dieu !

Version en anglais

Hail the Name of Ghana

God bless our homeland Ghana,
And make our nation great and strong,
Bold to defend forever
The cause of freedom and of right;
Fill our hearts with true humility,
Make us cherish fearless honesty,
And help us to resist oppressors' rule
With all our will and might evermore.

Hail to thy name, o Ghana,
To thee we make our solemn vow:
Steadfast to build together
A nation strong in unity;
With our gifts of mind and strength of arm,
Whether night or day, in the midst of storm,
In ev'ry need whate'er the call may be,
To serve thee, Ghana, now and evermore.

Raise high the flag of Ghana,
And one with Africa advance;
Black star of hope and honor,
To all who thirst for liberty;
Where the banner of Ghana free flies,
May the way to freedom truly lie;
Arise, arise, o sons of Ghanaland,
And under God march on for evermore!

Guinée

Roi de Labé, dans les montagnes du Fouta-Djalon, à l'est de la Guinée, Alfa Yaya Diallo est l'un des personnages les plus marquants de cette région de l'Afrique au XIXe siècle. Tour à tour ouvert aux colonisateurs français, puis farouche opposant, il cherche avant tout à asseoir son pouvoir sur le pays. On raconte que c'est de manière spontanée, en chantant ses louanges devant lui, que Sory Kandia Kouyaté, l'un des griots les plus célèbres de l'époque, lance les premières notes d'un chant qui sera repris et dansé par les habitants de Conakry, puis par l'ensemble de la province, de village en village. Alfa Yaya sera déporté par les Français en Mauritanie, où il trouvera la mort.

Lors de l'accession de la jeune **République de Guinée** à l'indépendance en 1958, le vieux chant est repris et réécrit par le ministre de la Défense de l'époque, Fodeba Keita, pour devenir hymne national, la mélodie étant composée par un professeur de musique du lycée de Conakry.

Paroles de Fodeba Keita (1925-1970)
Musique de Jacques Cellier
Adopté comme hymne national en 1958

Liberté

Peuple d'Afrique !
Le passé historique !
Que chante l'hymne de la Guinée fière et jeune,
Illustre épopée de nos frères
Morts au champ d'honneur en libérant l'Afrique !
Le peuple de Guinée prêchant l'unité
Appelle l'Afrique.
Liberté ! C'est la voix d'un peuple
Qui appelle tous ses frères à se retrouver.
Liberté ! C'est la voix d'un peuple
Qui appelle tous ses frères de la grande Afrique.
Bâtissons l'unité africaine dans l'indépendance retrouvée.

Guinée-Bissau

Né de père capverdien et de mère guinéenne, Amilcar Lopes Cabral a écrit l'hymne national commun de ses deux pays d'origine, anciennes colonies portugaises d'Afrique occidentale. Militant actif des droits de l'homme et brillant homme de lettres, il est l'un des grands théoriciens de la révolution africaine dans les années cinquante et soixante. À la tête de la lutte anti-coloniale, il est directement à l'origine des indépendances de la **République de Guinée-Bissau** et des îles du Cap-Vert. Indépendances qu'il ne connaîtra pas, puisqu'il est assassiné à Conakry en janvier 1973.

Paroles et musique d'Amilcar Lopes Cabral (1924-1973)
Adopté comme hymne national en 1975

Version en portugais

Esta é a nossa pátria bem amada

Sol, suor e o verde e mar,
Séculos de dor e esperança:
Esta é a terra dos nossos avós!
Fruto das nosas mãos,
Da flôr do nosso sangue:
Esta é a nossa pátria amada.

Viva a pátria gloriosa!
Floriu nos céus a bandeira da luta.
Avante, contra o jugo estrangeiro!
Nós vamos construir
Na patria immortal
A paz e o progresso!
Nós vamos construir
Na patria immortal
A paz e o progresso! paz e o progresso!

Ramos do mesmo tronco,
Olhos na mesma luz:
Esta é a força da nossa união!
Cantem o mar e a terra
A madrugada eo sol
Que a nossa luta fecundou.

Viva a pátria, etc.

C'est notre pays bien-aimé

Soleil, sueur, verdure et mer,
Siècles de douleur et d'espoir :
Ceci est la terre de nos ancêtres !
Fruit de nos mains,
Fleur de notre sang :
C'est notre pays bien-aimé.

Longue vie à notre glorieux pays !
La bannière de la lutte a flotté dans les cieux.
En avant, contre le joug de l'étranger !
Nous construirons
Pour notre patrie immortelle
La paix et le progrès !
Nous construirons
Pour notre patrie immortelle
La paix et le progrès ! la paix et le progrès !

Branches d'un même tronc,
Les yeux brillant d'une même lumière :
C'est la force de notre unité !
La mer et la terre
L'aube et le soleil
Chantent que notre lutte est féconde.

Longue vie, etc.

Guinée équatoriale

C'est le 12 octobre 1968, jour de son accession à l'indépendance, que résonne pour la première fois à Bata, la capitale, l'hymne de cette ancienne colonie espagnole. Un petit pays composé d'une partie terrestre et de plusieurs îles blotties au fond du golfe de Guinée. Un hymne composé par un directeur de musique de l'armée espagnole et écrit par Atanasio Ndongo Miyono, l'une des figures charismatiques les plus importantes de la lutte pour l'indépendance du pays. La **République de Guinée équatoriale** est le seul pays africain dont l'espagnol est langue officielle.

Paroles d'Atanasio Ndongo Miyono
Musique de Ramiro Sánchez López
Adopté comme hymne national en 1968

Version en espagnol

Cantemos libertad

Caminemos pisando las sendas
De nuestra inmensa felicidad.
En fraternidad, sin separación,
¡Cantemos libertad!
Tras dos siglos de estar sometidos,
Bajo la dominación colonial,
En fraterna unión, sin discriminar,
¡Cantemos libertad!
¡Gritamos viva, libre Guinea!
Y defendamos nuestra libertad.
Cantemos siempre, libre Guinea,
Y conservemos siempre la unitad.
¡Gritamos viva, libre Guinea!
Y defendamos nuestra libertad.
Cantemos siempre, libre Guinea,
Y conservemos siempre la independencia nacional
Y conservemos, y conservemos
La independencia nacional.

Chantons la liberté

Marchons sur les chemins
De notre immense joie.
En fraternité, sans divisions,
Chantons la liberté !
Derrière nous, deux siècles
De domination coloniale.
Unis en fraternité, sans discrimination,
Chantons la liberté !
Crions Vive la Guinée libre !
Défendons notre liberté.
Chantons toujours, libre Guinée,
Et gardons toujours notre unité.
Crions Vive la Guinée libre !
Défendons notre liberté.
Chantons toujours, libre Guinée,
Et gardons toujours l'indépendance nationale,
Et gardons, gardons toujours
Notre indépendance nationale.

Kenya

KENYA

Dès l'indépendance de la **République du Kenya**, le gouvernement confie le soin de composer un hymne national à une commission de cinq membres, leur mission étant de trouver un air et des paroles qui rassemblent le peuple kenyan et qui soient faciles à interpréter et à chanter, aussi bien en swahili qu'en anglais. Après avoir étudié de nombreuses partitions, les musiciens de la commission retiennent et travaillent un chant traditionnel de cette partie de l'Afrique, très populaire et véritablement transmis et chanté de génération en génération.

Paroles collectives de Graham Hyslop, George W. Senoga-Zake, Thomas Kalume, Peter Kibukosya et Washington Omondi
Musique traditionnelle kenyane
Adopté comme hymne national en 1963

Ô Dieu de toute création

Ô Dieu de toute création,
Bénis notre terre et notre nation,
Que la justice soit notre bouclier et notre protectrice,
Vivons dans l'unité,
La paix et la liberté
Il y a tout cela dans nos frontières.

Que chacun et tous se lèvent
Avec le cœur fort et sincère.
Que servir soit notre plus grand effort,
Et levons-nous pour défendre avec force
Notre patrie le Kenya,
Héritage de splendeur.

Que tous, d'un commun accord,
Unis par un lien commun,
Construisions notre nation ensemble,
Et que la gloire du Kenya,
Fruit de notre travail,
Emplisse chaque cœur avec reconnaissance.

Version en swahili

Ee Mungu nguvu yetu

Ee Mungu nguvu yetu,
Ilete baraka kwetu,
Haki iwe ngao na mlinzi,
Natukae na undugu,
Amani na uhuru.
Raha tupate na ustawi.

Amkeni ndugu zetu
Tufanye sote bidii.
Nasi tujitoe kwa nguvu,
Nchi yetu ya Kenya,
Tunayoipenda,
Tuwe tayari kuilinda.

Natujenge taifa letu,
Ee, ndio wajibu wetu,
Kenya istahili heshima,
Tuungane mikono,
Pamoja kazini,
Kila siku tuwe na shukrani.

Version en anglais

O God of All Creation

O God of all creation,
Bless this our land and nation,
Justice be our shield and defender,
May we dwell in unity,
Peace and liberty.
Plenty be found within our borders.

Let one and all arise
With hearts both strong and true.
Service be our earnest endeavor,
And our homeland of Kenya,
Heritage of splendor,
Firm may we stand to defend.

Let all with one accord,
In common bond united,
Build our nation together,
And the glory of Kenya,
The fruit of our labor,
Fill every heart with thanksgiving.

LESOTHO

Lesotho

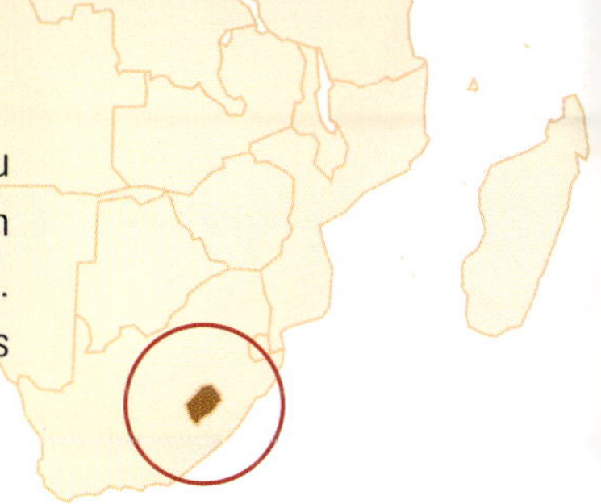

Surnommé « le Livingstone français » pour ses nombreuses expéditions le long du fleuve Zambèze vers la fin du XIXe siècle, Jean-François Coillard avait été envoyé en 1857 au **Royaume du Lesotho** par la Société des missions évangéliques de Paris. Originaire d'une famille de huguenots, l'auteur de l'hymne du Lesotho fut l'un des missionnaires les plus importants du sud de l'Afrique.

Paroles de Jean-François Coillard (1834-1904)
Musique de Ferdinand-Samuel Laur (1791-1854)
Adopté comme hymne national en 1967

Version en sesotho

Lesotho Fatse La Bontat'arona

Lesotho fatse la bontat'arona,
Har'a mafatse le letle ke lona.
Ke moo re hlahileng,
Ke moo re holileng,
Rea la rata.

Molimo ak'u boloke Lesotho,
U felise lintoa le matsoenyeho.
Oho fatse lena,
La bontat'arona,
Le be le khotso.

Version en anglais

Lesotho, Land of our Fathers

Lesotho, land of our fathers,
You are the most beautiful country of all.
You give us birth,
In you we are reared,
And you are dear to us.

Lord, we ask You to protect Lesotho,
Keep us free from conflict and tribulations.
O, land of mine,
Land of our fathers,
May you have peace.

Lesotho, terre de nos pères

Lesotho, terre de nos pères,
Tu es le plus beau de tous les pays.
Tu nous a donné naissance,
En toi nous nous élevons,
Et tu nous est cher.

Seigneur, nous Te demandons de protéger le Lesotho,
Garde-nous libres de tout conflit ou épreuves.
Ô ma terre,
Pays de nos pères,
Puisses-tu avoir la paix.

Liberia

Fondé par d'anciens esclaves américains affranchis qui voulaient retrouver la terre de leurs ancêtres, la **République du Liberia** est, en juillet 1847, le deuxième pays indépendant d'Afrique noire après l'Éthiopie. Son nom, son drapeau (comparable à celui des États-Unis, mais avec une seule étoile) et son hymne font référence à cette histoire unique. L'auteur du texte, Daniel Bashiel Warner, est le troisième président du pays, entre 1864 et 1868.

Paroles de Daniel Bashiel Warner (1815-1880)
Musique de Olmstead Luca (1836-1898)
Adopté comme hymne national en 1847

Version en anglais

All Hail, Liberia, Hail!

All hail, Liberia, hail! *(bis)*
This glorious land of liberty
Shall long be ours.
Though new her name,
Green be her fame,
And mighty be her powers. *(bis)*
In joy and gladness
With our hearts united,
We'll shout the freedom
Of a race benighted,
Long live Liberia, happy land!
A home of glorious liberty,
By God's command!
A home of glorious liberty,
By God's command!

All hail, Liberia, hail! *(bis)*
In union strong success is sure.
We cannot fail!
With God above
Our rights to prove,
We will o'er all prevail! *(bis)*
With heart and hand
Our country's cause defending,
We'll meet the foe
With valour unpretending.
Long live Liberia, happy land!
A home of glorious liberty,
By God's command!
A home of glorious liberty,
By God's command!

Saluons tous, Liberia, saluons !

Saluons tous, Liberia, saluons ! *(bis)*
Cette glorieuse terre de liberté
Sera longtemps à nous.
Bien que son nom soit nouveau,
Que sa renommée soit verte,
Et puissants ses pouvoirs. *(bis)*
Dans la joie et la tristesse
Avec nos cœurs unis,
Nous crierons la liberté
D'une race dans les ténèbres
Longue vie au Liberia, heureux pays !
Patrie d'une glorieuse liberté,
Aux ordres de Dieu !
Patrie d'une glorieuse liberté,
Aux ordres de Dieu !

Saluons tous, Liberia, saluons ! *(bis)*
Avec une union forte, le succès est certain.
Nous ne pouvons échouer !
Avec Dieu au-dessus de nous
Maintenons nos droits,
Nous l'emporterons sur tous ! *(bis)*
Nous défendrons la cause de notre pays
Avec nos cœurs et nos mains,
Nous affronterons
Valeureusement l'ennemi.
Longue vie au Liberia, heureux pays !
Patrie d'une glorieuse liberté,
Aux ordres de Dieu !
Patrie d'une glorieuse liberté,
Aux ordres de Dieu !

Libye

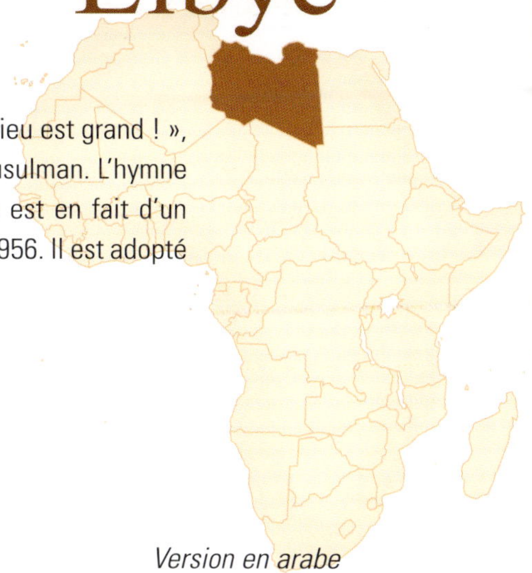

Les premiers mots de l'hymne libyen, « Allah akbar ! », c'est-à-dire « Dieu est grand ! », ne sont autres que l'un des principaux appels à la prière du monde musulman. L'hymne de la **Grande Jamahiriyya arabe libyenne populaire socialiste** est en fait d'un ancien chant de guerre égyptien écrit lors de la campagne de Suez de 1956. Il est adopté par le colonel Kadhafi lorsqu'il prend le pouvoir en 1969.

Paroles d'Abdallah Shams el-Din (1921-1977)
Musique de Mahmoud el-Sherif (1912-1990)
Adopté comme hymne national en 1969

Dieu est grand !

Dieu est grand ! *(bis)*
Il est au-dessus des complots des agresseurs,
Et Il est le meilleur allié des opprimés.
Avec la foi et avec des armes, je défendrai mon pays
Et la lumière de la vérité brillera dans ma main.
Chantez avec moi ! *(bis)*
Dieu est grand ! *(bis)*
Dieu, Dieu, Dieu est grand !
Dieu est au-dessus des agresseurs.

Ô monde, regarde et écoute !
L'armée de l'ennemi arrive,
Qui espère me détruire.
Avec la foi et avec mon fusil, je le repousserai.

Et si je dois être tué,
Je le tuerai avec moi.
Chante avec moi :
Malheur aux impérialistes !
Et Dieu est au-dessus du traître tyran.
Dieu est grand !
Glorifie-Le donc, ô mon pays,
Et empare-toi du front du tyran
Et détruis-le !

Version en arabe
Allah akbar !

الإله أعظم!
الإله أعظم!
هو فوق مؤامرات المعتدين،
وهو أفضل مساعد للمضطهدين.
بالإيمان وبالأسلحة أنا سأدافع عن بلادي،
وضوء الحقيقة سيشرق في يدّي.
غنّ معي!
غنّ معي!
الإله أعظم!
الإله أعظم!
الإله، الإله، الإله أعظم!
الإله فوق المعتدين.

أو عالم، انظر للأعلى واستمع!
إنّ جيش العدو يجيء،
رغبة لتحطيمي.
بالحقيقة وببندقيتي أنا سأدرّه.

ويجب أن أكون أنا مقتول،
أنا أقتله معي.
- غنّ معي
المشكلة إلى: الاستعماريين!
والإله فوق المستبدّ الغادر.
الإله أعظم!
يمجّده لذا، أو بلادي،
ويستولي على جبهة المستبدّ
ويحطّمه!

MADAGASCAR

Madagascar

« Demain, vous serez de nouveau un État ! » Lancée par le général de Gaulle dans le stade Mahamasina de Tananarive le 22 août 1958, cette phrase ouvre la voie à l'indépendance de Madagascar, après soixante-trois ans de colonisation française. Deux mois plus tard, la première république malgache autonome est proclamée et elle se dote immédiatement de symboles nationaux, dont un hymne, *Ô, notre bien-aimée patrie*. L'indépendance totale de la **République de Madagascar** ne sera pourtant définitivement acquise que le 26 juin 1960.

Paroles de Pasteur Rahajason (1897-1971)
Musique de Norbert Raharisoa (1873-1964)
Adopté comme hymne national en 1958

Ô, notre bien-aimée patrie

Ô, patrie bien-aimée,
Ô, superbe Madagascar,
Notre amour pour toi ne s'éteindra jamais,
Mais durera éternellement.

Ô, Seigneur créateur, bénis
Cette île de nos ancêtres,
Qu'elle puisse être heureuse et prospère
Pour le bien commun.

Ô, patrie bien-aimée,
Permets-nous d'être tes serviteurs
Avec le corps, le cœur et l'esprit
À ton cher et digne service.

Ô, Seigneur, etc.

Ô, notre patrie bien-aimée,
Que Dieu te bénisse,
Créateur de toutes les terres,
Afin qu'Il te soutienne.

Ô, Seigneur, etc.

Version en malgache

Ry Tanindraza nay malala ô

Ry Tanindraza nay malala ô,
Ry Madagasikara soa,
Ny fitiavanay anaotsy miala,
Fa ho anao ho anao doria tokoa.

Tahionao ry Zanahary
'Ty No sindrazanay ity,
Hiadana sy ho finaritra
He sambatra tokoa izahay.

Ry Tanindraza nay malala ô,
Irinay mba hanompoan'anao
Ny tena sy fo fanahy anananay 'zay sarobidy
Sy mendrika tokoa.

Tahionao, etc.

Ry Tanindraza nay malala ô,
Irinay mba hitahian' anao,
Ka Ilay Nahary 'zao ton tolo izao no,
Fototra ijoroan, ny satanao.

Tahionao, etc

Malawi

Version en chichewa

Mlungu salitsani Malawi

Mlungu dalitsani Malawi,
Mumsunge m'mtendere.
Gonjetsani adani onse,
Njala, nthenda, nsanje.
Lunzitsani mitima yathu,
Kuti tisaope.
Mdalitse Mtsogo leri na fe,
Ndi Mai Malawi.

Malawi ndziko lokongola,
La chonde ndi ufulu,
Nyanja ndi mphepo ya m'mapiri,
Ndithudi tadala.
Zigwa, mapiri, nthaka, dzinthu,
N'mphatso zaulere.
Nkhalango, madambo abwino,
Ngwokoma Malawi.

O Ufulu tigwirizane,
Kukweza Malawi.
Ndi chikondi, khama, kumvera,
Timutumikire.
Pa nkhondo nkana pa mtendere,
Cholinga n'chimodzi.
Mai, bambo, tidzipereke,
Pokweza Malawi.

À l'est de la Zambie, au sud de l'Afrique, la **République du Malawi,** ancien Nyassaland, devient indépendante de la Grande-Bretagne en 1964.

Paroles et musique de Michael Frederick Paul Sauka (né en 1934)
Adopté comme hymne national en 1964

Ô Dieu, bénis notre terre du Malawi

Ô Dieu, bénis notre terre du Malawi,
Conserve-la comme une terre de paix.
Abats chacun de ses ennemis,
La faim, la maladie, la jalousie.
Unis nos cœurs pour n'en former qu'un seul,
Et que nous soyons libres de toute peur.
Bénis chacun de nos dirigeants,
Et notre mère Malawi.

Notre Malawi, cette terre si belle,
Fertile, brave et libre,
Avec ses lacs, l'air frais de ses montagnes,
Ô combien sommes-nous bénis.
Des collines et des vallées, un sol si riche et rare,
Nous donne une générosité gratuite.
Des bois et des forêts, des plaines si belles et si variées,
Malawi de toutes les beautés.

La liberté nous unit tous pour toujours
Pour construire le Malawi.
Avec notre amour, notre zèle et notre loyauté,
Nous lui apportons le meilleur de nous.
En temps de guerre ou en temps de paix,
Une volonté et un objectif.
Hommes et femmes désintéressés
Au service de la construction du Malawi.

Version en anglais

O God Bless Our Land of Malawi

O God bless our land of Malawi,
Keep it a land of peace.
Put down each and every enemy,
Hunger, disease, envy.
Join together all our hearts as one,
That we be free from fear.
Bless our leader, each and every one,
And Mother Malawi.

Our own Malawi, this land so fair,
Fertile and brave and free,
With its lakes, refreshing mountain air,
How greatly blest are we.
Hills and valleys, soil so rich and rare,
Give us a bounty free.
Wood and forest, plains so broad and fair,
All - beauteous Malawi.

Freedom ever, let us all unite
To build up Malawi.
With our love, our zeal and loyalty,
Bringing our best to her.
In time of war, or in time of peace,
One purpose and one goal.
Men and women serving selflessly
In building Malawi.

Mali

Le 4 avril 1959, la République du Sénégal et la République soudanaise, autonomes au sein de la Communauté française, s'unissent en une fédération du Mali. Une association éphémère puisque, après l'indépendance proclamée le 20 juin 1960, le Sénégal se retire et que le Soudan prend alors seul le nom de **République du Mali**, le 22 septembre 1960.

Paroles de Seydou Badian Kouyaté (né en 1928)
Musique de Banzoumana Sissoko (1890-1987)
Adopté comme hymne national en 1962

Pour l'Afrique et pour toi, Mali

À ton appel, Mali,
Pour ta prospérité,
Fidèle à ton destin,
Nous serons tous unis.
Un peuple, un but, une foi
Pour une Afrique unie.
Si l'ennemi découvre son front,
Au-dedans ou au-dehors,
Debout sur les remparts
Nous sommes résolus de mourir.

Pour l'Afrique et pour toi, Mali,
Notre drapeau sera liberté !
Pour l'Afrique et pour toi, Mali,
Notre combat sera unité !
Ô Mali d'aujourd'hui,
Ô Mali de demain,
Les champs fleurissent d'espérance,
Les cœurs vibrent de confiance.

L'Afrique se lève enfin :
Saluons ce jour nouveau !
Saluons la liberté,
Marchons vers l'unité.
Dignité retrouvée,
Soutiens notre combat
Fidèle à notre serment
De faire l'Afrique unie
Ensemble, debout mes frères,
Tous au rendez-vous de l'honneur.

Pour l'Afrique, etc.

Debout, villes et campagnes,
Debout, femmes, jeunes et vieux,
Pour la patrie en marche
Vers l'avenir radieux,
Pour notre dignité
Renforçons bien nos rangs.
Pour le salut public,
Forgeons le bien commun,
Ensemble au coude à coude,
Faisons le sentier du bonheur.

Pour l'Afrique, etc.

La voie est dure, très dure,
Qui mène au bonheur commun.
Courage et dévouement,
Vigilance à tout moment,
Vérité des temps anciens,
Vérité de tous les jours,
Le bonheur par le labeur
Fera le Mali de demain.

Pour l'Afrique, etc.

MAROC

Maroc

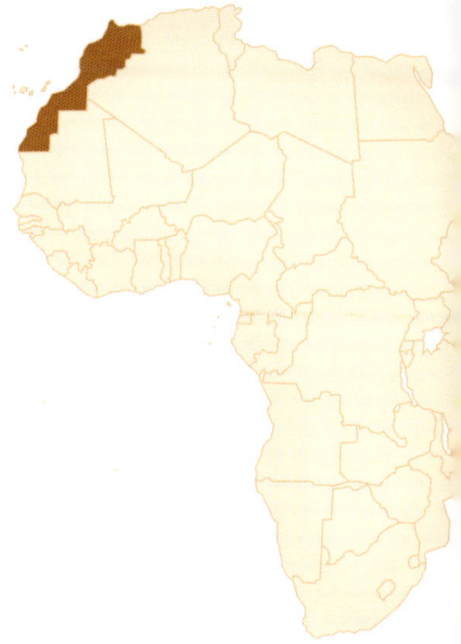

Composé et adopté en 1956, peu de temps avant la fin du protectorat français, l'hymne du **Royaume du Maroc** a été doté en 1970 d'un texte en arabe écrit par Ali Squalli Houssaini. À travers tout le Maroc, il est assez habituel d'entendre les petits écoliers chanter ensemble l'hymne national, au moins une fois par semaine. Les mots « Dieu, la patrie, le roi », autour desquels est construit le texte de l'hymne national, constituent la devise du royaume chérifien.

Paroles d'Ali Squalli Houssaini (né en 1932)
Musique de Léo Morgan (1919-1984)
Adopté comme hymne national en 1956

Hymne chérifien

Fontaines de liberté, sources de lumière
Quand la souveraineté et la sécurité se rencontrent,
Associez toujours sécurité et souveraineté !
Vous avez vécu au cœur des nations, avec vos noms sublimes
Emplissant chaque cœur, chantés par chaque langue,
Vos champions se sont levés et ont répondu à votre appel.
Dans ma bouche et dans mon sang
Vos souffles ont éveillé la lumière et le feu.
Debout ! mes frères, allons au plus haut !
Nous disons au monde que nous sommes prêts.
Nous saluons comme nos emblèmes
Dieu, la patrie, le roi.

Version en arabe

النشيد الوطني المغربي

منبت الأحرار * مشرق الأنوار
منتدى السؤدد وحماه
دمت منتداه
وحماه
عشت في الأوطان * للعلى عنوان
ملء كل جنان * ذكرى كل لسان
بالروح * بالجسد
هب فتاك
لبى نيداك
في فمي وفي دمي
هواك ثار نور ونار
اخوتي هيا * للعلى سعيا
نشهد الدنيا * أنا هنا نحيا
بشعار
* * * * * *
الله
الوطن الملك

Maurice

Au début de l'année 1968, alors que l'île Maurice, joyau de l'océan Indien, s'apprête à se séparer de son colonisateur britannique, un comité de sélection est mis en place pour choisir le texte et la mélodie du futur hymne national.

Au terme d'une large consultation, c'est le texte d'un enseignant et poète francophone, Jean-Georges Prosper, qui est finalement choisi. Rédigé en anglais, *Motherland* doit être interprété le jour de l'indépendance, fixé au 12 mars. Mais encore faut-il lui trouver une mélodie.

Au même moment, l'ancien chef de la fanfare de la police, Philippe Oh-San, découvre la composition martiale écrite par l'un des anciens musiciens. Ce dernier s'appelle Philippe Gentil et en a écrit les notes en une seule nuit, avouant avoir eu « une vision de parade, avec des hommes présentant les armes ». Composée séparément, la musique s'adaptera parfaitement au texte et l'ensemble deviendra dès lors l'hymne national de la **République de l'île Maurice** indépendante.

Paroles de Jean-Georges Prosper (né en 1933)
Musique de Philippe Gentil (né en 1928)
Adopté comme hymne national en 1968

Mère patrie

Gloire à toi, mère patrie,
Ô ma mère patrie !
Douce est ta beauté,
Doux est ton parfum,
Autour de toi nous nous rassemblons
Un seul peuple,
Une seule nation,
Pour la paix, la justice et la liberté.
Pays bien-aimé, puisse Dieu te bénir
Toujours et toujours.

Version en anglais
Motherland

Glory to thee, motherland,
O motherland of mine!
Sweet is thy beauty,
Sweet is thy fragrance,
Around thee we gather
As one people,
As one nation,
In peace, justice and liberty.
Beloved country, may God bless thee
For ever and ever.

Mauritanie

Marseillais né en Russie, compositeur et ethnomusicologue, Tolia Nikiprowetzky a longtemps parcouru l'Afrique à la recherche des racines musicales du continent noir. Très vite, il s'est pris de passion pour ces musiciens de l'Ouest africain que sont les griots. Personnages fascinants, à qui l'on attribue volontiers des pouvoirs surnaturels, et qui sont à la fois des conteurs, des chroniqueurs, mais aussi des historiens dépositaires de la mémoire collective.

La rencontre entre Nikiprowetzky et la Mauritanie a été décisive. Dans ce pays, la culture des griots, appelés « iggawins », baigne tout le pays et il existe de véritables dynasties de musiciens qui parcourent inlassablement les pistes, du nord au sud, de village en oasis.

Hymne sans paroles
Musique de Tolia Nikiprowetzky (1916-1997)
Adopté comme hymne national en 1960

En Mauritanie, la musique traditionnelle maure revêt une immense importance et lors de son accession à l'indépendance, le 28 novembre 1960, il paraissait naturel et indispensable que le futur hymne national reflète cette donnée culturelle incontournable.

C'est avec l'aide de Dah Ould Abba, père de la plus célèbre chanteuse mauritanienne actuelle, que Tolia Nikiprowetzky compose l'hymne national de la **République islamique de Mauritanie**. Il s'agit d'une musique traditionnelle sur laquelle ne seront écrites aucunes paroles. Un hymne qui fait appel aux instruments les plus populaires du pays comme l'« ardin », sorte de harpe montée sur une calebasse revêtue de peau, le « tidinit », petit luth à quatre cordes ou le gros tambour appelé « tbel ».

(Extrait)

Mozambique

En janvier 2000, après de longues années de guerre civile et de remous politiques, une Assemblée nationale démocratiquement élue ouvre la voie de la paix et du multipartisme dans la vie du Mozambique. L'une de ses premières décisions est alors de doter le pays d'un hymne nouveau dans lequel chacun puisse enfin se reconnaître.

Dès l'indépendance du pays, le 25 juin 1975, cette ancienne colonie portugaise avait en effet été gouvernée par le Front de libération du Mozambique, le Frelimo, mouvement révolutionnaire à l'origine de son indépendance, dont l'ancien hymne chantait les louanges en affirmant que le pays deviendrait, grâce à lui, le tombeau du capitalisme et de l'exploitation…
Trouver ce nouvel hymne sera long et difficile. Une commission parlementaire sera nommée qui ne parviendra pas à se mettre d'accord.

Finalement, c'est un chant assez ancien, puisque écrit en 1984 par un groupe de poètes et de musiciens, qui sera choisi à l'unanimité par les députés. Deux ans plus tard, le 3 mai 2002, trois jours après que l'assemblée l'a officiellement adopté, le président Joaquim Chissanó promulgue une loi qui fait de *Pátria amada* le nouvel hymne national de la **République du Mozambique**.

Paroles et musique de Mia Conto (née en 1955), Albino Magaia (né en 1947), Salomao Manhica (né en 1950) et Rui Nogar (1932-1993)
Adopté comme hymne national en 2002

Version en portugais

Pátria amada

Na memória de África e do mundo
Pátria bela dos que ousaram lutar!
Moçambique o teu nome é liberdade
O sol de junho para sempre brilhará!

Moçambique nossa terra gloriosa!
Pedra a pedra construindo o novo dia!
Milhões de braços, uma só força!
Ó pátria amada vamos vencer!

Povo unido do Rovuma ao Maputo
Colhes os frutos do combate pela paz!
Cresce o sonho ondulando na bandeira
E vai lavrando na certeza do amanhã!

Flores brotando do chão do teu suor
Pelos montes, pelos rios, pelo mar!
Nós juramos por ti, ó Moçambique
Nenhum tirano nos irá escravizar!

Patrie chérie

Dans la mémoire de l'Afrique et du monde,
Belle patrie de ceux qui osent lutter !
Mozambique, ton nom est liberté,
Le soleil de juin brillera toujours !

Mozambique, notre glorieux pays !
Construit pierre par pierre un jour nouveau !
Des millions de bras, une seule force !
Ô patrie aimée, nous l'emporterons !

Peuple uni de Rovuma à Maputo,
Récoltons les fruits du combat pour la paix !
La bannière qui ondule réalise nos rêves
Et continuons d'œuvrer pour demain !

Les fleurs poussent de la terre et de ta sueur,
Dans les montagnes, dans les rivières, dans la mer !
Nous te jurons, ô Mozambique,
Qu'aucun tyran ne fera de nous des esclaves !

Namibie

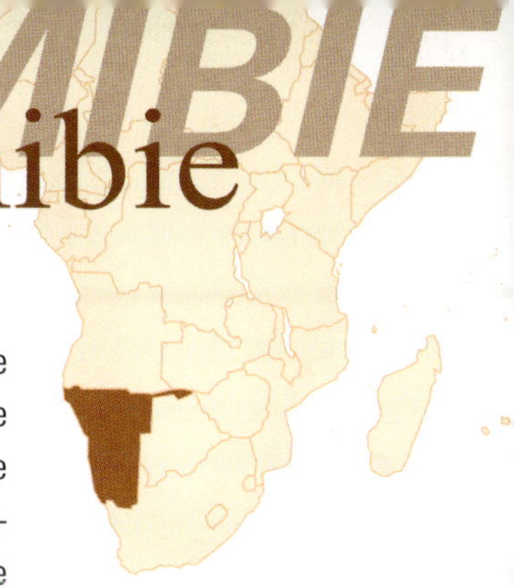

Quand elle devient indépendante de l'Afrique du Sud le 21 mars 1990, l'ancienne colonie allemande du Sud-Ouest africain sort de nombreuses années de conflits et de drames. Un an plus tard, la **République de Namibie** se dote d'un hymne à la gloire du pays et de son peuple. Comme bien des jeunes nations, la Namibie protège farouchement ses symboles nationaux, qu'il est rigoureusement interdit de critiquer ou de tourner en ridicule.

Paroles et musique d'Axali Doeseb (né en 1954)
Adopté comme hymne national en 1991

Version en anglais

Namibia, Land of the Brave

Namibia, land of the brave,
Freedom fight we have won.
Glory to their bravery
Whose blood waters our freedom.
We give our love and loyalty
Together in unity!
Contrasting beautiful Namibia,
Namibia our country,
Beloved land of savannahs,
Hold high the banner of liberty.

Namibia our country!
Namibia motherland!
We love thee.

Namibie, terre des braves

Namibie, terre des braves,
Nous avons gagné le combat de la liberté
Gloire à la bravoure de ceux
Dont le sang a irrigué notre liberté.
Nous donnons notre amour et notre loyauté
Tous unis !
Beauté contrastée de la Namibie,
Namibie notre pays,
Terre chérie de savanes,
Porte haut la bannière de la liberté.

Namibie notre pays !
Namibie mère patrie !
Nous t'aimons.

NIGER

Niger

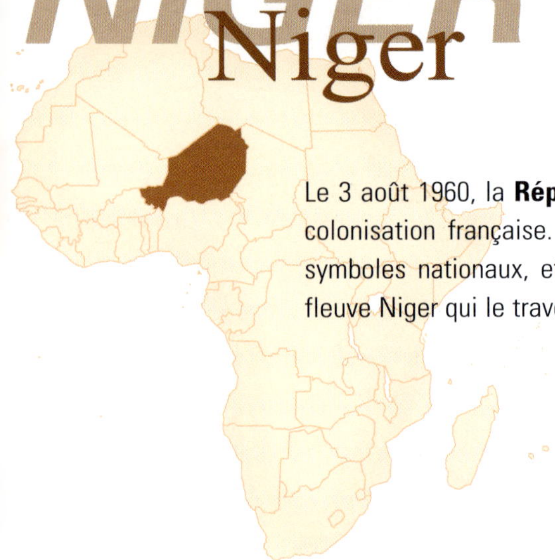

Le 3 août 1960, la **République du Niger** accède à l'indépendance après soixante ans de colonisation française. Cet immense pays sahélien de l'Ouest africain se dote alors de symboles nationaux, et notamment d'un hymne dédié tout naturellement au majestueux fleuve Niger qui le traverse et lui donne son nom.

Paroles de Maurice-Albert Thiriet (1906-1969)
Musique de Robert Jacquet (1896-1976)
et de Nicolas Abel François Frionnet (1911-1998)
Adopté comme hymne national en 1961

La Nigérienne

Auprès du grand Niger puissant
Qui rend la nature plus belle,
Soyons fiers et reconnaissants
De notre liberté nouvelle !
Évitons les vaines querelles
Afin d'épargner notre sang,
Et que les glorieux accents
De notre race soient sans tutelle !
S'élève dans un même élan
Jusqu'à ce ciel éblouissant,
Où veille son âme éternelle
Qui fera le pays plus grand !

Debout ! Niger ! debout !
Que notre œuvre féconde
Rajeunisse le cœur de ce vieux continent !
Et que ce chant s'entende
Aux quatre coins du monde
Comme le cri d'un peuple équitable et vaillant !
Debout ! Niger ! debout !
Sur le sol et sur l'onde,
Au son des tam-tams
Dans leur rythme grandissant,
Restons unis toujours,
Et que chacun réponde
À ce noble avenir
Qui nous dit : en avant !

NIGERIA
Nigeria

Lorsque le Nigeria obtient son indépendance de l'Empire britannique le 1er octobre 1960, il adopte comme hymne national un chant écrit par deux Anglaises, qui vante la beauté du pays et la diversité de ses races et de ses langues.
Mais le gouvernement militaire qui prend le pouvoir dans les années soixante-dix décide de le supprimer pour attribuer à la **République fédérale du Nigeria**, le pays le plus peuplé du continent, un hymne qui soit plus solennel et martial. En 1978, le général Olusegun Obasanjo, chef de l'État, charge donc un comité d'écrire le nouveau texte, dans lequel les notions d'obéissance et de dévouement doivent être mises en avant. La mélodie étant tout simplement commandée au chef de musique de la fanfare de la police.

Paroles écrites par un groupe de citoyens nigérians
Musique de Benedict Elide Odiase (né en 1934)
Adopté comme hymne national en 1978

Version en anglais
**Arise, O Compatriots,
Nigeria's Call Obey**

Arise, o compatriots,
Nigeria's call obey
To serve our fatherland
With love and strength and faith.
The labour of our heroes past
Shall never be in vain,
To serve with heart and might
One nation bound in freedom, peace and unity.

O God of creation,
Direct our noble cause;
Guide our leaders right:
Help our youth the truth to know,
In love and honesty to grow,
And living just and true,
Great lofty heights attain,
To build a nation where peace and justice reign.

**Debout, ô compatriotes,
obéissez à l'appel du Nigeria**

Debout, ô compatriotes,
Obéissez à l'appel du Nigeria
Pour servir notre mère patrie
Avec amour, force et foi.
Le labeur de nos héros passés
N'aura jamais été vain,
Pour servir avec cœur et force
Une nation tendue vers la liberté, la paix et l'unité.

Ô Dieu de la création,
Conduis notre noble cause ;
Guide nos dirigeants avec justesse :
Aide notre jeunesse à connaître la vérité,
À grandir dans l'amour et l'honnêteté,
Et à vivre juste et vrai,
Pour atteindre des grandes hauteurs,
Et construire une nation où règnent la paix et la justice.

Ouganda

En 1907, alors jeune journaliste en visite dans les colonies britanniques de l'Est africain, Winston Churchill est séduit par les paysages tranquilles et le doux climat de l'Ouganda. Il décrit alors le pays comme étant « la perle de l'Afrique ». Le qualificatif restera. Il deviendra même le titre de l'hymne national dont se dote la **République d'Ouganda** lors de son accession à l'indépendance, le 9 octobre 1962.

Paroles et musique de George Wilberforce Kakoma (né en 1923)
Adopté comme hymne national en 1962

Perle de l'Afrique

Ô Ouganda ! puisse Dieu te soutenir,
Nous déposons notre futur dans tes mains.
Unis, libres,
Pour la liberté
Ensemble, nous nous tiendrons toujours.

Ô Ouganda ! terre de la liberté.
Nous donnons notre amour et notre travail,
Et en compagnie de tous nos voisins
À l'appel de notre pays
Nous vivrons en paix et dans l'amitié.

Ô Ouganda ! terre qui nous nourrit
Avec ce qui pousse sous le soleil et dans un sol fertile.
Pour notre cher pays,
Nous nous lèverons toujours.
Perle de la couronne de l'Afrique.

Version en anglais

Pearl of Africa

O Uganda! may God uphold thee,
We lay our future in thy hand.
United, free,
For liberty
Together we'll always stand.

O Uganda! the land of freedom.
Our love and labour we give,
And with neighbours all
At our country's call
In peace and friendship we'll live.

O Uganda! the land that feeds us
By sun and fertile soil grown.
For our own dear land,
We'll always stand,
The pearl of Africa's crown.

RWANDA

Rwanda

Après le génocide qui a fait plus de huit cent mille morts en 1994, une grande partie de la population considère que l'ancien hymne fait partie de ces éléments qui ont encouragé la haine et les violences ethniques. Un hymne adopté lors de l'indépendance, en 1962, mais qui, selon certains, insistait trop sur les diversités raciales du pays. Le parlement De la **République rwandaise** adopte donc, le 10 novembre 2001, un nouvel hymne national.

Un concours avait été ouvert pour choisir un texte qui met l'accent sur la beauté et la culture du pays, mais aussi sur le patriotisme de ses habitants. Doté d'un prix de onze mille dollars, le concours est remporté par Faustin Muligo, directeur de la prison de Karubanda, dans la province de Butare, la composition musicale étant signée par la fanfare militaire de Kigali, la capitale, sous la baguette du capitaine Jean-Bosco Hashakaimana.

Le 31 décembre 2001 à midi, aux côtés du président de la République, Paul Kagame, c'est avec une grande émotion que l'ensemble de la population rwandaise est appelé à découvrir ses nouveaux emblèmes nationaux, dont le nouvel hymne, *Rwanda nziza (Le Beau Rwanda).*

Paroles de Faustin Muligo
Musique de Jean-Bosco Hashakaimana
Adopté comme hymne national en 2001

Le Beau Rwanda

Rwanda, notre beau et cher pays
Paré de collines, de lacs et de volcans
Mère patrie, sois toujours comblée de bonheur.
Nous tous tes enfants, Abanyarwanda,
Chantons ton éclat et proclamons tes hauts faits,
Toi, giron maternel de nous tous,
Sois à jamais admiré, prospère et couvert d'éloges.

Précieux héritage, que Dieu te protège.
Tu nous as comblés de biens inestimables,
Notre culture commune nous identifie,
Notre unique langue nous unifie,
Que notre intelligence, notre conscience et nos forces
Te comblent de richesses diversifiées
Pour un développement sans cesse renouvelé.

Nos valeureux aïeux
Se sont donnés corps et âmes
Jusqu'à faire de toi une grande nation.
Tu as eu raison du joug colonialo-impérialiste
Qui a dévasté l'Afrique tout entière,
Et te voici aise de ton indépendance souveraine,
Acquis que sans cesse nous défendrons.

Maintiens ce cap, Rwanda bien-aimé,
Debout nous nous engageons pour toi
Afin que la paix règne dans tout le pays,
Que tu sois libre de toute entrave,
Que ta détermination engage le progrès,
Qu'excellent tes relations avec tous les pays
Et qu'enfin ta fierté te vaille estime.

Version en kinyarwanda
Rwanda nziza

Rwanda nziza gihugu cyacu
Wuje imisozi, ibiyaga n'ibirunga
Ngobyi iduhetse gahorane ishya.
Rekatukurate tukuvuge ibigwi,
Wowe utubumbiye hamwe twese,
Abanyarwanda uko watubyaye,
Berwa, sugira, singizwa iteka.

Horana Imana murage mwiza.
Ibyo tugukesha ntibishyikirwa,
Umuco dusangiye uraturanga,
Ururimi rwacu rukaduhuza,
Ubwenge, umutima, amaboko yacu
Nibigukungahaze bikwiye
Nuko utere imbere ubutitsa.

Abakurambere b'intwari
Bitanze batizigama
Baraguhanga uvamo ubukombe.
Utsinda ubukoroni na mpatsebihugu,
Byayogoje Afurika yose,
None uraganje mu bwigenge,
Tubikomeyeho uko turi twese.

Komeza imihigo Rwanda dukunda,
Duhagurukiye kukwitangira
Ngo amahoro asabe mu bagutuye,
Wishyire wizane muri byose,
Urangwe n'ishyaka, utere imbere,
Uhamye umubano n'amahanga yose
Maze ijabo ryawe riguhe ijambo.

São Tomé et Príncipe

Indépendante du Portugal depuis juillet 1975, la **République démocratique de São Tomé et Príncipe**, deux îles situées à deux cents kilomètres au large du Gabon, constitue l'un des plus petits États africains.

Paroles d'Alda Neves da Graça do Espírito Santo (né en 1926)
Musique de Manuel dos Santos Barreto de Sousa e Almeida (né en 1933)
Adopté comme hymne national en 1975

Indépendance totale

Indépendance totale,
Chant glorieux du peuple,
Indépendance totale,
Hymne sacré du combat.
Dynamisme
Dans le combat national,
Serment éternel
Envers le pays souverain de São Tomé et Príncipe.

Guerriers à la guerre sans armes,
Flamme vivante dans l'âme du peuple,
Rassemblant les fils des îles
Autour de la patrie immortelle.

Indépendance totale, totale et complète,
Construisant, dans le progrès et la paix,
La nation la plus heureuse du monde,
Avec les mains héroïques du peuple.

Indépendance totale,
Chant glorieux du peuple,
Indépendance totale,
Hymne sacré du combat.

Travailler, combattre, combattre et conquérir,
Nous allons de l'avant à pas de géants
Dans la croisade des peuples africains,
Brandissant le drapeau national.

Voix du peuple, présent, présent et uni,
Battement puissant au cœur de l'espoir
Être un héros à l'heure du danger,
Un héros de la nation qui resurgit.

Indépendance totale, etc.

Version en portugais

Independência total

Independência total,
Glorioso canto do porvo,
Independência total,
Hino sagrado de combate.
Dinamismo
Na luta nacional,
Juramento eterno
No pais soberano de São Tomé e Príncipe.

Guerrilheiro da guerra sem armas na mão,
Chama viva na alma do povo,
Congregando os filhos das ilhas
Em redor da pátria imortal.

Independência total, total e completa,
Costruindo, no progresso e na paz,
A nação ditosa da terra,
Com os braços heróicos do povo.

Independência total,
Glorioso canto do porvo,
Independência total,
Hino sagrado de combate.

Trabalhando, lutando, presente em vencendo,
Caminhamos a passos gigantes
Na cruzada dos povos africanos,
Hasteando a bandeira nacional.

Voz do porvo, presente, presente em conjunto,
Vibra rijo no coro da esperança
Ser herói no hora do perigo,
Ser herói no ressurgir do país.

Independência total, etc.

SENEGAL

Sénégal

■ L'hymne national de la **République du Sénégal** a été écrit par Léopold Sédar Senghor, poète, écrivain et premier président du pays lors de son accession à l'indépendance en 1960.
Né le 9 octobre 1906 à Joal, à une centaine de kilomètres au sud de Dakar, Léopold Sédar Senghor poursuit ses études au Sénégal, puis à Paris. En 1931, il entre en khâgne au lycée Louis-le-Grand, où il devient le condisciple de Georges Pompidou, de Paul Guth et d'Henri Queffélec. En 1933, il obtient l'agrégation de grammaire française, devenant ainsi le premier agrégé africain de France. En 1945, il est élu député du Sénégal et publie son premier recueil de poésies. Chantre de la négritude et du métissage culturel, il est élu à l'Académie française le 2 juin 1983.

■ La musique de l'hymne sénégalais est signée par Herbert Pepper, ethnomusicologue français spécialiste de l'Afrique noire, qui est aussi à l'origine de la partition de l'hymne centrafricain. Kora et balafon évoqués dans l'hymne sont deux des principaux instruments traditionnels d'Afrique occidentale. La kora est un instrument à corde d'origine mandingue, composée d'une demi-calebasse recouverte de peau et reliée à un manche. Le balafon est un xylophone composé de lames de bois.

(Extrait)

Salut Afrique mère

Pincez tous vos koras, frappez les balafons.
Le lion rouge a rugi. Le dompteur de la brousse
D'un bond s'est élancé, dissipant les ténèbres.
Soleil sur nos terreurs, soleil sur notre espoir.
Debout, frères, voici l'Afrique rassemblée.

Fibres de mon cœur vert,
Épaule contre épaule mes plus que frères.
Ô Sénégalais, debout !
Unissons la mer et les sources, unissons la steppe et la forêt !
Salut Afrique mère.

Paroles de Léopold Sédar Senghor (1906-2001)
Musique d'Herbert Pepper (né en 1912)
Adopté comme hymne national en 1960

Sénégal, toi le fils de l'écume du lion,
Toi surgi de la nuit au galop des chevaux,
Rends-nous, oh ! rends-nous l'honneur de nos ancêtres
Splendides comme l'ébène et forts comme le muscle
Nous disons droits : l'épée n'a pas une bavure.

Fibres de mon cœur, etc.

Sénégal, nous faisons nôtre ton grand dessein :
Rassembler les poussins à l'abri des milans
Pour en faire, de l'est à l'ouest, du nord au sud,
Dressé, un même peuple, un peuple sans couture
Mais un peuple tourné vers tous les vents du monde.

Fibres de mon cœur, etc.

Sénégal, comme toi, tous nos héros,
Nous serons durs sans haine et les deux bras ouverts.
L'épée, nous la mettrons dans la paix du fourreau,
Car le travail sera notre arme et la parole.
Le Bantou est un frère, et l'Arabe et le Blanc.

Fibres de mon cœur, etc.

Mais que si l'ennemi incendie nos frontières
Nous soyons tous dressés et les armes au poing :
Un peuple dans sa foi défiant tous les malheurs,
Les jeunes et les vieux, les hommes et les femmes.
La mort, oui ! Nous disons la mort, mais pas la honte.

Fibres de mon cœur, etc.

Seychelles

Archipel paradisiaque de quelque cent quinze îles situées au cœur de l'océan Indien, la **République des Seychelles** obtient son indépendance le 29 juin 1976, après avoir appartenu successivement à la France puis à la Grande Bretagne. En 1996, trois ans après la chute du système de parti unique et la tenue d'élections libres, les autorités seychelloises adoptent de nouveaux symboles nationaux, dont cet hymne qui se veut avant tout patriotique et consensuel.

Paroles et musique de David François Marc André (né en 1958) et de Georges Charles Robert Payet (né en 1959)
Adopté comme hymne national en 1996

Version en anglais
Seychellois, Unite!

Seychelles, our homeland
Where we live in harmony,
Joy, love and peace,
We thank God.
Let us preserve the beauty of our country,
And the wealth of our ocean,
Which are both precious heritages
For the future of our children.
Let us stay in unity always
Under the colours of our new flag,
And toghether for eternity,
Seychellois, unite!

Unis, Seychellois

Seychelles, notre seule patrie
Où nous vivons dans l'harmonie,
La joie, l'amour et la paix,
Nous en remercions Dieu.
Préservons la beauté de notre pays,
La richesse de notre océan,
Un héritage précieux :
Pour le bonheur de nos enfants.
Soyons toujours unis
En hissant notre drapeau,
Ensemble, pour toute l'éternité,
Unis, Seychellois !

Version en créole
Koste, Seselwa!

Sesel ou menm nou sel patri
Kot nou viv dan larmoni,
Lazwa, lanmour ek lape,
Nou remersye Bondye.
Preserv laboté nou pei,
Larises nou losean,
En leritaz byen presye
Pour boner nou zanfan.
Rester touzour dan linité
Fer monte nou paviyon,
Ansanm pou tou leternité,
Koste, Seselwa!

SIERRA LEONE

Sierra Leone

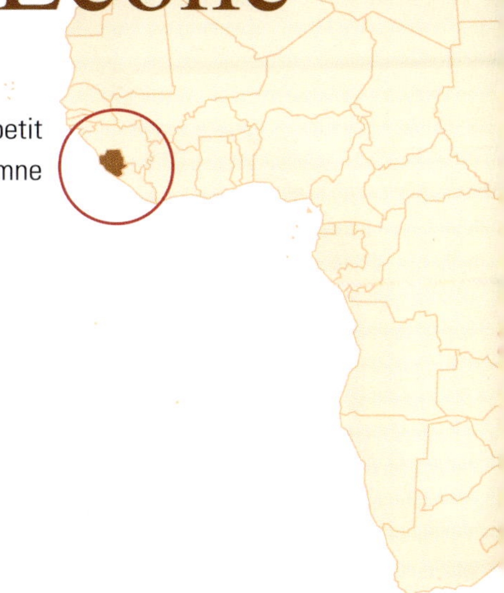

Ravagé par de longues années d'instabilité politique et de guerre civile, ce petit pays d'Afrique de l'Ouest, la **République de Sierra Leone** adopte son hymne national le 27 avril 1961, jour de son indépendance de la Grande-Bretagne.

Paroles de Clifford Nelson Fyle (né en 1933)
Musique de John Joseph Akar (1927-1975)
Adopté comme hymne national en 1961

Version en anglais

Realm of the Free

High we exalt thee, realm of the free;
Great is the love we have for thee;
Firmly united ever we stand,
Singing thy praise, o native land.
We raise up our hearts and our voices on high,
The hills and the valleys re-echo our cry;
Blessing and peace be ever thine own,
Land that we love, our Sierra Leone.

One with a faith that wisdom inspires,
One with a zeal that never tires;
Ever we seek to honour thy name,
Ours is the labour, thine the fame.
We pray that no harm on thy children may fall,
That blessing and peace may descend on us all;
So may we serve thee ever alone,
Land that we love, our Sierra Leone.

Knowledge and truth our forefathers spread,
Mighty the nations whom they led;
Mighty they made thee, so too may we
Show forth the good that is ever in thee.
We pledge our devotion, our strength and our might,
Thy cause to defend and to stand for thy right;
All that we have be ever thine own,
Land that we love, our Sierra Leone.

Royaume des hommes libres

Nous te plaçons haut, royaume des hommes libres ;
Grand est notre amour à ton égard ;
Pour toujours nous nous tenons fermement unis,
Chantant ta prière, ô terre natale.
Nous élevons haut nos cœurs et nos voix,
Les collines et les vallées renvoient nos cris en écho ;
Que la bénédiction et la paix t'appartiennent toujours,
Pays que nous aimons, notre Sierra Leone.

Unis avec une foi que la sagesse inspire,
Unis avec un zèle jamais affaibli ;
Toujours nous chercherons à honorer ton nom
À nous le travail, à toi la gloire.
Nous prions que jamais le mal ne s'abatte sur tes enfants,
Que la bénédiction et la paix viennent à nous ;
Puissions-nous donc toujours te servir,
Pays que nous aimons, notre Sierra Leone.

Nos aïeux ont répandu la connaissance et la vérité,
Guidant de puissantes nations ;
Puissante ils t'ont créée, à nous de montrer
Le bien qu'il y a en toi.
Nous engageons notre dévotion, notre force et notre volonté,
Pour défendre ta cause et défendre tes droits ;
Tout ce que nous avons t'appartient pour toujours,
Pays que nous aimons, notre Sierra Leone.

Somalie

Le 1er juillet 1960, c'est un pays pour le moins artificiel qui voit le jour sous le nom de **République de Somalie**. En réunissant le Somaliland britannique et l'ancienne Somalie italienne, administrée depuis la fin de la Seconde Guerre mondiale par les Nations unies, la communauté internationale pense alors créer un État viable et stable. Mais ce sera loin d'être le cas. Dès son indépendance, la Somalie se dote de symboles nationaux, dont un hymne sans paroles, œuvre musicale du compositeur italien Giuseppe Blanc.

Très vite, le pays va s'enfoncer dans la dictature, l'instabilité, la guerre civile, les luttes de clan et l'anarchie la plus totale. On se souvient du fiasco international que fut l'opération *Restore Hope* menée en décembre 1992 par les États-Unis, la France et l'Italie. En août 2000, après plus de dix ans de guerre et de ravages, un parlement se réunit à Djibouti pour élire un président, un véritable gouvernement et tenter de reconstruire de toutes pièces un nouveau pays. Il semble que, à cette date, l'hymne ancien ait été abandonné, mais sans qu'un nouveau ne vienne le remplacer. Il faut dire que pour les autorités somaliennes, qui ne contrôlent alors que 10 % à peine du pays, la route est longue et les difficultés sans nombre.

Aujourd'hui, on peut légitimement se poser la question de savoir si la Somalie existe toujours. Certes, un nouvel accord de paix a été signé entre différentes factions rivales, au début de 2004, sous l'égide du Kenya et de l'Éthiopie. Mais pour quel territoire ? Au nord, l'ancien Somaliland britannique a fait sécession depuis mai 1991, et bien qu'aucun État ne le reconnaisse officiellement, le pays est politiquement stable, possède sa propre armée, sa propre police, ses propres symboles nationaux et sa propre monnaie. Même chose au nord-est avec le Puntland, qui s'est déclaré indépendant le 22 juillet 1998 mais qui a, lui, gardé le même drapeau et le même hymne que la Somalie. Le Puntland semblerait d'ailleurs accepter la solution d'un État fédéral, ce que refuse énergiquement le Somaliland. Malgré la pression internationale, nul ne sait aujourd'hui ce que deviendra ce grand pays, stratégiquement important à l'entrée de la mer Rouge, sur la Corne de l'Afrique.

Avant la guerre civile, sous le régime du président Siyad Barre, l'hymne somalien avait adopté quelques paroles qui disaient :

Somaliens levez-vous,
Levez-vous et unissez-vous !
Que le plus faible d'entre vous
Vous le supportiez à jamais.
Je pleure, et mes larmes coulent !
Je suis une personne qui fut privée de ses droits
Et qui a été réduite en esclavage !

Hymne sans titre et sans paroles
Musique de Giuseppe Blanc (1886-1969)
Adopté comme hymne national en 1960

SOUDAN

Soudan

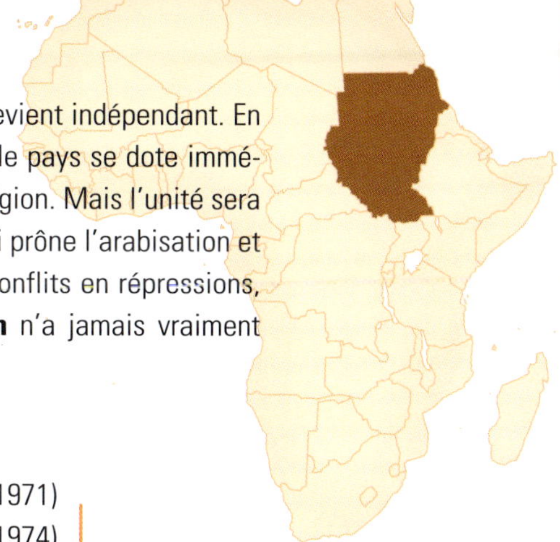

C'est le 1er janvier 1956 que le Soudan, le plus vaste pays d'Afrique, devient indépendant. En rompant les liens qui l'unissaient à l'Égypte et à la Grande-Bretagne, le pays se dote immédiatement d'un hymne national qui fait explicitement référence à la religion. Mais l'unité sera toujours difficile, voire impossible, entre un nord du pays musulman qui prône l'arabisation et la charia, et un Sud chrétien qui souhaite un État laïc et fédéral. De conflits en répressions, de régimes militaires en guerres civiles, la **République du Soudan** n'a jamais vraiment connu la paix.

Paroles de Sayed Ahmad Muhammad Salih (1896-1971)
Musique d'Ahmad Murjan (1905-1974)
Adopté comme hymne national en 1956

Nous sommes les soldats de Dieu

Nous sommes les soldats de Dieu, les soldats de notre patrie,
Appelés au sacrifice, nous ne faiblirons pas.
En bravant la mort, les épreuves ou la douleur,
Nous paierons la gloire du prix de nos vies.
Puisse notre terre, le Soudan, vivre longtemps
En montrant le chemin à toutes les nations.
Fils du Soudan, désormais appelés à servir,
Endossez la responsabilité de protéger notre pays.

Version en arabe

Nahnu Djundulla Djundulwatan

نحن جند الله جند الوطن   أن دعا داعي الفداء لن نخن
نتحدى الموت عند المحن   نشتري المجد بأغلى ثمن
هذه الأرض لنا فليعش   سوداننا علماً بين الأمم
يا بني السودان هذا رمزكم   يحمل العبء ويحمي أرضكم

Swaziland

Totalement enclavé entre l'Afrique du Sud et le Mozambique, le **Royaume du Swaziland** est un petit pays assez ancien, mais réellement indépendant depuis 1968. Couronné à dix-huit ans, le roi Mswati III, dont l'hymne fait mention, règne sans partage sur cette monarchie absolue depuis 1986.

Paroles d'Andreas Enoke Fanyana Simelane (né en 1934)
Musique de David Kenneth Rycroft (né en 1924)
Adopté comme hymne national en 1968

Version en swazi

Ingoma Yesive

Nkulunkulu Mnikati wetibusiso temaSwati;
Siyatibonga tonkhe tinhlanhla;
Sibonga iNgwenyama yetfu
Live netintsaba nemifula.

Busisa tiphatsimandla takaNgwane;
Nguwe wedvwa Somandla wetfu;
Sinike kuhlakanipha lokungenabucili.
Simise usicinise, Simakadze.

Version en anglais

O God, bestower of the blessings of the Swazi

O Lord our God, bestower of the blessings of the Swazi;
We give Thee thanks for all our good fortune;
We offer thanks and praise for our king
And for our fair land, its hills and rivers.

Thy blessings be on all rulers of our country;
Might and power are Thine alone;
We pray Thee to grant us wisdom without deceit or malice.
Establish and fortify us, Lord Eternal.

Ô Dieu, objet des bénédictions des Swazis

Ô Seigneur notre Dieu, objet des bénédictions des Swazis ;
Nous Te remercions pour tant de chance ;
Nous rendons grâce et prions pour notre roi
Et pour notre beau pays, ses collines et ses rivières.

Bénis soient tous les dirigeants de notre pays ;
Force et pouvoir sont à Toi seul ;
Nous Te prions de nous accorder la sagesse sans tromperie ni méchanceté.
Garde-nous et fortifie-nous, Seigneur éternel.

Tanzanie

Peu de temps après avoir obtenu leurs indépendances, le Tanganyika et Zanzibar décident d'unir leur destin, en 1964, sous le nom de **République unie de Tanzanie**. Depuis qu'il s'était séparé de la Grande-Bretagne en 1961, le Tanganyika avait adopté comme hymne un chant bantou profondément populaire en Afrique australe et qui s'intitule *Mungu ibariki Afrika*, soit *Dieu bénisse l'Afrique*. Lors de sa création, la Tanzanie décide de le garder, mais avec de nouveaux arrangements et en lui adaptant de nouvelles paroles. Cet air populaire écrit par Enoch Mankayi Sontonga n'est autre que le *Nkosi Sikelel' iAfrica* d'Afrique du Sud, qui est aussi l'hymne de la Zambie et du Zimbabwe d'avant 1994.

Texte écrit par un collectif de citoyens tanzaniens
Musique d'Enoch Mankayi Sontonga (1860-1904) et de Virgil Webster
Adopté comme hymne national en 1961, puis en 1964

Version en anglais

God Bless Africa

God bless Africa,
Bless its leaders!
Let wisdom, unity and
Peace be the shield of
Africa and its people.

Bless Africa,
Bless Africa,
Bless the children of Africa.

God bless Tanzania!
Grant eternal freedom and unity
To its sons and daughters.
God bless Tanzania
And its people!

Bless Tanzania,
Bless Tanzania,
Bless the children of Tanzania.

Dieu bénisse l'Afrique

Ô Dieu, bénis l'Afrique,
Bénis ses dirigeants !
Que l'unité, la sagesse
Et la paix soient le bouclier
De l'Afrique et de ses enfants.

Bénis l'Afrique,
Bénis l'Afrique,
Bénis les enfants de l'Afrique.

Ô Dieu, bénis la Tanzanie !
Accorde la liberté et l'unité parfaite
À ses fils et ses filles.
Ô Dieu, bénis la Tanzanie
Et ses habitants !

Bénis la Tanzanie,
Bénis la Tanzanie,
Bénis les enfants de la Tanzanie.

Version en swahili

Mungu ibariki Afrika

Mungu ibariki Afrika
Wabariki Viongozi wake!
Hekima Umoja na
Amani hizi ni ngao zetu
Afrika na watu wake.

Ibariki Afrika,
Ibariki Afrika,
Tubariki watoto wa Afrika.

Mungu ibariki Tanzania!
Dumisha uhuru na Umoja
Wake kwa Waume na Watoto.
Mungu Ibariki
Tanzania na watu wake.

Ibariki Tanzania,
Ibariki Tanzania,
Tubariki watoto wa Tanzania.

TCHAD
Tchad

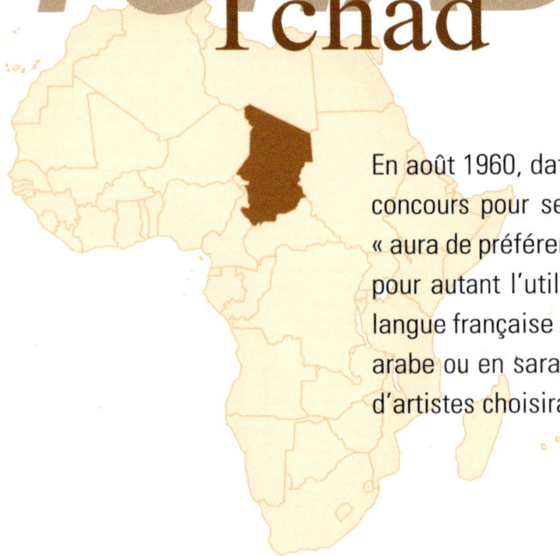

En août 1960, date de son indépendance, la jeune **République du Tchad** décrète un concours pour se choisir un hymne national. Le décret précise que le futur hymne « aura de préférence l'allure d'une marche au rythme énergique, ce qui n'en exclut pas pour autant l'utilisation de tam-tams et d'instruments locaux. Les paroles seront en langue française et seront susceptibles d'être traduites ou adaptées ultérieurement en arabe ou en sara ». Un jury de six membres composé d'enseignants, de politiques et d'artistes choisira finalement ce texte à la gloire du peuple tchadien.

Paroles de Louis Gidrol (né en 1922)
Musique de Paul Villard (1899-1986)
Adopté comme hymne national en 1960

La Tchadienne

Peuple tchadien, debout et à l'ouvrage !
Tu as conquis ta terre et ton droit ;
Ta liberté naîtra de ton courage.
Lève les yeux, l'avenir est à toi.

Ô mon pays, que Dieu te prenne en garde,
Que tes voisins admirent tes enfants.
Joyeux, pacifique, avance en chantant,
Fidèle à tes anciens qui te regardent.

Togo

Petit pays d'Afrique de l'Ouest, le Togo est une colonie allemande jusqu'en 1918 avant de passer sous administration française. C'est le jour de son indépendance, le 27 avril 1960, qu'est interprété pour la première fois l'hymne de la **République du Togo**. Un hymne écrit et composé par un homme d'Église, Alex Casimir-Dosseh, avec l'aide, dit-on, d'un professeur de musique du Lycée français de Lomé, la capitale. En 1979, une nouvelle Constitution est adoptée lors de la réélection du général Eyadema. L'hymne est abandonné, mais pour un temps seulement. Apprécié des Togolais, il sera repris en 1991.

Musique et paroles d'Alex Casimir-Dosseh (né en 1923)
Adopté comme hymne national de 1960 à 1979, puis en 1991

Salut à toi, pays de nos aïeux

Salut à toi, pays de nos aïeux !
Toi qui les rendais forts, paisibles et joyeux,
Cultivant vertu, vaillance
Pour la prospérité.
Que viennent les tyrans, ton cœur soupire vers la liberté.
Togo, debout ! Luttons sans défaillance,
Vainquons ou mourons, mais dans la dignité.
Grand Dieu, Toi seul nous a exaltés,
Du Togo pour la prospérité,
Togolais, viens ! Bâtissons la cité !

Dans l'unité, nous voulons te servir,
C'est bien là de nos cœurs le plus ardent désir.
Clamons fort notre devise
Que rien ne peut ternir.
Seuls artisans de ton bonheur ainsi que de ton avenir,
Brisons partout les chaînes, la traîtrise,
Et nous te jurons toujours fidélité,
Et aimer, servir, se dépasser,
Faire encore de toi sans nous lasser,
Togo chéri, l'or de l'humanité.

Tunisie

Le 12 novembre 1987, cinq jours seulement après que le Premier ministre Zine El Abadine Ben Ali a remplacé Habib Bourguiba à la présidence du pays, c'est un ancien chant révolutionnaire, *Les Défenseurs de la patrie*, qui devient le nouvel hymne national de la **République tunisienne** en remplacement d'*Ala Khallidi*, utilisé depuis l'indépendance.

Paroles de Mustafa Sadik al-Rafii (1880-1937)
et d'Abdoul Kacem Chabbi (1909-1934)
Musique de Mohammed Abdel Wahab (1915-1991)
Adopté comme hymne national en 1987

Version en arabe
Himat al-Hima

النَّشيدُ الرَّسْميّ للجُمْهوريّة التونُسيّة

حُماةَ الحِمَى يا حُماةَ الحِمَى   هَلُمُّوا هَلُمُّوا لِمَجْدِ الزَّمَن
لَقَدْ صَرَخَتْ في عُرُوقِنا الدِّمَاءْ   نَمُوتُ نَمُوتُ ويَحْيا الوَطَن

* * *

لِتَدْوِي السَّمَاوَاتُ بِرَعْدِهَا   لِتَرْمِي الصَّوَاعِقُ نِيرَانَهَا
إلَى عِزِّ تُونِسَ إلَى مَجْدِهَا   رِجَالَ البِلَادِ وشُبَّانَهَا
فَلَا عَاشَ في تُونِسَ مَنْ خَانَهَا   وَلَا عَاشَ مَنْ لَيْسَ مِنْ جُنْدِهَا
نَمُوتُ وَنَحْيَا عَلَى عَهْدِهَا   حَيَاةَ الكِرَامِ وَمَوْتَ العِظَام

* * *

بِلَادِي آحْكُمِي وَآمْلُكِي وَآسْعَدِي   فَلَا عَاشَ مَنْ لَمْ يَعِشْ سَيِّدَا
بِحَرِّ دَمِي وَبِمَا فِي يَدِي   أَنَا لِبِلَادِي وَشَعْبِي فِدَا
لَكِ المَجْدُ يَا تُونِسُ فَآسْتَمْجِدِي   بِعِزَّةِ شَعْبِكِ طُولَ المَدَى
وَنَحْنُ أُسُودُ الوَغَى فَآشْهَدِي   وُثُوبَ أُسُودِكِ فِي يَوْمِ الصِّدَام

* * *

وَرِثْنَا السَّوَاعِدَ بَيْنَ الأُمَمْ   صُخُوراً صُخُوراً كَهَذَا البِنَاء
سَوَاعِدُ يَهْتَزُّ فَوْقَهَا العَلَم   نُبَاهِي بِهِ وَيُبَاهِي بِنَا
وَفِيهَا كَفَا لِلْعُلَا وَالهِمَمْ   وَفِيهَا ضَمَانٌ لِنَيْلِ المُنَى
وَفِيهَا لِأَعْدَاءِ تُونِسَ نِقَم   وَفِيهَا لِمَنْ سَالَمُونَا السَّلَام

* * *

إذَا الشَّعْبُ يَوْماً أَرَادَ الحَيَاة   فَلَا بُدَّ أَنْ يَسْتَجِيبَ القَدَر
وَلَا بُدَّ لِلَّيْلِ أَنْ يَنْجَلِي   وَلَا بُدَّ لِلْقَيْدِ أَنْ يَنْكَسِر

Les Défenseurs de la patrie

Ô défenseurs de la nation, allons à la rencontre de la gloire !
« Mourons, s'il le faut, mourons pour que vive la patrie ! »
Clame le sang qui coule dans nos veines.

Que n'y vive point quiconque refuse d'être au nombre de ses soldats !
Tenus par notre serment de fidélité à son égard,
Nous vivrons sur son sol dans la dignité
Ou nous mourrons, pour elle, dans la grandeur.

Sois maître de tes destinées, ô mon pays, et sois heureux !
Car il n'est point de vie pour celui qui est privé de sa souveraineté.
Mon sang bouillant et tout ce que je possède de plus cher,
Je suis prêt à en faire sacrifice pour mon pays et pour mon peuple.
Gloire à toi, Tunisie ! De la grandeur de ton peuple, demeure à jamais fière !
Regarde tes enfants se lancer, tels des lions,
À l'assaut de l'ennemi le jour du combat.

Notre héritage, parmi les nations, réside dans la force de nos bras
Des bras aussi durs que le roc de ces imposants édifices
Et qui portent haut l'étendard du pays.
Cet étendard qui fait notre fierté et qui est lui-même fier d'être porté par nous.
Des bras qui nous propulsent vers les plus hauts sommets
De la gloire et de la grandeur,
Qui nous garantissent la réalisation de nos voeux,
Qui font abattre des malheurs sur les ennemis de notre Patrie,
Mais qui sont pacifiques à l'égard de ceux qui nous veulent la paix.

Lorsqu'un peuple veut la vie, force est au destin de répondre
Aux ténèbres de se dissiper et aux chaînes de se rompre !

Zambie

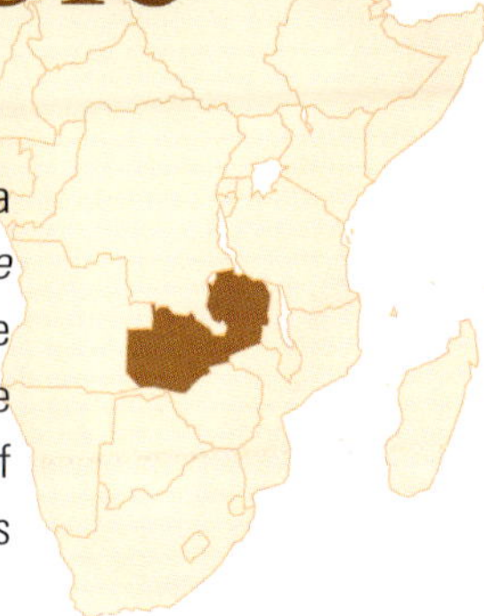

Le 24 octobre 1964, lorsque la Rhodésie du Nord accède à l'indépendance et devient la **République de Zambie**, le nouveau pays choisit comme hymne national *Dieu bénisse l'Afrique*. Mélodie populaire écrite vers 1897 par un professeur méthodiste de Johannesburg, Enoch Mankayi Sontonga, et qui deviendra également l'hymne du Zimbabwe (avant 1994), de la Tanzanie et de l'Afrique du Sud. Si la musique est conservée, un collectif de citoyens zambiens est chargé d'en écrire de nouvelles paroles qui soient plus adaptées à la Zambie.

Texte écrit par un collectif de citoyens zambiens
Musique d'Enoch Mankayi Sontonga (1860-1904)
Adopté comme hymne national en 1964

Debout et chantez la Zambie

Debout et chantez la Zambie, fière et libre,
Pays de labeur et de joie dans l'unité,
Victorieux dans la lutte pour le droit,
Nous avons gagné le combat de la liberté.
Tous unis, forts et libres.

L'Afrique est notre mère patrie,
Façonnée et bénie par la bonne main de Dieu,
Que tous ses peuples se réunissent,
Frères sous le soleil.
Tous unis, forts et libres.

Une terre et une nation, voilà notre cri,
Dignité et paix sous le ciel de Zambie,
Comme notre noble aigle dans son vol,
La Zambie t'adresse sa prière.
Tous unis, forts et libres.

Que Dieu soit loué.
Qu'Il soit loué, qu'Il soit loué, qu'Il soit loué,
Qu'Il bénisse notre grande nation,
Zambie, Zambie, Zambie.
En hommes libres nous nous dressons
Sous le drapeau de notre pays.
La Zambie t'adresse sa prière !
Tous unis, forts et libres.

Version en anglais

Stand and Sing of Zambia, Proud and Free

Stand and sing of Zambia, proud and free,
Land of work and joy in unity,
Victors in the struggle for the right,
We have won freedom's fight.
All one, strong and free.

Africa is our own motherland,
Fashion'd with and blessed by God's good hand,
Let us all her people join as one,
Brothers under the sun.
All one, strong and free.

One land and one nation is our cry,
Dignity and peace beneath Zambia's sky,
Like our noble eagle in its flight,
Zambia, praise to thee.
All one, strong and free.

Praise be to God.
Praise be, praise be, praise be,
Bless our great nation,
Zambia, Zambia, Zambia.
Free men we stand
Under the flag of our land.
Zambia, praise to thee!
All one, strong and free.

Version en bemba

Lumbanyeni Zambia

Lumbanyeni Zambia, no kwanga,
Ne cilumba twange tuumfwane,
Mpalume sha bulwi twa cine,
Twaliilubula.
Twikatane bonse.

Bonse tuli bana ba Africa,
Uwasenaminwa na Lesa,
Nomba bonse twendele pamo,
Twaliilubula.
Twikatane bonse.

Fwe lukuta lwa Zambia lonse,
Twikatane tubyo mutende,
Pamo nga lubambe mu mulu,
Lumbanyeni Zambia.
Twikatane bonse.

Lumbanyeni,
Lesa, lesa, wesu,
Apale calo,
Zambia, Zambia, Zambia.
Fwe bantungwa
Mu luunga lwa calo.
Lumbanyeni Zambia!
Twikatane bonse.

Zimbabwe

Le 11 novembre 1965, le gouvernement ségrégationniste de Ian Smith déclare unilatéralement l'indépendance de la Rhodésie. Un régime blanc hostile à tout partage du pouvoir avec les Noirs, qui choisit comme hymne national la mélodie de l'hymne européen, l'*Ode à la joie* de Beethoven. Le 17 avril 1980, véritable nouvelle indépendance, un régime multiracial voit le jour. Le pays devient la **République du Zimbabwe** et se dote d'un nouvel hymne national, *Dieu bénisse l'Afrique*, mélodie d'Enoch Mankayi Sontonga, commune à la Zambie et à l'Afrique du Sud. En 1994, le régime du président Mugabe décide de choisir un nouvel hymne, toujours en vigueur.

Texte de Solomon Mutswairo (né en 1924)
Musique de Fred Lecture Changundega (né en 1954)
Adopté comme hymne national en 1994

Bénie soit la terre du Zimbabwe

Portez haut la bannière, le drapeau du Zimbabwe
Symbole de la victoire proclamée de la liberté ;
Nous louons le sacrifice de nos héros,
Et jurons de protéger notre pays de l'ennemi ;
Et puisse le Tout-Puissant protéger et bénir notre pays.

Ô beau Zimbabwe, si magnifiquement orné
Avec des montagnes, des rivières qui coulent librement en cascade ;
Puisse la pluie abonder et fertiliser les champs ;
Que nous soyons nourris, notre travail béni ;
Et puisse le Tout-Puissant protéger et bénir notre pays.

Ô Dieu, nous T'implorons de bénir notre pays natal ;
La terre de nos pères dont nous sommes tous dépositaires ;
Du Zambèze au Limpopo
Puissent nos gouvernants être exemplaires ;
Et puisse le Tout-Puissant protéger et bénir notre pays.

Version en anglais

Blessed Be the Land of Zimbabwe

Lift high the banner, the flag of Zimbabwe
The symbol of freedom proclaiming victory;
We praise our heroes' sacrifice,
And vow to keep our land from foes;
And may the Almighty protect and bless our land.

O lovely Zimbabwe, so wondrously adorned
With mountains, and rivers cascading, flowing free;
May rain abound, and fertile fields;
May we be fed, our labour blessed;
And may the Almighty protect and bless our land.

O God, we beseech Thee to bless our native land;
The land of our fathers bestowed upon us all;
From Zambezi to Limpopo
May leaders be exemplary;
And may the Almighty protect and bless our land.

Version en matabélé

Simudzai mureza wedu weZimbabwe

Phakamisan' if'legi yethu yeZimbabwe
Eyazalwa yimpi yenkululeko;
Legaz' elinengi lamaqhawe ethu,
Silivikele ezithan izonke;
Kalibusisiwe ilizwe leZimbabwe.

Khangelan' iZimbabwe yon' ihlotshiwe
Ngezintaba lang' miful' ebukekayo;
Izulu kaline, izilimo zande;
Iz' sebenzi zenam', abantu basuthe;
Kalibusisiwe ilizwe leZimbabwe.

Nkosi busis' ilizwe lethu leZimbabwe;
Ilizwe labokhokho bethu thina sonke;
Kusuk' eZambezi Kusiy' eLimpopo
Abakhokheli babe lobuqotho;
Kalibusisiwe ilizwe leZimbabwe.

Version en shona

Kalibusiswe Ilizwe leZimbabwe

Simudzai mureza wedu weZimbabwe
Yakazvarwa nomoto wechimurenga;
Neropa zhinji ramagamba,
Tiidzivirire kumhandu dzose;
Ngaikomborerwe nyika yeZimbabwe.

Tarisai Zimbabwe nyika yakashongedzwa
Namakomo, nehova, zvinoyevedza;
Mvura ngainaye, minda ipe mbesa;
Vashandi vatuswe, ruzhinji rugutswe;
Ngaikomborerwe nyika yeZimbabwe.

Mwari ropafadzai nyika yeZimbabwe;
Nyika yamadzitateguru edu tose;
Kubva Zambezi kusvika Limpopo
Navatungamiri vave nenduramo;
Ngaikomborerwe nyika yeZimbabwe.

Amérique

Antigua-et-Barbuda . Argentine
Bahamas . Barbade . Belize
Bolivie . Brésil . Canada . Chili
Colombie . Costa Rica . Cuba
République dominicaine.
Dominique . Équateur . États-Unis
Grenade . Guatemala . Guyana
Haïti . Honduras . Jamaïque
Mexique . Nicaragua . Panamá
Paraguay . Pérou . Porto Rico
Sainte-Lucie . Saint-Kitts-et-Nevis
Saint-Vincent-et-les-Grenadines
Salvador . Surinam
Trinité-et-Tobago . Uruguay
Venezuela

ANTIGUA ET BARBUDA

Antigua-et-Barbuda

Découvertes par Christophe Colomb lors de son second voyage en 1493, les îles d'**Antigua et de Barbuda** ont été successivement colonisées par les Espagnols, les Français, puis les Anglais. L'archipel est indépendant depuis le 1er novembre 1981, tout en faisant partie du Commonwealth.

Paroles de Novelle Hamilton Richards (1917-1986)
Musique de Walter Garnet Picart Chambers (né en 1908)
Adopté comme hymne national en 1981

Version en anglais

Fair Antigua, We Salute Thee

Fair Antigua and Barbuda!
We thy sons and daughters stand
Strong and firm in peace or danger
To safe-guard our native land
We commit ourselves to building
A true nation brave and free;
Ever striving, ever seeking,
Dwell in love and unity.

Raise the standard! Raise it boldly!
Answer now to duty's call
To the service of thy country,
Sparing nothing, giving all;
Gird your loins and join the battle
'Gainst fear, hate and poverty,
Each endeavouring, all achieving,
Live in peace where man is free.

God of nations, let Thy blessings
Fall upon this land of ours;
Rain and sunshine ever sending,
Fill her fields with crops and flowers;
We her children do implore Thee,
Give us strength, faith, loyalty,
Never failing, all enduring
To defend her liberty.

Belle Antigua, nous te saluons

Belles Antigua et Barbuda !
Nous, tes fils et filles nous tenons debout
Forts et solides dans la paix ou le danger
Pour protéger notre terre natale
Nous nous engageons à construire
Une vraie nation courageuse et libre ;
Toujours à essayer, toujours à chercher,
Dans l'amour et l'unité.

Élevons l'étendard ! Élevons-le avec audace !
Répondons maintenant à l'appel du devoir
Au service du pays,
Ne ménageant rien, donnant tout ;
Prenons notre courage à deux mains
Et engageons la bataille contre la peur et la pauvreté,
Chaque effort, chaque réussite
Apporte la paix là où l'homme est libre.

Dieu des nations, que Ta bénédiction
S'étende sur cette terre qui est nôtre ;
Envoie-lui toujours pluie et soleil,
Remplis ses champs de récoltes et de fleurs ;
Nous, ses enfants, T'implorons,
Donne-nous force, foi et loyauté,
Sans jamais faiblir, en supportant tout
Pour défendre sa liberté.

Argentine

En 1812, tout juste indépendante de l'Espagne, la jeune **République argentine** décide de se doter d'un chant patriotique, destiné à être interprété dans les écoles et les théâtres du pays. En juillet de cette même année, le triumvirat au pouvoir à Buenos Aires charge Vicente López y Planes et Blas Parera d'écrire et de composer une telle œuvre. Quelques mois plus tard, l'Assemblée nationale adopte officiellement le chant, baptisé *Marche patriotique*. Nom qui deviendra en 1847 *Himno nacional argentino*. Au fil des années, comme son voisin chilien, l'Argentine gommera les couplets trop violents envers l'Espagne. Aujourd'hui, seul le refrain, ainsi que les premiers et derniers couplets de l'hymne de 1813, sont interprétés.

Paroles de Vicente López y Planes (1785-1856)
Musique de Blas Parera (1765-1830)
Adopté comme hymne national en 1813

Hymne national argentin

Écoutez, mortels, le cri sacré :
Liberté, liberté, liberté !
Écoutez le bruit des chaînes brisées :
Voyez sur son trône la noble égalité.
Et à son digne trône nous avons ouvert
Les provinces unies du Sud !

Et les peuples libres du monde répondent :
Salut au grand peuple argentin !
Salut au grand peuple argentin !

Et les peuples libres du monde répondent :
Salut au grand peuple argentin !
(bis)

Que les lauriers soient éternels
Que nous avons su conquérir.
Vivons couronnés de gloire
Ou jurons de mourir glorieusement.

Version en espagnol

Himno nacional argentino

¡Oid mortales! el grito sagrado:
¡Libertad, libertad, libertad!
Oid el ruido de rotas cadenas:
Ved en trono a la noble igualdad.
¡Ya su trono dignísimo abrieron
Las provincias unidas del Sur!

Y los libres del mundo responden:
¡Al gran pueblo argentino salud!
¡Al gran pueblo argentino salud!

Y los libres del mundo responden:
¡Al gran pueblo argentino salud!
(bis)

Sean eternos los laureles
Que supimos conseguir.
Coronados de gloria vivamos
O juremos con gloria morir.

BAHAMAS

Bahamas

Repère de flibustiers tout au long des XVIIe et XVIIIe siècles, l'archipel des Bahamas et ses sept cents îles et îlots reste sous domination britannique jusqu'à son indépendance le 10 juillet 1973. Dès lors, à l'issue d'un concours ouvert à toute la population, le chant *En avant Bahamas* est choisi comme hymne national du **Commonwealth des Bahamas**.

Paroles et musique de Timothy Gibson (1903-1978)
Adopté comme hymne national en 1973

En avant Bahamas

Lève ta tête vers le soleil levant, terre des Bahamas ;
Marche vers la gloire, tes bannières éclatantes flottant haut.
Vois comme le monde remarque ton attitude !
Promettons de nous surpasser dans l'amour et l'unité.
Déterminés, marchons ensemble vers un noble but commun ;
Imperturbables, même si le mauvais temps nous cache le large et traître écueil.
Lève ta tête vers le soleil levant, terre des Bahamas ;
Jusqu'à ce que la route que tu as tracée te mène à Dieu, en avant Bahamas !

Version en anglais
March on, Bahamaland

Lift up your head to the rising sun, Bahamaland;
March on to glory, your bright banners waving high.
See how the world marks the manner of your bearing!
Pledge to excel through love and unity.
Pressing onward, march together to a common loftier goal;
Steady sunward, though the weather hide the wide and treacherous shoal.
Lift up your head to the rising sun, Bahamaland;
Till the road you've trod lead unto your God, march on, Bahamaland!

BARBADE

Barbade

Île corallienne de 430 km^2 dans la mer des Caraïbes, la **Barbade** est découverte par les Espagnols au XVIe siècle avant de devenir l'un des plus fameux repères de corsaires de la région. Colonie britannique, l'île devient autonome en 1961 mais n'accède à l'indépendance qu'en novembre 1966.

Paroles d'Irving Louis Burgie (né en 1924)
Musique de Roland Edwards (1912-1985)
Adopté comme hymne national en 1966

Version en anglais

In Plenty and in the Time of Need

In plenty and in the time of need,
When this fair land was young,
Our brave forefathers sowed the seed
From which our pride is sprung,
A pride that makes no wanton boast
Of what it has withstood,
That binds our hearts from coast to coast:
The pride of nationhood.

We loyal sons and daughters all
Do hereby make it known
These fields and hills beyond recall
Are now our very own.
We write our names on history's page
With expectations great,
Strict guardians of our heritage,
Firm craftsmen of our fate.

The Lord has been the people's guide
For past three hundred years.
With Him still on the people's side,
We have no doubts or fears.
Upward and onward we shall go,
Inspired, exulting, free,
And greater will our nation grow
In strength an unity.

We loyal sons, etc.

Dans l'abondance comme en période de besoin

Dans l'abondance comme en période de besoin,
Quand cette belle terre était jeune,
Nos courageux aïeux ont planté la graine
D'où notre fierté surgit,
Une fierté qui sait résister
À toute vantardise gratuite,
Qui lie nos cœurs d'une côte à l'autre :
La fierté de la nation.

Nous les loyaux fils et filles
Faisons bien savoir
Que ces champs et ces collines
Nous appartiennent de manière irrévocable.
Nous écrivons nos noms sur la page de l'histoire
Avec un immense espoir,
Fidèles gardiens de notre héritage,
Solides artisans de notre destin.

Le Seigneur a été le guide de notre peuple
Ces trois cents dernières années.
Avec Lui toujours aux côtés du peuple,
Nous n'avons ni doute ni peurs.
En haut et en avant nous irons,
Inspirés, triomphants, libres,
Et notre nation deviendra plus grande
Dans la force et l'unité.

Nous les loyaux fils, etc.

BELIZE

Belize

Jeune État indépendant, seul d'Amérique centrale qui soit anglophone, le **Belize** doit son hymne à l'un de ses plus fervents leaders nationalistes, Samuel Haynes, qui mena de nombreuses révoltes contre le colonisateur britannique, notamment en 1919. Le texte de Haynes fut adopté lors de l'accession à l'indépendance de cet ancien Honduras britannique, en 1981.

Paroles de Samuel Alfred Haynes (1898-1971)
Musique de Selwyn Walford Young (1899-1987)
Adopté comme hymne national en 1981

Pays des hommes libres

Ô pays d'hommes libres sur la mer des Caraïbes,
Nous nous engageons pour ta liberté !
Aucun tyran ne s'établira ici, les despotes doivent fuir
Ce havre paisible de démocratie.
Le sang noble, qui consacre notre sol,
A apporté la liberté contre la férule de l'esclavage,
Par la force de la vérité et la grâce de Dieu.
Jamais plus nous ne serons des coupeurs de bois.

Debout les fils du clan des hommes de la Baie,
Mettez votre armure, libérez le pays !
Chassez les tyrans, laissez fuir les despotes,
Pays d'hommes libres sur la mer des Caraïbes !

La nature t'a béni avec une incalculable richesse,
Sur les montagnes et les vallées où s'étendent les prairies ;
Nos pères, les hommes de la Baie, vaillants et audacieux
Ont chassé les envahisseurs ; et cet héritage persiste
Du fier Rio Hondo au vieux Sarstoon,
À travers l'île de corail, au-dessus du lagon bleu,
Monte la garde avec les anges, les étoiles et la lune ;
Car la liberté viendra demain à midi.

Debout, etc.

Version en anglais

Land of the Free

O land of the free by the Carib Sea,
Our manhood we pledge to thy liberty!
No tyrants here linger, despots must flee
This tranquil haven of democracy.
The blood of our sires, which hallows the sod,
Brought freedom from slavery oppression's rod,
By the might of truth and the grace of God.
No longer shall we be hewers of wood.

Arise, ye sons of the Baymen's clan,
Put on your armour, clear the land!
Drive back the tyrants, let despots flee,
Land of the free by the Carib Sea!

Nature has blessed thee with wealth untold,
O'er mountains and valleys where prairies roll;
Our fathers, the Baymen, valiant and bold
Drove back the invader ; this heritage hold
From proud Rio Hondo to old Sarstoon,
Through coral isle, over blue lagoon,
Keep watch with the angels, the stars and moon;
For freedom comes tomorrow's noon.

Arise, etc.

BOLIVIE

Bolivie

En août 1825, au terme de quinze ans d'une lutte acharnée, la **République de Bolivie** arrache son indépendance à l'Espagne. Quelques années plus tard, l'un des signataires de la déclaration d'indépendance et de la constitution, le poète José Ignacio de Sanjinés, écrit le texte qui deviendra l'hymne national du pays. Texte mis en musique par un compositeur italien, professeur à Sucre, seconde ville du pays après La Paz.

Paroles de José Ignacio de Sanjinés (1786-1864)
Musique de Leopoldo Benedetto Vincenti (1815-1914)
Adopté comme hymne national en 1842

Chant patriotique

Boliviens le destin propice
A couronné nos vœux et nos aspirations ;
Elle est libre, elle est libre cette terre,
C'en est fini de sa condition servile.
Au vacarme martial d'hier
Et au bruit de l'horrible guerre,
Succèdent maintenant dans un harmonieux contraste
Les doux hymnes de la paix et de l'union.

Conservons le nom précieux de la patrie
Dans une splendeur glorieuse
Et en son nom jurons à nouveau :
Mourir plutôt que de vivre en esclaves ! *(ter)*

Prière éternelle aux guerriers courageux,
Dont la bravoure héroïque et la fermeté
Ont conquis la gloire dont commence
À profiter aujourd'hui la Bolivie.
Que leurs noms de marbre et de bronze
Se transmettent dans les temps futurs
En un chant puissant qui répète :
Liberté, liberté, liberté !

Conservons, etc.

Ici, la justice a élevé son trône,
Qu'ignore la vile oppression,
Et de sa voix glorieuse entonne :
Liberté, liberté, liberté !
Cette terre innocente et magnifique,
Qui doit à Bolívar son nom,
Est la patrie heureuse où l'homme
Goûte les bienfaits du bonheur et de la paix.

Conservons, etc.

Si l'étranger tente, un jour,
De mettre la Bolivie sous le joug,
Que cet envahisseur prétentieux
Se prépare à un destin fatal.
Car les enfants du grand Bolívar
Ont juré mille et mille fois de mourir
Avant que de voir humiliée
La vénérable bannière de la patrie.

Conservons, etc.

Version en espagnol

Canción patriótica

Bolivianos el hado propicio
Coronó nuestros votos y anhelo;
Es ya libre, ya libre este suelo,
Ya cesó su servil condición.
Al estruendo marcial que ayer fuera
Y al clamor de la guerra horroroso,
Siguen hoy en contraste armonioso
Dulces himnos de paz y de unión.

De la patria el alto nombre
En glorioso esplendor conservemos
Y en sus aras de nuevo juremos:
¡Morir antes que esclavos vivir! *(ter)*

Loor eterno a los bravos guerreros,
Cuyo heroíco valor y firmeza
Conquistaron las glorias que empieza
Hoy Bolivia feliz a gozar.
Que sus nombres el mármol y el bronce
A remotas edades trasmitan
Y en sonoros cantares repitan:
¡Libertad, libertad, libertad!

De la patria, etc.

Aquí alzó la justicia su trono,
Que la vil opresión desconoce,
Y este timbre glorioso legóse:
¡Libertad, libertad, libertad!
Esta tierra inocente y hermosa,
Que ha debido a Bolívar su nombre,
Es la patria feliz donde el hombre
Goza el bien de la dicha y la paz.

De la patria, etc.

Si extranjero poder, algún día,
Sojuzgar a Bolivia intentare,
Al destino fatal se prepare
Que amenaza a soberbio agresor.
Que los hijos del grande Bolívar
Han ya mil y mil veces jurado,
Morir antes que ver humillado
De la patria el augusto pendón.

De la patria, etc.

(Extrait)

Brésil

L'histoire de l'hymne de la **République fédérale du Brésil** est pour le moins complexe. À l'origine, la mélodie signée Francisco Manuel da Silva est purement orchestrale, exécutée seulement par les fanfares militaires dans les occasions officielles.

En 1831, l'empereur Pedro Ier abdique. Ce prince portugais qui avait déclaré le Brésil indépendant en 1822, laisse le trône à son fils, dom Pedro II. À cette occasion, plusieurs textes sont écrits, notament par Ovídio Saraiva de Carvalho, qui deviennent fort populaires à travers le pays.

Quand la république est proclamée en 1889, un concours est organisé pour choisir un nouvel hymne national. Mais la réaction populaire contre cette initiative est telle que le nouveau gouvernement accorde à l'ancien hymne – paroles d'Ovídio Saraiva de Carvalho et musique de Francisco Manuel da Silva – le statut d'hymne national.

■ En 1922, un nouveau texte – écrit en 1909 par le journaliste et poète Joaquim Osório Duque Estrada – est adopté. Quelques années plus tard cependant, en octobre 1936, une nouvelle version orchestrale est adoptée, ainsi que de nouvelles paroles, toujours du même auteur.

(Extrait)

Paroles de Joaquim Osório Duque Estrada (1870-1927)
Musique de Francisco Manuel da Silva (1795-1865)
Adopté comme hymne national en 1922, puis en 1936

Les Berges de l'Ipiranga

Un peuple héroïque des berges placides de l'Ipiranga
Ont entendu le cri éclatant,
Et du soleil de la liberté les rayons fulgurants
Ont brillé en cet instant dans le ciel de la patrie.
Si de nos bras puissants
Nous avons su conquérir ce gage d'égalité,
En ton sein, ô liberté,
Notre cœur défiera la mort elle-même !
Ô patrie aimée, adorée, salut ! Salut !
Brésil, un rêve intense, un rayon ardent,
D'amour et d'espérance sur la terre descend,
Dans tes cieux, souriants et limpides,
Resplendit l'image de la Croix du Sud.
Géant par ta propre nature,
Tu es beau, tu es fort, impavide colosse.
Et ton avenir reflète cette grandeur.

Terre adorée, entre mille autres c'est toi, Brésil,
Ô patrie aimée ! Des fils de cette terre tu es la mère gentille
Patrie aimée, Brésil !

Éternellement couché dans un berceau splendide,
Au bruit de la mer et à la lumière du ciel profond,
Tu étincelles, ô Brésil, fleuron de l'Amérique,
Illuminé par le soleil du Nouveau Monde !
Plus que la terre la plus splendide
Tes beaux champs souriants portent des fleurs,
Nos bois ont plus de vie
Notre vie, en ton sein, plus d'amours.
Ô, patrie aimée, adorée, salut ! Salut !
Brésil, de l'amour éternel sois le symbole
Que l'étendard étoilé que tu brandis
Proclame le vert laurier de cette bannière :
Paix dans l'avenir et gloire dans le passé.
Mais si tu brandis la puissante épée de la justice,
Tu verras qu'aucun de tes enfants ne fuit la lutte,
Celui qui t'adore ne craint pas la mort elle-même.

Terre adorée, etc.

Version en portugais

As margens do Ipiranga

Ouviram do Ipiranga às margens plácidas
De um povo heróico o brado retumbante,
E o sol da liberdade, em raios fúlgidos,
Brilhou no céu da pátria nesse instante.
Se o penhor dessa igualdade
Conseguimos conquistar com braço forte,
Em teu seio, ó liberdade,
Desafia o nosso peito a própria morte!
Ó pátria amada, idolatrada, salve! Salve!
Brasil, um sonho intenso, um raio vívido,
De amor e de esperança à terra desce,
Se em teu formoso céu, risonho e límpido,
A imagem do Cruzeiro resplandece.
Gigante pela própria natureza,
És belo, és forte, impávido colosso,
E o teu futuro espelha essa grandeza.

Terra adorada, entre outras mil és tu, Brasil,
Ó pátria amada! Dos filhos deste solo és mãe gentil,
Pátria amada, Brasil!

Deitado eternamente em berço esplêndido,
Ao som do mar e à luz do céu profundo,
Fulguras, ó Brasil, florão da América,
Iluminado ao sol do Novo Mundo!
Do que a terra mais garrida
Teus risonhos lindos campos tem mais flores,
Nossos bosques tem mais vida
Nossa vida no teu seio mais amores.
Ó pátria amada, idolatrada, salve! Salve!
Brasil, de amor eterno seja símbolo
O lábaro que ostentas estrelado,
E diga o verde louro dessa flâmula:
Paz no futuro e glória no passado.
Mas se ergues da justiça a clava forte,
Verás que um filho teu não foge à luta,
Nem teme, quem te adora, a própria morte.

Terra adorada, etc.

CANADA

Canada

C'est à une date toute récente, le 1er juillet 1980 seulement, que le **Canada** se dote officiellement d'un hymne national. Jusqu'à cette date, de par son appartenance au Commonwealth et sa fidélité à la couronne britannique, c'était le *God Save the King* qui en tenait lieu. L'hymne canadien, qui s'appelle *Ô Canada !* est un chant plutôt ancien puisqu'il a été interprété pour la première fois un siècle avant son adoption, le 24 juin 1880.

■ Cette année-là a lieu à Québec le Congrès national des Canadiens français. À cette occasion, le lieutenant gouverneur de la province, l'honorable Théodore Robitaille, décide de doter son pays d'un hymne national qui lui serait enfin propre. Il demande donc à un juge de la Cour supérieure du Québec, Adolphe-Basile Routhier, d'écrire un poème sur lequel une musique serait ensuite adaptée.

Écrit en français, *Ô Canada, terre de nos aïeux*, sera ainsi mis en musique par Calixa Lavallée, un compositeur très célèbre à son époque. Originaire de Verchères au Québec, Lavallée a étudié la musique à Montréal et à Paris et s'est même engagé dans l'armée nordiste lors de la guerre de Sécession américaine, ce qui lui vaudra une blessure sur le Potomac.

Certains affirment cependant que Lavallée aurait de lui-même écrit une musique à l'occasion du Congrès et que le juge se serait contenté d'y adapter des paroles en utilisant les notes et le rythme.

Quoi qu'il en soit, inspiré par les berges de la rivière Yamaska, les paysages québécois et le majestueux fleuve Saint-Laurent, la mélodie de *Ô Canada !* a été composée, dit-on, en une seule nuit. Dans la soirée du 24 juin 1880, au terme du banquet rassemblant les dignitaires de la *province, Ô Canada !* est interprété pour la première fois. L'effet est immédiat, l'émotion intense.

■ Près de vingt versions anglaises seront immédiatement écrites, dont celle de Robert Stanley Weir. Rédigé en 1908 à l'occasion du tricentenaire de la fondation de la ville de Québec, ce texte, légèrement modifié par la suite, sera véritablement plébiscité par la population canadienne anglophone.

Dès 1911, de l'Atlantique au Pacifique, les paroles de *Ô Canada !* figurent au dos de tous les livres scolaires canadiens. Trois ans plus tard, en 1914, c'est en chantant *Ô Canada !* que les soldats canadiens embarquent pour l'Europe et les tranchées de la Grande Guerre. En 1927, le futur hymne national est régulièrement chanté dans les écoles et lors des réunions publiques. Mais la question de son statut divise toujours les politiques.

■ En 1964, le gouvernement fédéral crée un comité afin d'étudier les statuts différents et opposés de *God Save the Queen* et de *Ô Canada !* En 1966, le Premier ministre, Lester B. Pearson, propose que *Ô Canada !* soit hymne national du pays, tandis que *Dieu protège la reine* deviendrait hymne royal… Subtile distinction ! Il faudra finalement attendre le 1er juillet 1980 pour que le gouverneur général du Canada, Son Excellence le très honorable Edward Schreyer, proclame enfin la loi faisant de *Ô Canada !* l'hymne national officiel du pays. Hymne qui constitue, avec la feuille d'érable, l'un de ses symboles les plus importants.

Paroles de la version française d'Adolphe-Basile Routhier (1839-1920)
et pour la version anglaise de Robert Stanley Weir (1856-1926)
Musique de Calixa Lavallée (1843-1891)
Adopté comme hymne national en 1980

Version en anglais

O Canada!

O Canada! Our home and native land,
True patriot love in all thy sons command.
With glowing hearts we see thee rise,
The true North strong and free!
From far and wide,
O Canada, we stand on guard for thee.
God keep our land glorious and free!
O Canada, we stand on guard for thee. *(bis)*

O Canada! Where pines and maples grow,
Great prairies spread and lordly rivers flow.
How dear to us thy broad domain,
From East to Western sea,
Thou land of hope for all who toil!
Thou True North strong and free!
God keep our land glorious and free!
O Canada, we stand on guard for thee. *(bis)*

O Canada! Beneath thy shining skies
May stalwart sons and gentle maidens rise,
To keep thee steadfast through the years
From East to Western Sea,
Our own beloved native land!
Our true North, strong and free!
God keep our land glorious and free!
O Canada, we stand on guard for thee. *(bis)*

Ruler supreme, who hearest humble prayer,
Hold our dominion within thy loving care;
Help us to find, o God, in thee
A lasting, rich reward,
As waiting for the better day,
We ever stand on guard.
God keep our land glorious and free!
O Canada, we stand on guard for thee. *(bis)*

Ô Canada !

Ô Canada ! Terre de nos aïeux,
Ton front est ceint de fleurons glorieux !
Car ton bras sait porter l'épée,
Il sait porter la croix !
Ton histoire est une épopée
Des plus brillants exploits.
Et ta valeur, de foi trempée,
Protégera nos foyers et nos droits. *(bis)*

Sous l'œil de Dieu, près du fleuve géant,
Le Canadien grandit en espérant.
Il est né d'une race fière,
Béni fut son berceau,
Le ciel a marqué sa carrière
Dans ce monde nouveau.
Toujours guidé par Sa lumière,
Il gardera l'honneur de son drapeau. *(bis)*

De son patron, précurseur du vrai Dieu,
Il porte au front l'auréole de feu ;
Ennemi de la tyrannie,
Mais plein de loyauté,
Il veut garder dans l'harmonie
Sa fière liberté.
Et par l'effort de son génie,
Sur notre sol asseoir la vérité ! *(bis)*

Amour sacré du trône et de l'autel,
Remplis nos cœurs de ton souffle immortel.
Parmi les races étrangères
Notre guide est la foi ;
Sachons être un peuple de frères
Sous le joug de la loi ;
Et répétons comme nos pères
Le cri vainqueur : « Pour le Christ et le roi. » *(bis)*

Chili

En juillet 1819, soit un an après avoir arraché son indépendance définitive de l'Espagne, le premier président chilien, Bernardo O'Higgins, charge le compositeur Manuel Robles et le poète Bernardo de Vera y Pintado d'écrire la musique et les paroles d'un hymne. Naît alors un texte à la gloire de la jeune **République du Chili**, mais qui n'est guère tendre avec l'ancienne puissance coloniale.
Il faudra attendre 1847 pour que les relations entre l'Espagne et le Chili s'améliorent. Le président de la République de l'époque, le général Manuel Bulnes, ordonne alors que toutes les allusions antiespagnoles soient gommées du chant. C'est un jeune poète, Eusebio Lillo, qui se charge de la besogne. Il reprend le texte original et l'adoucit considérablement, en l'adaptant à une partition de Ramón Carnicer, un compositeur espagnol exilé en Angleterre.

■ Adopté officiellement en 1941, l'hymne – *Canción nacional de Chile* – est constitué d'un seul couplet et d'un refrain, tirés du long poème composé à l'origine.

Paroles d'Eusebio Lillo Robles (1826-1910) et Bernardo de Vera y Pintado (1789-1826)
Musique de Ramón Carnicer (1789-1855)
Adopté comme hymne national en 1941

Version en espagnol

Cancion nacional de Chile

Puro, Chile, es tu cielo azulado,
Puras brisas te cruzan también,
Y tu campo de flores bordado
Es la copia feliz del Edén.
Majestuosa es la blanca montaña
Que te dio por baluarte el Señor, *(bis)*
Y ese mar que tranquilo te baña
Te promete futuro esplendor.
Y ese mar que tranquilo te baña
Te promete futuro esplendor.

Dulce patria, recibe los votos
Con que Chile en tus aras juró
Que o la tumba serás de los libres
O el asilo contra la opresión.

Chant national du Chili

Pur, Chili, est ton ciel bleu azur,
Des brises pures te balayent aussi,
Et tes champs bordés de fleurs
Sont l'heureuse copie de l'Éden.
Majestueuse est la blanche montagne
Que le Seigneur t'a donnée comme bastion, *(bis)*
Et cette mer qui te baigne tranquillement
Te promet un avenir radieux.
Et cette mer qui te baigne tranquillement
Te promet un avenir radieux.

Douce patrie, reçois les vœux
Que nous avons jurés, Chili, sur ton autel
Que tu seras soit la tombe des hommes libres
Ou le refuge contre l'oppression.

COLOMBIE

Colombie

À l'origine de l'hymne colombien se trouve un comédien de Bogotá, José Domingo Torres. Mélomane et profondément patriote, il convainc l'un de ses proches amis, le compositeur italien Oreste Sindici, de mettre en musique l'un des poèmes de Rafael Núñez. Le chant est interprété pour la première fois à l'automne 1887, mais il faudra attendre 1920 pour que le Congrès l'adopte officiellement comme hymne national. Poète, mais aussi journaliste et créateur de la Constitution de son pays, Rafael Núñez sera élu à quatre reprises président de la **République de Colombie.**

Paroles de Rafael Núñez (1825-1894)
Musique d'Oreste Sindici (1837-1904)
Adopté comme hymne national en 1920

Ô gloire ineffable !

Ô gloire ineffable !
Ô joie immortelle !
Dans un sillon de douleur
Le bien germe. *(bis)*

L'horrible nuit prend fin,
La liberté sublime
Illumine l'aube
De sa lumière invincible.
L'humanité entière,
Qui gémit sous les chaînes,
Comprend les mots de Celui
Qui est mort sur la croix.

Ô gloire, etc.

Indépendance, crie
Le monde américain ;
Le pays de Colomb
Baigne dans le sang des héros.
Mais le grand principe :
Le roi n'est pas souverain,
Résonne, et ceux qui souffrent
Bénissent sa passion.

Ô gloire, etc.

Version en espagnol

¡Oh gloria inmarcesible!

¡Oh gloria inmarcesible!
¡Oh júbilo inmortal!
En surcos de dolores
El bien germina ya. *(bis)*

Cesó la horrible noche
La libertad sublime
Derrama las auroras
De su invencible luz.
La humanidad entera,
Que entre cadenas gime,
Comprende las palabras
Del que murió en la cruz.

¡Oh gloria, etc.

Independencia, grita
El mundo americano:
Se baña en sangre de héroes
La tierra de Colón.
Pero este gran principio:
El rey no es soberano,
Resuena, y los que sufren
Bendicen su pasión.

¡Oh gloria, etc.

COSTA RICA
Costa Rica

En 1852, la jeune **République du Costa Rica** doit recevoir pour la première fois les représentations diplomatiques des États-Unis et de la Grande-Bretagne. Comme le pays ne possède pas d'hymne national pour accueillir ces délégations étrangères, le président de la République de l'époque, Juan Rafael Mora, demande au directeur de l'orchestre militaire, Manuel María Gutiérrez, d'écrire une musique de circonstance.

Pendant presque un demi-siècle, l'air ne comportera pas de paroles. Il faudra attendre 1903 pour qu'un concours soit organisé afin d'y adapter un texte. C'est celui écrit par José María Zeledón qui sera choisi. La version définitive de l'hymne sera officialisée en 1949.

Paroles de José María Zeledón Brenes (1877-1949)
Musique de Manuel María Gutiérrez (1829-1887)
Adopté comme hymne national en 1852

Noble patrie

Noble patrie, ton beau drapeau
Est l'expression de nos vies :
Sous l'azur limpide de ton ciel,
Blanche et pure repose la paix.
Dans la lutte tenace du travail fécond
Qui fait rougir le visage de l'homme,
Tes fils, simples cultivateurs, ont conquis
Un prestige éternel, estime et honneur. *(bis)*

Salut, ô terre aimable !
Salut, ô mère d'amour !
Si certains prétendent souiller ta gloire,
Tu verras ton peuple, courageux et viril,
Échanger ses outils contre des armes.
Salut, ô patrie ! Ton sol prodigue
Est pour nous un doux abri et un soutien ;
Sous l'azur limpide de ton ciel
Que vivent toujours le travail et la paix !

Version en espagnol

Noble patria

¡Noble patria! tu hermosa bandera
Expresión de tu vida nos da:
Bajo el límpido azul de tu cielo
Blanca y pura descansa la paz.
En la lucha tenaz de fecunda labor
Que enrojece del hombre la faz,
Conquistaron tus hijos, labriegos sencillos,
Eterno prestigio, estima y honor. *(bis)*

¡Salve, oh tierra gentil!
¡Salve, oh madre de amor!
Cuando alguno pretenda tu gloria manchar,
Verás a tu pueblo, valiente y viril,
La tosca herramienta en arma trocar.
¡Salve, oh patria! Tu pródigo suelo
dulce abrigo y sustento nos da;
Bajo el límpido azul de tu cielo
¡Vivan siempre el trabajo y la paz!

Cuba

Généralement connu sous le nom d'*Hymne de Bayamo* ou de *Bayamaise*, l'hymne cubain fait référence à la ville de Bayamo, capitale de la province de Granma, au sud-est de la grande île, où en a été écrit le texte. Pour les Cubains, Bayamo est une ville symbole. C'est dans ses murs qu'est né Carlos Manuel de Céspedes, le véritable « père de la nation » cubaine.

■ En octobre 1868, exaspéré par l'attitude de l'Espagne envers les populations, ce riche propriétaire terrien affranchit tous ses esclaves et organise avec eux la lutte pour l'indépendance et pour l'abolition de l'esclavage. Nommé chef de l'armée de libération, Céspedes « libère » symboliquement sa ville, mais la tentative est vaine. Mis en fuite, il sera tué dans la sierra quelque temps plus tard. La longue guerre d'indépendance contre les Espagnols durera dix ans.

C'est également à Bayamo que voit le jour Pedro Figueredo Cisneros, dit Perucho, avocat et musicien, ardent patriote. Alors que l'insurrection fait rage sur l'île et que les indépendantistes prennent possession de sa ville natale, il écrit un chant à la gloire des combats pour la liberté. Nommé général, Perucho combat également pendant la guerre de Dix Ans sous le commandement de Céspedes. Capturé par les Espagnols en 1870, il est fusillé à Santiago de Cuba le 17 août de cette même année.

■ En 1940, l'*Hymne de Bayamo* est officiellement consacré hymne national de la **République de Cuba**. Après la révolution de 1959 et l'arrivée au pouvoir des communistes, il sera maintenu.

Paroles et musique de Pedro Figueredo Cisneros (1819-1870)
Interprété pour la première fois en 1868, adopté comme hymne national en 1940

La Bayamaise

Au combat, courez, gens de Bayamo,
La patrie vous contemple avec fierté ;
Ne craignez pas une mort glorieuse,
Car mourir pour la patrie c'est vivre.
Vivre dans les chaînes, c'est vivre
Soumis à l'opprobre et à l'affront ;
Écoutez le son du clairon ;
Aux armes, ô vaillants !
Vivre dans les chaînes, c'est vivre
Soumis à l'opprobre et à l'affront ;
Écoutez le son du clairon ;
Aux armes, ô vaillants !

Version en espagnol
La Bayamesa

Al combate, corred, Bayameses,
Que la patria os contempla orgullosa;
No temáis una muerte gloriosa,
Que morir por la patria es vivir.
En cadenas vivir, es vivir
En afrenta y oprobio sumido;
Del clarín escuchad el sonido;
¡A las armas, valientes, corred!
En cadenas vivir, es vivir
En afrenta y oprobio sumido;
Del clarín escuchad el sonido;
¡A las armas, valientes, corred!

R. DOMINICAINE

République dominicaine

Interprété pour la première fois en 1900, l'hymne dominicain fait référence à Quisqueya, nom ancien de la grande île d'Hispaniola, partagée entre Haïti et la **République dominicaine**.

Paroles de José Ignacio de Sanjinés (1786-1864)
Musique de Leopoldo Benedetto Vincenti (1815-1914)
Adopté comme hymne national en 1842

Version en espagnol

Quisqueyanos valientes

Quisqueyanos valientes, alcemos
Nuestro canto con viva emoción,
Y del mundo a la faz ostentemos
Nuestro invicto glorioso pendón.
¡Salve el pueblo que intrépido y fuerte,
A la guerra a morir se lanzó
Cuando en bélico reto de muerte
Sus cadenas de esclavo rompió!

Ningún pueblo ser libre merece
Si es esclavo indolente y servil;
Si en su pecho la llama no crece
Que templó el heroismo viril.
Más Quisqueya la indómita y brava
Siempre altiva la frente alzará:
Que si fuere mil veces esclava
Otras tantas ser libre sabrá.

Vaillants citoyens de Quisqueya

Vaillants citoyens de Quisqueya,
Élevons notre chant avec vive émotion,
Et montrons à la face du monde
Notre invincible et glorieux drapeau.
Salut au peuple qui, intrépide et fort,
Affronta la mort au combat lorsque
En une lutte mortelle
Il brisa ses chaînes d'esclaves !

Aucun pays ne mérite d'être libre
S'il est un esclave servile et indolent ;
Si aucun appel ne pousse en lui
Tempéré par un héroïsme viril.
Mais la courageuse et indomptable Quisqueya
Se tiendra toujours tête haute :
Car elle était un millier de fois réduite en esclavage
Elle arracherait sa liberté un millier de fois.

Dominique

Baptisée Dominique par Christophe Colomb en référence à ce dimanche 3 novembre 1493 au cours duquel il la découvre, cette petite île des Caraïbes est successivement colonisée par les Espagnols, les Français et les Anglais. En 1967, la **Dominique** devient un État associé au Commonwealth et se dote à l'occasion de son hymne national. Un hymne qui ne deviendra réellement officiel que le 3 novembre 1978, jour de son indépendance définitive.

Paroles de Wilfred Oscar Morgan Pond (1912-1985)
Musique de Lemuel McPherson Christian (né en 1913)
Adopté comme hymne national en 1967

Île de beauté, île de splendeur

Île de beauté, île de splendeur,
Île pour tous si douce et belle,
Émerveillés, tous regardent certainement
Tes présents si riches et rares.
Rivières, vallées, collines et montagnes,
Tous ces présents que nous louons.
Terre saine, comme toutes les fontaines,
Donnant une joie qui réchauffe l'âme.

Dominique, Dieu t'a bénie !
Avec des cieux bienveillants et lumineux,
Des pâturages verts et des fleurs superbes
Dans un ensemble de pur délice,
Et un peuple fort et sain,
Respectant et craignant Dieu.
Puissions-nous toujours Te prier
Pour ces présents si riches et si rares.

En avant, fils et filles
De ce joyau incomparable.
Luttez pour l'honneur, fils et filles,
Faites le bien, soyez solides, soyez justes.
Travaillez dur avec vos cœurs, vos mains et vos voix.
Nous devons prospérer ! Sonnez l'appel
Dans lequel chacun se réjouit,
Tous pour un, et un pour tous.

Version en anglais

Isle of Beauty, Isle of Splendor

Isle of beauty, isle of splendor,
Isle to all so sweet and fair,
All must surely gaze in wonder
At thy gifts so rich and rare.
Rivers, valleys, hills and mountains,
All these gifts we do extol.
Healthy land, so like all fountains,
Giving cheer that warms the soul.

Dominica, God hath blest thee!
With a clime benign and bright,
Pastures green and flowers of beauty
Filling all with pure delight,
And a people strong and healthy,
Full of godly, rev'rent fear.
May we ever seek to praise Thee
For these gifts so rich and rare.

Come ye forward, sons and daughters
Of this gem beyond compare.
Strive for honour, sons and daughters,
Do the right, be firm, be fair.
Toil with hearts and hands and voices.
We must prosper! Sound the call
In which ev'ryone rejoices,
All for each and each for all.

EQUATEUR

Équateur

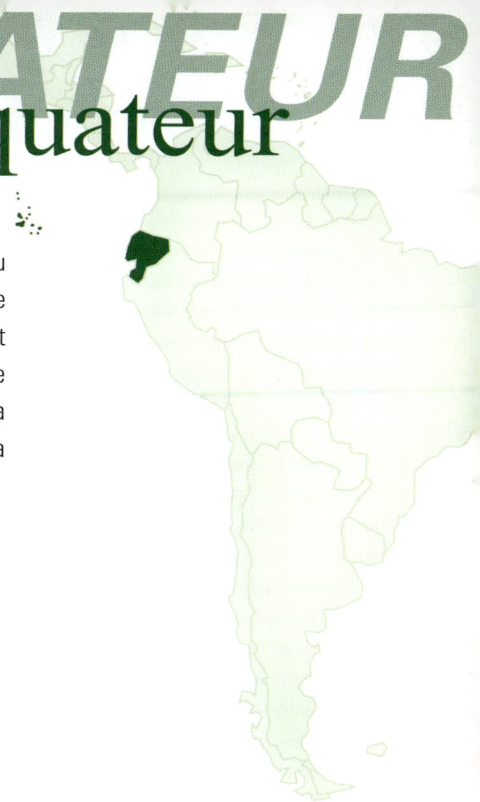

Le 24 mai 1822, à la bataille de Pichincha, Simón Bolívar et l'armée du général Antonio José de Sucre arrachent aux Espagnols la colonie de Quito, qui devient indépendante de la Grande Colombie en 1830 et est connue depuis comme la **République d'Équateur**. En 1865, après une période largement troublée, le compositeur et romancier Juan León Mera écrit les parole de l'hymne national. Humaniste et autodidacte, Mera deviendra président du Sénat équatorien.

Paroles de Juan León Mera (1832-1894)
Musique d'Antonio Neumane (1818-1871)
Adopté comme hymne national en 1948

Version en espagnol

Salve, o patria

¡Salve, o patria, mil veces!
¡Oh patria, gloria a ti! ¡Gloria a ti!
Ya tu pecho, tu pecho, rebosa
Gozo y paz ya tu pecho rebosa;
Y tu frente, tu frente radiosa
Más que el sol contemplamos lucir,
Y tu frente, tu frente radiosa
Más que el sol contemplamos lucir.

Los primeros los hijos del suelo
Que soberbio, el Pichincha decora,
Te aclamaron por siempre señora
Y vertieron su sangre por ti.
Dios miró y aceptó el holocausto
Y esa sangre fue germen fecundo
De otros héroes que atónito el mundo
Vió en tu torno a millares surgir.
Dios mi gir, a millares surgir, a millares surgir.

Salut, ô patrie

Salut, ô patrie, mille fois !
Ô patrie, gloire à toi ! Gloire à toi !
Déjà ton cœur, ton cœur déborde
De joie et de paix, ton cœur déborde ;
Et plus que le soleil, nous regardons briller,
Ton front, ton front radieux.
Et plus que le soleil, nous regardons briller,
Ton front, ton front radieux.

Les premiers, les fils de la terre
Que, superbe, décore le fier Pichincha,
T'acclamèrent pour toujours grande dame
Et versèrent leur sang pour toi.
Dieu regarda et accepta l'holocauste
Et ce sang fut le germe fécond
D'autres héros que le monde resté sans voix
Vit surgir par milliers autour de toi.
Dieu me guide, surgir par milliers, surgir par milliers.

États-Unis

« Alors, en ces heures de délivrance, mon cœur a parlé. Un tel pays et de tels défenseurs de leur patrie ne méritent-ils pas un chant ? »

Francis Scott Key

Comme pour toutes ces nations nées dans la violence des révolutions ou des guerres, l'hymne des **États-Unis d'Amérique** rappelle un épisode particulièrement mouvementé et glorieux de sa jeune histoire : le bombardement par la flotte britannique de Fort McHenry, près de Baltimore, en 1814. Les affrontements armés entre les Anglais et leurs anciennes colonies américaines se sont en effet poursuivis longtemps après l'indépendance des États-Unis, proclamée en 1776 et concrétisée par le traité de Versailles de 1783.

■ Au début du XIXe siècle, pour des raisons autant politiques que stratégiques, l'armée britannique ne s'est pas le moins du monde retirée du Canada et des territoires bordant les Grands Lacs. Une menace réelle et permanente sur la frontière nord des États-Unis, qui ne cesse de provoquer l'inquiétude de Washington ! En Europe, les guerres napoléoniennes battent leur plein. Passablement irrités par l'embargo que leur impose la France, les Anglais tiennent par-dessus tout à conserver la maîtrise des mers. Et à ce petit jeu, la toute jeune nation américaine penche plutôt du côté de ces Français qui, avec le général La Fayette, étaient venus les aider à conquérir leur liberté quelques années plus tôt.

Cependant, fort d'une neutralité officielle dans les conflits européens, le gouvernement américain revendique haut et fort ses droits sur les mers. Les accrochages, interceptions de navire et autres agressions se succèdent. La marine marchande des États-Unis est presque au bord de la ruine quand, en 1807, la frégate américaine *Chesapeake* est arraisonnée par le vaisseau anglais *Leopard*. C'est la goutte d'eau que ne peuvent supporter les autorités fédérales. Une réaction s'impose. Il en va de l'honneur national ! Le 18 juin 1812, le président américain James Madison signe donc une déclaration de guerre contre l'Angleterre que le Congrès approuve immédiatement.

Un rien présomptueux pourtant, ces Américains ! Politiques et militaires sont persuadés de conquérir rapidement et facilement leur voisin du nord, ce Canada sur lequel flotte encore, comme une provocation insupportable, l'Union Jack des anciens colonisateurs... Mais lors des campagnes de 1812 et 1813, rien ne se passe comme prévu. Le fort de Detroit est capturé par les Britanniques, qui mettent l'armée américaine en déroute sur le front du Niagara. À Washington, la Maison-Blanche est en flammes. Les anciennes colonies fraîchement indépendantes sont au bord du gouffre.

En 1814, après avoir reçu de nouveaux navires et des troupes de renfort, les Anglais sont bien près de la victoire finale. Quelle revanche pour eux ! Sur tous les fronts, sur terre comme sur mer, ils attaquent inlassablement. Une offensive générale se déploie de La Nouvelle-Orléans à New York. Mais de toutes ces batailles, c'est celle de Baltimore, dans la baie de Chesapeake, qui deviendra mythique dans la mémoire américaine. Car c'est là, avec la victoire, que va naître le futur hymne du pays.

■ À cette époque, le port de Baltimore est protégé par un petit ouvrage militaire appelé Fort McHenry. Nous sommes en septembre et, à bord de la flotte britannique, le vice-amiral Alexander Cochrane ne doute pas de son succès. Avec détermination, il s'apprête à faire donner le canon pour abattre enfin cette pièce stratégique de la défense américaine.
À ce moment précis, dans ce lourd silence qui précède l'orage, juste avant que la poudre ne parle, un jeune avocat de trente-cinq ans embarque sur une chaloupe pour se rendre à bord de l'un des navires britanniques. Fils d'une bonne famille du Maryland et poète à ses heures perdues, il s'appelle Francis Scott Key. S'il monte à bord d'un bateau ennemi, sans se douter le moins du monde de ce qui se prépare, c'est avant tout pour négocier la libération de l'un de ses amis et client, le docteur William Beanes, capturé peu de temps auparavant lors de l'attaque de Washington.
Les Anglais le reçoivent avec beaucoup de courtoisie, écoutent ses arguments et acceptent finalement d'accéder à sa demande : Beanes sera libéré. Mais l'action contre les forts est imminente et il leur est impossible de laisser repartir un citoyen américain qui pourrait donner l'alarme et faire échouer leurs plans. Ils décident donc de garder Francis Scott Key à bord jusqu'à la fin des opérations. Invité malgré lui au premier rang des combats, Key s'apprête à vivre les heures les plus intenses et les plus mémorables de sa vie.
Dans la journée du 13 septembre, l'ensemble de la flotte britannique – cinq canonnières, quatre frégates légères et six bricks – ouvre le feu à quelques kilomètres à peine du rivage. Sur la côte, Fort McHenry disparaît alors sous les épaisses fumées des centaines d'obus qu'il reçoit. Intense, violent et ininterrompu, le bombardement dure vingt-cinq heures. Il est couplé avec une attaque terrestre des troupes britanniques commandées par le colonel Arthur Brooke. La bataille fait rage toute la nuit. Et toute la nuit, accoudé au bastingage, Francis Scott Key observe avec émotion les bombes qui explosent et les éclairs des fusées sur le fort et ses défenseurs.

Au petit matin, le fracas s'estompe. À peine le jour s'est-il levé que l'avocat poète découvre avec surprise – et des larmes dans les yeux, dira-t-il plus tard – que le gigantesque drapeau américain hissé par ses compatriotes au sommet des remparts est en lambeaux, percé de toutes parts, mais flotte toujours dans le vent. Ils n'ont donc pas cédé !
Immédiatement, Key cherche à immortaliser l'instant. Il sort de sa poche un bout de crayon, une enveloppe froissée et se met à griffonner au dos de celle-ci les premières strophes d'un poème à la gloire de ce drapeau et des hommes qui ont tenu bon sous la mitraille. Le spectacle grandiose de cette nuit de guerre rejaillit dans les mots qui s'alignent sur le mauvais papier : la poudre, les explosions, les bombes, les gerbes de feu et, bien entendu, la bravoure d'un peuple uni sous un même drapeau. Tout naturellement, il intitule son poème *The Star-Spangled Banner (La Bannière parsemée d'étoiles)*.

Revenu à terre, Key ne tarde guère à apprendre que les Britanniques ont totalement échoué dans leur tentative de faire tomber le verrou du fort de Baltimore. Mieux, ils battent en retraite. Partout. Les Américains triomphent. Quelques temps plus tard, le traité de Gand marque la fin d'une guerre absurde et incompréhensible, dont certains disent qu'elle n'aura eu d'autre utilité que de permettre à un obscur poète amateur d'écrire l'hymne de son pays. Mais cela, Francis Scott Key ne le sait pas, et il ne le saura d'ailleurs jamais.

La bataille terminée, son ami libéré par les Anglais, Key retourne à Baltimore. Il recopie en plusieurs exemplaires les quatre strophes de son poème et le fait immédiatement imprimer. Moins d'un mois plus tard, dix-sept journaux l'ont déjà publié d'un bout à l'autre du pays. Le succès est immense. La jeune nation a besoin de tels récits héroïques pour cimenter son unité !

Très vite, Key demande expressément que l'on accompagne son poème d'un air fort populaire à l'époque et qui s'appelle *To Anacreon in Heaven*, c'est-à-dire *Pour Anacréon au paradis*. Sans doute écrit vers 1775 par le compositeur anglais John Stafford Smith, cette musique est alors l'hymne de l'Anacreontic Society, un club de gentlemen londoniens qui vénèrent Anacréon, poète grec ayant vécu six siècles avant Jésus-Christ, chantre de l'amour et du vin...

■ Après la guerre de 1812, Key devient United States District Attorney, mais il ne cesse pas pour autant d'écrire de nombreux poèmes. Le 11 janvier 1843, il meurt de pleurésie chez sa sœur, au cœur de cette ville de Baltimore dont il avait assisté à la défense héroïque. La popularité de sa chanson ne cesse de se répandre. En 1861, à la veille de la guerre de Sécession, elle partage avec *Yankee Doodle* le titre de chant le plus patriotique du pays.

En 1916, avant l'entrée en guerre des États-Unis dans le premier conflit mondial, *The Star-Spangled Banner* est particulièrement apprécié dans l'armée et la marine, et le président Woodrow Wilson ordonne alors qu'on l'interprète en sa présence lors de cérémonies officielles ou de parades militaires. Au début de 1918, pour la première fois, l'hymne est joué dans un stade à l'occasion d'une partie de base-ball entre les Cubs et les Red Sox. Quelques mois plus tard, à Boston, l'expérience est renouvelée avant le coup d'envoi d'un autre match, pour rendre hommage cette fois à des soldats blessés revenus du front français. La tradition s'installe et, tous sports confondus, l'hymne américain sera interprété en préambule de chaque réunion sportive d'importance. Ce qui est toujours le cas aujourd'hui.

Il faudra pourtant attendre le 3 mars 1931 et un acte du Congrès des États-Unis, approuvé par le président Herbert Hoover, pour que *La Bannière parsemée d'étoiles* ne devienne l'hymne officiel du pays. Mais ce ne sera pas si facile. L'organisme américain de supervision musicale, Music Supervisors Conference of America, s'opposera vigoureusement à cette mesure, avec comme argument de taille que le texte de Key reflète « un événement de temps de guerre » et non « l'esprit d'une nation dédiée à la paix et à la bonne volonté ».

■ Il y aura toujours de nombreuses résistances. Dans le sud des États-Unis, *The Star-Spangled Banner* sera longtemps considéré comme un hymne purement nordiste, et bien des habitants lui préfèreront le traditionnel chant sudiste *Dixieland*.

Aujourd'hui, Francis Scott Key repose au cimetière du Mont des Oliviers, à Frederick, dans le Maryland. Bien entendu, près de sa tombe, une bannière étoilée flotte jour et nuit.

Paroles de Francis Scott Key (1780 - 1843)
Musique de John Stafford Smith (1750 - 1836)
Adopté comme hymne national en 1931

Version en anglais

The Star-Spangled Banner

Oh, say can you see, by the dawn's early light,
What so proudly we hailed at the twilight's last gleaming?
Whose broad stripes and bright stars, through the perilous fight,
O'er the ramparts we watched, were so gallantly streaming?
And the rockets' red glare, the bombs bursting in air
Gave proof through the night that our flag was still there.
Oh, say does that star-spangled banner yet wave
O'er the land of the free and the home of the brave?

On the shore, dimly seen through the mists of the deep,
Where the foe's haughty host in dread silence reposes,
What is that which the breeze, o'er the towering steep,
As it fitfully blows, half conceals, half discloses?
Now it catches the gleam of the morning's first beam,
In full glory reflected now shines on the stream :
'Tis the star-spangled banner ! Oh long may it wave
O'er the land of the free and the home of the brave.

And where is that band who so vauntingly swore
That the havoc of war and the battle's confusion
A home and a country should leave us no more?
Their blood has washed out their foul footstep's pollution.
No refuge could save the hireling and slave
From the terror of flight and the gloom of the grave :
And the star-spangled banner in triumph doth wave
O'er the land of the free and the home of the brave.

Oh ! thus be it ever, when freemen shall stand
Between their loved homes and the war's desolation !
Blest with victory and peace, may the heav'n rescued land
Praise the Power that hath made and preserved us a nation.
Then conquer we must, when our cause it is just,
And this be our motto : "In God is our trust".
And the star-spangled banner forever shall wave
O'er the land of the free and the home of the brave.

Woodstock 1969
un certain Jimi Hendrix

Il est environ huit heures du matin, ce lundi pluvieux du mois d'août 1969. Dans l'État de New York, l'endroit s'appelle Woodstock. Depuis deux jours, un gigantesque festival "de paix et de musique" y a réuni près d'un demi-million de spectateurs peace and love, assemblés devant une scène immense. Il est bien tôt et nombreux sont ceux qui dorment encore. Mais un homme va les réveiller. C'est Jimi Hendrix, qui se présente avec son nouveau groupe, le Gypsy Sun and Rainbow. Ce qu'il se met à jouer, sur sa guitare vibrante et pleine de distorsions, ce n'est rien de moins que l'hymne américain. Mais un Star-Spangled Banner *qui ne ressemble à rien de connu jusqu'alors, lent et violent à la fois, faisant entendre à travers les notes des bruits de bombardement et des sirènes de police matant les émeutes. Comme un cri qui symboliserait l'Amérique enlisée dans la guerre du Viêt Nam et la révolte d'une jeunesse réfugiée dans la contre-culture hippie. Cette magistrale interprétation de l'un des symboles américains les plus importants fera scandale, mais elle restera dans toutes les mémoires comme l'une des plus fortes prises de position d'un artiste américain contre la guerre du Viêt Nam.*

La bannière parsemée d'étoiles

Oh, voyez-vous, dans la première clarté de l'aube,
Celui que nous avions salué fièrement dans les dernières lueurs du crépuscule ?
Dont nous observions les larges bandes et les étoiles brillantes, lors des combats dangereux,
Sur les remparts où elles flottaient avec bravoure ?
Et les éclairs rouges des fusées, les bombes déchirant l'air
Prouvaient à travers la nuit que notre drapeau était toujours là.
Oh oui, cette bannière parsemée d'étoiles flotte toujours
Sur la terre de la liberté et la patrie des braves.

Sur la berge, à peine entrevue à travers la brume épaisse,
Où la masse des ennemis hautains attend dans un odieux silence,
Qu'est-ce donc ce que la brise, en soufflant par intermittence,
Tantôt nous dissimule, tantôt nous révèle, sur la tour élevée ?
Maintenant, il saisit les reflets des premières lueurs du matin,
Et brille désormais en flottant de toute sa gloire :
C'est la bannière parsemée d'étoiles ! Oh, puisse-t-elle flotter longtemps
Sur la terre de la liberté et la patrie des braves.

Et où est donc cette troupe qui jurait avec tant de vanité
Que les dégâts de la guerre et la confusion de la bataille
Ne nous laisseraient plus jamais ni foyer ni pays ?
Leur sang a effacé les traces de leurs infectes empreintes.
Aucun refuge ne peut sauver le mercenaire et l'esclave
De la terreur de la fuite ou de l'obscurité de la tombe :
Et la bannière parsemée d'étoiles flotte triomphante
Sur la terre de la liberté et la patrie des braves.

Oh ! que toujours les hommes libres se lèvent
Pour s'interposer entre leur cher foyer et la désolation de la guerre !
Béni par la victoire et la paix, puisse le pays sauvé par le ciel
Louer le Pouvoir qui a su créer et préverver notre nation.
Alors nous devrons vaincre car notre cause est juste,
Et que « En Dieu est notre espoir » soit notre devise.
Et la bannière parsemée d'étoiles flottera toujours
Sur la terre de la liberté et la patrie des braves.

Ces autres hymnes patriotiques qui remuent les Américains

God Bless America

Dans les circonstances difficiles qui jalonnent leur histoire, et ce fut le cas le 11 septembre 2001, les Américains aiment à se réunir pour chanter des hymnes patriotiques à la gloire de leur pays. *God Bless America* est l'un des plus populaires. Il ne s'agit plus de célébrer le drapeau, la guerre d'indépendance ou les soldats yankees, mais bien cette nouvelle terre promise qui a fait rêver des générations d'immigrants.

Son compositeur s'appelle Irving Berlin. Né à Tioumen, en Sibérie, en 1888, il meurt à New York en 1989. Immigrant russe juif fuyant les pogroms, il arriva aux États-Unis avec ses parents à l'âge de cinq ans. La première version de *God Bless America* fut écrite pendant l'été 1918, alors que les soldats américains tombaient par milliers en France, dans les tranchées de la Somme et de Champagne.

En 1938, alors que de nouvelles menaces de guerre assombrissent l'Europe, Irving Berlin reprend la partition écrite vingt ans plus tôt et en change quelques vers. La chanson est diffusée à la radio et le succès populaire est immédiat. Il ne se démentira jamais.

God Bless America

God bless America, land that I love.
Stand beside her and guide her
Through the night with the light from above.
From the mountains to the prairies to the oceans white with foam
God bless America, my home sweet home.
(bis)
From the mountains to the prairies, to the oceans white with foam,
God bless America, my home sweet home. *(bis)*

Dieu bénisse l'Amérique

Dieu bénisse l'Amérique, le pays que j'aime.
Reste à ses côtés et guide-la
À travers la nuit, avec la lumière qui vient d'en haut.
Des montagnes aux prairies, aux océans blancs d'écume,
Dieu bénisse l'Amérique, mon foyer, mon doux foyer.
(bis)
Des montagnes aux prairies, aux océans blancs d'écume,
Dieu bénisse l'Amérique, mon foyer, mon doux foyer. *(bis)*

Yankee Doodle

Écrit en 1770, à l'époque des guerres franco-indiennes, *Yankee Doodle* est l'un des chants populaires les plus anciens des États-Unis. La légende affirme qu'il en existe plus de cent quatre-vingt-dix couplets. Tous racontent avec humour et dérision les aventures d'un jeune garçon fasciné par l'armée de George Washington, lors de la guerre d'Indépendance.

L'expression « Yankee » était à l'origine le surnom donné par les Anglais aux colons d'Amérique du Nord. Il proviendrait de la déformation par les Indiens du mot *english*. Pendant la guerre de Sécession, il désigna les habitants nordistes de l'Union, mais aujourd'hui, il peut s'appliquer à tous les habitants des États-Unis.

Yankee Doodle

Yankee Doodle went to town,
Riding on a pony,
Stuck a feather in his hat,
And called it macaroni.

Yankee Doodle, keep it up,
Yankee Doodle dandy;
Mind the music and the step,
And with the girls be handy.

Father and I went down to camp
Along with captain Gooding,
And there we saw the men and boys
As thick as hasty pudding.

Yankee Doodle, etc.

There was captain Washington
Upon a slapping stallion,
A-giving orders to his men;
I guess there was a million.

Yankee Doodle, etc.

And then the feathers on his hat,
They looked so' tarnal fin-a
I wanted pockily to get
To give to my Jemima.

Yankee Doodle, etc.

And then we saw a swamping gun,
Large as a log of maple,
Upon a deuced little cart,
A load for father's cattle.

Yankee Doodle, etc.

Yankee Doodle

Yankee Doodle descendit en ville,
Montant un poney,
Planta une plume dans son chapeau,
Et l'appela macaroni.

Yankee Doodle, tiens bon,
Yankee Doodle formidable ;
Souviens-toi de la musique et des pas,
Et avec les filles sois adroit.

Mon père et moi sommes descendus au camp
En compagnie du capitaine Gooding,
Et là-bas nous avons vu des hommes et des garçons
Aussi épais que du pudding à l'avoine.

Yankee Doodle, etc.

Là, il y avait le capitaine Washington
Sur un étalon bondissant,
Donnant des ordres à ses hommes ;
Je crois bien qu'ils étaient un million.

Yankee Doodle, etc.

Et puis les plumes sur son chapeau,
Elles semblaient si attirantes
Que je voulais en chiper une
Pour la donner à ma Jemima.

Yankee Doodle, etc.

Et puis nous avons vu un canon cracheur,
Large comme un tronc d'érable,
Sur un petit chariot à double essieu,
Un chargement pour le bétail du père.

Yankee Doodle, etc.

GRENADE

Grenade

Remarquée et décrite par Christophe Colomb lors de son troisième voyage en 1498, l'île de la **Grenade** a longtemps été disputée entre Français, Espagnols et Anglais. En 1967, l'île se dote d'une Constitution et devient un État associé à la Grande-Bretagne. L'indépendance effective ne sera obtenue que le 7 février 1974. C'est ce jour-là que retentissent les premières notes de son hymne national *Hail Grcnada*.

Paroles d'Irva Merle Baptiste (née en 1924)
Musique de Louis Arnold Masanto (né en 1938)
Adopté comme hymne national en 1974

Salut, Grenade

Salut, Grenade, notre terre,
Nous nous engageons envers toi,
Têtes, cœur et mains unis
Pour atteindre notre destinée.
Toujours conscients de Dieu,
Fiers de notre héritage,
Puissions-nous, avec foi et courage
Vouloir, avancer, construire
Comme un seul peuple, une seule famille.
Dieu bénisse notre nation.

Version en anglais
Hail, Grenada

Hail! Grenada, land of ours,
We pledge ourselves to thee,
Heads, hearts and hands in unity
To reach our destiny.
Ever conscious of God,
Being proud of our heritage,
May we with faith and courage
Aspire, build, advance
As one people, one family.
God bless our nation.

Guatemala

En 1879, Justo Rufino Barrios, président de la **République du Guatemala**, demande à la société littéraire El Porvenir d'organiser un concours pour choisir l'hymne national du pays. Ce n'est pourtant que huit ans plus tard, en 1887, que le gouvernement adopte définitivement le texte de José Joaquín Palma, sur une musique de Rafael Alvarez Ovalle. Version qui fut modifiée par décret en 1934.

Paroles de José Joaquín Palma (1844-1911)
Musique de Rafael Alvarez Ovalle (1860-1948)
Adopté comme hymne national en 1896, puis en 1934

Heureux Guatemala !

Heureux Guatemala ! Que ton autel
Ne soit jamais profané par le bourreau ;
Qu'il n'y ait ni esclaves souffrant sous le joug
Ni tyrans crachant sur ton visage.
Si demain ton sol sacré
Est menacé de l'invasion étrangère,
Ton drapeau bien-aimé libre dans le vent
Nous appellera à nous venger ou à mourir.

Ton drapeau bien-aimé libre dans le vent
Nous appellera à nous venger ou à mourir ;
Car ton peuple, de toute son âme féroce
Sera plutôt mort qu'esclave.

Version en espagnol
¡Guatemala Feliz!

¡Guatemala feliz! que tus aras
No profane jamás el verdugo;
Ni haya esclavos que laman el yugo
Ni tiranos que escupan tu faz.
Si mañana tu suelo sagrado
Lo amenaza invasión extranjera,
Libre al viento tu hermosa bandera
A vencer o a morir llamará.

Libre al viento tu hermosa bandera
A vencer o a morir llamará;
Que tu pueblo con ánima fiera
Antes muerto q'esclavo será.

Guyana

Version en anglais

Dear Land of Guyana

Dear land of Guyana, of rivers and plains;
Made rich by the sunshine, and lush by the rains,
Set gem like and fair, between mountains and sea,
Your children salute you, dear land of the free.

Green land of Guyana, our heroes of yore,
Both bondsmen and free, laid their bones on your shore.
This soil so they hallowed, and from them are we,
All sons of one mother, Guyana the free.

Great land of Guyana, diverse though our strains,
We are born of their sacrifice, heirs of their pains,
And ours is the glory their eyes did not see,
One land of six peoples, united and free.

Dear land of Guyana, to you will we give
Our homage, our service, each day that we live;
God guard you, great mother, and make us to be
More worthy our heritage, land of the free.

Indépendante le 26 mai 1966, l'ancienne Guyane britannique est déjà dotée depuis un mois d'un hymne national. Situé sur la bordure nord-est de l'Amérique du Sud, le pays prend le nom de **République coopérative de Guyana** quatre ans plus tard, le 23 février 1970.

Paroles d'Archibald
Leonard Luker (1917-1971)
Musique de Robert Cyril
Gladstone Potter (1899-1981)
Adopté comme hymne national en 1966

Chère terre de Guyana

Chère terre de Guyana, de rivières et de plaines ;
Rendue riche par le soleil et luxuriante par la pluie,
Posée comme une pierre précieuse, et belle entre montagnes et mer,
Tes enfants te saluent, chère terre des hommes libres.

Verte terre de Guyana, nos héros,
À la fois esclaves et hommes libres, ont laissé leurs os sur ton rivage.
Ils ont consacré ce sol, et par eux nous le sommes,
Tous fils d'une seule mère, Guyana la libre.

Grande terre de Guyana, diverse en dépit de nos épreuves,
Nous sommes nés de leur sacrifice, héritiers de leurs souffrances,
Et nôtre est la gloire que leurs yeux n'ont pas vue,
Un pays composé de six peuples, unis et libres.

Chère terre de Guyana, à toi nous donnerons
Notre hommage, notre service, chaque jour de notre vie ;
Que Dieu te garde, grande mère, et fais-nous
Mériter ton héritage, terre des hommes libres.

Haïti

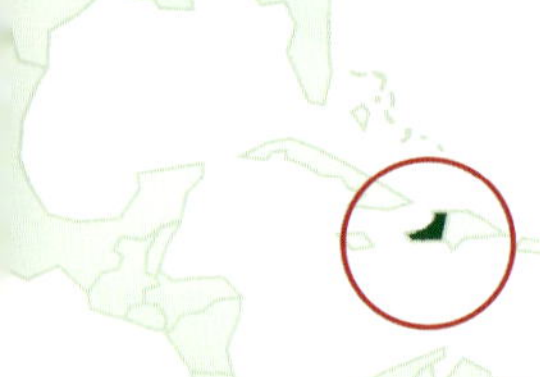

Le nom de l'hymne haïtien, *La Dessalinienne*, rend hommage à l'une des figures les plus marquantes de cette île des Caraïbes, le général Jean-Jacques Dessalines.
Ancien esclave, Dessalines se bat pendant de longues années contre les Français, en compagnie de Toussaint Louverture. En 1803, il réussit à les chasser du territoire et à arracher son indépendance. Il redonne alors à Saint-Domingue son nom indien d'Haïti et devient empereur sous le nom de Jacques Ier. Gouvernant de manière cruelle, il est assassiné dans d'atroces conditions en 1806. Mais pour les Haïtiens, il reste le père de l'indépendance et le fondateur de la première « république nègre » du monde.

■ En 1903, un siècle après que Dessalines a pris le pouvoir, l'Association nationale haïtienne du centenaire de l'indépendance organise un concours pour doter le pays d'un hymne national. C'est le texte de Justin Lhérisson qui l'emporte, sur une musique martiale de Nicolas Geffrard.
L'hymne est interprété pour la première fois le 1er janvier 1904 et est consacré officiellement hymne national de la **République d'Haïti** le 5 août 1919. Depuis 1987, le créole étant devenu, avec le français, l'une des deux langues officielles d'Haïti, il existe une deuxième version de *La Dessalinienne*.

Paroles de Justin Lhérisson (1873-1907)
Musique de Nicolas Geffrard (1871-1930)
Adopté comme hymne national en 1919

La Dessalinienne

Pour le pays, pour les ancêtres,
Marchons unis, marchons unis.
Dans nos rangs point de traîtres !
Du sol soyons seuls maîtres.
Marchons unis, marchons unis,
Pour le pays, pour les ancêtres,
Marchons, marchons, marchons unis,
Pour le pays, pour les ancêtres.

Pour les aïeux, pour la patrie,
Bêchons joyeux, bêchons joyeux,
Quand le champ fructifie
L'âme se fortifie.
Bêchons joyeux, bêchons joyeux,
Pour les aïeux, pour la patrie,
Bêchons, bêchons, bêchons joyeux,
Pour les aïeux, pour la patrie.

Pour le pays et pour nos pères,
Formons des fils, formons des fils.
Libres, forts et prospères
Toujours nous serons frères.
Formons des fils, formons des fils,
Pour le pays et pour nos pères,
Formons, formons, formons des fils,
Pour le pays et pour nos pères.

Pour les aïeux, pour la patrie,
Ô Dieu des preux, ô Dieu des preux !
Sous ta garde infinie
Prends nos droits, notre vie.
Ô Dieu des preux, ô Dieu des preux,
Pour les aïeux, pour la patrie,
Ô Dieu, ô Dieu, ô Dieu des preux,
Pour les aïeux, pour la patrie !

Pour le drapeau, pour la patrie,
Mourir est beau, mourir est beau.
Notre passé nous crie :
Ayez l'âme aguerrie !
Mourir est beau, mourir est beau,
Pour le drapeau, pour la patrie,
Mourir, mourir, mourir est beau,
Pour le drapeau, pour la patrie.

Version en créole

Desalinyèn

Pou Ayiti, peyi zansèt yo,
Se pou n mache men nan lamen.
Nan mitan n pa fèt pou gen trèt !
Nou fèt pou n sèl mèt tèt nou.
Annou mache men nan lamen,
Pou Ayiti ka vin pi bèl,
Annou, annou met tèt ansanm,
Pou Ayiti onon tout zansèt yo.

Pou Ayiti, onon zansèt yo,
Se pou n sekle, se pou n plante
Se nan tè tout fòs nou chita
Se li k ba nou manje
Ann bite tè, ann voye wou
Ak kè kontan, fòk tè a bay
Sekle, wouze, fanm kou gason
Pou n rive viv ak sèl fòs ponyèt nou.

Pou Ayiti, ak pou zansèt yo,
Fò nou kapab vanyan gason
Moun pa fèt pou ret ak moun.
Se sa k fè tout manman ak tout papa
Dwe pou voye timoun lekòl
Pou yo aprann, pou yo konnen.
Si Tousen, Desalin, Kristòf, Petyon
Te fè pou wet Ayisyen anba kòd blan.

Pou Ayiti, onon zansèt yo,
Ann leve tèt nou gad anlè
Pou tout moun mande Granmèt la,
Pou l ba nou pwoteksyon,
Pou move zanj pa detounen n,
Pou ka mache nan bon chimen,
Pou libète ka libète,
Fòk lajistis blayi sou peyi a !

Nou gen drapo tankou tout pèp,
Se pou n renmen l mouri pou li.
Se pa kado blan te fè nou,
Se san zansèt nou yo ki te koule.
Pou nou kenbe drapo nou wo
Se pou n travay met tèt ansanm,
Pou lòt peyi ka respekte l
Drapo sila a se nanm tout Ayisyen.

Honduras

L'hymne de la **République du Honduras** est inspiré d'un poème écrit en 1903 par Augusto Constancio Coello et qui s'intitulait *Chant pour ma patrie*. Mis en musique, il est interprété pour la première fois un an plus tard, en 1904, mais ne sera véritablement adopté de manière officielle que le 13 novembre 1915.

■ Il compte parmi les hymnes nationaux qui s'attachent à donner une description minutieuse du drapeau du pays. On comprend dans la première strophe que la bannière du Honduras est composée de deux bandes horizontales bleues, bordant une bande blanche sur laquelle apparaissent cinq étoiles bleues. Des étoiles qui symbolisent les anciennes républiques fédérales d'Amérique centrale que sont le Costa Rica, le Salvador, le Guatemala, le Honduras et le Nicaragua.

(Extrait)

Paroles d'Augusto Constancio Coello (1883-1941)
Musique de Carlos Hartling (1869-1920)
Adopté comme hymne national en 1915

Version en espagnol

Tu bandera

Tu bandera, tu bandera
Es un lampo de cielo
Por un bloque, por un bloque
De nieve cruzado;
Y se ven en su fondo sagrado
Cinco estrellas de pálido azul;
En tu emblema que mar rumoroso
Con sus ondas bravías escuda,
De un volcán, de un volcán
Tras la cima desnuda
Hay un astro, hay un astro
De nítida luz.

India, virgen y hermosa dormías
De tus mares al canto sonoro,
Cuando echada en tus cuencas de oro
El audaz navegante te halló;
Y al mirar tu belleza extasiado
Al influjo ideal de tu encanto,
La orla azul de tu espléndido manto
Con su beso de amor consagró.

Tu bandera, etc.

Por guardar ese emblema divino,
Marcharemos, oh patria, a la muerte,
Generosa será nuestra suerte,
Si morimos pensando en tu amor.
Defendiendo tu santa bandera
Y en tus pliegues gloriosos cubiertos,
Serán muchos, oh Honduras, tus muertos,
Pero todos caerán con honor.

Tu bandera, etc.

Ton drapeau

Ton drapeau, ton drapeau,
Est une lumière céleste
Par un bloc, par un bloc
De neige traversé ;
Et là peuvent être vues dans sa profondeur sacrée
Cinq étoiles bleu pâle ;
Dans notre emblème, qu'une mer agitée
Protège de ses vagues sauvages,
Il y a un volcan, il y a un volcan,
Et derrière son sommet nu
Il y a une étoile, il y a une étoile
Qui brille lumineuse.

Comme une Indienne vierge et belle
Tu dormais, bercé par le chant de tes mers,
Quand, enchâssé dans tes vallées d'or,
L'audacieux navigateur t'a trouvé ;
Et en voyant, enthousiaste, ta beauté
Et ressentant ton enchantement,
Il adressa un baiser d'amour à l'ourlet bleu
De ton manteau splendide.

Ton drapeau, etc.

Pour garder ce merveilleux emblème
Nous marcherons, ô patrie, à la mort,
Généreuse sera notre destinée,
Si nous mourons en pensant à ton amour.
En défendant notre drapeau sacré
Et enveloppés dans ses plis glorieux
Ils seront nombreux, Honduras, à mourir pour toi,
Car tous tomberont avec honneur.

Ton drapeau, etc.

Jamaïque

Troisième plus grande île des Caraïbes par la taille, la **Jamaïque** devient colonie britannique en 1670. Presque trois siècles plus tard, le 5 août 1962 à minuit précis, l'Union Jack est amené et le drapeau de la Jamaïque indépendante monte au mât. Retentit alors pour la première fois, à travers toute l'île, les premières mesures de l'hymne jamaïcain. Un hymne décrit par son auteur comme « la prière d'une petite nation tout juste indépendante qui demande à être guidée et protégée ».

Paroles de Hugh Braham Sherlock (né en 1905)
Musique de Robert Charles Lightbourne (1909-1995)
Adopté comme hymne national en 1962

Jamaïque, pays que nous aimons

Père éternel, bénis notre pays,
Guide-nous de Ta main puissante,
Garde-nous libres des puissances du mal,
À travers les heures innombrables sois notre guide.
À travers nos dirigeants, Grand Défenseur,
Accorde-nous la vraie sagesse.
Que la vérité et la justice nous appartiennent à jamais,
Jamaïque, pays que nous aimons,
Jamaïque, Jamaïque, Jamaïque, pays que nous aimons.

Apprends-nous le véritable respect de tous,
Fais-nous répondre à l'appel du devoir,
Renforce notre faiblesse à chérir,
Donne-nous la crainte de périr.
Envoie-nous la connaissance, Père céleste,
Accorde-nous la vraie sagesse.
Que la vérité et la justice nous appartiennent à jamais.
Jamaïque, pays que nous aimons,
Jamaïque, Jamaïque, Jamaïque, pays que nous aimons.

Version en anglais

Jamaica, Land We Love

Eternal Father bless our land,
Guide us with Thy mighty hand,
Keep us free from evil powers,
Be our guide through countless hours.
Through our leaders, Great Defender,
Grant true wisdom from above.
Justice, truth be ours forever,
Jamaica, land we love,
Jamaica, Jamaica, Jamaica, land we love.

Teach us true respect for all,
Stir response to duty's call,
Strengthen us the weak to cherish,
Give us vision lest we perish.
Knowledge send us, Heavenly Father,
Grant true wisdom from above.
Justice, truth be ours forever,
Jamaica, land we love,
Jamaica, Jamaica, Jamaica, land we love.

Mexique

Le 12 novembre 1853, un concours musical et littéraire est officiellement organisé « pour obtenir un chant véritablement patriotique qui, une fois adopté par le Gouvernement suprême, deviendra hymne national ». Tous les Mexicains sont conviés à plancher sur le thème de la lutte nationale, mais aussi de l'espérance. Sur les quinze compositions littéraires reçues dans la sélection finale, le jury unanime retient le texte du poète Francisco González Bocanegra, originaire de San Luis Potosí.

■ L'année suivante, le 12 août 1854, la partition musicale *Dios y libertad* du compositeur espagnol don Jaime Nunó est retenue à son tour. Un mois plus tard, le 15 septembre, la composition adoptée comme hymne national est interprétée en public au théâtre Santa Anna de Mexico, depuis Théâtre national. Pendant les années souvent mouvementées qui suivent, l'hymne sera parfois contesté. Il faudra plusieurs interventions présidentielles pour l'imposer définitivement.

■ Aujourd'hui, l'hymne national des **États-Unis du Mexique** est encadré par de nombreux décrets qui précisent ses conditions d'utilisation. Il est régulièrement appris et chanté dans toutes les écoles du pays. Pour les citoyens, il est d'usage d'écouter l'hymne national avec la main droite placée à l'horizontale sur le cœur.

(Extrait)

Paroles de Francisco González Bocanegra (1824-1861)
Musique de Jaime Nunó (1824-1908)
Adopté comme hymne national en 1854

Version en espagnol

Mexicanos, al grito de guerra

Mexicanos, al grito de guerra
El acero aprestad y el bridón,
Y retiemble en sus centros la tierra
Al sonoro rugir del cañón.
Y retiemble en sus centros la tierra
Al sonoro rugir del cañón.

Ciña ¡oh patria ! tus sienes de oliva
De La Paz el arcángel divino,
Que en el cielo tu eterno destino
Por el dedo de Dios se escribió ;
Mas si osare un extraño enemigo
Profanar con su planta tu suelo
Piensa ¡oh patria querida ! que el cielo
Un soldado en cada hijo te dio. *(bis)*

Mexicanos, etc.

¡Patria ! ¡Patria ! Tus hijos te juran
Exhalar en tus aras su aliento,
Si el clarín con su bélico acento
Los convoca a lidiar con valor :
¡Para ti las guirnaldas de oliva !
¡Un recuerdo para ellos de gloria !
¡Un laurel para ti de victoria !
¡Un sepulcro para ellos de honor ! *(bis)*

Mexicanos, etc.

Mexicains, au cri de guerre

Mexicains, au cri de guerre
Tenez prêtes l'épée et la bride,
Faites trembler les fondations de la terre
Du lourd grondement du canon.
Faites trembler les fondations de la terre
Du lourd grondement du canon.

Ô patrie, que l'archange divin
Te couronne du rameau d'olivier de la paix,
Car dans le ciel ton destin éternel
A été écrit de la main de Dieu ;
Mais qu'un ennemi extérieur
Ose profaner ton sol de ses pas
Sache, ô patrie bien-aimée, que le ciel
Te donne un soldat dans chacun de tes fils. *(bis)*

Mexicains, etc.

Patrie, patrie, tes fils jurent
D'exhaler leur dernier souffle sur ton autel,
Si le clairon aux accents guerriers
Les appelle à lutter avec courage :
Pour toi le rameau d'olivier !
Le souvenir glorieux pour eux !
Les lauriers de la victoire pour toi !
Une sépulture d'honneur pour eux ! *(bis)*

Mexicains, etc.

NICARAGUA

Nicaragua

Indépendant depuis 1838, le Nicaragua connaît de nombreux hymnes nationaux, au gré des révolutions, occupations et autres changements de régime qui émaillent sa jeune histoire. Le premier d'entre eux a été écrit par un frère franciscain espagnol en 1835. L'hymne actuel de la **République du Nicaragua** est un chant patriotique dont l'auteur, né à León dans une famille de poètes, emporte en 1918 le concours destiné à doter le pays d'un nouvel hymne.

En 1979, après que le Front de libération national sandiniste eut pris le pouvoir à Managua, la radio nationale diffusait régulièrement *Salut à toi, Nicaragua*, accompagné de slogans révolutionnaires et de bruits de bataille.

Paroles de Salomón Ibarra Mayorga (1890-1985)
Musique de Luis Abraham Delgadillo (1887-1961)
Adopté comme hymne national en 1939

Salut à toi, Nicaragua

Salut à toi, Nicaragua, ton sol
Ne retentit plus de la voix du canon,
Ne se teinte plus du sang de nos frères
Ta glorieuse bannière bicolore.
Ne se teinte plus du sang de nos frères
Ta glorieuse bannière bicolore.
Fait resplendir la paix dans ton ciel,
Rien ne ternit ta gloire immortelle
Car le travail est ton digne laurier
Et l'honneur ton insigne triomphe,
Ton insigne triomphe.

Version en espagnol

Salve a ti, Nicaragua

Salve a ti, Nicaragua, en tu suelo
Ya no ruge la voz del cañón,
Ni se tiñe con sangre de hermanos
Tu glorioso pendón bicolor.
Ni se tiñe con sangre de hermanos
Tu glorioso pendón bicolor.
Brille hermosa la paz en tu cielo,
Nada empane tu gloria inmortal
Que el trabajo es tu digno laurel
Y el honor es tu enseña triunfal,
Es tu enseña triunfal.

PANAMA

Panamá

L'hymne de la **République du Panamá** fait référence à l'isthme du même nom, qui sépare l'océan Pacifique de l'océan Atlantique. Interprété pour la première fois le jour de l'indépendance en 1903, il n'est adopté comme hymne officiel qu'en 1925.

Paroles de Jerónimo de la Ossa (1847-1907)
Musique de Santos Jorge (1870-1941)
Adopté comme hymne national en 1925

Hymne de l'isthme

Nous avons enfin obtenu la victoire
Dans le champ joyeux de l'union ;
Avec les feux ardents de la gloire
Une nouvelle nation s'illumine.

Il faut couvrir d'un voile
Le calvaire et la croix du passé ;
Et que le bleu de ton ciel soit décoré
De la splendide lumière de la concorde.
Le progrès caresse tes foyers
Au rythme d'un chant sublime,
Tu vois rugir à tes pieds les deux mers
Qui montrent la voie de ta noble mission.

Nous avons enfin, etc.

En ton sol couvert de fleurs,
Aux baisers de la terre tiède,
Les grondements des guerriers ont cessé ;
Seul règne l'amour fraternel.
En avant la pique et la pelle,
Au travail sans plus attendre,
Et nous serons ainsi maîtres et fiers
De ce monde fertile de Colomb.

Nous avons enfin, etc.

Version en espagnol

Himno istmeño

Alcanzamos por fin la victoria
En el campo feliz de la unión;
Con ardientes fulgores de gloria
Se ilumina la nueva nación.

Es preciso cubrir con un velo
Del pasado el calvario y la cruz;
Y que adorne el azul de tu cielo
De concordia la espléndida luz.
El progreso acaricia tus lares
Al compás de sublime canción,
Ves rugir a tus pies ambos mares
Que dan rumbo a tu noble misión.

Alcanzamos por fin, etc.

En tu suelo cubierto de flores,
A los besos del tibio terral,
Terminaron guerreros fragores;
Sólo reina el amor fraternal.
Adelante la pica y la pala,
Al trabajo sin más dilación,
Y seremos así prez y gala
De este mundo feraz de Colón.

Alcanzamos por fin, etc.

Paraguay

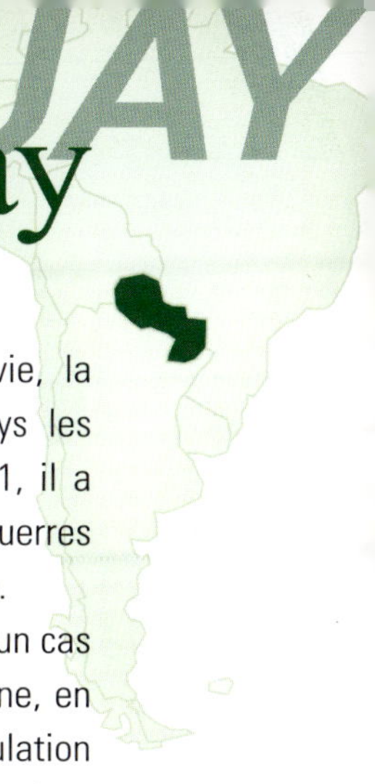

Version en guarani

Tetã Paraguái Momorãhéi

Tetãnguéra Amerikayguápe
Tetãma pytagua ojopy.
Sapy'ánte japáy ñapu'ãvo
¡Ha'evéma! ja'e ha opa
Ñande ru orairõ pu'akápe
Verapy marãva oipyhy
Ha ojoka omondoho itasã
Poguypópe oiko ko tetã
Joyke'y paraguái ipõrãma
Anive máramo ñañes
Mbarete ha tindy ndaijavéiri
Oihápe joja ha joayhu.
Ombohasa guaraníme.

Petit pays enclavé entre le Brésil, l'Argentine et la Bolivie, la **République du Paraguay** est certainement l'un des pays les moins connus d'Amérique du Sud. Indépendant depuis 1811, il a vécu de très nombreux remous politiques, dont plusieurs guerres avec ses voisins et de longues périodes de dictature militaire.
D'après l'article 5 de la Constitution du Paraguay, et cela est un cas unique sur le continent américain, une langue précolombienne, en l'occurrence le guarani, parlé par une large majorité de la population d'origine indienne, est considéré comme langue nationale, au même titre que l'espagnol. C'est pourtant le seul castillan qui est considéré comme langue officielle. C'est sans doute pour cela qu'il n'existe pas de version officielle en guarani de l'hymne *¡Paraguayos, República o muerte!* Juste une version officieuse.

Paroles de Francisco Esteban Acuña de Figueroa (1791-1862)
Musique de Francisco José Debali (1791-1859),
Francés Dupuy (1813-1861) et Luis Cavedagni (1874-1916)
Adopté en 1846, devient hymne national en 1934

Paraguayens, la République ou la mort !

Paraguayens, la République ou la mort !
Notre entrain nous a donné la liberté ;
Jamais plus d'opresseurs ni d'esclaves,
Là où règnent l'union et l'égalité.
Jamais plus d'opresseurs ni d'esclaves,
Là où règnent l'union et l'égalité,
L'union et l'égalité, l'union et l'égalité.

Pendant trois siècles, un sceptre a opprimé
Les peuples malheureux d'Amérique,
Mais un jour, la colère surgit,
Assez ! dirent-ils, et le sceptre fut brisé.
Nos pères, se battant magnifiquement,
Illustrèrent leur gloire martiale ;
Et quand l'auguste diadème fut brisé,
Ils ont salué triomphalement de leur bonnet.
Et quand l'auguste diadème fut brisé,
Ils ont salué triomphalement de leur bonnet.

Version en espagnol

¡Paraguayos, República o muerte!

¡Paraguayos, República o muerte!
Nuestro brío nos dío libertad;
Ni opresores, ni siervos, alientan,
Donde reinan unión, e igualdad.
Ni opresores, ni siervos, alientan,
Donde reinan unión e igualdad,
unión e igualdad, unión e igualdad.

A los pueblos de América infausto
Tres centurias un cetro oprimió,
Más un día soberbia surgiendo,
¡Basta! dijo y el cetro rompió.
Nuestros padres lidiando grandiosos
Ilustraron su gloria marcial;
Y trozada la augusta diadema,
Enalzaron el gorro triunfal.
Y trozada la augusta diadema,
Enalzaron el gorro triunfal.

Pérou

Le 28 juillet 1821, c'est le général José de San Martín lui-même qui organise un concours pour trouver l'hymne du Pérou nouvellement indépendant. Deux mois plus tard, la *Marcha nacional del Perú* est interprétée dans un théatre de Lima. Par la suite, plusieurs versions, parfois fort différentes, seront utilisées, et il faudra une décision gouvernementale, le 26 février 1913, pour entériner un texte et une partition définitifs pour la **République du Pérou**.

Version en espagnol

Marcha nacional

Somos libres, seámoslo siempre, seámoslo siempre,
Y antes niegue sus luces el sol,
Que faltemos al voto solemne
Que la patria al Eterno elevó.
Que faltemos al voto solemne
Que la patria al Eterno elevó.

Largo tiempo el Peruano oprimido la ominosa cadena arrastró,
Condenado a cruel servidumbre largo tiempo en silencio gimió.
Mas apenas el grito sagrado ¡libertad! en sus costas se oyó
La indolencia de esclavo sacude, la humillada cerviz levantó.

Somos libres, etc.

Ya el estruendo de broncas cadenas que escuchamos tres siglos de horror,
Que los libres al grito sagrado que oyó atónito el mundo, cesó.
Por doquier San Martín inflamado, libertad, libertad, pronunció,
Y meciendo su base los Andes la anunciaron, también, a una voz.

Somos libres, etc.

Con su influjo los pueblos despiertan y cual rayo corrió la opinión;
Desde el istmo a la Tierras del Fuego desde el fuego a la helada región.
Todos juran romper el enlace que natura a ambos mundos negó,
Y quebrar ese cetro que España reclinaba orgullosa en los dos.

Somos libres, etc.

Lima cumple ese voto solemne, y, severa, su enojo mostró,
Al tirano impotente lanzando, que intentaba alargar su opresión.
A su esfuerzo saltaron los grillos y los surcos que en si reparó,
Le atizaron el odio y venganza que heredera de su Inca y señor.

Somos libres, etc.

¡Compatriotas, no más verla esclava si humillada tres siglos gimió!
Para siempre jurémosla libre manteniendo su propio esplendor.
Nuestros brazos, hasta hoy desarmados estén siempre cebando el cañón,
Que algún día las playas de Iberia, sentirán de su estruendo el terror.

Somos libres, etc.

En su cima los Andes sostengan la bandera o pendón bicolor,
Que a los siglos anuncie el esfuerzo que ser libre, por siempre nos dió.
A su sombra vivamos tranquilos, y al nacer por sus cumbres el sol,
Renovemos el gran juramento que rendimos al Dios de Jacob.

Somos libres, etc.

Paroles de José de la Torre Ugarte (1786-1831)
Musique de José Bernardo Alcedo (1788-1878)
Adopté comme hymne national en 1913

Marche nationale

Nous sommes libres, restons-le toujours, restons-le toujours,
Et le soleil nous refusera sa lumière,
Plutôt que nous ne trahissions le serment solennel
Que la patrie a adressé à l'Éternel.
Plutôt que nous ne trahissions le serment solennel
Que la patrie a adressé à l'Éternel.

Pendant longtemps le Péruvien opprimé a traîné d'abominables chaînes,
Condamné à une cruelle servitude il a longtemps gémi en silence.
Mais à peine le cri sacré de « liberté ! » fut-il entendu sur ses côtes
Qu'il secoua son indolence d'esclave, et redressa sa nuque humiliée.

Nous sommes libres, etc.

Déjà cessa le vacarme des lourdes chaînes que nous avions entendu pendant trois siècles d'horreur,
Alors que le monde entier avait entendu sans bouger le cri sacré des hommes libres.
Partout San Martín s'est enflammé et a lancé liberté ! Liberté !
Et même les Andes, tremblantes sur leurs base, l'annoncent aussi, d'une même voix.

Nous sommes libres, etc.

Sous cette influence, les peuples s'éveillèrent et répandirent cette idée ;
De l'isthme jusqu'à la Terre de Feu, des contrées chaudes aux contrées froides.
Tous jurèrent de rompre les liens, ce que la nature refusait à ces deux mondes,
Et de casser ce sceptre dont l'Espagne orgueilleuse se réclamait.

Nous sommes libres, etc.

Lima accomplit ce vœu solennel et fit preuve d'une grande colère
Contre le tyran impuissant qui tentait d'accroître son oppression.
Par cet effort, les grilles ont volé en éclats et les ornières furent refermées,
Attisant ainsi la haine et la vengeance que nous avons héritées de notre seigneur l'Inca.

Nous sommes libres, etc.

Compatriotes, qu'elle ne soit plus esclave ni gémissante d'humiliation pendant trois siècles !
Pour toujours nous jurons de garder libre sa splendeur.
Nos bras jusqu'à présent désarmés armeront toujours les canons,
Pour qu'un jour les plages ibériques ressentent le vacarme de la terreur.

Nous sommes libres, etc.

En leurs cimes, les Andes portent le drapeau aux deux couleurs,
Qui nous rappelle qu'il nous faut rester libres pour toujours.
À leur ombre nous vivons tranquilles, et au lever du soleil sur leurs sommets,
Renouvelons le grand serment que nous avons fait au Dieu de Jacob.

Nous sommes libres, etc.

Porto Rico

PORTO RICO

Porto Rico est un État associé aux États-Unis et, à ce titre, utilise The *Star-Spangled Banner* comme hymne national officiel. Il existe cependant un hymne local qui s'intitule *La Borinqueña*, du nom ancien de l'île. Un chant écrit en 1867 par le poète catalan Félix Astol y Artés dans une période de profonde révolte contre le colonisateur espagnol. L'air devient vite très populaire et les paroles sont adaptées dès l'année suivante à une chanson patriotique.

En 1952, *La Borinqueña* devient officiellement l'hymne du **Commonwealth américain de Porto Rico**. Une île dont la langue officielle est l'espagnol, bien que l'anglais y soit largement utilisé.

Paroles de Manuel Fernández Juncos (1846-1928)
Musique de Félix Astol y Artés (1813-1901)
Adopté comme hymne national en 1952

La Borinquenne

La terre de Borinquen où je suis né
Est un jardin fleuri aux éclats magiques.
Un ciel toujours clair lui sert de baldaquin
Et les vagues lui offrent à ses pieds de tranquilles murmures.
Quand Colomb est arrivé sur ses plages,
Il s'est exclamé avec admiration :
« Oh ! oh ! oh ! voilà la terre magnifique que je cherche. »
C'est Borinquen la fille, la fille de la mer et du soleil,
De la mer et du soleil, de la mer et du soleil. *(bis)*

Version en espagnol

La Borinqueña

La tierra de Borinquén donde he nacido yo
Es un jardín florido de mágico fulgor.
Un cielo siempre nítido le sirve de dosel
Y dan arrullos plácidos las olas a sus pies.
Cuando a sus playas llegó Colón,
Exclamó lleno de admiración:
« ¡Oh, oh, oh! esta es la linda tierra que busco yo. »
Es Borinquén la hija, la hija del mar y del sol,
Del mar y del sol, del mar y del sol. *(bis)*

Version en anglais

The Borinqueña

The land of Borinquen where I have been born
It is a florid garden of magical brilliance.
A sky always clean serves as a canopy.
And placid lullabies are given by the waves at her feet.
When at her beaches Columbus arrived,
He exclaimed full of admiration:
"Oh! oh! oh! this is the beautiful land that I seek."
It is Borinquen the daughter, the daughter of the sea and the sun.
Of the sea and the sun, of the sea and the sun. *(bis)*

SAINTE-LUCIE

Sainte-Lucie

Située dans la mer des Caraïbes entre la Martinique et Saint-Vincent, l'île de **Sainte-Lucie** a été pendant des siècles l'objet d'âpres conflits entre l'Angleterre et la France. Au cours du XVIIe siècle, elle a changé quatorze fois de drapeau pour être finalement cédée à la Grande-Bretagne en 1814.
En 1967, un gouvernement autonome s'installe à Castries, sa capitale, et adopte une première fois l'hymne national, mais l'île n'accédera véritablement à l'indépendance que le 22 février 1979, confirmant dès lors l'hymne de l'île.

Paroles de Charles Jesse (1897-1985)
Musique de Leton Felix Thomas (né en 1926)
Adopté comme hymne national en 1967, puis en 1979

Version en anglais

Sons and Daughters of Saint Lucia

Sons and daughters of Saint Lucia,
Love the land that gave us birth,
Land of beaches, hills and valleys,
Fairest isle of all the earth.
Wheresoever you may roam,
Love, oh love your island home.

Gone the times when nations battled
For this Helen of the West,
Gone the days when strife and discord
Dimmed her children's toil and rest.
Dawns at last a brighter day
Stretches out a glad new way.

May the Good Lord bless our island,
Guard her sons from woe and harm!
May our people live united,
Strong in soul and strong in arm!
Justice, truth and charity
Our ideals for ever be!

Fils et Filles de Sainte-Lucie

Fils et filles de Sainte-Lucie,
Aimez la terre qui nous a donné naissance,
Terre de plages, de collines et de vallées,
Plus belle île sur toute la terre.
Où que vous puissiez errer,
Aimez, ô aimez votre île foyer.

Fini, le temps où les nations se battaient
Pour cette Hélène de l'Ouest,
Fini, les jours où les conflits et la discorde
Assombrissaient le labeur et le repos de ses enfants.
L'aube enfin d'un jour meilleur
Tend vers un nouveau chemin plein de joie.

Puisse le Bon Seigneur bénir notre île,
Garder ses enfants du malheur et de la douleur !
Puisse notre peuple vivre uni,
Fort dans son âme et fort dans ses bras !
Que justice, vérité et charité
Soient nos idéaux pour toujours !

Saint-Kitts-et-Nevis

Parfois appelé **Fédération de Saint-Kitts-et-Nevis**, cet archipel des îles du Vent dans les Caraïbes est composé de deux petites îles séparées par un détroit de trois kilomètres deux cents. Dès 1967, associées au territoire d'Anguilla, Saint-Kitts et Nevis bénéficient d'une véritable autonomie interne tout en restant sous la couronne britannique. Anguilla fait sécession en 1971, mais les deux îles de Saint-Kitts et de Nevis devront attendre le 19 septembre 1983 pour accéder véritablement à l'indépendance. C'est à cette date qu'est officiellement adopté son hymne national.

Paroles et musique de Kenrick Anderson George (né en 1955)
Adopté comme hymne national en 1983

Ô terre de beauté !

Ô terre de beauté !
Notre pays où la paix abonde,
Tes enfants se tiennent libres
Forts de volonté et d'amour.
Avec Dieu, dans tous nos combats,
Saint-Kitts-et-Nevis sera
Une nation liée
Par un destin commun.

Fidèles nous nous tenons,
Pour la justice et la liberté,
Avec sagesse et vérité
Nous te servirons et t'honorerons.
Aucune épée ni lance ne pourra te conquérir,
Car il est certain que Dieu l'interdira.
Qu'Il accorde pour toujours
Sa bénédiction à la postérité.

Version en anglais

Oh Land of Beauty!

Oh land of beauty!
Our country where peace abounds,
Thy children stand free
On the strength of will and love.
With God in all our struggles,
Saint Kitts and Nevis be
A nation bound together
With a common destiny.

As stalwarts we stand,
For justice and liberty,
With wisdom and truth
We will serve and honour thee.
No sword nor spear can conquer,
For God will sure defend.
His blessings shall for ever
To posterity extend.

Saint-Vincent-et-les-Grenadines

Constitué, comme son nom l'indique, de l'île principale de Saint-Vincent et de la trentaine de petites îles qui constituent l'archipel des Grenadines, le pays fait partie des îles du Vent dans la mer des Caraïbes. Après être devenu un État autonome en 1969, **Saint-Vincent-et-les-Grenadines** devient indépendant le 27 octobre 1979 dans le cadre du Commonwealth. Utilisé quasi officiellement depuis 1969, l'hymne national *Saint Vincent Land so Beautiful* est alors définitivement adopté.

Paroles de Phyllis Joyce McClean Punnett (née en 1917)
Musique de Joel Bertram Miguel (né en 1938)
Adopté comme hymne national en 1969, puis en 1979

Version en anglais

Saint Vincent! Land so Beautiful!

Saint Vincent! Land so beautiful,
With joyful hearts we pledge to thee
Our loyalty and love, and vow
To keep you ever free.

Whate'er the future brings,
Our faith will see us through.
May peace reign from shore to shore,
And God bless and keep us true.

Hairoun! Our fair and blessed isle,
Your mountains high, so clear and green,
Are home to me, though I may stray,
A haven, calm, serene.

Whate'er, etc.

Our little sister islands are
Those gems, the lovely Grenadines,
Upon their seas and golden sands
The sunshine ever beams.

Saint-Vincent ! Terre si belle !

Saint-Vincent ! Terre si belle,
D'un cœur joyeux, nous te promettons
Notre loyauté et notre amour, et jurons
De te garder à jamais libre.

Quoi que nous apporte le futur,
Notre foi nous permettra de l'aborder.
Puisse la paix régner d'un rivage à l'autre,
Et que Dieu nous bénisse et nous garde fidèles.

Hairoun ! Notre île belle et bénie,
Tes hautes montagnes, si claires et vertes,
Sont mon foyer, bien que je puisse m'y perdre,
Un paradis, calme, serein.

Quoi que nous apporte, etc.

Nos petites îles sœurs sont
Ces joyaux, les jolies Grenadines,
Sur leurs mers et leurs sables dorés
Le soleil rayonne toujours.

Salvador

L'hymne national salvadorien a été écrit et adopté en 1879 à la demande du président de la République Rafael Zaldívar par un compositeur italien et par le général Juan José Cañas, célèbre pour avoir vaincu les flibustiers qui ruinaient le pays. Le premier était directeur de l'Opéra national, et le second poète à ses heures. L'hymne de la **République du Salvador** ne reçut cependant sa consécration officielle qu'en 1953.

Paroles de Juan José Cañas (1826-1918)
Musique de Juan Aberle (1846-1930)
Adopté comme hymne national en 1953

Saluons la fière patrie

Saluons la fière patrie
Fiers d'être appelés ses enfants ;
Et jurons de consacrer notre vie
Sans relâche à son bien.
Saluons la fière patrie
Fiers d'être appelés ses enfants ;
Et jurons de consacrer notre vie
Sans relâche, à son bien.
De consacrer *(4 fois)*

De la paix dans un bonheur suprême,
Le Salvador a toujours noblement rêvé.
L'obtenir fut son souhait de toujours,
La conserver dans sa plus grande gloire.
Et avec une foi inviolable, suivre
Avec détermination, la voie du progrès ;
Pour accomplir sa haute destinée,
Et se donner un avenir heureux.
Une barrière de fer le protège
Contre l'agression déloyale
Depuis le jour où sa haute bannière
En lettres de sang a écrit : liberté !

Saluons, etc.

La liberté est son dogme, est son guide,
Que mille fois il a défendue avec succès ;
Et aussi souvent, il a repoussé
La puissance haineuse de l'atroce tyrannie.
Douloureuse et sanglante est son histoire,
Mais sublime et brillante aussi ;
Une source de gloire légitime,
Et une grande leçon de fierté spartiate.
Sa bravoure innée ne vacillera pas,
Dans chaque homme il y a un héros immortel
Qui sait maintenir le niveau
De la valeur proverbiale de nos anciens.

Saluons, etc.

Tous ne sont qu'abnégation et reconnaissance
Envers le prestige de l'ardeur guerrière
Avec laquelle ils ont toujours récolté la gloire
En sauvant l'honneur de la patrie.
Respecter le droit des autres
Et soutenir la droiture
Est pour elle, sans intrigue infamante,
La constante, mais ferme ambition.
Et elle persiste à suivre cette ligne,
Consacrant ses efforts tenaces
À faire impitoyablement la guerre à la guerre ;
Son bonheur, elle le trouve dans la paix.

Saluons, etc.

Version en espagnol

Saludemos la patria orgullosos

Saludemos la patria orgullosos
De hijos suyos podernos llamar;
Y juremos la vida animosos
Sin descanso a su bien consagrar.
Saludemos la patria orgullosos
De hijos suyos podernos llamar;
Y juremos la vida animosos
Sin descanso a su bien consagrar.
Consagrar *(4 fois)*

De la paz en la dicha suprema
Siempre noble soñó El Salvador.
Fue obtenerla su eterno problema,
Conservarla en su gloria mayor.
Y con fé inquebrantable el camino
Del progreso se afana en seguir;
Por llenar su grandioso destino,
Conquistarse un feliz porvenir.
Le proteje una férrea barrera
Contra el choque de ruin deslealtad
Desde el día que en su alta bandera
Con su sangre escribió: ¡libertad!

Saludemos, etc.

Libertad es su dogma, es su guía,
Que mil veces logró defender;
Y otras tantas de audaz tirania
Rachazar el odioso poder.
Dolorosa y sangrienta es su historia,
Pero excelsa y brillante a la vez;
Manantial de legitima gloria,
Gran lección de espartana altivez.
No desmaya en su innata bravura,
En cada hombre hay un héroe inmortal
Que sabrá mantenerse a la altura
De su antiguo valor proverbial.

Saludemos, etc.

Todos son abnegados y fieles
Al prestigio del bélico ardor
Con que siempre segaron laureles
De la patria salvando el honor.
Respetar los derechos extraños
Y apoyarse en la recta razón
Es para ella, sin torpes amaños,
La invariable, más firme ambición.
Y en seguir esta línea se aferra,
Dedicando su esfuerzo tenaz
En hacer cruda guerra a la guerra;
Su ventura se encuentra en la paz.

Saludemos, etc.

Surinam

Bien que la **République du Surinam** n'ait obtenu son indépendance des Pays-Bas qu'en 1975, il existait depuis 1959 un hymne quasi officiel, incluant les deux langues utilisées dans le pays, le néerlandais et le créole local, le sranan.

Paroles du pasteur luthérien Cornelis Atses Hoekstra (1852-1911) pour la version néerlandaise et d'Henry de Ziel (1916-1975) pour la version sranane
Musique de Johannes Corstianus de Puy (1835-1924)
Adopté comme hymne national en 1954

Dieu soit avec notre Surinam

Debout, compatriotes, debout !
La terre du Surinam vous appelle.
D'où que viennent vos ancêtres
Nous devons édifier notre pays.
Nous n'avons pas peur de combattre
Dieu est notre guide.
Notre vie entière jusqu'à notre mort,
Nous combattrons pour le Surinam.

Version en néerlandais
God zij met ons Suriname

Landgenoten staat op!
De Surinaamse grond roept u.
Waar de voorouders ook vandaan kwamen
Wij moeten het land opbouwen.
Strijd is er te voeren, wij zullen niet versagen
God is onze leidsman.
Heel ons leven tot de dood,
Zullen wij strijden voor Suriname.

Version en sranan
Opo kondréman oen opo

Opo kondreman oen opo!
Sranan gron e kari oen.
Wans ope tata komopo
Wi moes seti kondre boen.
Stré de f'stré, wi no sa frede
Gado de wi fesiman.
Heri libi te na dede,
Wi sa feti gi Sranan.

Trinité-et-Tobago

L'hymne national de la **République de Trinité-et-Tobago** a été écrit à l'occasion de l'indépendance du pays, le 31 août 1962. Pour célébrer le départ du colonisateur britannique, un concours est organisé, sollicitant tous les talents artistiques de ces îles. Le gagnant se nomme Patrick Stanislaus Castagne. Né en Guyana, c'est un compositeur et écrivain déjà largement connu et qui a occupé plusieurs postes gouvernementaux.

Paroles et musique de Patrick Stanislaus Castagne (1916-2000)
Adopté comme hymne national en 1962

Version en anglais

Forged from the Love of Liberty

Forged from the love of liberty,
In the fires of hope and prayer,
With boundless faith in our destiny,
We solemnly declare:
Side by side we stand,
Islands of the blue Caribbean Sea.
This our native land,
We pledge our lives to thee.
Here every creed and race
Find an equal place,
And may God bless our nation.
Here every creed and race
Find an equal place,
And may God bless our nation.

Forgés de l'amour de la liberté

Forgés de l'amour de la liberté,
Dans les feux de l'espoir et de la prière,
Avec une foi illimitée dans notre destinée,
Nous déclarons solennellement :
Côte à côte nous nous tenons,
Îles de la mer bleue des Caraïbes.
C'est notre terre natale,
Nous te promettons nos vies.
Ici, chaque croyance et chaque race
Occupe une place égale,
Et puisse Dieu bénir notre nation.
Ici, chaque croyance et chaque race
Occupe une place égale,
Et puisse Dieu bénir notre nation.

Uruguay

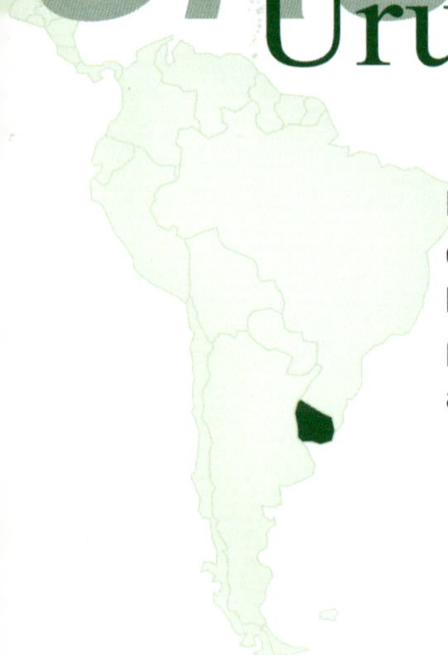

Illustre figure de la littérature sud-américaine, Francisco Esteban Acuña de Figueroa a écrit non seulement l'hymne de son pays natal, l'Uruguay, mais également celui du Paraguay. Pour comprendre l'expression « Orientaux » qui débute le texte, il faut préciser que le pays s'appelle officiellement **République orientale de l'Uruguay**, après avoir été la province la plus à l'est de l'Argentine, dont elle s'est séparée.

Paroles de Francisco Esteban Acuña de Figueroa (1791-1862)
Musique de Francisco José Debali (1791-1859)
Adopté comme hymne national en 1845

Orientaux, la patrie ou la tombe !

Orientaux, la patrie ou la tombe !
La liberté ou mourir avec gloire !
C'est le vœu que prononce notre cœur
Et que nous saurons accomplir avec héroïsme.

Liberté, liberté ! Orientaux,
Ce cri a sauvé la patrie !
Enflammant ses braves,
D'un sublime enthousiasme dans de féroces batailles.
Libérons !
De ce don sacré, nous avons mérité la gloire
Que tremblent les tyrans ! *(ter)*
Dans le combat nous clamerons la liberté
Et en mourant aussi, liberté !
Dans le combat nous clamerons la liberté
Et en mourant aussi, liberté !

Version en espagnol

¡Orientales, la patria o la tumba!

¡Orientales, la patria o la tumba!
¡Libertad o con gloria morir!
Es el voto que el alma pronuncia
Y que heroicos sabremos cumplir.

¡Libertad, libertad! Orientales,
Este grito a la patria salvó!
Que a sus bravos en fieras batallas,
De entusiasmo sublime inflamó.
¡Libertamó!
De este don sacrosanto la gloria
Merecimos ¡tiranos temblad! *(ter)*
¡Libertad en la lid clamaremos
Y muriendo también libertad!
¡Libertad en la lid clamaremos
Y muriendo también libertad!

VENEZUELA

Venezuela

Après 1809, à la faveur de l'installation par Napoléon Ier de son frère Joseph Bonaparte sur le trône d'Espagne, le Venezuela se révolte et décide d'arracher son indépendance au nouveau pouvoir qui s'installe à Madrid. Vicente Salias et Juan José Landaeta, deux ardents patriotes, écrivent et composent alors *Gloria al bravo pueblo*, une marche qui symbolise les luttes et les espoirs d'émancipation des émules de Simón Bolívar, *le Libertador*. Mais l'indépendance sera longue à obtenir, les combats seront violents, et les deux hommes, malgré le succès de leur hymne, finiront en 1814 sous les balles d'un peloton d'exécution. Il faut attendre le 25 mai 1881 pour que le président Antonio Guzmán Blanco décrète que *Gloria al bravo pueblo*, souvent surnommé « La Marseillaise vénézuélienne », doit devenir l'hymne national de l'actuelle **République bolivarienne du Venezuela**.

Paroles de Vicente Salias (1786-1814)
Musique de Juan José Landaeta (1780-1814)
Adopté comme hymne national en 1881

Gloire au peuple courageux

Gloire au peuple courageux
Qui a brisé le joug
En respectant la loi,
La vertu et l'honneur.

À bas les chaînes ! *(bis)*
Cria le propriétaire, *(bis)*
Et le pauvre dans sa chaumière
Demanda la liberté.
À ce saint nom,
Le vil égoïsme
Qui autrefois triompha
Trembla d'épouvante.

Gloire, etc.

Crions avec entrain : *(bis)*
Mort à l'oppression ! *(bis)*
Compatriotes fidèles,
L'union fait la force.
Et depuis l'empyrée
Le Suprême Auteur
Insuffla au peuple
Un élan sublime.

Gloire, etc.

Unie par un lien *(bis)*
Créé par le ciel, *(bis)*
L'Amérique existe
Telle une nation.
Et si le despotisme
Élève la voix,
Suivez l'exemple
Que donne Caracas.

Gloire, etc.

Version en espagnol

Gloria al bravo pueblo

Gloria al bravo pueblo
Que el yugo lanzó,
La ley respetando
La virtud y honor.

¡Abajo Cadenas! *(bis)*
Gritaba el señor, *(bis)*
Y el pobre en su choza
Libertad pidió.
A este santo nombre
Tembló de pavor
El vil egoísmo
Que otra vez triunfó.

Gloria, etc.

Gritemos con brío: *(bis)*
¡Muera la opresión! *(bis)*
Compatriotas fieles,
La fuerza es la unión.
Y desde el empíreo
El Supremo Autor
Un sublime aliento
Al pueblo infundió.

Gloria, etc.

Unida con lazos *(bis)*
Que el cielo formó, *(bis)*
La América toda
Existe en nación.
Y si el despotismo
Levanta la voz,
Seguid el ejemplo
Que Caracas dio.

Gloria, etc.

(Extrait)

Asie

Afghanistan . Arabie saoudite
Arménie . Azerbaïdjan . Bahreïn
Bangladesh . Bhoutan . Birmanie
Brunei . Cambodge . Chine . Corée du Nord
Corée du Sud . Émirats arabes unis . Géorgie
Inde . Indonésie . Irak . Iran . Israël . Japon
Jordanie . Kazakhstan . Kirghizistan . Koweït
Laos . Liban . Malaisie . Îles Maldives
Mongolie . Népal . Oman . Ouzbékistan
Pakistan . Palestine . Philippines . Qatar
Singapour . Sri Lanka . Syrie . Tadjikistan
Taïwan . Thaïlande . Timor-Oriental
Turkménistan . Turquie
Viêt Nam . Yémen

Afghanistan

Entre 1996 et 2002, le régime taliban qui occupe l'Afghanistan, imposant une stricte loi religieuse, interdit tout chant et toute musique. Il n'est donc pas question d'envisager un hymne national. Le pays est alors l'un des rares au monde, sinon le seul, à n'en pas posséder. Lors de la chute des talibans, les autorités nouvelles reprennent tout d'abord un ancien chant écrit par Suleiman Laeq et utilisé comme hymne avant l'invasion soviétique de 1979. Un an plus tard, en 2003, un nouvel hymne est écrit par Mahmoud Farani, poète très renommé du pays et qui fut l'ami et l'un des soutiens les plus importants du commandant Massoud contre le régime communiste, puis contre les fondamentalistes talibans.

Le dimanche 4 janvier 2004, la Loya Jirga, grande assemblée afghane, adopte à main levée la Constitution de la nouvelle **République islamique d'Afghanistan**. L'hymne écrit par Mahmoud Farani devient alors seul hymne officiel.

Hymne sans titre

Paroles de Mahmoud Farani
Musique de Farid Shefta
Adopté comme hymne national en 2004

Rempart de l'islam, cœur de l'Asie,
La terre d'Arya est éternellement libre.
C'est la patrie d'illustres héros,
La tranchée des guerriers de Dieu.

Dieu est grand, Dieu est grand !

Sur le champ de bataille de la guerre sainte, l'épée de sa foi
A rompu les chaînes de la tyrannie.
Le peuple libre d'Afghanistan a rompu
Les chaînes des coupables.

Dieu est grand, Dieu est grand !

Nos institutions suivent les lignes du Coran,
Le drapeau de la foi trône sur notre toit
Ensemble, à l'unisson, nous suivons le chemin
De la construction de l'unité nationale, notre objectif.

Dieu est grand, Dieu est grand !

Sois joyeuse, sois libre, sois prospère,
Ô patrie, dans la lumière de la loi divine
Brandis la torche de la liberté,
Guide le peuple désemparé.

Dieu est grand, Dieu est grand !

Version en persan

قلعهٔ اسلام قلب آسیا
جاویدان آزاد خاک آریا
زادگاه قهرمانان بزرگ
سنگر رزمندهٔ مردان خدا

الله اکبر الله اکبر الله اکبر

تیغ ایمانش به میدان جهاد
بند استبداد از هم گسست
ملت آزاده افغانستان
در جهان زنجیر محکومان شکست
الله اکبر الله اکبر الله اکبر

سرخط قرآن نظام ما بود
پرچم ایمان به بام ما بود
همصدا و همنوا با هم روان
وحدت ملی مرام ما بود
الله اکبر الله اکبر الله اکبر

شاد زی آزاد زی آباد زی
ای وطن در نور قانون خدا

مشعل آزادگی را برفراز
مردم سرگشته را شو رهنما
الله اکبر الله اکبر الله اکبر

Arabie saoudite

En 1902, Abd al-Aziz III ibn Saud s'empare de la ville de Riyad et entame une longue lutte pour unifier sous sa coupe une grande partie de la péninsule arabique. Trente ans plus tard, le **Royaume d'Arabie saoudite** voit le jour. En 1938, la découverte d'importants gisements de pétrole va profondément bouleverser le pays et accélérer son développement.

Le 24 octobre 1945, à San Francisco, la charte créant les Nations unies est officiellement adoptée. Alliée des États-Unis dans la lutte contre l'Allemagne, l'Arabie saoudite fait partie des cinquante et un pays signataires. Mais l'histoire raconte qu'à cette occasion la délégation saoudienne constate que, à l'inverse de tous les autres États, le royaume ne dispose pas d'un hymne national. Une lacune que les autorité se hâteront de combler. Rapidement écrit, il sera interprété pour la première fois en 1947, mais officiellement adopté en 1950.

Paroles d'Ibrahim Khafaji (né en 1935)
Musique d'Abdul Rahman al-Khateeb (né en 1923)
Adopté comme hymne national en 1950

Version en arabe

Aash Al Malik

سارعي للمجد
والعلياء
مجدي لخالق
السماء
وارفعي
الخفاق
أخضر
يحمل
النور
المسطّر
رددي الله
اكبر
ياموطني
موطني
قد
عشت
فخر
المسلمين
عاش
المليك
للعلم
والوطن

Longue vie au Roi

Dans ta marche vers la gloire et les sommets
Rends hommage au Créateur des cieux
Et lève le vert drapeau palpitant
Qui porte l'emblème de la Lumière !
Répète – Dieu est grand !
Ô ma Patrie,
Ma Patrie, tu as toujours vécu,
Pour la gloire de tous les musulmans !
Longue vie au Roi,
Pour le drapeau et la Patrie !

Arménie

Adopté le 1er juillet 1991 par le Soviet suprême d'Arménie au moment de la chute de l'URSS, l'hymne national de la **République d'Arménie** est largement inspiré de celui qu'avait utilisé l'éphémère république indépendante entre 1918 et 1920. Il reprend un poème fort connu de Miqayell Ghazari Nalbandyan.

Paroles de Miqayell Ghazari Nalbandyan (1829-1866)
Musique de Barsegh Kanachyan (1885-1967)
Adopté comme hymne national en 1991

Notre patrie

Notre patrie, libre, indépendante,
Qui s'est maintenue de siècle en siècle,
Ses fils et filles proclament désormais
L'Arménie, souveraine et libre.
Ses fils et filles proclament désormais
L'Arménie, souveraine et libre.

Frère, prends cette bannière
Faite de mes propres mains
Pendant les nuits sans sommeil
Et baignée de mes larmes.
Pendant les nuits sans sommeil,
Et baignée de mes larmes.

Regarde, elle a trois couleurs ;
Symbole consacré.
Puisse-t-elle étinceler devant l'ennemi,
Puisse l'Arménie prospérer toujours !
Puisse-t-elle étinceler devant l'ennemi,
Puisse l'Arménie prospérer toujours !

La mort est partout la même,
Chacun ne meurt qu'une fois,
Mais béni soit celui qui donne sa vie
Pour défendre la liberté de son pays.
Mais béni soit celui qui donne sa vie
Pour défendre la liberté de son pays.

Version en arménien

Mér Haïrénik

Մեր Հայրենիք, ազատ անկախ,
որ ապրել է դարէ դար
Իր որդիքը արդ կանչում է
Ազատ, անկախ Հայաստան :

Ահա՛, եղբայր, քեզ մի դրօշ,
Զոր իմ ձեռքով գործեցի
Գիշերները ես քուն չեղայ,
Արտասուքով լուացի :

Նայիր նրան երեք գոյնով,
Նուիրական սուրբ նշան,
Թող փողփողի թշնամու դէմ,
Թող միշտ պանծայ Հայաստան :

Ամենայն տեղ մահը մի է
Մարդ մի անգամ պիտ՛ մեռնի,
Բայց երանի՝ որ իւր ազգի
Ազատութեան կը զոհուի :

AZERBAIDJAN

Azerbaïdjan

L'hymne actuel de l'Azerbaïdjan a été composé à l'origine pour l'éphémère république qui a existé entre 1918 et 1920, avant que le pays ne soit intégré à l'Union soviétique. Lors de l'effondrement de l'URSS en 1991, la nouvelle **République azerbaïdjanaise** a tout naturellement repris l'hymne ancien.

Paroles d'Ahmed Javad (1892-1937)
Musique d'Uzeir Hajibeyov (1885-1948)
Adopté comme hymne national en 1992

Marche de l'Azerbaïdjan

Azerbaïdjan ! Azerbaïdjan !
Ô pays chéri, tes enfants sont des héros,
Nous sommes prêts à donner cœur et âme pour toi.
Nous sommes prêts à verser notre sang pour toi.
Vis heureux sous ton drapeau aux trois couleurs ! *(bis)*
Des milliers d'âmes ont été sacrifiées pour toi !
Ton territoire est devenu un champ de bataille !
Chacun de ces soldats qui a donné sa vie
Est devenu un héros !
Puisses-tu devenir un jardin florissant,
Nous sommes prêts à donner cœur et âme pour toi !
Mille et une paroles affectueuses dans mon cœur !
Toute la jeunesse est impatiente
De brandir ta bannière
Et de protéger ton honneur !
Terre chérie ! Terre chérie !
Azerbaïdjan ! Azerbaïdjan ! Azerbaïdjan ! Azerbaïdjan !

Version en azéri
Azerbaycan Marsi

Azerbaycan! Azerbaycan!
Ey gehreman övladin sanli veteni,
Senden ötru can vermeye cümle haziriz.
Senden ötru gan dökmeye cümle gadiriz
Üç renkli bayraginla mesut yasa! *(bis)*
Minlerle can gurban oldu!
Sinen herbe meydan oldu!
Hügugundan geçen esger
Here bir gehreman oldu!
Sen olasan gülüstan,
Sene her an can gurban!
Sene min cur mehebbet sinemde tutmus mekan!
Namusunu hifz etmeye,
Bayragini yükseltmeye
Cümle gençler müstaktir!
Sanli veten! Sanli veten!
Azerbaycan! Azerbaycan! Azerbaycan! Azerbaycan!

BAHREIN

Bahreïn

Souvent appelé « la perle du golfe Persique », Bahreïn est un archipel situé au large de la côte est de l'Arabie saoudite. Il obtient son indépendance en 1971 et se dote cette même année d'un hymne et de symboles nationaux.

En février 2002, sous l'impulsion de l'émir Hamad ibn Isa al-Khalifa, qui dirige le pays, le statut du pays évolue. L'archipel devient officiellement le **Royaume de Bahreïn** et se dote non seulement d'une nouvelle Constitution, mais surtout d'une Charte d'action nationale qui soutient la monarchie constitutionnelle qui gouverne désormais le pays. Un nouvel hymne est alors écrit pour refléter ces changements.

Musique traditionnelle
Adopté comme hymne national en 2002

Notre Bahreïn

Notre Bahreïn, notre roi sont symboles d'harmonie,
Sa Constitution est hautement respectée,
Sa Charte d'action nationale est le chemin de la loi islamique,
De l'arabisme et de nos valeurs.
Longue vie au royaume de Bahreïn !
Pays généreux, terre de paix ;
Sa Constitution est hautement respectée,
Notre Bahreïn, notre roi sont symboles d'harmonie,
Sa Constitution est hautement respectée,
Sa Charte d'action nationale est le chemin de la loi islamique,
De l'arabisme et de nos valeurs.

Version en arabe

Bahrainona

بحريننا ، مَليكُنا ، رمزُ الوئام
دستورُها عالي المكانةِ والمقامْ
ميثاقُها نهجُ الشريعةِ والعروبةِ والقيمْ
عاشتْ مملكةُ البحرين

بلدُ الكرامْ ، مهدُ السلامْ
دستورُها عالي المكانةِ والمقامْ
ميثاقُها نهجُ الشريعةِ والعروبةِ والقيمْ
عاشتْ مملكةُ البحرين

Bangladesh

■ Souvent comparé à Victor Hugo pour la prolixité de sa plume, Rabindranath Tagore est l'un des écrivains les plus brillants du sous-continent indien. Originaire du Bengale, fervent patriote et ami de Gandhi, il s'oppose longtemps au colonisateur britannique et milite activement pour l'indépendance de son pays. Très attaché à la population et à la beauté de sa terre natale, il est le premier écrivain asiatique à recevoir le prix Nobel de littérature en 1913. Il meurt en 1941, quelques années avant le retrait de la Grande-Bretagne et la partition de l'ancien Empire des Indes entre l'Union indienne et le Pakistan.

■ En 1971, le gouvernement sécessionniste du Pakistan oriental choisit son poème «Mon Bengale doré» comme hymne national. Décision qui sera entérinée le 13 janvier 1972 par le nouvel État, la **République populaire du Bangladesh**. C'est également un texte de Rabindranath Tagore qui a été choisi comme hymne national indien.

Paroles et musique de Rabindranath Tagore (1861-1941)
Adopté comme hymne national en 1972

Version en bengali

Amar sonar Bangla

আমার সোনার বংলা,
আমি তোমায ভালবাসি।
চিরদিন তোমর আকশ, তেমার বাতাস,
আমার প্রাণে বাঁশি।।
ও মা, ফাগুনে তোর আমের বনে
ঘ্রাণে পাগল করে,
মরি হায়, হায় রে-
ও মা, অঘ্রাণে তোর ভরা ক্ষেতে
আমি কি দেখেছি মধুর হাসি।।
কী শোভা, কি ছায়া গো,
কী স্নেহ, কী মায়া গো-
কী আঁচল বিছায়েছ বটের মূলে,
নদীর কূলে কূলে।
মা তোর মুখের বাণী আমার কানে
লগে সুধার মতো,
মরি হায়, হায় রে-
মা, তোর বদনখানি মলিন হলে,
ও মা আমি নয়ন জলে জাসি।।

Mon Bengale doré

Mon Bengale doré, je t'aime.
Pour toujours, tes cieux, ton air font chanter
Mon cœur comme une flûte.
Au printemps, ô ma mère, le parfum de tes vergers de manguiers
Me transporte de joie,
Ah, quel vertige !

À l'automne, ô ma mère,
Dans les rizières dorées,
J'ai vu se propager partout de doux sourires !
Ah, quelle beauté, quelles nuances, quelle affection
Et quelle tendresse !
Quelle douceur as-tu étendue au pied des banians
Et le long des berges des rivières !

Ô ma mère, les mots qui sortent de tes lèvres
Sont comme un nectar à mes oreilles !
Ah, quel vertige !
Si la tristesse, ô ma mère, jette un voile sur ton visage,
Mes yeux se remplissent de larmes !

BHOUTAN

Bhoutan

Entrouvert aux étrangers depuis une trentaine d'années à peine, le **Royaume du Bhoutan** est un petit pays himalayen inséré entre l'Inde et la Chine. Son nom signifie «royaume du Dragon-Tonnerre», animal mythique présent aussi bien sur le drapeau du pays que dans son hymne national.

Paroles de Gyaldun Dasho Thinley Dorji (1914-1966)
Musique d'Aku Tongmi (né en 1913)
Adopté comme hymne national en 1953

Le Royaume du Dragon-Tonnerre

Au royaume du Dragon-Tonnerre,
Orné de bois de santal,
Protecteur qui garde
Les enseignements du système double,
Lui, le précieux et glorieux dirigeant
Qui répand sa domination,
Alors que chacun se soumet
Avec constance,
Alors que s'épanouit la doctrine du Seigneur Bouddha,
Puisse le soleil de la paix et du bonheur
Briller sur le peuple !

Version en dzonkkha (translittération)

Druk tsendhen

Druk tsendhen koipi gyelkhap na
Loog ye ki tenpa chongwai gyon
Pel mewang ngadhak rinpo chhe
Ku jurmey tenching chhap tsid pel
Chho sangye ten pa goong dho gyel
Bang che kyed nyima shar warr sho.

Birmanie

L'ancienne Birmanie, qui a changé de nom en 1989 pour devenir l'**Union de Myanmar**, conserve depuis 1947 le même hymne national, malgré les nombreux remous politiques que connaît le pays. Un respect immense entoure cet hymne à travers tout le pays, et il est de tradition que ses interprètes accomplissent une profonde révérence après l'avoir chanté ou joué.

Paroles et musique de Saya Tin (1914-1947)
Adopté comme hymne national en 1948

Nous aimerons toujours la Birmanie

Nous aimerons toujours la Birmanie,
Terre de nos aïeux.
Nous combattrons et donnerons nos vies
Pour notre unité.
Pour elle, nous endosserons fermement la tâche,
Debout et unis au service de notre précieux pays.

Version en birman

Gba Majay Bma

တရားမျှတ လွတ်လပ်ခြင်းနှင့်မသွေ၊
တို့ပြည် တို့မြေ၊
များလူခပ်သိမ်း၊ ငြိမ်းချမ်းစေဖို့၊ ခွင့်တူညီမျှ ဝါဒဖြူစင်တဲ့ပြည်၊
တို့ပြည် တို့မြေ၊
ပြည်ထောင်စုအမွေ၊ အမြဲတည်တံ့စေ၊
အဓိဋ္ဌာန်ပြုပေ ထိန်းသိမ်းစို့လေ၊
သံပြိုင်။ ။ (ကမ္ဘာမကျေ၊ မြန်မာပြည်၊ တို့ဘိုးဘွား အမွေစစ်မို့ ချစ်မြတ်နိုးပေ)၂
ပြည်ထောင်စုကိုအသက်ပေးလို့ တို့ကာကွယ်မလေ၊
ဒါတို့ပြည် ဒါတို့မြေ၊ တို့ပိုင်နက်မြေ၊
တို့ပြည် တို့မြေ၊
အကျိုးကိုညီညာစွာ တို့တတွေ၊ ထမ်းဆောင်ပါစို့လေ၊
တို့တာဝန်ပေ၊ အဖိုးတန်မြေ။

BRUNEI

Brunei

L'hymne de ce minuscule mais richissime sultanat de l'île de Bornéo, totalement inclus dans la Malaisie, est écrit en 1947 par un groupe de jeunes nationalistes qui appellent de leurs vœux l'indépendance totale et tiennent à créer des symboles nationaux. L'hymne est adopté en 1951, mais si le protectorat britannique prend fin en 1971 seulement, le pays appelé officiellement **Negara Brunei Darussalam** ne devient véritablement indépendant qu'en 1984.

Paroles de Pengiran Hadji Mohamed Yusuf ibn Abdul Rahim (né en 1923)
Musique d'Awang Haji Besar ibn Sagap (1914-1988)
Adopté comme hymne national en 1951

Version en malais

Allah Peliharakan Sultan

Ya Allah lanjutkanlah Usia
Kebawah Duli Yang Maha Mulia
Adil berdaulat menaungi nusa
Memimpin rakyat kekal bahagia.
Hidup sentosa Negara dan Sultan!
Ilahi selamatkan Brunei Darussalam.

Dieu bénisse Sa Majesté

Ô Dieu, longue vie à Sa Majesté
Qui protège notre pays et dirige
Notre peuple avec justice et souveraineté.
Prospérité à notre nation et au sultan !
Dieu sauve Brunei, demeure de la paix.

Cambodge

Protectorat intégré à l'Indochine française, le Cambodge obtient réellement son indépendance en novembre 1953. Le pays est pourtant l'un des plus anciens royaumes au monde, et la Constitution de 1947, promulguée par le roi Norodom Sihanouk, en fait une monarchie constitutionnelle, premier pas vers l'autonomie.

Le **Royaume du Cambodge** adopte dès lors un nouveau drapeau, mais il garde l'hymne royal adopté dès 1941. Hymne qui sera totalement rejeté et farouchement interdit pendant la période khmère rouge et la longue guerre civile qui ravagera le pays entre 1976 et 1993, le retour à la paix marquant le retour à l'hymne ancien.

Le titre de l'hymne, « Nokoreach », fait référence à la province du même nom, conquise par les Thaïs lors des grandes invasions mongoles du XIIIe siècle. Province perdue qui reste une blessure au cœur de bien des Cambodgiens.

Paroles de Chuon Nat (1883-1969)
Musique traditionnelle du folklore khmer
Adopté comme hymne national en 1941, puis en 1993

Version en khmer

Nokoreach

សូមពួកទេព្តា រក្សាមហាក្សត្រយើង
ឱ្យបានរុងរឿង ដោយជ័យមង្គល ស្រីសួស្តី
យើងខ្ញុំព្រះអង្គ សូមជ្រកក្រោមម្លប់ព្រះបារមី
នៃព្រះនរបតី វង្សក្សត្រាដែលសាងប្រាសាទថ្ម
គ្រប់គ្រងដែនខ្មែរបុរាណថ្កើងថ្កាន ។

ប្រាសាទសិលា កំបាំងកណ្តាលព្រៃ
គួរឱ្យស្រមៃនឹកដល់យសសក្តិមហានគរ
ជាតិខ្មែរដូចថ្មគង់វង់នៅល្អរឹងប៉ឹងជំហរ
យើងសង្ឃឹមពរភ័ព្វព្រេងសំណាងរបស់កម្ពុជា
មហារដ្ឋកើតមានយូរអង្វែងហើយ ។

គ្រប់វត្តអារាម ឮតែសូរស័ព្ទធម៌
សូត្រដោយអំណរ រំឭកគុណ ពុទ្ធសាសនា
ចូរយើងជាអ្នក ជឿជាក់ស្មោះស្ម័គ្រតាមបែប ដូនតា
គង់តែទេវតា នឹងជួយជ្រោមជ្រែងផ្គត់ផ្គង់ ប្រយោជន៍ឱ្យ
ដល់ប្រទេសខ្មែរជាមហានគរ ។

Nokoreach

Que le ciel protège notre roi
Et lui dispense le bonheur et la gloire.
Qu'il règne sur nos cœurs et sur nos destinées,
Celui qui, héritier des souverains bâtisseurs,
Gouverne le fier et vieux royaume.

Les temples dorment dans la forêt,
Rappelant la grandeur du Moha Nokor.
Comme le roc, la race khmère est éternelle.
Ayons confiance dans le sort du Kampuchéa,
L'empire qui défie les années.

Les chants montent dans les pagodes
À la gloire de la sainte foi bouddhique.
Soyons fidèles aux croyances de nos pères.
Ainsi le ciel prodiguera-t-il tous ses bienfaits
Au vieux pays khmer, le Moha Nokor.

Chine

Écrite en 1935, *La Marche des volontaires* est l'un des chants les plus symboliques de cette Longue Marche qui, menée par Mao Zedong, conduit l'Armée rouge des ouvriers et paysans à combattre l'envahisseur japonais au terme d'une avancée de douze mille cinq cents kilomètres à travers la Chine. Le chant devient vite un chant de lutte populaire, symbolisant la détermination de la nation chinoise face à toute oppression

Écrite par Tian Han, l'un des poètes et dramaturges chinois les plus renommés, elle accompagne même un film patriotique, *Jeunes Héros et Héroïnes des années orageuses*, qui retrace l'histoire de la résistance et du sacrifice de la population chinoise face à l'invasion japonaise dans les années trente. Le 27 septembre 1949, cette marche est adoptée par le Parti communiste chinois comme hymne national provisoire de la toute nouvelle **République populaire de Chine**.

Paroles de Tian Han (1898-1968), puis collectives
Musique de Nie Er (1912-1935)
Adopté comme hymne national en 1949, puis en 1982

La Marche des volontaires

Debout ! nous qui refusons l'esclavage !
Avec notre chair et notre sang, soyons une autre Grande Muraille !
La nation chinoise est en grand danger.
De chaque poitrine jaillit le cri :
Debout ! Debout ! Debout !
Nous millions d'hommes, d'un seul cœur,
Bravons le feu de l'ennemi, en avant ! *(bis)*
En avant ! En avant ! En avant !

Version en chinois

Yiyonggjun Jinxingqu

起来！不愿做奴隶的人们！
把我们的血肉，筑成我们新的长城！
中华民族到了最危险的时候，
每个人被迫着发出最后的吼声。
起来！起来！起来！
我们万众一心，
冒着敌人的炮火前进！
冒着敌人的炮火前进！
前进！前进！进！

Pendant la période mouvementée de la Révolution culturelle, à la fin des années soixante, *La Marche des volontaires* est quelque peu délaissée au profit d'une chanson considérée comme plus purement révolutionnaire, *L'Orient est rouge*. Le 4 décembre 1982, l'Assemblée populaire nationale de Chine continentale décide d'adapter à *La Marche des volontaires* de nouvelles paroles, écrites collectivement, tout en conservant la mélodie originale.

Allons, peuple héroïque de toutes nos nationalités !
Le grand Parti communiste nous conduit dans la poursuite de la Longue Marche.
Tous d'un même cœur, allons au-devant des lendemains communistes !
Lançons-nous vaillamment dans le combat
Pour édifier et défendre la patrie !
En avant ! En avant ! En avant !
De génération en génération,
Nous ferons flotter bien haut le drapeau de Mao Zedong ! *(bis)*
En avant ! En avant ! En avant !

Corée du Nord

En 1947, deux ans après le partage de la Corée en deux parties distinctes par l'Union soviétique et les États-Unis, le nord communiste devenu la **République populaire démocratique de Corée** adopte ce chant, qu'il qualifie de marche patriotique. Il est intéressant de constater que les hymnes des deux Corée font référence au mont Paektu, volcan éteint de 2 744 mètres, situé à la frontière avec la Mandchourie. Lieu mythique de l'imaginaire coréen, cette montagne aurait été le siège du tout premier royaume de l'histoire du pays, il y a plus de cinq mille ans.

Que le matin brille sur l'argent et l'or de ce pays

Paroles de Pak Se Yong (1902-1989)
Musique de Kim Won Gyun (né en 1917)
Adopté comme hymne national en 1947

Que le matin brille sur l'argent et l'or de ce pays,
Trois mille lieues d'une naturelle richesse,
Ma superbe patrie.
La gloire de ce peuple sage
A donné une culture brillante
Et cinq mille ans d'histoire.
Dévouons nos corps et nos esprits
À soutenir à jamais cette Corée.

La volonté ferme, de même que la vérité
Abritent un esprit laborieux,
Embrassant l'atmosphère du mont Paektu,
Et montreront la voie au monde entier.
Le pays fondé par la volonté du peuple
Affronte les vagues déchaînées avec une force décuplée.
Rendons gloire pour toujours à cette Corée
Immensément riche et forte.

Version en coréen

A ch'im un pinnara, i kangsan ungum e

아침은 빛나라 이 강산은 금에 자원도 가득한
삼천리 아름다운 내 조국 반만년 오랜 역사에
찬란한 문화로 자라난 슬기론 인민의 이 영광
몸과 맘 다 바쳐 이 조선 길이 받드세

백두산 기상을 다안고 근로의 정신은 깃들어
진리로 뭉쳐진 억센 뜻 온세계 앞서나가리
솟는 힘 노도도 내밀어 인민의 뜻으로 선 나라
한없이 부강하는 이 조선 길이 빛내세

COREE DU SUD

Corée du Sud

■ L'origine exacte de cet hymne est assez peu connue. Il est admis que le texte actuel a été écrit vers la fin du XIXe siècle. Mais par qui exactement ? Certaines paroles apparaissent vers 1896 dans un quotidien coréen nationaliste sous la plume de Yun Ch'i-ho, journaliste et homme politique. D'autres vers semblent être publiés à la même époque dans une école de Pyongyang, dont le directeur, An Ch'ang-ho, est connu pour son action politique en faveur de l'indépendance coréenne. Ces deux hommes sont-ils vraiment les auteurs de l'hymne ? Rien n'est certain ni officiel. On sait toutefois que le texte du futur hymne coréen est chanté, en public, dès 1896 sur la mélodie du *God Save the King* britannique. Plus tard, c'est l'air folklorique écossais *Auld Lang Syne* qui est adopté.

■ Vers 1902, sans doute pour affirmer la réalité coréenne face à l'impérialisme japonais grandissant, le roi Kojong décide de doter son pays d'un véritable hymne national. Pour en écrire la mélodie, il fait appel au chef d'orchestre allemand de sa musique militaire qui n'est autre que Franz Eckert, celui-là même qui a finalisé les arrangements de l'hymne… japonais. Quelques mois plus tard, la partition d'Eckert est envoyée à toutes les unités militaires. Mais elle ne sera jamais jouée. Après la guerre russo-japonaise de 1905, la Corée perd sa souveraineté et devient un protectorat japonais. Plus question d'hymne national. La mélodie d'Eckert est oubliée. Pendant longtemps, l'hymne reste donc chanté, de manière souvent clandestine, mais toujours sur des musiques étrangères.

■ En 1936, lors des jeux Olympiques de Berlin, un compositeur coréen se trouve dans la capitale allemande. Il se nomme Ahn Eak Tay et a étudié la musique aux États-Unis. Mécontent que l'hymne de son pays soit interprété sur des mélodies étrangères, il rencontre les athlètes coréens et leur offre une partition destinée à accompagner les paroles anciennes. Les jeunes Coréens sont séduits. De retour dans leur pays, ils contribueront largement au succès de la mélodie, qui sera conservée en 1948 comme celle de l'hymne national de la Corée du Sud. *Le Chant d'amour pour la patrie* est incontestablement l'hymne national de la Corée du Sud, bien qu'il n'y ait jamais eu de reconnaissance officielle. L'*Hibiscus syriacus*, ou rose de Sharon, dont il est fait référence dans le texte, est la fleur nationale de la **République de Corée**.

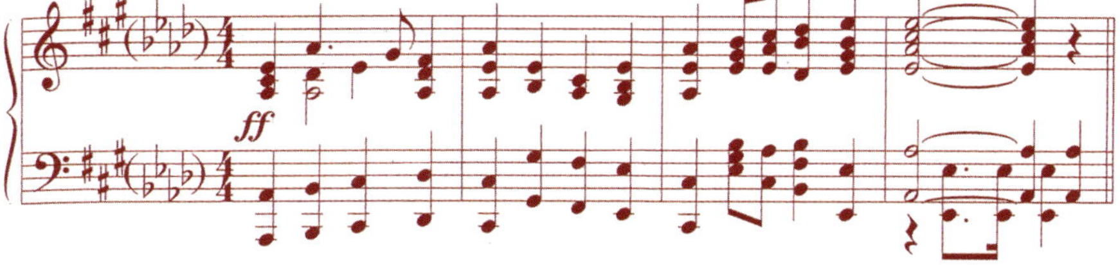

(Extrait)

Paroles d'auteur inconnu
Musique d'Ahn Eak Tay (1905-1965)
Adopté comme hymne national en 1948

Chant d'amour pour la patrie

Jusqu'à ce que les vagues de la mer de l'Est soient asséchées
Et que soit usé le mont Paektu, que le Ciel veille pour toujours sur notre pays !

Rose de Sharon, pays de mille miles de fleuves et de montagnes !
Protégée par son peuple, puisse toujours se dresser la Corée !

Comme le pin cuirassé du mont Nam qui monte calmement la garde
Dans le vent et le gel, imperturbable, que notre volonté soit résolue !

Rose de Sharon, etc.

Sous l'arche du ciel nocturne de l'automne, cristalline et d'un bleu sans nuages,
Que la lune rayonnante soit notre âme unique, déterminée et vraie.

Rose de Sharon, etc.

Avec une telle volonté, de tels esprits, une telle loyauté et une telle force,
Aimons-la, dans la peine et dans la joie, elle, notre patrie bien-aimée !

Rose de Sharon, etc.

Version en coréen

Aegukka

동해물과 백두산이 마르고 닳도록
하느님이 보우하사 우리 나라만세
무궁화 삼천리 화려강산
대한사람 대한으로 길이 보전하세.

남산위에 저 소나무 철갑을 두른 듯
바람서리 불변함은 우리 기상일세.
무궁화 삼천리 화려강산
대한사람 대한으로 길이 보전하세.

가을하늘 공활한데 높고 구름없이
밝은달은 우리가슴 일편단심일세.
무궁화 삼천리 화려강산
대한사람 대한으로 길이 보전하세.

이기상과 이맘으로 충성을 다하여
괴로우나 즐거우나 나라 사랑하세.
무궁화 삼천리 화려강산
대한사람 대한으로 길이 보전하세.

Émirats arabes unis

Contrôlée par les Britannique dès 1820, l'ancienne côte des Pirates, sur la péninsule arabique, se constitue dès 1950 en sept États autonomes. Un Conseil des émirats est alors créé, qui deviendra la **Fédération des Émirats arabes unis** le 2 décembre 1971, État souverain et indépendant qui se dote alors d'un hymne national sans paroles. En 1996, cet hymne est abandonné. Un concours permet alors de choisir une nouvelle musique et des paroles.

Paroles de Sheikh Abdullah Al Hassan
Musique de Mohamed Abdel Wahab (1915-1991)
Adopté comme hymne national en 1996

Longue vie à mon pays

Vis mon pays ! Vive l'union de nos émirats !
Tu as vécu pour être une nation.
Sa religion est l'islam et son héritage le Coran.
Ta protection est entre les mains de Dieu, ô mon pays.
Mon pays, mon pays, mon pays, mon pays,
Dieu t'a protégé des malheurs du temps.
Nous avons juré de construire et de travailler,
De travailler avec fidélité. *(bis)*
Aussi longtemps que nous vivrons, nous serons fidèles, fidèles.
Que dure notre sécurité et que notre drapeau reste vivant.
Ô nos émirats, symboles de l'arabisme,
Nous nous sacrifions tous pour toi, nous t'offrons notre sang,
Nous nous sacrifions pour toi de toutes nos âmes, ô patrie !

Version en arabe

Ishy Bilady

عيشي بلادي عاش اتحاد إماراتنا
عشت لشعب
دينه الإسلام .. هديه القرآن
حصنتك باسم الله يا وطن
بلادي.. بلادي.. بلادي.. بلادي
حماك الإله شرور الزمان
أقسمنا أن نبني نعمل
نعمل نخلص.. نعمل نخلص
مهما عشنا نخلص.. نخلص
دام الأمان و عاش العلم يا إماراتنا
رمز العروبة
كلنا نفديك.. بالدما نرويك
نفديك بالأرواح يا وطن

GEORGIE

Géorgie

Comme tant de pays nés de l'éclatement de l'ancienne URSS, cette république du Caucase s'était choisi un hymne lors de son accession à l'indépendance en 1991. Mais au printemps 2004, suite à la « révolution des roses » qui a amené au pouvoir une nouvelle équipe gouvernementale autour du Président Saakaschwili, le parlement géorgien a décidé d'adopter un nouveau drapeau et un nouvel hymne national. Tirée d'un opéra géorgien de Zakaria Petrovich Paliashvili intitulé *Abesalom da Eteri*, la musique de l'hymne de la **Géorgie** a été adaptée par un compositeur contemporain.

Musique de Zakaria Petrovich Paliashvili (1871-1933)
Adaptation de Joseb Ketschakmadse
Adopté comme hymne national en 2004

Liberté

Ma Patrie est une icône,
Et son écrin est le monde.
Monts et vallées de lumière
Sont partagés avec Dieu

Aujourd'hui notre Liberté
Chante la gloire du futur
L'étoile du matin se lève
Et brille entre les deux mers

Louée soit la Liberté
Louée soit la Liberté

Version en géorgien (translittération)

Tavisupleba

Chemi khatia samshoblo,
Sakhate mteli kveqana,
Ganatebuli mta-bari
Tsilnaqaria Ghmerttana.

Tavisupleba dghes chveni
Momavals umghers didebas,
Amodis tsiskris varskvlavi
Da or zghvas shua brtsqindeba.

Dideba tavisuplebas,
Tavisuplebas dideba!

Inde

Comme pour le Bangladesh voisin, l'hymne national de l'Union indienne – *Tu es le souverain des âmes* – est un texte signé de l'écrivain de renommée mondiale, prix Nobel de littérature en 1913, Ravindranath Thakur, ou Rabindranath Tagore d'après son nom bengali. Un hymne interprété pour la première fois le 27 décembre 1911 lors du Congrès national indien à Calcutta et qui chante l'âme de l'immense pays.

■ Dès l'indépendance de l'Inde en 1947, c'est pourtant un autre texte qui est choisi. Il s'appelle *Vande Mataram*, textuellement *Salut à la déesse mère de l'Inde*, et a les faveurs d'une grande partie de la classe politique, d'une majorité de la population et de Gandhi lui-même, qui le fait chanter à chacun de ses rassemblements. Mais les musulmans et les chrétiens de l'Inde ne se sentent pas représentés par cette ode qu'ils jugent idolâtre envers les multiples divinités du panthéon hindouiste. Le 24 janvier 1950, le gouvernement indien, sous l'impulsion du Premier ministre Nehru et la pression d'une partie du peuple, doit trancher. Il choisit définitivement les premières strophes de *Jana Gana Mana* comme hymne national.

■ Actuellement, il existe une véritable polémique pour savoir si Rabindranath Tagore a écrit ou non ce texte en l'honneur du roi George V et de la reine d'Angleterre lors de leur visite en Inde en 1919, comme l'affirment certains opposants à l'hymne. Fervent défenseur de l'indépendance, il semble en fait que l'écrivain aurait simplement lu son poème en présence du couple royal, les expressions utilisées dans l'hymne – « souverain des âmes », « dispensateur du destin de l'Inde » – faisant référence non pas au roi mais au créateur symbolique de la **République de l'Inde.**

(Extrait)

Paroles et musique de Rabindranath Tagore (1861-1941)
Adopté comme hymne national en 1950

Tu es le souverain des âmes

Tu es le souverain des âmes de tous les êtres,
Toi le dispensateur du destin de l'Inde.
Ton nom réveille les cœurs du Pendjab, du Sind, du Gujerat et du Maharashtra,
du Dravida, de l'Orissa et du Bengale ;
Il résonne dans les monts Vindhya et dans l'Himalaya,
Il se mêle à la musique de la Yamuna et du Gange,
Chanté par les vagues de la mer Indienne.
Ils prient pour ta bénédiction et chantent tes louanges.
Le salut de tous les peuples repose entre tes mains,
Toi le dispensateur du destin de l'Inde.
Victoire, victoire, victoire à Toi.

Version en hindi
Jana Gana Mana

जन–गण–मन–अधिनायक जय हे
भारत–भाग्य–विधाता,
पंजाब–सिन्धु–गुजरात–मराठा–
द्राविधू–उत्कल–वङ्ग
विन्ध्य–हिमाचल–यमुना–गङ्गा
उत्कल–जलधि–तरङ्ग
तव शुभ नामे जागे,
तव शुभ आशीष मांगे,
गाहे तव जय–गाथा
जन–गण–मन–मङ्गलदायक जयहे
भारत–भाग्य–विधाता।
जयहे, जय हे, जय हे,
जय जय जय जय हे।।

Version en anglais
Thou Art the Ruler of the Minds of All People

Thou art the ruler of the minds of all people,
Dispenser of India's destiny.
The name rouses the hearts of Punjab, Sind, Gujarat and Maharashtra,
Of the Dravid and Orissa and Bengal;
It echoes in the hills of the Vindhyas and Himalayas,
Mingles in the music of the Yamuna and Ganga,
And is chanted by the waves of the Indian Sea.
They pray for thy blessings and sing thy praise.
The salvation of all people is in thy hand,
Thou dispenser of India's destiny.
Victory, victory, victory to Thee.

INDONESIE

Indonésie

Ancienne colonie néerlandaise, l'Indonésie connaît dès les années 1920-1922 de profondes velléités indépendantistes, parfois durement réprimées.

En 1939, les huit principales organisations nationalistes se regroupent et forment le Gabousan Polotiek Indonesia, ou Gapi, c'est-à-dire le « Comité indonésien de coordination ». Ébauche de gouvernement provisoire dirigé par Sukarno, le Gapi choisit une langue officielle, un drapeau et *Indonésie la grande* comme hymne national.

Envahie par les Japonais en 1942, la **République d'Indonésie** devra cependant attendre 1949 pour accéder à l'indépendance et adopter officiellement ses symboles nationaux.

Paroles et musique de Wage Rudolf Soepratman (1903-1938)
Adopté comme hymne national en 1949

(Extrait)

Indonésie la grande

Indonésie, notre pays d'origine,
Lieu de notre naissance.
Nous nous dressons pour protéger
Cette terre natale.
Indonésie, notre nationalité,
Notre peuple et notre pays.
Venez, exprimons tous
L'unité de l'Indonésie.
Vive notre terre,
Vive notre État,
Notre nation, notre peuple et vous tous.
Faisons surgir son esprit,
Faisons surgir ses corps
Pour une grande Indonésie.

Indonésie la grande, indépendante et libre,
Notre pays bien-aimé.
Indonésie la grande, indépendante et libre,
Vive l'Indonésie la grande !

Indonésie, un éminent pays,
Notre riche pays.
C'est ici que nous resterons toujours.
Indonésie, le pays de nos ancêtres
Relique qui nous appartient.
Prions
Pour la prospérité de l'Indonésie
Puisse son sol être fertile
Et son esprit élevé,
La nation et l'ensemble du peuple
Conscients d'être son cœur
Et son esprit
Pour l'Indonésie la grande.

Indonésie la grande, etc.

Indonésie, pays sacré,
Notre patrie victorieuse.
Nous nous tenons ici pour garder
Notre mère véritable.
Indonésie, pays radieux,
Pays que nous aimons de tout notre cœur,
Faisons le serment
Que l'Indonésie existe toujours.
Bénis soit son peuple,
Et ses fils,
Toutes ses îles et ses mers.
Que les progrès du pays soient rapides,
Ainsi que ceux de ses enfants
Pour l'Indonésie la grande.

Indonésie la grande, etc.

Version en indonésien
Indonesia Raya

Indonesia tanah airku,
Tanah tumpah darahku.
Disanalah aku berdiri
Jadi pandu ibuku.
Indonesia kebangsaanku,
Bangsa dan Tanah Airku.
Marilah kita berseru
"Indonesia bersatu".
Hiduplah tanahku,
Hiduplah negriku,
Bangsaku, rakyatku, se'mwanya.
Bangunlah jiwanya,
Bangunlah badannya
Untuk Indonesia Raya.

Indonesia Raya, Merdeka, Merdeka
Tanahku, negriku jang kutjinta.
Indonesia Raya, Merdeka, Merdeka
Hiduplah Indonesia Raya.

Indonesia! Tanah yang mulia,
Tanah kita yang kaya.
Disanalah aku berada
Untuk slamalamanya.
Indonesia, Tanah pusaka,
Psaka Kita semuanya.
Marilah kita mendoa,
"Indonesia bahagia"!
Suburlah Tanahnja,
Suburlah jiwanja,
Bansanya, rakyatnya semuanja.
Sadarlah hatinja,
Sadarlah budinja
Untuk Indonesia Raya.

Indonesia Raya, etc.

Indonesia! Tanah yang sutyi,
Tanah kita yang sakti.
Disanalah aku berdiri
Ndyaga ibu sedyati.
Indonesia! Tanah berseri,
Tanah yung aku sayangi.
Marilah kita berjanji:
"Indonesia abadi!"
Slamatlah Rakyatnja,
Slamatlah putranja,
Pulaunya, lautnya semuanja.
Majulah Begrinja,
Majulah Pandunja
Untuk Indonesia Raya.

Indonesia Raya, etc.

Irak

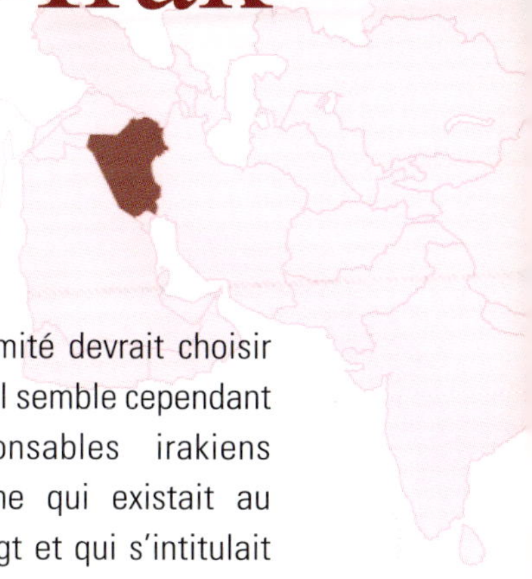

Quel sera le futur hymne irakien après la guerre et la chute de Saddam Hussein ? Nul pour le moment ne peut le dire avec exactitude. Pour l'instant, le pays connaît d'autres priorités, autrement plus importantes.

■ Mouaffak al-Roubaï, l'un des membres du Conseil de gouvernement transitoire irakien, a cependant reconnu il y a peu de temps que l'hymne national serait certainement changé, de même que les autres emblèmes nationaux, cela pour marquer la rupture avec l'ère de Saddam Hussein et le régime baasiste. Au-delà du rappel de l'ancienne civilisation qui a vu le jour entre le Tigre et l'Euphrate, l'hymne irakien « ancien », *Pays des deux fleuves*, faisait en effet explicitement référence au parti Baas, de sinistre réputation.

■ À l'heure actuelle, un comité devrait choisir entre plusieurs propositions. Il semble cependant que de nombreux responsables irakiens souhaitent revenir à l'hymne qui existait au début des années quatre-vingt et qui s'intitulait *Mon pays*. Un hymne patriotique sans références politiques. Une mélodie sans paroles composée par Lewis Zanbaka, un Irakien ayant étudié la musique à Vienne, en Autriche. Nul ne sait cependant si des paroles y seront adaptées, et si c'est le cas, comment elles seront choisies.

Pays des deux fleuves

Paroles de Shafiq Abdul Jabar al-Kamali (1930-1984)
Musique de Walid Georges Gholmieh (né en 1938)
Adopté comme hymne national de 1981 à 2003

Patrie qui a étendu ses ailes au-delà de l'horizon,
Et qui a porté la gloire de la civilisation.
Béni soit le pays des deux fleuves,
Une patrie de détermination glorieuse et de tolérance.

Cette patrie est faite de flammes et de splendeurs
Et d'une fierté sans égale dans les cieux élevés.
Elle est une montagne qui se dresse au-dessus du sommet du monde
Et une plaine qui incarne notre fierté.
Babylone est en nous et l'Assyrie est nôtre,
Et de par cette gloire qui nous imprègne
L'histoire elle-même irradie sa lumière,
Et c'est nous seuls qui possédons la colère de l'épée et la patience des prophètes.

Ô compagnie du Baas, à la fierté de lions,
Ô sommet de fierté et de gloire héritée,
Avance, semant la terreur, vers une victoire certaine
Et ressuscite dans notre pays l'époque d'al-Rachid !
Nous sommes une génération qui donne tout et travaille dur pour atteindre l'impossible.
Ô étendue de gloire, nous en sommes revenus au début
À une nation que nous construisons avec une détermination inflexible,
Et chaque martyr suit les pas d'un ancien martyr.

Notre puissante nation est pleine de fierté et de vigueur
Et les camarades construisent les forteresses de la gloire.
Ô Irak, puisses-tu rester pour toujours un refuge pour l'ensemble des Arabes
Et sois comme les soleils qui transforment la nuit en jour !

Iran

À l'issue de la révolution islamique de 1979 qui renverse le régime du chah, les nouvelles autorités de Téhéran rejettent immédiatement l'ancien hymne impérial qui débutait par cette phrase : « Longue vie au chah, notre Roi des rois. » Ils s'empressent de lui substituer un chant tout à la gloire de la révolution qui s'achève, et qui dit notamment : « À travers cet hymne, l'Iran remercie les guerriers de la patrie./ La religion de la république est notre bouclier et notre soutien. » Dix ans plus tard, un collectif de citoyens est chargé d'écrire un nouvel hymne, mais toujours à la gloire de la religion et de la **République islamique d'Iran**.

Il existe cependant un autre chant, véritable hymne de cœur de bien des Iraniens. Il s'intitule *Ey Iran* et commence par ces mots : « Ô Iran, ô pays de joyaux ». Un chant que de nombreux Iraniens de la diaspora ont coutume d'entonner en maintes occasions.

Paroles écrites par un collectif de citoyens
Musique de Hassan Riahi (né en 1945)
Adopté comme hymne national en 1990

Hymne de la République islamique

Haut sur l'horizon se lève le soleil de l'Orient,
Vision de la vraie religion.
Bahman, éclat de notre foi.
Ton message, ô imam, d'indépendance et de liberté
Est imprimé dans nos âmes.
Ô martyrs ! Le temps de vos pleurs de douleur résonne à nos oreilles.
Durablement, continuellement, éternelle,
La République islamique d'Iran

Version en persan
Sorood-e Jomhoori-e Eslami

سر زد از افق مهر خاوران
فروغ دیده حق باوران
بهمن فر ایمان ماست
پیامت ای امام استقلال ازادی نقش جان ماست
شهیدان پیچیده در گوش زمان فریادتان
پاینده مانی و جاودان
جمهوری اسلامی ایران

Israël

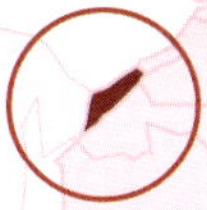

■ En 1878, sans doute inspiré par la fondation de la ville de Petah Tikvah, en Palestine, un jeune poète juif originaire de Zloczew, en Galicie, écrit un poème empli de nostalgie envers la lointaine terre de ses ancêtres, qu'il rêve de connaître. Il s'appelle Naphtali Herz Imber et intitule son poème *Tikvatenu*, c'est-à-dire *Notre espoir*. Après avoir été chassé de Palestine en 70 après Jésus-Christ par les armées romaines de Titus, et après avoir vu détruire le Temple de Jérusalem, le peuple juif, pendant ses deux mille ans d'errance, n'a cessé de prier pour son retour. Le poème exprime ce souhait profond et millénaire. Quelques années après 1878, Imber publie son poème avec d'autres dans son journal, *L'Étoile du matin* (*Barbai*).

Des fermiers juifs de Rishon Le Ziyyon, en Palestine, décident de le mettre en musique. Originaire de Moldavie, Cohen lui adapte un air folklorique ancien du répertoire roumain. En fait, il semble que Cohen ait également utilisé différentes sources musicales populaires dans l'Europe de l'Est de l'époque, dont par exemple *La Moldau* de Bedrich Smetana, écrite en 1874. Ainsi arrangés, les neuf strophes et le refrain de *Tikvatenu* ne cessent de gagner en popularité dans les milieux sionistes du début du XXe siècle. Les changements seront pourtant nombreux.

Réduit à deux strophes et devenu la *Hatikvah*, le poème est chanté lors de la clôture du VIe Congrès sioniste, à Bâle, en 1903, dernier congrès à être présidé par le père du sionisme moderne, Theodor Herzl. Le chant sera repris lors de tous les congrès suivants et sera finalement déclaré « hymne officiel du mouvement sioniste » à Prague en 1933. Sous le mandat britannique, la *Hatikvah* est le véritable hymne officieux de la Palestine juive. Le 14 mai 1948, quand l'**État d'Israël** est créé, c'est elle qui est tout naturellement entonnée dans les rues et les assemblées, avant de devenir hymne national officiel.

■ Après avoir vécu six ans en Palestine, Imber s'installera aux États-Unis en 1892, où il mourra dans la misère en 1909. En 1953, son corps sera rapatrié en Israël. Il repose actuellement au cimetière national du mont Herzl, à Jérusalem.

Paroles de Naphtali Herz Imber (1856-1909)
Musique traditionnelle arrangée par Samuel Cohen
Adopté comme hymne national en 1948

Version en hébreu

Hatikvah

כל עוד בלבב פנימה
נפש יהודי הומיה,
ולפאתי מזרח קדימה
עין לציון צופיה -

עוד לא אבדה תקותנו,
התקוה בת שנות אלפים,
להיות עם חופשי בארצנו
ארץ ציון וירושלים.

L'Espérance

Aussi longtemps qu'au fond de nos cœurs
Vibrera l'âme juive,
Et tournés vers l'Orient,
Nous aspirerons à Sion.

Notre espoir n'est pas vain,
Espérance de deux mille ans,
De vivre en peuple libre sur notre terre,
Terre de Sion et de Jérusalem.

Japon

JAPON

■ Le texte de l'hymne du **Japon** est sans aucun doute le plus ancien au monde, puisqu'il est tiré d'un poème traditionnel écrit au IXe siècle, durant la période Heian. Un poème si court qu'il est de tradition que chaque vers soit répété deux fois. Au XIXe siècle, une musique lui est adaptée pour qu'il devienne, non pas alors un hymne national, mais, comme l'indique son nom, un hymne à l'empereur. Plusieurs mélodies ont été utilisées. La première d'entre elles a été écrite en 1860 par un Anglais, John William Fenton, premier chef de musique occidental à être admis au sein de l'armée japonaise. Par la suite, un musicien japonais, Hiromori Hayashi, adapte la partition aux instruments traditionnels nippons. Enfin, quelque temps plus tard, le successeur de Fenton, un Allemand du nom de Franz Eckert, en finalise l'arrangement, avec une référence marquée pour la musique religieuse médiévale d'Occident… Le 3 novembre 1880, l'hymne est interprété pour la première fois au Palais, en présence de l'empereur Meiji. Il sera officialisé en 1888.

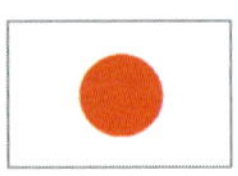

■ Le peuple japonais vit une relation très particulière avec son hymne national. Par tradition, l'image de l'empereur – considéré comme étant d'essence divine pendant des millénaires – est sacrée. La quasi-totalité des écoles publiques du pays fait chanter *Kimiga yo wa* aux élèves chaque matin, alors que montent les couleurs du Soleil levant au mât du drapeau. Mais cela ne va pas sans frictions. Une partie importante de la population tend à rejeter ces symboles nationaux et considère l'hymne impérial comme une réminiscence peu glorieuse de l'expansionnisme japonais, des massacres menés au nom de l'empereur et de l'embrigadement militariste de la jeunesse imposé pendant des décennies.

■ Depuis plusieurs années, lors de chaque rentrée des classes, nombre de parents refusent que leurs enfants se mettent au garde-à-vous et reprennent en cœur le *Kimiga yo wa*. Face à cette véritable guerre entre les partisans et les adversaires de l'hymne à l'empereur, il fallut le suicide, en février 1999, d'un proviseur de lycée à Hiroshima – incapable de prendre parti et assailli de toutes parts – pour que le gouvernement se décide à réagir. Une loi fut votée, qui donne valeur de symboles officiels du Japon à l'hymne et au drapeau, et inclu dans les programmes scolaires le texte de l'hymne à l'empereur. *Kimiga yo wa* semble avoir retrouvé la place prépondérante – on pourrait presque dire intouchable – qu'il occupait dans la société japonaise.

Paroles tirées d'un poème ancien, d'auteur inconnu
Musique de Hiromori Hayashi (1831-1896)
Adopté en 1893, mais officialisé comme hymne national en 1999

Version en japonais
Kimiga yo wa

君が代は
千代に八千代に
細石の
巌となりて
苔の生すまで

Puisses-tu régner mille ans avec félicité

Que ton règne empli de félicité dure dix mille ans ;
Gouverne, mon Seigneur, jusqu'à ce que les galets d'aujourd'hui
Par le temps s'agrègent en de géants rochers
Sur les vénérables flancs desquels s'allonge la mousse.

Jordanie

Écrit lors de l'accession du **Royaume hachémite de Jordanie** à l'indépendance en 1946, avec le départ de l'administration britannique, l'hymne jordanien est l'un des plus simples et des plus courts du Moyen-Orient. Il démontre, si besoin était, l'importance du trône dans cette monarchie constitutionnelle.

Paroles d'Abdul-Monem al-Rifai' (1917-1985)
Musique d'Abdul-Qader al-Taneer (1901-1957)
Adopté comme hymne national en 1946

Version en arabe

As-salam al-Malaki al-urdoni

عاش المليك عاش المليك
ساميا مقامه خافقة في
المعالي اعلامه

Longue vie au roi

Longue vie au roi !
Longue vie au roi !
Son allure est sublime,
Sa bannière flottant dans une gloire suprême.

(Extrait)

Kazakhstan

République soviétique depuis 1920, la **République du Kazakhstan** est la dernière des républiques d'Asie centrale à accéder à l'indépendance, le 16 décembre 1991. Très vite, le pays se dote de symboles nationaux. Un article de la Constitution précise à quelles occasions l'hymne doit être interprété : dans chaque établissement scolaire en début et en fin d'année, à la radio et sur la télévision publique à chaque ouverture des programmes et à minuit le soir du nouvel an, pour accueillir des dignitaires nationaux et étrangers, pour ouvrir les sessions du Parlement, etc. La langue d'État est le kazakh. Le russe dispose du statut de langue de communication interethnique.

Paroles de Muzafar Alimbaev (né en 1923)
Musique de Mukan Tulebayev (1913-1960) et Yevgeny Brusilovsky (1905-1981)
Adopté comme hymne national en 1992

Vole haut, aigle de la liberté

Nous sommes un peuple courageux, enfants de la probité,
Nous avons tout sacrifié pour arracher notre liberté.
Nous avons survécu à la fatalité, au feu de l'enfer
Et sommes revenus sains et saufs.

Vole haut, aigle de la liberté,
Appelle à l'harmonie et à l'unité !
Le peuple a le pouvoir du héros,
Et le pouvoir du peuple est dans son unité.

Honorons nos mères et respectons le génie de notre peuple,
Nous qui avons connu le malheur et la ruine.
La steppe est notre patrie,
Berceau sacré d'amitié et de solidarité.

Vole haut, etc.

Laissons au passé les enseignements amers
Et tournons-nous vers un avenir radieux.
Nous respectons l'honneur, la dignité et notre langue maternelle.
Transmettons cet héritage aux générations futures !

Vole haut, etc.

Version en kazakh

Жаралған намыстан қаhарман халықпыз,
Азаттық жолында жалындап жанышпыз.
Тағдырдың тезінен, тозақтың өзінен
Аман-сау қалыппыз, аман-сау қалыппыз.

Еркіндік қыраны, шарықта,
Елдікке шақырып тірлікте!
Алыптың қуаты - халықта,
Халықтың қуаты - бірлікте!

Ардақтап анасын, құрметтеп данасын,
Бауырға басқанбыз баршаның баласын.
Татулық, достықтың киелі бесігі -
Мейірбан Ұлы Отан, қазақтың даласы!

Еркіндік қыраны...

Талайды өткердік, өткенге салауат,
Келешек ғажайып, келешек ғаламат!
Ар-ождан, ана тіл, өнеге-салтымыз,
Ерлік те, елдік те ұрпаққа аманат!

Еркіндік қыраны...

Version en russe

Народ свободный, дети чести,
На пути к свободе жертвовали всем.
Из тисков испытаний судьбы, из адских огней
Вышли победителями, мы уцелели.

Пари ввысь, орел свободы,
Призывая к единению!
Сила-мощь героя - в народе.
Сила-мощь народа - в сплоченности!

Уважая матерей, чтя гениев народов,
В годину лихолетья мы распахнули свои объятия всем.
Казахская степь - любимая Родина,
Святая колыбель дружбы и солидарности!

Пари ввысь ...

Мы многое пережили. Пусть прошлое послужит уроком.
Верим мы в светлое, прекрасное будущее.
Все самое святое: честь, достоинство, родная речь
Традиции, мужество и державность –
Мы передаем, как наказ, будущему поколению!

Пари ввысь ...

Kirghizistan

Comme de nombreux pays issus de l'effondrement de l'URSS, la **République du Kirghizistan** se dote, le 18 décembre 1992, d'un hymne national peu après son indépendance. Le chant est tout d'abord écrit en kirghiz, immédiatement plébiscité comme langue officielle du pays. Très vite cependant, une version en langue russe est adoptée, lorsque le Kirghizistan choisit cette langue comme seconde langue officielle.

Paroles de Djamil Sadykov (né en 1932) et de Eshmambet Kuluev (né en 1942)
Musique de Nasyr Davlesov (né en 1929) et de Kalyi Moldobasanov (né en 1929)
Adopté comme hymne national en 1992

Hymne sans titre

Notre terre natale, sacrée, se compose de
Hautes montagnes, de vallées et de champs.
Nos pères vivaient au cœur de l'Ala-Taou,
Protégeant toujours leur patrie.

En avant, peuple kirghiz,
En avant vers la liberté !
Debout et prospère !
Saisis ta chance !

Nous aspirons à la liberté depuis l'éternité.
L'amitié et l'unité sont dans nos cœurs.
La terre du Kirghizistan, notre pays natal
S'illumine de consentement.

En avant, etc.

Les rêves du peuple se réalisent
Et le drapeau de la liberté flotte sur nous.
Nous transmettrons à nos fils l'héritage de nos pères
Pour le bien de tout le peuple.

En avant, etc.

Version en kirghiz

Ак мөңгүлүү аска зоолор, талаалар,
Элибиздин жаны менен барабар.
Сансыз кылым Ала-Тоосун мекендеп,
Сактап калды биздин ата-бабалар.

Алгалай бер, кыргыз эл,
Азаттыктын жолунда.
Өркүндөй бер, өсө бер,
Өз тагдырың колуңда.

Байыртадан бүткөн мүнөз элиме.
Досторуна даяр дилин берүүгө.
Бул ынтымак эл бирдигин ширетип,
Бейкуттукту берет кыргыз жерине.

Алгалай бер, кыргыз эл...

Аткарылып элдин үмүт, тилеги,
Желбиреди эркиндиктин желеги.
Бизге жеткен ата салтын, мурасын,
Ыйык сактап урпактарга берели.

Алгалай бер, кыргыз эл...

Koweït

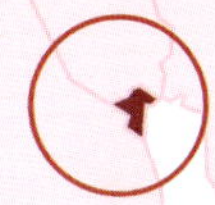

Diffusé pour la première fois sur les ondes de la radio koweïtienne le 25 février 1978, l'hymne de l'**État du Koweït**, cet émirat du golfe Persique, avait été écrit plusieurs années auparavant par l'un des grands poètes de la région. Il s'agissait alors de commémorer l'indépendance du pays, obtenue des Anglais en 1961.

Paroles d'Ahmad Mushari al-Adwani (1923-1992)
Musique d'Ibrahim Nasir al-Soula (né en 1935)
Adopté comme hymne national en 1978

Version en arabe

Al-Nasheed Al Watani

وَطَنِي الكُوَيْتُ سَلِمْتَ لِلْمَجْدِ   وَعَلَى جَبِينِكَ طَالِعُ السَّعْدِ
يَامَهْدَ آبَاءِ الأُولَى كَتَبُوا   سِفْرَالْخُلُودِ فَنَادَتْ الشُّهُبُ
اللهُ أَكْبَرُ إِنَّهُمْ عَرَبُ   طَلَعَتْ كَوَاكِبُ جَنَّةِ الْخُلْدِ
وَطَنِي الكُوَيْتُ سَلِمْتَ لِلْمَجْدِ   وَعَلَى جَبِينِكَ طَالِعُ السَّعْدِ
بُورِكْتَ يَا وَطَنِي الْكُوَيْتُ لَنَا   سَكَناً وَعِشْتَ عَلَى الْمَدَى وَطَنَا
يُفْدِيكَ حُرٌّ فِى حِمَاكَ بَنَى   صَرْحَ الْحَيَاةِ بِأَكْرَمِ الأَيْدِى
وَطَنِي الْكُوَيْتُ سَلِمْتَ لِلْمَجْدِ   وَعَلَى جَبِينِكَ طَالِعُ السَّعْدِ
نَحْمِيكَ يَا وَطَنِي وَشَاهِدُنَا   شَرْعُ الْهُدَى وَالْحَقُّ رَائِدُنَا
وَأَمِيرُنَا لِلْعِزِّ قَائِدُنَا   رَبُّ الْحَمِيَّةِ صَادِقُ الْوَعْدِ
وَطَنِي الْكُوَيْتُ سَلِمْتَ لِلْمَجْدِ   وَعَلَى جَبِينِكَ طَالِعُ السَّعْدِ

Mon pays

Koweït, Koweït, Koweït,
Mon pays,
Vis en paix, dans la dignité,
Ta face brillante, *(bis)*
Ta face brillante en majesté,
Koweït, Koweït, Koweït,
Mon pays.

Ô berceau de nos ancêtres,
Dépositaire de la mémoire
De nos martyrs éternels
Qui demeurent immortels.
Ces Arabes étaient merveilleux,
Koweït, Koweït, Koweït,
Mon pays.

Béni soit mon pays
Patrie d'harmonie
Gardée par de vraies sentinelles,
Donnant toute leur âme,
Construisant son histoire,
Koweït, Koweït, Koweït,
Mon pays.

Nous sommes ici pour toi, mon pays,
Menés par la foi et la loyauté
Et aussi par son prince
Qui nous entoure avec impartialité
D'un amour chaleureux et de vérité,
Koweït, Koweït, Koweït,
Mon pays.
Vis en paix, dans la dignité.

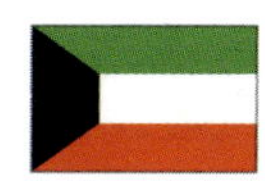

Laos

L'hymne de la **République démocratique populaire lao** date des dernières années de la colonisation française, lorsque la famille royale reprend peu à peu le pouvoir dans l'ancien « royaume du Million d'éléphants ». Mais le pays ne connaîtra jamais de véritable stabilité politique. En décembre 1975, le mouvement communiste Pathet Lao prend le pouvoir par un coup d'État et abolit la monarchie. Les nouveaux dirigeants gardent la mélodie de l'hymne national, mais font immédiatement écrire un nouveau texte.

Paroles de Sisana Sisane (né en 1922)
Musique de Thongdy Sounthone Vichit (1905-1968)
Adopté comme hymne national en 1975

Hymne du peuple lao

Depuis toujours, le peuple lao a illustré avec éclat la patrie,
Toutes les énergies, tous les esprits, tous les cœurs comme une seule force.
Avançant unis et décidés, honorant la dignité lao,
Proclamant le droit d'être maîtres d'eux-mêmes,
Les Laotiens de toutes les ethnies sont égaux.
Ils ne permettront plus jamais aux impérialistes et aux traîtres de leur nuire.
Le peuple tout entier sauvegardera l'indépendance
Et la liberté de la nation laotienne.
Il est résolu à lutter et à vaincre
Pour mener la nation à la prospérité.

Version en lao

Pheng Xat Lao

ຊາດລາວ ຕັ້ງແຕ່ໃດມາ ລາວທຸກທົ່ວໜ້າ ເຊີດຊູສຸດໃຈ
ຮ່ວມແຮງ ຮ່ວມຈິດຮ່ວມໃຈ ສາມັກຄີກັນ ເປັນກຳລັງດຽວ
ເດັດດ່ຽວ ພ້ອມກັນກ້າວໜ້າ ບູຊາ ຊູກຽດຂອງລາວ
ສົ່ງເສີມໃຊ້ສິດ ເປັນເຈົ້າ ລາວທຸກຊົນເຜົ່າ ສະເໝີພາບກັນ

ບໍ່ໃຫ້ ຝູງຈັກກະພັດ ແລະພວກຂາຍຊາດ ເຂົ້າມາລົບກວນ
ລາວທັງມວນ ຊູເອກະລາດ ອິດສະລະພາບ ຂອງຊາດລາວໄວ້
ຕັດສິນໃຈ ສູ້ຊີງເອົາໄຊ ພາຊາດກ້າວໄປ ສູ່ຄວາມວັດທະນາ.

Liban

L'hymne de la **République libanaise** a été écrit en arabe par le poète Rachid Nakhlé entre les deux guerres mondiales, à l'époque du mandat français. Surnommé « le prince de la poésie dialectale », Nakhlé est l'auteur de nombreux ouvrages de poésie. Engagé politiquement, fervent nationaliste arabe, il combat l'Empire ottoman pendant la Première Guerre mondiale. Une résistance politique qui lui vaut d'être envoyé en exil à Jérusalem.

À la suite d'un concours ouvert à tous les poètes et musiciens libanais, le chant *Tous pour la patrie*, qui traduit cette aspiration nationaliste, est choisi comme hymne par le Parlement libanais en juillet 1927. Wadih Sabra, directeur du Conservatoire du Liban, en signe la mélodie. Il est officiellement adopté comme hymne national en 1927.

Paroles de Rachid Nakhlé (1873-1939)
Musique de Wadih Sabra (1876-1952)
Adopté comme hymne national en 1927

Version en arabe

Koullouma Liloutataan Lil'Oula Lil'Alam

كُلنا للوطن للعلى للعلم
ملءُ عينِ الزمَّن سيفنا والقلم
سهلنا والجبل منبتٌ للرجال
قولنا والعمل في سبيل الكمال
كُلنا للوطن للعلى للعلم
كُلنا للوطن

شيخنا والفتى عند صوتِ الوطن
أسدُ غابٍ متى ساورتنا الفِتن
شرقنا قلبُهُ أبداً لبنان
صانه ربُّه لمدى الأزمان
كُلنا للوطن للعلى للعلم
كُلنا للوطن

بَحرُهُ برُّهُ دُرَّةُ الشرقين
رِفدُه بِرُّهُ مالىءُ القطبين
إسمُهُ عِزُّهُ منذُ كان الجدُود
مجدُهُ أرزُهُ رمزُهُ للخلود
كُلنا للوطن للعلى للعلم
كُلنا للوطن

Tous pour la patrie

Tous pour la patrie, le drapeau et la gloire !
Notre bravoure et nos écrits ont marqué toutes les époques,
Nos montagnes et nos vallées donnent des hommes fidèles.
Tous nos efforts sont dévoués à la perfection,
Tous pour la patrie, le drapeau et la gloire !

Nos anciens et nos enfants attendent l'appel de notre pays,
Et à l'heure du danger, ils sont tels les lions dans la jungle.
Le cœur de notre Orient est pour toujours le Liban,
Puisse Dieu le préserver jusqu'à la fin des temps.
Tous pour la patrie, le drapeau et la gloire !

Les joyaux de l'Orient sont sa terre et sa mer,
À travers le monde s'étend sa renommée,
Et son nom est sa gloire depuis le début des temps.
Le symbole de l'immortalité – le cèdre – est sa fierté.
Tous pour la patrie, le drapeau et la gloire !

Malaisie

MALAISIE

En 1956, l'année précédant son indépendance de la Grande-Bretagne, la future **Fédération de Malaisie** se préoccupe activement de se choisir un hymne national. Il faut dire que chacun des États qui composent la Fédération possède déjà son propre hymne, mais rien n'existe encore qui puisse représenter l'ensemble du pays.

■ Le futur Premier ministre, Tunku Abdul Rahman Putra al-Hadj, charge alors un comité d'organiser un vaste concours international, ouvert à tous. Malgré cinq cent quatorze réponses reçues et quelques essais de mise en musique réalisés par les plus grands compositeurs du moment, aucune composition ne s'impose réellement. Le comité décide alors de s'intéresser aux différents hymnes de la Fédération. En août 1957, la mélodie de l'État de Perak, à la frontière thaïlandaise, est choisie comme hymne national. De nouvelles paroles sont écrites par un groupe présidé par Tunku Abdul Rahman lui-même.

■ Avant de devenir l'hymne de Perak, le chant choisi par le gouvernement de Kuala Lumpur était l'un des airs les plus populaires de Malaisie sous le nom de *Terang Bulan*, c'est-à-dire *La Lune brillante*. Une chanson à l'histoire étonnante. En 1876, à la suite de l'assassinat du résident britannique J. W. Birch, les autorités coloniales exilent aux Seychelles le sultan Abdullah de Perak. À Mahé, île principale de cet archipel de l'océan Indien, le sultan découvre une chanson d'amour dont le titre original est *Rosalie*, qu'un orchestre français interprète quotidiennement. Écrite par Pierre-Jean de Béranger, un fervent bonapartiste, chansonnier, musicien et poète, la chanson est la lettre d'adieu d'une jeune fille à un soldat de Napoléon partant à la guerre. Introduite et traduite à Singapour et en Malaisie par les enfants du sultan à leur retour d'exil, la chanson s'impose aux alentours des années 1920-1930 dans les fêtes populaires, les théâtres et même l'opéra, avant de devenir l'hymne de l'État de Perak.

■ Après 1957, la chanson originale de Pierre-Jean de Béranger sera interdite ; le 4 avril 1968, une loi punit toute offense à l'hymne national. Enfin, en 1993, le gouvernement de Malaisie impose un tempo bien plus rapide et transforme la vieille chanson d'amour en une véritable marche militaire.

Paroles écrites collectivement
Musique de Pierre-Jean de Béranger (1780-1857)
Adopté comme hymne national en 1957

Version en malais

Negara Ku

Negara ku, tanah tumpahnya darah ku,
Rakyat hidup, bersatu dan maju,
Rahmat bahagia tuhan kurniakan,
Raja kita, selamat bertakhta,
Rahmat bahagia tuhan kurniakan,
Raja kita, selamat bertakhta.

Mon pays

Mon pays, ma terre natale,
Où le peuple vit uni et progressiste,
Puisse Dieu nous accorder sa bénédiction et le bonheur,
Puisse notre souverain avoir un règne couronné de succès,
Puisse Dieu nous accorder sa bénédiction et le bonheur,
Puisse notre souverain avoir un règne couronné de succès.

Îles Maldives

Archipel de l'océan Indien Indépendant de la Grande-Bretagne depuis 1965, la **République des Maldives** a fait appel à l'un des compositeurs sri lankais les plus célèbres pour écrire la musique de son hymne national.

Paroles de Mohamed Jameel Didi (1915-1989)
Musique de Wannakuwattawaduge Don Amaradeva (né en 1927)
Adopté comme hymne national en 1972

Dans l'unité nationale, nous saluons notre nation

Dans l'unité nationale, nous saluons notre nation.
Dans notre langue nationale, nous offrons nos prières
Et saluons notre nation.

Nous nous inclinons par respect pour l'emblème de notre nation,
Nous saluons le drapeau tant vénéré.

Dans l'unité, etc.

Nous saluons les couleurs de notre drapeau, vert, rouge et blanc,
Qui symbolisent la victoire, la bénédiction et le succès.

Dans l'unité, etc.

Version en divehi (translittération)

Gavmii mi ekuverikan matii tibegen kuriime salaam

Gavmii mi ekuverikan matii tibegen kuriime salaam,
Gavmii bahun gina heyo du'aa
kuramun Kuriime salaam.

Gavmii nishaanang hurumataa ekuboo lambai tibegen
Audaanakan libigen e vaa didaak kuriime salaam.

Nasraa nasibaa kaamyaabuge ramzakang himenee
Fessaa rataai hudaa ekii fenumun kuriime salaam.

Mongolie

MONGOLIE

Entièrement comprise entre la Russie et la Chine, la **Mongolie** possède la plus faible densité de population au monde. Longtemps colonisés par leurs deux voisins, les descendants de Gengis Khan retrouvent une éphémère indépendance en 1915. Mais en 1921, après la révolution bolchevique, un gouvernement révolutionnaire prend le pouvoir à Oulan-Bator, la capitale. La Mongolie devient une république populaire marxiste, qui ne prendra fin qu'à la chute de l'URSS. Le pays retrouve dès lors ses anciennes religions, son ancienne langue et se dote de nouveaux symboles nationaux. Il se réapproprie en particulier un ancien hymne écrit dans les années cinquante et supprimé par les autorités communistes de l'époque. En 1996, le pays se dote d'un gouvernement démocratique.

Paroles de Tsendiin Damdinsüren (1908-1986)
Musique de Bilegiin Damdinsuren (1919-1991) et de Luvsanjamts Murjorj (1915-1996)
Adopté comme hymne national en 1991

Hymne des Mongols

Notre pays révolutionnaire et sacré
Est le cœur ancestral de tous les Mongols,
Aucun ennemi ne lui infligera de défaite,
Et nous prospérerons pour l'éternité.

Notre pays renforcera ses relations
Avec tous les pays droits du monde.
Développons notre Mongolie bien-aimée
Avec toute notre volonté et notre force.

Le peuple glorieux de la courageuse Mongolie
A vaincu les souffrances et gagné le bonheur,
La clé du plaisir et la route vers le progrès.
Puisse la majestueuse Mongolie, notre pays, vivre toujours !

Notre pays, etc.

Version en mongol (translittération)

Bügd Nairamdakh Mongol

Dar khan manai khuvsgalt ulas
Dalaar mongolyn ariun golomtoo
Daisny khold khezeech orokhgui
Dandaa enkhzhizh uurd monkhzhene.

Khamag delkhiin shudarga ulastai
Khamtran negdsen egneeg bekhzhuulzhee
Khatan zorig bukhii chadlaaraa
Khairtai mongol ornoo manduuliaa.

Zorigt mongolyin zoltoi arduud
Zovlong tonilgozh zhargalyg edlev
Zhargalyn tulkhuur khogzhliin tulguur
Zhavkhlant manai oron mandtugai.

Khamag delkhiin, etc

Népal

■ Au tout début du XXᵉ siècle, le Népal, royaume ancestral de l'Himalaya, ne possède pas d'hymne national. Jusqu'alors, dans les grandes occasions, on se contentait d'interpréter différents airs folkloriques, ou même le *God Save the King* britannique, hymne de la puissance de tutelle. Pour combler cette lacune, les autorités demandent à la fanfare militaire de Katmandou d'écrire une mélodie qui puisse être interprétée lors des occasions officielles. Il est également demandé au pandit Chakra Pani Chalise, l'un des poètes les plus renommés du **Royaume du Népal**, d'en écrire les paroles.

■ Dans les années qui suivent, au gré des changements politiques qui affectent le pays, les paroles sont souvent modifiées. Considérant, par exemple, que le mot *Gorkhali*, qui désigne alors les habitants du royaume, fait trop penser aux Gurkha des régiments britanniques, les termes « Népal » et « Népalais » seront officiellement adoptés. Plusieurs expression plutôt guerrières seront également supprimées pour laisser place à un hymne simple, tout à la gloire du monarque. Un hymne qui devient officiel après le départ des Britanniques.

Paroles de Sri Chakra Pani Chalise (1884-1959)
Musique de Bakhat Bahadur Budhapirthi (1857-1920)
Adopté comme hymne national en 1962

Toi, le vaillant Népalais

Puisse la gloire te couronner, courageux souverain, toi, le vaillant Népalais,
Shri Pansh Maharajadhiraja, notre glorieux dirigeant,
Puisse-t-il vivre pour de nombreuses années à venir et puisse le nombre de ses sujets s'accroître.
Que chaque Népalais chante cela avec joie !

Version en népalais (translittération)

Shriman Gambhira Nepali

Shriman gambhira nepali prachanda pratapi bhupati
Shri panch sarkar maharajadhirajako sada rahos unnati
Rakhun chirayu ishale, praja phailiyos pukaraun jaya premale
Hami nepali sarale.

Oman

Au sud-est de la péninsule arabique, Oman est une très ancienne nation dirigée par un sultan. L'hymne actuel du **Sultanat d'Oman** a été adopté peu de temps après l'arrivée au pouvoir du sultan actuel, Qabus ibn Saïd, dont le nom est mentionné dans le texte. La musique est signée de l'un des principaux compositeurs anglais de musique et de marches militaires.

Paroles de Rashid ibn Aziz
Musique de Rodney Bashford
Adopté comme hymne national en 1970

Version en arabe

Nashid as-Salaam as-Sultani

نشيد السلام السلطاني

يا ربنا احفظ لنا جلالة السلطان
والشعب في الأوطان
بالعز والأمان

وليدم مؤيدا عاهلا ممجدا
بالنفوس يفتدى

يا عمان نحن من عهد النبي
أوفياء من كرام العرب
أبشري قابوس جاء
فلتباركه السماء

واسعدي ولتقيه بالدعاء

Hymne au sultan

Ô Seigneur, protège en notre nom Sa Majesté le sultan
Et le peuple de notre pays,
Avec honneur et dans la paix.

Puisse-t-il vivre longtemps, fort et soutenu,
Que son pouvoir soit glorifié.
Pour lui nous donnerons nos vies.
(bis)

Ô Oman, depuis le temps du Prophète,
Nous sommes un peuple dévoué parmi les Arabes les plus nobles.
Sois heureux ! Qabus est venu
Avec la bénédiction du Ciel.
Sois joyeux et recommande-le à la protection de nos prières.

Ouzbékistan

Quand l'Ouzbékistan obtient son indépendance en 1991 après la chute de l'URSS, l'hymne national du pays reste pour un temps celui de l'ancienne république soviétique, écrit par Abdulla Aripov, sur une musique de Mutal Burhanov. Pendant presque deux ans, de nombreux compositeurs et poètes du pays vont tenter d'élaborer un nouvel hymne qui symbolise la nouvelle république. En vain. Le 10 décembre 1992, le parlement ouzbek décide donc par un vote que la version de Burhanov et Aripov est maintenue. Scientifique et universitaire, Abdulla Aripov est l'un des auteurs les plus renommés de la **République d'Ouzbékistan**.

Paroles d'Abdulla Aripov (né en 1941)
Musique de Mutal Burhanov (né en 1916)
Adopté comme hymne national en 1992

Version en ouzbek

Jan Ozbekistan

Серкуёш хур улкам, элга бахт, нажот,
Сен узинг дустларга йулдош, мехрибон!
Яшнагай то абад илму фан, ижод,
Шухратинг порласин токи бор жахон!

Олтин бу водийлар - жон Узбекистон,
Аждодлар мардона рухи сенга ёр!
Улуг халк кудрати жуш урган замон,
Оламни махлиё айлаган диёр!

Багри кенг узбекнинг учмас иймони,
Эркин, ёш авлодлар сенга зур канот!
Истиклол машъали, тинчлик посбони,
Хаксевар, она юрт, мангу бул обод!

Олтин бу водийлар - жон Узбекистон,
Аждодлар мардона рухи сенга ёр!
Улуг халк кудрати жуш урган замон,
Оламни махлиё айлаган диёр!

Hymne sans titre

Cher Ouzbekistan

Joie et salut à toi, mon pays libre,
Aimable compagnon pour tes amis !
Prospère mon pays aimé, avec connaissance et créativité,
Puisse ta gloire exister à jamais !

Ces vallées sont dorées, cher Ouzbékistan,
L'esprit courageux de nos ancêtres est avec toi !
Quand la puissance du peuple s'épanouissait
Tu étais le pays qui charmait le monde !

La foi d'un Ouzbek au cœur pur ne meurt jamais,
Les jeunes générations libres sont nos ailes puissantes !
Phares de l'indépendance, garantes de la paix,
Prospère toujours, patrie méritante !

Ces vallées, etc.

PAKISTAN

Pakistan

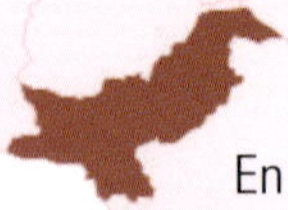

En décembre 1948, peu de temps après son indépendance, le gouvernement pakistanais réunit un comité chargé de choisir l'hymne national du pays. Il y a urgence car le Premier ministre de la **République islamique du Pakistan** doit se rendre en visite officielle aux États-Unis et l'absence d'hymne serait préjudiciable. Musicien, journaliste et critique d'art, Ahmad Ghulamali Chagla fait partie du comité et, avec l'aide de la fanfare de la Pakistan Navy, il écrit une mélodie qui est immédiatement acceptée par le gouvernement. Dans le même comité se trouve un poète fort renommé dans le pays, Abu al-Asar Hafeez Jullandhuri, qui rédige en ourdou quelques strophes sur la beauté, la foi et la force du Pakistan. En août 1954, l'hymne national est officiellement adopté.

Paroles d'Abu al-Asar Hafeez Jullandhuri (1900-1982)
Musique d'Ahmad Ghulamali Chagla (1902-1953)
Adopté comme hymne national en 1954

Bénie sois-tu, terre sacrée

Bénie sois-tu, terre sacrée,
Sois heureux, généreux royaume,
Symbole de grande détermination, terre du Pakistan.
Bénie sois-tu, citadelle de la foi.

Le sens de cette terre sacrée
Est la force de la fraternité des peuples.
Puissent la nation, le pays et l'État briller d'une gloire éternelle.
Béni soit le but de notre ambition.

Ce drapeau avec le croissant et l'étoile
Montre la voie du progrès et de la perfection,
Interprète de notre passé, gloire de notre présent, inspiration de notre futur,
Symbole de la protection du Tout-Puissant.

Version en anglais

Blessed Be the Sacred Land

Blessed be the sacred land,
Happy be the bounteous realm,
Symbol of high resolve, land of Pakistan.
Blessed be thou citadel of faith.

The order of this sacred land
Is the might of the brotherhood of the people.
May the nation, the country, and the state shine in glory everlasting.
Blessed be the goal of our ambition.

This flag of the crescent and star
Leads the way to progress and perfection,
Interpreter of our past, glory of our present, inspiration of our future,
Symbol of Almighty's protection.

Version en ourdou

Pak sarzamin shadbad

پاک سرزمین شاد باد   کشورِ حسین شاد باد
تو نشانِ عزمِ عالیشان   ارضِ پاکستان
مرکزِ یقین شاد باد

پاک سرزمین کا نظام   قوتِ اخوتِ عوام
قوم، ملک، سلطنت   پائندہ تابندہ باد
شاد باد منزلِ مراد

پرچمِ ستارہ و ہلال   رہبرِ ترقی و کمال
ترجمانِ ماضی شانِ حال   جانِ استقبال
سایۂ خدائے ذوالجلال

PALESTINE

Palestine

■ La **Palestine** n'étant pas un État indépendant, il n'existe pour le moment aucune loi qui en détermine officiellement les symboles nationaux. L'Autorité palestinienne a toutefois adopté un hymne qui est celui du Fatah. Considéré par tous comme un véritable hymne national, il n'est pour le moment utilisé qu'à l'intérieur des territoires qu'elle contrôle et dans quelques pays arabes amis. Il est d'ailleurs souvent appelé « hymne de l'Intifada ».

■ L'auteur des paroles est un poète palestinien immensément populaire et considéré dans les années vingt et trente comme l'âme de la Palestine arabe. Bien que le texte fasse penser aux événements actuels qui secouent le Proche-Orient, Ibrahim Touqan écrit *Ma Patrie* en 1936, en réaction au mandat qui confie la Palestine à l'administration britannique, le poème étant mis en musique par deux frères d'origine libanaise. Ibrahim Touqan meurt en 1941, soit sept ans avant la création de l'État d'Israël.

Paroles d'Ibrahim Hefeth Touqan (1905-1941)
Musique de Muhammad Salim Flayfel (1899-1986) et de Ahmad Salim Flayfel (1906-1991)

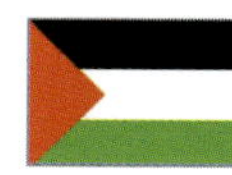

Ma patrie, ma patrie

Mon pays, mon pays, mon pays,
La terre de mes ancêtres.
Mon pays, mon pays, mon pays,
Ma nation, nation pour l'éternité.
Avec ma détermination, ma flamme et le volcan de ma revanche,
La nostalgie de mon sang pour ma terre et mon foyer,
J'ai gravi les montagnes et combattu dans les guerres
J'ai conquis l'impossible et passé les frontières.
Mon pays, mon pays, nation d'éternité.

Avec la ténacité du vent et le feu des fusils
Et la détermination de ma nation sur la terre des combats,
La Palestine est mon foyer, la Palestine est mon feu,
La Palestine est ma revanche et terre d'éternité.
Mon pays, mon pays, nation d'éternité.

À l'ombre du drapeau, je jure
À ma terre et à ma nation, dans le feu de la douleur,
Je vivrai comme un combattant, j'irai comme un combattant, je mourrai
[comme un combattant jusqu'à ce que je sois de retour.
Mon pays, mon pays, nation d'éternité.

Version en arabe

Biladi, biladi

كلمات: إبراهيم طوقان
ألحان: محمد فليفل

مَوطِني مَوطِني
الجلالُ والجمالُ والسَّناءُ والبَهاءُ
في رُباكْ في رُباكْ

والحياةُ والنجاةُ والهناءُ والرجاءُ
في هواكْ في هواكْ

هلْ أراكْ هلْ أراكْ
سالِماً مُنَعَّماً وَ غانِماً مُكَرَّماً

هلْ أراكْ في عُلاكْ
تبلُغُ السِّمَاكْ تبلغُ السِّمَاك
مَوطِني مَوطِني

مَوطِني مَوطِني
الشبابُ لنْ يكِلَّ هَمُّهُ أنْ تستَقِلَّ أو يَبيدْ
نَستقي منَ الرَّدَى ولنْ نكونَ للعِدَى
كالعَبيدْ كالعَبيدْ

لا نُريدْ لا نُريدْ
ذُلَّنَا المُؤَبَّدا وعَيشَنَا المُنَكَّدا
لا نُريدْ بلْ نُعيدْ
مَجدَنا التّليدْ مَجدَنا التّليدْ

مَوطِني مَوطِني

مَوطِني مَوطِني
الحُسَامُ و اليَرَاعُ لا الكلامُ والنزاعُ
رَمْزُنا رَمْزُنا
مَجدُنا و عهدُنا وواجبٌ منَ الوَفا
يهُزُّنا يهُزُّنا

عِزُّنا عِزُّنا
غايةٌ تُشَرِّفُ و رايةٌ ترَفرِفُ
يا هَنَاكْ في عُلاكْ
قاهِراً عِداكْ قاهِراً عِداكْ
مَوطِني مَوطِني

PHILIPPINES

Philippines

■ En juin 1898, alors que les Philippines se préparent à célébrer leur indépendance de l'Espagne, le général Aguinaldo, chef des insurgés et premier président du pays, demande à Julian Felipe, un professeur de musique, de composer une marche. Peu de temps après, le compositeur présente son œuvre, la *Marche nationale philippine*, à l'ensemble des responsables révolutionnaires qui décident immédiatement de l'adopter. Le 12 juin, juste après la lecture de la déclaration d'indépendance, la fanfare de San Francisco de Malabon interprète l'air alors que les couleurs du nouvel État sont hissées.

Pendant plus d'un an, l'hymne reste sans paroles. En août 1899, un jeune soldat, José Palma, écrit un poème patriotique, en espagnol, qu'il intitule « Filipinas » et qui est publié dans *La Independencia*, l'un des quotidiens de Manille. Le texte, élégant et fougueux, est aussitôt désigné pour accompagner l'air de l'hymne national de la **République des Philippines**.

■ En 1920, le gouvernement colonial américain, qui gère l'archipel depuis le traité de Paris de 1898, exige que les paroles de l'hymne soient traduites en anglais. Traduction adoptée officiellement en 1934. Bien plus tard, en 1956, une troisième version officielle voit le jour, en langue pilipino.

Paroles de José Palma (1876-1903)
Musique de Julian Felipe (1861-1944)
Adopté comme hymne national en 1935

Terre bien-aimée

Terre adorée,
Fille du soleil d'Orient,
Son feu ardent
Est dans ton cœur.

Terre d'amour,
Berceau de l'héroïsme,
Les envahisseurs
Ne fouleront jamais ton sol !

En ton ciel d'azur, sous ta brise,
Sur terre comme sur mer,
Resplendit le poème
De ta liberté chérie.

Ta bannière qui
Dans les combats illumine la victoire
Ne verra jamais ternis
Ses étoiles ni son soleil.

Terre de bonheur, de lumière et d'amour,
Il est doux de vivre en ton sein ;
Mais c'est une gloire pour tes fils,
Quand il leur est offert de mourir pour toi.

Version en espagnol

Tierra querada

Tierra adorada,
Hija de sol Oriente,
Su fuego ardiente
En ti latiendo esta.

Tierra de amores
Del heroismo cuna,
Los invasores
No te hollaran jamas.

En tu azul cielo, en tus auras,
En tus motes y en tu mar
Esplende y late el poema
De tu amada libertad.

Tu pallebon que
En las lides la victoria ilumino;
No vera nunca apagados
Sus estrellas ni su sol.

Tierra de dichas, de sol y amores,
En tu regazo dulce es vivir;
Es una gloria para tus hijos,
Cuando te ofenden por ti morir.

Version en anglais

Beloved Land

Land of the morning,
Child of the sun returning,
With fervor burning,
Thee do our souls adore.

Land dear and holy,
Cradle of noble heroes,
Ne'er shall invaders,
Trample thy sacred shore.

Even within thy skies and through thy clouds,
And o'er thy hills and sea,
Do we behold the radiance,
Feel the throb of glorious liberty.

Thy banner, dear to all our hearts,
Its sun and stars alight;
O, never shall its shining fields
Be dimmed by tyrant's might.

Beautiful land of love, oh land of light,
In thine embrace 'tis rapture to lie;
But it is glory ever, when thou art wronged,
For us, thy sons, to suffer and die.

Version en pilipino

Lupang Hinirang

Bayang magiliw,
Perlas ng Silanganan,
Alab ng puso,
Sa dibdib mo'y buhay.

Lupang hinirang
Duyan ka ng magiting,
Sa manlulupig
Di ka pasisiil.

Sa dagat at bundok,
Sa simoy at sa langit mong bughaw,
May dilag ang tula,
At awit sa paglayang minamahal.

Ang kislap ng wata wat mo'y,
Tagumpay na nagniningning;
Ang bituin at araw niya
Kailan pa ma'y di magdidilim.

Lupa ng araw, ng luwalhati't pagsinta,
Buhay ay langit sa piling mo;
Aming li gaya, na pag may mangaapi,
Ang mamatay nang dahil sa iyo.

QATAR

Qatar

Le nouvel hymne de l'**État du Qatar** a été adopté le 7 décembre 1996, après l'accession au trône de l'émir Cheikh Ahmad ibn Khalifa al-Thani.

Paroles du cheikh Mubarak ibn Sayf al-Thani (né en 1953)
Musique d'Abdul Aziz Nasser Obaidon (né en 1952)
Adopté comme hymne national en 1996

Version en arabe

Al-Salam al-Amiri

قسم بالإله الذي بصني السماء
قسم بالإله الذي نشر الضوء
قطر دائما ستكون حرّة
بخّرت بأرواح المخلصين
بروسيد أنت على أساليب الأسلاف
وتقدّم على توجيه النبي
في قلبي،
قطر ملحمة المجد والكرامة
قطر أرض الرجال الأوائل
الذي يحمينا في وقت الضيق،
حمائم هم يمكن أن يكونوا أحيانا من السلام،
محاربون هم أحيانا من التضحية

Hymne pour la paix

Je jure par Celui qui a bâti le ciel,
Je jure par Celui qui a étendu la lumière
Que le Qatar sera toujours libre,
Porté haut par les âmes des croyants.
Marchons sur la voie de nos ancêtres
Et suivons les lumières du Prophète.
Le Qatar est une épopée de gloire et d'honneur.
Le Qatar est la terre de nos aïeux
Qui nous ont protégés pendant les guerres,
Ils étaient des colombes en temps de paix
Et des prédateurs à l'heure du sacrifice.

Singapour

■ L'hymne de Singapour a été écrit entre 1956 et 1957, alors qu'un puissant vent de nationalisme souffle sur la colonie britannique du sud de la péninsule malaise. Son compositeur se nomme Zubir Said. Originaire de Sumatra, il ne s'est installé à Singapour qu'en 1947. Musicien et écrivain renommé, il travaille comme photographe dans un journal local, et se voit proposer cinq mille dollars, somme considérable à l'époque, pour écrire le futur hymne national de la colonie britannique. La légende raconte qu'il se met immédiatement au travail, mais en refusant tout paiement.

■ Le 3 décembre 1959, l'hymne est officiellement présenté, en même temps que le drapeau et que le blason du futur État indépendant. Zubir Said a bâti tout son texte autour d'une simple expression : « Puisse Singapour progresser ! » Lorsque l'indépendance est définitivement acquise en 1965, après l'échec de la Fédération de Malaisie, *Majulah Singapura!* est adopté comme hymne national de la **République de Singapour.**

■ Récemment, en 2001, la version en anglais a été quelque peu modifiée pour que le sens de l'hymne soit mieux compris. Une vaste campagne de communication tend également à mieux faire connaître l'hymne auprès des habitants de Singapour et encourage son interprétation lors de multiples manifestations.

Paroles et musique de Zubir Said (1907-1987)
Adopté comme hymne national en 1959

Version en anglais

May Singapore Progress !

Let us, the people of Singapore,
Together march forward towards happiness.
Our noble aspiration is to see
Singapore achieve success.

Let us unite
In a new spirit.
We all pray:
May Singapore Progress! *(bis)*

Version en malais

Majulah Singapura!

Mari kita rakyat Singapura
Sama-sama menuju bahagia
Cita-cita kita yang mulia
Berjaya Singapura.

Marilah kita bersatu
Dengan semangat yang baru
Semua kita berseru
Majulah Singapura! *(bis)*

Puisse Singapour progresser !

Nous, peuple de Singapour,
Marchons ensemble vers le bonheur.
Notre noble aspiration est de voir
Singapour atteindre le succès.

Unissons-nous
Dans un nouvel esprit.
Proclamons ensemble
Puisse Singapour progresser ! *(bis)*

Version en chinois

Qianjin ba, Xinjiapo!

來吧，新加坡人民，
讓我們共同向幸福邁進；
我們崇高的理想，
要使新加坡成功。

來吧，讓我們以新的精神，
團結在一起；
我們齊聲歡呼：
前進吧，新加坡！
前進吧，新加坡！

Sri Lanka

Ananda Samarakoon est certainement l'un des plus grands compositeurs de l'ancienne île de Ceylan, rebaptisée Sri Lanka. Egodahage George Wilfred Alwis Samarakoon – de son vrai nom – est né dans une famille chrétienne et se passionne très vite pour la musique classique orientale et des instruments tels que le sitar et l'esraj. Converti au bouddhisme, il participe au renouveau d'une véritable musique cinghalaise.

Dans les années qui suivent son indépendance, en 1948, la **République démocratique socialiste du Sri Lanka** connaît deux hymnes nationaux. Mais le 4 février 1952, jour de la fête de l'indépendance, l'hymne écrit par Ananda Samarakoon est interprété publiquement à Colombo et devient de fait le véritable et unique hymne du pays.

Paroles et musique d'Ananda Samarakoon (1911-1962)
Adopté comme hymne national en 1952

Version en cinghalais
Sri Lanka Matha

ශ්‍රී ලංකා මාතා
අප ශ්‍රී ලංකා
නමෝ නමෝ නමෝ නමෝ මාතා
අප ශ්‍රී ලංකා නමෝ නමෝ නමෝ නමෝ මාතා
සුන්දර සිරි බරිනී සුරැඳි අති ශෝභමාන ලංකා
ධාන්‍ය ධනය නෙක මල් පලතුරු පිරි ජය භූමිය රම්‍යා

අපහට සැප සිරි සෙත සදනා
ජීවනයේ මාතා
පිළිගනු මැන අප භක්ති පූජා
නමෝ නමෝ මාතා
අප ශ්‍රී ලංකා
නමෝ නමෝ නමෝ නමෝ මාතා
ඔබ වේ අප විද්‍යා
ඔබමය අප සත්‍යා
ඔබවේ අප ශක්ති
අප හද තුළ භක්ති
ඔබ අප ආලෝකේ
අපගේ අනුප්‍රාණේ
ඔබ අප ජීවන වේ
අප මුක්තිය ඔබ වේ

නව ජීවන දෙමිනේ
නිතින අප පුබුදු කරන් මාතා
ඥාන වීර්ය වඩවමින රැගෙන යනු මැන ජය භූමි කරා
එක මවකගෙ දරු කැල බැවිනා
යමු යමු වී නොපමා
ප්‍රේම වඩා සැම භේද දුරැරද
නමෝ නමෝ මාතා
අප ශ්‍රී ලංකා
නමෝ නමෝ නමෝ නමෝ මාතා

Mère Sri Lanka

Mère Sri Lanka, notre Sri Lanka,
Tu es vénérée encore et encore,
Terre de beauté, terre de graines,
De fleurs et de fruits,
Terre d'allégresse et de victoire
Qui nous apporte tous les bienfaits.
Reçois en offrande notre ferveur,
Mère Sri Lanka, notre Sri Lanka,
Tu es vénérée encore et encore.

Tu nous apportes le savoir,
Tu nous apportes la vérité,
Tu nous apportes la force,
Tu es notre vie et notre liberté.
Inspire-nous et épanouis-nous,
Mène tes enfants pour toujours à la sagesse,
Révèle notre énergie,
En avant d'un pas ferme
Avec pour seule devise « Amour et Unité ».
Mère Sri Lanka, notre Sri Lanka,
Tu es vénérée encore et encore.

Syrie

Après la chute de l'Empire ottoman en 1918, la Syrie, tout comme le Liban, est administrée par la France jusqu'à son indépendance, le 17 avril 1946. La **République arabe de Syrie** n'en adopte pas moins un hymne national en 1936, marqué par la puissante vague de nationalisme arabe que connaît alors l'ensemble de la région.

Paroles de Khalil Mardam Bey (1895-1959)
Musique de Muhammad Salil Flayfel (1899-1986) et Ahmad Salim Flayfel (1906-1991)
Adopté comme hymne national en 1936

Gardiens de la patrie

Paix sur vous, défenseurs du royaume,
Notre noble esprit ne sera jamais soumis.
Soutien de l'arabisme, sanctuaire consacré,
Siège des étoiles, protection inviolable.

Les plaines de Syrie sont des tours dans les hauteurs
Telles que le ciel au-dessus des nuages,
Une terre resplendissante aux soleils éclatants,
Devenant un autre ciel, ou presque le ciel lui-même.

Version en arabe

Homat al-Diyar

حماةَ الديار عليكمْ سلامْ — أبَتْ أنْ تذِلَّ النفوسُ الكرامْ
عرينُ العروبةِ بيتٌ حَرام — وعرشُ الشّموسِ حِمَىً لا يُضَامْ

ربوعُ الشّآمِ بروجُ العَلا — تُحاكي السّماءَ بعالي السّنا
فأرضٌ زهتْ بالشّموسِ الوضَا — سَماءٌ لَعَمرُكَ أو كالسّما

رفيفُ الأماني وخَفقُ الفؤادْ — على عَلَمٍ ضَمَّ شَمْلَ البِلادْ
أما فيهِ منْ كُلِّ عينٍ سَوادْ ومِن دمِ كلِّ شَهيدٍ مِدادْ؟

نفوسٌ أباةٌ وماضٍ مجيدْ — وروحُ الأضاحي رقيبٌ عَتيدْ
فمِنّا الوليدُ و مِنّا الرّشيدْ — فلِمْ لا نَسُودُ ولِمْ لا نشيدْ؟

Tadjikistan

Fait assez rare, l'hymne de la **République du Tadjikistan**, ancienne république soviétique d'Asie centrale, a été conservé tel quel malgré l'indépendance acquise en 1991.

Paroles de Gulnazar Keldi (né en 1945)
Musique de Suleiman Yudakov (1916-1990)
Adopté de nouveau comme hymne national en 1991

Version en tadjik

Surudi melhi

Диёри арчманди мо,
Ба бахти мо сари азизи ту баланд бод,
Саодати ту, давлати ту бегазанд бод.
Зи дурии замонахо расидаем
Ба зери парчами ту саф кашидаем
Кашидаем,
Зинда бош эй Ватан,
Точикистони озоди ман!

Барои нангу номи мо
Ту аз умеди рафтагони мо нишонаи,
Ту бахри ворисон чахони човидонаи,
Хазон намерасад ба навбахори ту,
Ки мазраи Вафо бувад канори ту,
Канори ту,
Зинда бош, эй Ватан,
Точикистони озоди ман!

Ту модари ягонаи,
Бакои ту бувад бакои хонадони мо,
Мароми ту бувад мароми чисму чони мо,
Зи ту саодати абад насиби мост,
Ту хастиву хама чахон
Хабиби мост, хабиби мост,
Зинда бош эй Ватан,
Точикистони озодти ман!

Hymne national

Notre cher pays,
Que ta fête soit célébrée pour notre bonheur,
Que ta joie, ta puissance soient indestructibles.
Nous sommes arrivés de la profondeur des temps,
Nous sommes rangés sous ton étendard,
Nous sommes rangés !
Soit vivante, ô patrie !
Mon Tadjikistan indépendant.

Pour notre honneur et notre réputation
Tu es le signe de nos ancêtres,
Tu es un monde éternel pour nos successeurs,
Que ton printemps jamais ne se fane,
Ton étreinte est un champ de fidélité
Ton étreinte,
Sois vivante, ô patrie !
Mon Tadjikistan indépendant.

Tu es la mère unique,
Ton existence est l'équilibre de nos familles,
Ta volonté est la volonté de nos corps et de nos âmes,
Tu nous donnes le plaisir éternel,
Tu existes et le monde est amitié,
Amitié.
Sois vivante, ô patrie !
Mon Tadjikistan indépendant.

Taïwan

Exemple quasi unique, le texte de l'hymne national de la **République de Chine à Taïwan** est extrait d'un discours ! Le 16 juin 1924, lors de la cérémonie d'ouverture de l'Académie militaire de Whampoa, le père fondateur de la république chinoise, Sun Yat Sen, appelle ses compatriotes à se montrer courageux et sincères pour construire leur pays dans un monde de paix et d'harmonie. Le discours est d'importance. Il restera l'un des piliers de la politique chinoise des années trente.

Cette exhortation publique est largement reprise et devient l'hymne du Guomindang, le parti de Sun Zhongshan, en 1928, puis rapidement celui du pays. Le Guomindang retient aussi la partition de Sheng Mao-yun comme accompagnement musical. Au début des années trente, le ministère chinois de l'Éducation organise différents concours pour tenter d'obtenir un hymne avec de nouvelles paroles, mais aucun texte ne reçoit son approbation. En 1937, c'est donc le discours de Sun Zhongshan qui devient officiellement l'hymne de la République de Chine. Hymne qui est conservé par les républicains après que les communistes prennent le pouvoir en Chine continentale et que le gouvernement nationaliste s'installe sur l'île de Taïwan. L'expression « San Min Chu I » du titre et des premières paroles fait référence aux trois « principes du peuple », qui sont à la base de la philosophie politique de Sun Zhongshan : gouvernement du peuple, par le peuple, pour le peuple.

Version en chinois

San Min Chu I

三民主義，吾黨所宗，
以建民國，以進大同，
咨爾多士，為民前鋒，
夙夜匪懈，主義是從，
矢勤矢勇，必信必忠，
一心一德，貫徹始終。

Paroles de Sun Zhongshan (1866-1925)
Musique de Sheng Mao-yun (1900-1957)
Adopté comme hymne national en 1937

San Min Chu I

Le « San Min Chu I » doit être notre but, notre vie,
Pour fonder un pays de liberté et donner la paix à l'humanité.
En avant, camarades ! Soyons à l'avant-garde !
À l'action toujours ardents, vivons soumis au « San Min Chu I ».
Montrons-nous courageux, et fidèles à nos aïeux.
Unis dans un seul cœur et une même âme, vers notre idéal soyons résolus !

Thaïlande

■ Comme de nombreuses monarchies à travers le monde, la Thaïlande possède à la fois un hymne national, utilisé dans la plupart des circonstances officielles, et un hymne royal destiné à rendre hommage au souverain et à sa famille. Peu de pays au monde entretiennent toutefois de tels rapports avec leurs hymnes.

Deux fois par jour, à huit heures le matin et à six heures le soir, la vie du pays s'arrête et la population se fige. Retransmis par les stations de radio et les chaînes de télévision, retentit alors l'hymne national. Dans chaque village, dans le moindre quartier, au son des immenses haut-parleurs montés sur des mâts ou sur les toits des maisons, chacun observe quelques minutes de silence, y compris les enfants, alignés dans les cours des écoles. C'est à ce moment également que le drapeau du pays est monté le matin et descendu le soir. Une tradition bien ancrée, même si Bangkok, la capitale, fait exception compte tenu de son agitation, de sa circulation et du bruit permanent qui empêche d'entendre les notes.

Outre ce cérémonial quotidien, il est de tradition que les cinémas et les salles de spectacle fassent entendre l'hymne royal avant chaque film ou chaque représentation, tout en projetant sur l'écran des photos du roi ou de la famille royale. Là encore, le public est debout. Il serait d'ailleurs considéré comme une grave insulte au pays, au peuple thaï et à la monarchie que de manquer de respect envers les hymnes pendant leur interprétation.

■ Les paroles et la musique de l'hymne ont été choisies sur concours en 1934, un an avant que des règles précises d'interprétation ne soient établies par le gouvernement. En juin 1939, le Royaume du Siam change de nom et devient officiellement **Royaume de Thaïlande**. Les autorités appellent alors les écrivains du pays à proposer un nouveau texte, qui sera officialisé en décembre 1939 et n'a pas changé depuis.

Paroles de Luang Saranuprapan (1896-1954)
Musique de Phra Chen-Duriyang (1883-1968)
Adopté comme hymne national en 1939

Hymne national

La Thaïlande réunit tous les peuples de sang thaï.
Le pays entier appartient aux Thaïs.
Il a toujours maintenu sa souveraineté,
Car les Thaïs ont toujours été unis.
Les Thaïs sont des peuples pacifiques,
Mais ce ne sont pas des lâches à la guerre.
Ils ne laisseront personne leur voler leur indépendance,
Ni leur faire subir la tyrannie.
Tous les Thaïs sont prêts à donner chaque goutte de leur sang
Pour la sécurité, la liberté et le progrès de la nation.

Version en thaï

Chai Yo !

ประเทศไทยรวมเลือดเนื้อชาติเชื้อไทย
เป็นประชารัฐ ไผทของไทยทุกส่วน
อยู่ดำรงคงไว้ได้ทั้งมวล
ด้วยไทยล้วนหมาย รักสามัคคี
ไทยนี้รักสงบ แต่ถึงรบไม่ขลาด
เอกราชจะไม่ให้ใครข่มขี่
สละเลือดทุกหยาดเป็นชาติพลี
เถลิงประเทศชาติไทยทวี มีชัย ชโย

Timor-Oriental

En mai 2002, le Timor-Oriental devient le premier état au XXIe siècle à accéder à l'indépendance. À Dili, la capitale, lors d'une cérémonie présidée par le secrétaire général des Nations unies Kofi Annan, retentissent pour la première fois les notes de l'hymne national : *Pátria! Pátria!*
Sur les dix-neuf langues parlées au Timor-Oriental, il faut noter que seul le portugais est la langue officielle, la langue nationale étant le tetum, parlée ou comprise par la plupart des Timorais.

Indépendant du Portugal en 1975, le Timor-Oriental a été occupé par l'Indonésie voisine dès 1976. Mais en 1999, sous l'égide des Nations unies, des troupes australiennes et canadiennes interviennent pour mettre fin à des années de guerre, d'oppression et de massacres. Le Timor-Oriental, devenu la **République démocratique du Timor-Leste** est l'un des États les plus jeunes, mais aussi l'un des plus pauvres de la planète.

Paroles de Francisco Borja da Costa (1946-1975)
Musique d'Afonso de Araujo (né en 1946)
Adopté comme hymne national en 2002

Patrie ! Patrie !

Patrie ! Patrie ! Le Timor-Oriental est notre nation !
Gloire à notre peuple et aux héros de notre libération !
Nous avons vaincu le colonialisme, nous crions : à bas l'impérialisme !
Une terre libre, un peuple libre, non, non, non à l'exploitation.
En avant, unis fermes et décidés
Dans la lutte contre l'impérialisme, l'ennemi du peuple, jusqu'à la victoire finale
Sur la voie de la révolution.

Version en portugais
Pátria! Pátria!

Pátria! Pátria! Timor-Leste nossa nação!
Gloria ao povo e aos heróis da nossa libertação!
Vencemos o colonialismo, gritamos: abaixo o imperialismo.
Terra livre, povo livre, não, não, não à exploração.
Avante, unidos, firmes e decididos
Na luta contra o imperialismo, o inimigo dos povos, até à vitória final
Pelo caminho da revolução.

TURKMENISTAN

Turkménistan

Vaste pays aride d'Asie centrale, la **République du Turkménistan** est la patrie d'origine des Turcs Oghouz, avant de faire partie de l'empire de Gengis Khan, puis d'être annexé par la Russie au XIXe siècle. Le pays devient république socialiste soviétique en 1924, pour ne retrouver sa véritable indépendance qu'en 1991, à la chute de l'URSS. Le pays est très fier de son identité et de ses symboles nationaux retrouvés. L'outrage au drapeau ou à l'hymne national est puni de plusieurs années de prison et d'une forte amende.

Paroles écrites collectivement
Musique Veli Mukhatov (né en 1916)
Adopté comme hymne national en 1997

Hymne du Turkménistan indépendant et neutre

Ô grande œuvre du chef des Turkmènes,
Ma solide nation, ô toi qui m'est si chère.
Couronne sur nos têtes, louange dans nos cœurs
Dure autant que durera le monde, ô mon Turkménistan !

Je sacrifierai ma vie pour toi, ô mon libre pays !
L'esprit de nos pères héroïques souffle en nous.
Ton territoire est lumineux, neutre et indépendant,
Ton drapeau flotte haut à la face du monde.

Ô grande œuvre, etc.

Les clans sont fraternels, les régions paisibles.
Depuis toujours, nos sangs ne font qu'un.
Sans laisser prise à la tempête ou à la violence des torrents,
Nos générations, bombant le torse, protègent notre gloire.

Ô grande œuvre, etc.

Mes montagnes sont mon soutien, mes plaines mon refuge,
Patrie, ma chance, mon honneur, mon adoration !
Si quelqu'un t'injurie, que ses yeux s'aveuglent,
Ô patrie, mon passé, mon avenir, ma durée !

Version en turkmène

Garaşsyz, Bitărap, Türkmēnīstanyň.
Döwlet Gimmi

Türkmenbaşyň guran beýik binasy,
Berkarar döwletim, jigerim-janym.
Başlaryň täji sen, diller senasy
Dünýä dursun, sen dur, Türkmenistanym!

Janym gurban sana, erkana ýurdum
Mert pederleň ruhy bardyr könülde.
Bitarap, Garaşsyz topragyn nurdur
Baýdagyn belentdir dünýan önünde.

Türkmenbaşyň, etc.

Gardaşdyr tireler, amandyr iller
Owal-ahyr birdir bizin ganymyz.
Harasatlar almaz, syndyrmaz siller
Nesiller döş gerip gorar şanymyz.

Türkmenbaşyň, etc.

Arkamdyr bu daglar, penamdyr düzler
Ykbalym, namysym, togabym, Watan!
Sana şek ýetirse, kör bolsun gözler
Geçmişim, geljegim, dowamym, Watan!

Turquie

Istiklal Marsi, la *Marche de l'indépendance*, est écrite pendant la guerre d'Indépendance de la Turquie, menée par Mustafa Kemal Atatürk entre 1919 et 1922. À la fin de 1920, un concours est organisé pour trouver l'hymne national de la **République de Turquie**. Sept cent vingt-quatre poèmes sont présentés, mais c'est celui de Mehmet Akif Ersoy qui est adopté à l'unanimité par la Grande Assemblée nationale. Fils d'un instituteur d'Istanbul, Ersoy est un vétérinaire militaire qui participe à tous les combats aux côtés d'Atatürk. C'est aussi un poète auteur de nombreux ouvrages. La marche qu'il a écrite est officiellement adoptée comme hymne national le 12 mars 1921.
Parallèlement, un autre concours est ouvert pour trouver une partition musicale, concours auquel participent vingt-quatre compositeurs. Mais la guerre et les remous politiques de l'époque font qu'il faudra attendre plusieurs années pour qu'une version définitive soit adoptée.

Paroles de Mehmet Akif Ersoy (1873-1936)
Musique d'Osman Zeki Üngör (1880-1958)
Adopté comme hymne national en 1921,
puis, après un changement musical, en 1932

Version en turc
Istiklal Marsi

Korkma, sönmez bu safaklarda yüzen al sancak;
Sönmeden yurdumun üstünde tüten en son ocak.
O benim milletimin yildizidir, parlayacak;
O benimdir, o benim milletimindir ancak!

Catma, kurban olayim, çehreni ey nazli hilal!
Kahraman irkima bir gül ! Ne bu siddet, bu celal?
Sana olmaz dökülen kanlarimiz sonra helal...
Hakkidir, hakk'a tapan, milletimin istiklal!

Marche de l'indépendance

N'aie pas peur et ne sois pas consterné, ce drapeau cramoisi ne pâlira jamais.
Et nous savons aussi qu'il ne faillira jamais.
C'est l'étoile de mon pays, qui brille pour toujours ;
C'est l'étoile de mon pays, et c'est la mienne !

Ne te fâche pas, beau croissant, car je suis prêt à mourir pour toi !
Souris à ma nation héroïque, oublie cette colère,
De crainte que le sang versé pour toi ne soit pas béni...
La liberté est le droit de ma nation, liberté pour nous qui adorons Dieu et cherchons ce qui est juste !

Viêt Nam

Avant la réunification du Viêt Nam, qui mettait un terme à plusieurs décennies d'un terrible conflit, la *Marche vers le front* était l'hymne du Nord communiste. La République du Viêt Nam au sud possédant de son côté son propre hymne intitulé *L'Appel à la jeunesse*. Après 1976, le chant nord-vietnamien, écrit et composé par Nguyên Van Cao, devient l'hymne du pays tout entier, renommé dès lors **République socialiste du Viêt Nam**.

Poète, peintre et musicien, Nguyên Van Cao rejoint le Viêt-minh à Haiphong dès 1944 et travaille pour Doc Lap, un journal indépendantiste. C'est là qu'il écrit *Tien quan ca*, choisi presque un an plus tard, en août 1945, comme hymne national par le gouvernement provisoire. Dès cette époque, la *Marche vers le front* devient le principal chant militaire et révolutionnaire des communistes nord-vietnamiens.

Paroles et musique de Nguyên Van Cao (1923-1995)
Adopté comme hymne national en 1946 par le Viêt Nam du Nord, et en 1976 pour l'ensemble du pays

Marche vers le front

Soldats vietnamiens, nous allons de l'avant,
Mus par une même volonté : sauver la patrie.
Nos pas redoublés sonnent sur la route longue et rude.
Notre drapeau, rouge du sang de la victoire, porte l'âme de [la nation.
Le lointain grondement des canons rythme les accents de [notre marche.
Le chemin de la gloire se pave de cadavres ennemis.
Triomphant des difficultés, ensemble, nous édifions nos [bases de résistance.
Jurons de lutter sans répit pour la cause du peuple.
Courons vers le champ de bataille !
En avant ! Tous ensemble, en avant !
Notre patrie vietnamienne est solide et durable.

Soldats vietnamiens, nous allons de l'avant, l'étoile d'or de [notre drapeau au vent
Conduisant notre peuple et notre patrie hors de la misère et [des souffrances.
Unissons nos efforts dans la lutte pour l'édification de la vie [nouvelle.
Debout ! D'un même élan, rompons nos fers !
Depuis si longtemps, nous avons contenu notre haine !
Soyons prêts à tous les sacrifices et notre vie sera radieuse.
Jurons de lutter sans répit pour la cause du peuple.
Courons vers le champ de bataille !
En avant ! Tous ensemble, en avant !
Notre patrie vietnamienne est solide et durable.

Version en vietnamien

Tien quan ca

Doàn quân Vietnam di
Chung lòng cuu quoc,
Bu'óc chân don vang trên du'óng gap ghenh xa.
Co in máu chien thang mang hon nu'óc
Súng ngoài xa chen khúc quân hanh ca.
Du'ôóng vinh quang xây xác quân thù
Thang gian lao, cùng nhau lap chien khu.
Vi nhân dân chien dau không ngung
Tien mau ra sa tru'óng.
Tien lên ! Cùng tien lên!
Nuoc non Vietnam ta vung ben.

Doàn quân Vietnam di
Sao vàng phap phoi,
Dát giong nòi que hu'óng qua noi lam than.
Cung chung suc phan dau xây doi moi
Dung deu len gông xích ta dap tan.
Tu bao lâu ta nuot cam hon
Quyet hy sinh, doi ta tu'oi tham hón.
Vi nhân dân chien dau không ngung
Tien mau ra sa tru'óng.
Tien lên ! Cùng tien lên!
Nuoc non Vietnam ta vung ben.

Yémen

Autrefois surnommé Arabie heureuse, le Yémen a connu depuis le XIXe siècle de nombreuses guerres civiles et de multiples bouleversements. Partagé en deux pays par un accord signé en 1905 entre Turcs et Britanniques, la **République du Yémen** retrouve son unité en 1990. Une unité qui amène le nouvel État à se doter de nouveaux symboles nationaux, dont cet hymne, mais qui n'apaisent guère les multiples tensions et oppositions qui persistent entre le nord et le sud du pays.

Paroles d'Abdullah Abdul Wahab No'man (1916-1982)
Musique d'Ayyub Tarish Absi (né en 1943)
Adopté comme hymne national en 1990

Hymne sans titre

Ô monde, reprends ma chanson,
Fais-la retentir encore et encore,
Rappelle, à travers ma joie, chaque martyr,
Habille-le avec les vêtements
Les plus étincelants de nos fêtes.
Ô monde, reprends ma chanson.
Dans la foi et dans l'amour, je fais partie de l'humanité.
Un Arabe je suis, dans toute ma vie,
Mon cœur bat au rythme du Yémen.
Aucun étranger ne dominera jamais le Yémen.

Version en arabe

رددي أيتها الدنيا نشيدي

رددیه و أعيدي و أعيدي
و اذكري في فرحتي كل شهيد
و امنحيه حللاً من ضوء عيدي
رددي أيتها الدنيا نشيدي
عشت إيماني و حبي أممياً
و مسيري فوق دربي عربياً
و سيبقى نبض قلبي يمنياً

لن ترى الدنيا من بعدي وصياً

Europe

Albanie . Allemagne . Andorre
Autriche . Belgique . Biélorussie
Bosnie-Herzégovine . Bulgarie . Chypre
Croatie . Danemark . Espagne . Estonie . Finlande
France . Grande-Bretagne . Grèce . Hongrie
Irlande . Islande . Italie . Lettonie . Liechtenstein
Lituanie . Luxembourg . Macédoine . Malte
Moldavie . Monaco . Norvège . Pays-Bas . Pologne
Portugal . Roumanie . Russie . Saint-Marin
Serbie-et-Monténégro . Slovaquie . Slovénie
Suède . Suisse . République tchèque . Ukraine
Cité du Vatican

Albanie

Le 28 novembre 1912, l'Albanie se déclare indépendante de l'Empire ottoman et adopte immédiatement comme hymne national *Rreth Flamurit*, c'est-à-dire *Autour du drapeau*. Un hymne qui sera maintenu par les différents régimes que connaîtra le pays pendant les décennies suivantes, monarchie constitutionnelle, communisme stalinien, puis démocratie en 1990, avec la création de la **République d'Albanie**. À l'origine, le poème d'Aleksander Stavre Drenova s'intitule *Betimi mi flamur, Le Serment au drapeau*. Publié à Sofia, en Bulgarie, dans un journal militant pour l'indépendance de l'Albanie, il est mis en musique par le compositeur roumain Ciprian Porumbescu.

Paroles d'Aleksander Stavre Drenova, dit « Asdreni » (1872-1947)
Musique de Ciprian Porumbescu (1853-1883)
Adopté comme hymne national en 1912

Version en albanais

Rreth Flamurit

Rreth flamurit të përbashkuar,
Me një dëshirë dhe një qëllim,
Të gjithë Atij duke iu betuar,
Të lidhim besën për shpëtim.

Prej lufte veç ay largohet,
Që është lindur tradhëtor,
Kush është burrë nuk friksohet,
Po vdes, po vdes si një dëshmor.

Në dorë armët do t'i mbajmë,
Të mbrojmë Atdheun në çdo vend,
Të drejtat tona ne s'i ndajmë,
Këtu armiqtë s'kanë vend!

Se Zoti vet e tha me gojë,
Që kombe shuhen përmbi dhè,
Po Shqipëria do të rrojë,
Për te, për te luftojmë ne.

O flamur, flamur shënj'e shënjtë
Te ty betohemi këtu,
Për Shqipërin'atdhen'e shtrenjtë
Për nder edhe lavdimn'e tu.

Trim burrë quhet dhe nderohet
Atdheut kush i-u bë therror.
Për jet ay do të kujtohet
Mi dhet, mi dhet si një shenjtor.

Autour du drapeau

Tous unis autour du drapeau,
Avec un même souhait et un même but,
Jurons sur notre honneur
De lutter pour notre salut.

Seul celui qui est un traître-né
Échappe à la lutte,
Celui qui est brave n'est pas effrayé,
Mais tombe, martyr, à la cause.

Nous devons rester les armes à la main,
Pour défendre pouce par pouce notre patrie,
Nos droits ne seront pas spoliés,
L'ennemi n'a pas sa place ici !

Le Seigneur Lui-même a affirmé
Que les nations disparaîtraient de la terre,
Mais l'Albanie vivra,
Car c'est pour elle, pour elle que nous nous battons.

Ô drapeau, drapeau saint et sacré,
Nous faisons ici le serment
Pour l'Albanie, chère patrie,
Pour ton honneur et pour ta gloire.

Brave et valeureux est celui
Qui se sacrifie pour sa patrie.
Sur la terre, on s'en souviendra
Éternellement comme d'un saint.

ALLEMAGNE

Allemagne

■ En 1806, l'Allemagne telle que nous la connaissons aujourd'hui n'existe pas. Elle n'est encore qu'un rêve dans le cœur d'une poignée d'intellectuels et de nationalistes. Entre Rhin et Pologne, il y a alors un pays connu depuis 962 sous le nom de Saint Empire romain germanique. Vaste entité composée d'une myriade de territoires, indépendants entre eux et gouvernés par divers rois, princes et autres archiducs. Ce Saint Empire ne comprend pas moins – depuis 1648 – de trois cent cinquante États, dont les futurs royaumes de Prusse, de Bavière, de Hanovre ou du Wurtemberg, cinquante et une cités libres, dont Brême, Francfort, Hambourg ou Lübeck, et d'innombrables territoires gouvernés par des princes ecclésiastiques, archevêchés de Salzbourg ou de Magdebourg, évêché de Münster, etc. Un empire sans réelle puissance qui, selon Voltaire, n'est ni saint, ni romain, ni même un empire…

Il existe pourtant bel et bien un empereur, mais sa fonction est presque symbolique. Il est élu par certains princes que l'on qualifie alors d'électeurs. Depuis le XVe siècle, la couronne du Saint Empire a pratiquement toujours appartenu à une seule et même grande famille : les Habsbourg. Comme il n'y a pas d'Allemagne en tant que nation reconnue, il n'y a pas, bien évidemment, d'hymne allemand ! Pour saluer l'empereur lors des cérémonies officielles, on utilise alors un chant intitulé le *Kaiserhymne*, qui n'est autre que la mélodie du *God Save the King* anglais, sur laquelle le poète Heinrich Harries a écrit de nouvelles paroles en allemand. Il existe également une mélodie pour quatuor à cordes composée par Joseph Haydn et qui est interprétée pour la première fois le 12 février 1797. Elle s'appelle le *Deutschlandlied*, le *Chant allemand*.

Les guerres napoléoniennes, au début du XIXe siècle, marquent la fin de ce Saint Empire. Battu à Austerlitz en 1805, François II abandonne son titre impérial et se replie sur ses terres autrichiennes. L'année suivante, Napoléon réorganise les territoires qu'il vient de conquérir, entraînant la dissolution de l'Empire. Après Waterloo, le congrès de Vienne de 1815 va considérablement simplifier la carte en ne laissant dans la nouvelle Confédération germanique que trente-huit États, dont quatre cités libres, mais plus une seule possession ecclésiastique. Cependant, la plupart de ces États sont encore gouvernés par des monarques absolus. En réaction, et face au vent de nationalisme qui souffle sur l'Europe, la bourgeoisie libérale appelle de tous ses vœux à une véritable unité de l'Allemagne, dans un cadre qui soit enfin démocratique et libéral.

■ En 1841, alors qu'il suit une cure en mer du Nord sur la petite île frisonne d'Helgoland, possession britannique, le professeur de langue et de littérature allemandes à l'université de Breslau August Heinrich Hoffmann, plus connu sous son nom de plume de Hoffmann von Fallersleben, lance en quelques vers un appel passionné à l'unité allemande, adaptant des paroles résolument progressistes à l'ancien *Deutschlandlied* de Joseph Haydn. Il l'appelle *Das Lied der Deutschen, Le Chant des Allemands*. Cette exhortation à l'unité de la nation allemande, ainsi que de nombreux autres poèmes de la même veine dont il est l'auteur, lui valent d'être affublé du qualificatif redoutable de « révolutionnaire ». Considéré comme dangereux par le gouvernement prussien, il est suspendu de ses fonctions universitaires en 1842, sans droit à une pension…

rêve d'unité, de droit et de liberté qu'il exprime avec chaleur et conviction ne cesse d'enthousiasmer une population qui reprend souvent, en maintes occasions, ce nouvel hymne patriotique.

■ En 1867, la toute-puissante Prusse crée la Confédération de l'Allemagne du Nord et, en 1871, après la défaite de la France et l'annexion de l'Alsace-Lorraine, un nouvel Empire allemand voit le jour. Guillaume Ier, roi de Prusse, devient empereur avec Berlin comme capitale. Un empire qui ne prendra fin qu'en 1918.
Et le *Deutschlandlied* ? Longtemps souterrain et oublié, suspect d'antimonarchisme aux yeux du pouvoir, *Das Lied der Deutschen* est interprété officiellement pour la première fois en 1890, à l'endroit même de sa naissance, lors des cérémonies de transfert de l'île d'Helgoland de la Grande-Bretagne à l'Allemagne. Dès lors, son statut d'hymne – mais non encore officiel – ne sera plus remis en question.

En 1918, après la défaite, les symboles nationaux allemands sont changés. Le drapeau impérial noir, blanc et rouge laisse place à la bannière noir, rouge et or de la nouvelle Allemagne. Il faudra pourtant attendre 1922 pour que le président social-démocrate de la république de Weimar, Friedrich Ebert, adopte officiellement le premier couplet du chant allemand, connu alors sous le nom de *Deutschlandlied*, comme hymne national. Un couplet qui commence par le fameux *Deutschland über alles*, que l'on peut traduire par « L'Allemagne au-dessus de tout ».

Autour de 1848, l'expression « au-dessus de tout » marquait simplement la volonté d'unité du pays. La nation allemande, « de la Meuse jusqu'à Memel », au-dessus de toutes les autres nationalités, en quelque sorte. Une nation presque mythique, sans véritable réalité politique, mais qui devait s'élever au-dessus des rivalités régionales fort nombreuses et particulièrement vivaces à cette époque. Après la victoire de 1871, puis surtout avec force pendant la période nazie, ces mots deviennent l'expression de l'orgueil national allemand, synonyme d'expansionnisme et d'hégémonisme. Il n'est plus désormais question d'une Allemagne dominant ses particularismes régionaux, mais d'une Allemagne conquérante, dominant le monde.

■ Sous le régime nazi, le *Deutschlandlied* reste effectivement hymne national. Mais si, en 1937, Adolf Hitler le qualifiait de « chant le plus sacré du peuple allemand », la plupart du temps, dans les cérémonies officielles, les premiers couplets servent d'introduction à l'hymne du parti national-socialiste, qui s'intitule *Horst Wessel Lied.*

Horst Wessel Lied

Chant du parti national-socialiste, il affirme avec force la légitimité du parti à gouverner l'Allemagne.

Ouvrez les rues aux bataillons bruns,
Ouvrez les rues aux troupes d'assaut,
Ils sont des millions à regarder la croix gammée avec espoir.
[...]
Nous sommes prêts au combat,
Bientôt la bannière d'Hitler flottera sur les rues,
L'esclavage prendra bientôt fin.

Le 8 mai 1945, lors de sa reddition sans condition aux forces alliées, l'Allemagne perd sa souveraineté. Personne ne sait trop bien si le pays existe toujours, sous quelle forme et avec quel hymne. Pendant quatre ans, c'est l'*Hymne à la joie*, tiré de la *9e Symphonie* de Ludwig van Beethoven, qui sera interprétée dans les occasions officielles, celui-là même qui symbolise aujourd'hui l'Union européenne.

■ En 1949, les zones d'occupation alliée et soviétique donnent naissance à deux États allemands distincts. En pleine guerre froide, la question d'un hymne national passe au second plan. Mais au fur et à mesure que la nouvelle Allemagne de l'Ouest s'impose sur la scène internationale, la question va prendre de l'importance. Alors que le pays prépare les jeux Olympiques d'Helsinki, qui doivent avoir lieu en 1952, Konrad Adenauer propose d'adopter à nouveau le *Deutschlandlied*. Considérant l'hymne ancien trop lourd de symboles, une partie de la classe politique, soutenue par le président Theodor Heuss, préfère résolument suivre le modèle autrichien et trouver un hymne entièrement nouveau, pourquoi pas en organisant un concours. Soutenu par une majorité de l'opinion publique allemande, le chancelier tient bon. La musique de Haydn et le texte de Hoffmann von Fallersleben sont proclamés à nouveau hymne allemand. Les deux premières strophes, jugées trop chargées de sens et violemment rejetées par une grande partie du monde, sont purement et simplement supprimées. Seul le troisième couplet, parlant d'unité, de droit et de liberté est gardé. Couplet qui deviendra ensuite, en 1990, le seul hymne national de la **République Fédérale d'Allemagne** réunifiée.

Premier couplet supprimé en 1945 du Deustchlandlied.

L'Allemagne, l'Allemagne au-dessus de tout,
Au-dessus de tout dans le monde,
Quand elle se tient fraternellement unie
Pour sa protection et sa défense.
Depuis la Meuse jusqu'à Memel,
Depuis l'Adige jusqu'au Belt,
L'Allemagne, l'Allemagne au-dessus de tout,
Au-dessus de tout dans le monde !
L'Allemagne, l'Allemagne au-dessus de tout,
Au-dessus de tout dans le monde !

Deutschland, Deutschland über alles,
Über alles in der Welt,
Wenn es stets zu Schutz und Trutze
Brüderlich zusammen hält.
Von der Maas bis an die Memel,
Von der Etsch bis an den Belt,
Deutschland, Deutschland über alles,
Über alles in der Welt!
Deutschland, Deutschland über alles,
Über alles in der Welt!

Paroles d'August Heinrich Hoffmann von Fallersleben (1798-1874)
Musique de Joseph Haydn (1732-1809)
Adopté comme hymne national en 1990

Chant allemand

Union et droit et liberté
Pour la patrie allemande !
Visons tous ce but
Dans la fraternité du cœur et de l'esprit !
Union et droit et liberté
Sont un gage de bonheur.
Rayonne dans la splendeur de ce bonheur,
Rayonne, patrie allemande !
Rayonne dans la splendeur de ce bonheur,
Rayonne, patrie allemande !

Version en allemand

Deutschlandlied

Einigkeit und Recht und Freiheit
Für das deutsche Vaterland!
Danach laßt uns alle streben
Brüderlich mit Herz und Hand!
Einigkeit und Recht und Freiheit
Sind des Glückes Unterpfand.
Blüh' im Glanze dieses Glückes,
Blühe, deutsches Vaterland!
Blüh' im Glanze dieses Glückes,
Blühe, deutsches Vaterland!

ANDORRE

Andorre

La **Principauté d'Andorre** est l'unique pays indépendant au monde à avoir le catalan comme langue officielle. Bien qu'adopté dès 1914, l'hymne andorran n'est interprété pour la première fois que le 8 septembre 1921, le jour de la Vierge de Meritxell, fête nationale de la principauté pyrénéenne. Le chant a été écrit par deux hommes d'Église, Joan Benlloch i Vivó, ancien prince-évêque d'Andorre, pour les paroles, et le révérend père Marfany, originaire de Sant Juliá de Lòria, pour la musique.

Paroles de Joan Benlloch i Vivó (1864-1926)
Musique d'Enric Marfany Bons (1871-1942)
Adopté comme hymne national en 1914

Le Grand Charlemagne

Le grand Charlemagne, mon père, nous délivra des Arabes,
Et du ciel me donna la vie de Meritxell notre mère.
Je suis née princesse héritière neutre entre deux nations,
Je reste la seule fille de l'empire de Charlemagne.
Croyante et libre onze siècles, croyante et libre je veux demeurer.
Que les fueros soient mes tuteurs et mes princes mes défenseurs,
Et mes princes mes défenseurs

Version en catalan
El Gran Carlemany

El gran Carlemany, mon pare, dels Alarbs ens deslliurà,
I del cel vida em donà de Meritxell la gran mare.
Princesa nasquí pubilla entre dos nacions, neutral,
Sols resto l'única filla de l'imperi Carlemany.
Creient i lliure onze segles, creient i lliure vull ser.
Siguem els furs mos tutors i mos prínceps defensors,
I mos prínceps defensors!

Autriche

■ Après 1918 et le démantèlement de l'Empire austro-hongrois, la **République d'Autriche** se cherche un nouvel hymne. Le chancelier de l'époque, Karl Renner, poète amateur, écrit lui-même un texte qu'il demande à son ami, le compositeur Wilhelm Kienzl, de mettre en musique. Mais dans les remous de l'entre-deux-guerres, pendant la montée du nazisme, il est loin d'obtenir l'approbation unanime de ses compatriotes. Nombre d'Autrichiens exigent en effet le rattachement de leur pays à l'Allemagne et s'approprient d'emblée la mélodie de Haydn sur laquelle les Allemands ont adapté depuis longtemps les paroles d'Hoffmann von Fallersleben commençant par le fameux *Deutschland über alles*. Suite à l'Anschluss de 1938 et l'intégration de l'Autriche dans le IIIe Reich, les deux pays partageront effectivement le même destin et le même hymne, et ce jusqu'à la fin de la Seconde Guerre mondiale.

■ Après la défaite nazie, les Autrichiens refusent d'entendre parler de la mélodie de Haydn, qu'ils jugent trop marquée par les horreurs passées. Le 9 avril 1946, le gouvernement autrichien lance ainsi un concours pour doter le pays d'un nouvel hymne national. Selon les exigences officielles, le chant doit honorer par ses mots et par sa musique le nouvel État fédéral et ses habitants. Un accord est rapidement trouvé sur une mélodie qui aurait été écrite par Wolfgang Amadeus Mozart, l'enfant du pays, quelques semaines avant sa mort en décembre 1791. Il s'agit de la *Cantate* K 623A, intitulée *Eine Kleine Freimaurerkantat*. À l'époque, certains spécialistes émettent cependant quelques doutes sur la paternité réelle de la partition. La musique aurait plutôt été écrite par son contemporain Johann Holzer, sans doute membre de la même loge maçonnique. Mais la polémique ne durera pas et pendant des années, il sera communément admis que Mozart est bien l'auteur de l'hymne autrichien.

Une fois la musique choisie, plus de mille huit cents textes sont reçus en quelques mois par les autorités, certains portant la signature d'éminents écrivains du pays. Il faut dire qu'un prix de dix mille chillings, somme considérable à l'époque, est promise au lauréat.

Pour élargir l'éventail des auteurs potentiels, de nombreuses personnalités politiques n'hésitent pas à contacter d'autres auteurs pour les pousser à écrire un texte. C'est le cas de Fritz Molden, un grand résistant autrichien, qui appelle le ministre de l'Éducation Felix Hurdes pour lui demander de persuader sa mère, l'écrivain Paula von Preradovic, de concourir. Celle-ci, elle-même petite-fille du grand poète croate Petar von Preradovic, accepte. Bien qu'occupée par la préparation d'un roman, elle rédige un long texte glorifiant cette Autriche qui aborde avec courage les temps nouveaux. Composé d'hommes politiques, d'écrivains et de musiciens, le jury autrichien chargé d'examiner les textes retient sans hésitation *Pays des montagnes, pays des fleuves* de Paula von Preradovic.

Le texte sera déclaré officiellement hymne national le 25 février 1947, soit huit ans avant le traité du Belvédère qui restitue à l'Autriche sa pleine souveraineté. Aujourd'hui, même s'il n'y a pas unanimité, la plupart des musicologues s'accordent pour attribuer définitivement à Johann Holzer et non plus à Mozart la partition de l'hymne autrichien.

Paroles de Paula von Preradovic (1887-1951)
Musique de Johann Holzer (1753-1818)
Adopté comme hymne national en 1947

Pays des montagnes, pays des fleuves

Pays des montagnes, pays des fleuves,
Pays des champs, pays des cathédrales,
Pays des marteaux, riche d'avenir.
De grands fils tu es la patrie,
Peuple doué pour la beauté,
Autriche, maintes fois louée ! *(bis)*

Farouchement disputée, violemment convoitée,
Tel un cœur puissant
Tu es placée au centre du continent.
Depuis les temps lointains de tes ancêtres
Tu as porté le fardeau d'une haute destinée,
Autriche, maintes fois éprouvée. *(bis)*

Courageux vers des temps nouveaux,
Libres et croyants, tu nous vois avancer,
Joyeux au travail et riches en espoir.
Unis dans des chœurs fraternels,
Laisse-nous, ô patrie, te jurer fidélité,
Autriche bien-aimée. *(bis)*

Version en allemand

Land der Berge, Land der Ströme

Land der Berge, Land der Ströme,
Land der Äcker, Land der Döme,
Land der Hämmer, zukunftsreich.
Heimat bist du grosser Söhne,
Volk begnadet für das Schöne,
Vielgerühmtes Österreich! *(bis)*

Heiß umfehdet, wild umstritten,
Liegst dem Erdteil du inmitten
Einem starken Herzen gleich.
Hast seit frühen Ahnentagen
Hoher Sendung Last getragen,
Vielgeprüftes Österreich. *(bis)*

Mutig in die neuen Zeiten,
Frei und gläubig sieh uns schreiten,
Arbeitsfroh und hoffnungsreich.
Einig laß in Brüderchören,
Vaterland, dir Treue schwören,
Vielgeliebtes Österreich. *(bis)*

BELGIQUE

Belgique

■ Un soir de septembre 1830, alors que la Belgique vit la révolution qui lui donnera son indépendance des Pays-Bas, un groupe de jeunes patriotes vient se réfugier au café de L'Aigle d'or, rue de la Fourche à Bruxelles. Dans un salon du premier étage, ces révolutionnaires enthousiastes refont le monde à l'aide de chants, de poèmes et de quelques pichets de bière. L'un d'eux, un jeune acteur du nom de Jenneval, se lève alors et déclame un texte qu'il a lui-même écrit à la gloire de la liberté et de la révolution. Ses amis sont sous le charme, *La Brabançonne* – ainsi nommée en l'honneur de la province centrale de Belgique, le Brabant – est née ! Mythe ou réalité ? Peu importe, tant il est vrai que les genèses des différents hymnes révolutionnaires aiment ces circonstances généreuses qui voient ces jeunes gens inventer en quelques instants des chants exaltant les idées pour lesquelles ils se battent.

Quoi qu'il en soit, Jenneval a réellement existé et a bien écrit *La Brabançonne*. De son vrai nom Louis-Alexandre Hippolyte, chevalier de Cheze, il naît à Lyon en 1801 et devient comédien à l'âge de vingt-trois ans. À Paris, il joue quelque temps à l'Odéon, puis se rend à Bruxelles pendant plusieurs mois. Au début de 1830, on le retrouve à la Comédie-Française, mais quelques semaines plus tard, il est de retour à Bruxelles, au théâtre de la Monnaie. Le 25 août 1830, la ville se soulève contre le royaume des Pays-Bas et Guillaume Ier de Nassau, son souverain. En septembre, Bruxelles résonne du bruit des fusillades. Le canon tonne. Les rues se couvrent de barricades. Les morts sont nombreux. Jenneval laisse pour un temps la scène et participe activement à ces combats. Au cœur de l'action, après avoir écrit sa *Brabançonne*, l'acteur fait appel à deux de ses amis pour la diffuser le mieux possible. François van Campenhout en écrit rapidement la musique et le ténor Lafeuillade, immensément populaire à l'époque, l'apprend par cœur. Le 12 septembre 1830, sur les planches du théâtre de la Monnaie, qui se nomme alors Théâtre royal, Lafeuillade profite de l'entracte pour chanter sur scène de sa voix forte l'hymne écrit et mis en musique par ses deux camarades. Dans la salle, c'est presque l'émeute. Les spectateurs reprennent en chœur cet air qui deviendra vite, à travers le pays, le signe de ralliement des insurgés.

Mais Jenneval n'en reste pas là. Engagé dans les troupes révolutionnaires du corps d'armée de Niellon, il ne cesse de se battre. Le 18 octobre 1830, un mois seulement après que son hymne a été chanté pour la première fois, il tombe, mortellement blessé en défendant la ville de Lierre. Il sera mis en terre avec ses camarades de combat sur l'ancienne place Saint-Michel de Bruxelles, rebaptisée place des Martyrs. En 1897, un monument y rappellera son sacrifice.

■ Et *La Brabançonne* ? En 1860, le Premier ministre lui-même, Charles Rogier, en réécrit certains vers jugés trop durs envers les Pays-Bas. Cette version adoucie est toujours utilisée aujourd'hui.

Quelle est donc la bonne *Brabançonne* ? Impossible à dire puisqu'il n'en existe pas de version officielle. Bien des commissions ont été chargées d'imposer une version unique du texte et de la mélodie de l'hymne du **Royaume de Belgique**, mais sans jamais aboutir.

La Brabançonne

Paroles de Jenneval (1801-1830) et de Charles Rogier (1800-1885)
Musique de François van Campenhout (1779-1848)
Adopté comme hymne national en 1860

Ô Belgique, ô mère chérie,
À toi nos coeurs, à toi nos bras !
Nous le jurons tous, tu vivras !
Tu vivras toujours grande et belle,
Et ton invincible unité
Aura pour devise immortelle :
Le Roi, la Loi, la Liberté.
Aura pour devise immortelle :
Le Roi, la Loi, la Liberté. *(ter)*

Après des siècles d'esclavage
Le Belge, sortant du tombeau,
A reconquis, par son courage,
Son nom, ses droits et son drapeau.
Et ta main souveraine et fière,
Désormais, peuple indompté,
Grava sur ta vieille bannière :
Le Roi, la Loi, la Liberté !
Grava sur ta vieille bannière :
Le Roi, la Loi, la Liberté ! *(ter)*

Marche de ton pas énergique,
Marche de progrès en progrès ;
Dieu, qui protège la Belgique,
Sourit à tes mâles succès.
Travaillons : notre labeur donne
À nos champs la fécondité,
Et la splendeur des arts couronne
Le Roi, la Loi, la Liberté.
Et la splendeur des arts couronne
Le Roi, la Loi, la Liberté. *(ter)*

Ouvrons nos rangs à d'anciens frères,
De nous trop longtemps désunis ;
Belges, Bataves, plus de guerres :
Les peuples libres sont amis.
À jamais resserons ensemble
Les liens de fraternité
Et qu'un même cri nous rassemble :
Le Roi, la Loi, la Liberté !
Et qu'un même cri nous rassemble :
Le Roi, la Loi, la Liberté ! *(ter)*

Version en néerlandais

De Brabançonne

O dierbaar België, o heilig land der vaad'ren,
Onze ziel en ons hart kracht zijn u gewijd.
Aanvaard ons hart en het bloed van onze adren,
Wees ons doel in arbeid en in strijd.
Bloei, o land, in eendracht niet te breken;
Wees immer u zelf en ongeknecht,
Het woord getrouw, dat ge onbevreesd moogt spreken:
Voor Vorst, voor Vrijheid en voor Recht!
Het woord getrouw, dat ge onbevreesd moogt spreken:
Voor Vorst, voor Vrijheid en voor Recht! *(ter)*

O vaderland, o edel land der Belgen,
Zo machtig steeds door moed en werkzaamheid,
De wereld ziet verwonderd uwe telgen,
Aan 't hoofd van kunst, van handel, nijverheid.
De vrijheidszon giet licht op uwe wegen,
En onbevreesd staart gij de toekomst aan.
Gij mint uw Vorst, zijn liefde stroomt u tegen,
Zijn hand geleidt u op de gloriebaan.
Gij mint uw Vorst, zijn liefde stroomt u tegen,
Zijn hand geleidt u op de gloriebaan. *(ter)*

Juicht Belgen, juicht in brede vol' akkoorden
Van Haspengouw tot aan het Vlaamse strand,
Van Noord tot Zuid, langs Maas en Scheldeboorden,
Juicht, Belgen juicht, door gans het Vaderland.
Een man'lijk volk moet man'lijk kunnen zingen,
Terwijl het hart naar eed'le fierheid streeft.
Nooit zal men ons van onze haard verdringen
Zolang een Belg, 't zij Waal of Vlaming leeft.
Nooit zal men ons van onse haard verdringen
Zolang een Belg, 't zij Waal of Vlaming leeft. *(ter)*

Biélorussie

■ Le 24 septembre 1955, pour remplacer *L'Internationale*, le présidium du Soviet suprême de la République socialiste soviétique de Biélorussie adopte comme hymne national un poème de Mikhas Klimkovich, sur une musique de Nestor Sakalouski, qui s'intitule *Nous, Biélorusses*. Trente-six ans plus tard, quand l'Union soviétique s'effondre et que la Biélorussie, ancienne Russie blanche, devient indépendante, le nouveau pays garde pour un temps encore l'hymne de la période communiste. Les paroles à la gloire de Lénine, de la Russie socialiste et du grand frère russe sont supprimées.

■ En avril 1995, le Comité parlementaire pour la culture suggère d'adopter comme hymne une prière entendue dans toutes les églises du pays, écrite par Natalla Arsiennieva et qui s'intitule *Ô Dieu tout-puissant*. Cette proposition est rejetée, tout comme celle qui consiste à attribuer à la mélodie ancienne un autre poème, *Jeune Biélorussie*, écrit par Lanka Koupala. Les autorités lancent donc un concours doté d'un prix de trois cent mille roubles pour trouver un texte qui puisse s'adapter à la mélodie de Sakalouski. Des centaines de réponses sont reçues et cinq poèmes sont finalement retenus, parmi lesquels l'ancien hymne soviétique lui-même, débarassé de ses références à la « splendeur communiste » passée. Pendant une semaine, les cinq chants finalistes sont interprétés quotidiennement à la télévision comme à la radio, certains journaux publiant même chaque jour les textes en question. À travers la toute jeune **République de Biélorussie**, les discussions sont intenses et les avis divergents. Finalement, c'est le vieil hymne d'autrefois, cher à une grande partie de la population, qui est déclaré vainqueur.

■ Le 2 juillet 2002, le président Aleksandr Loukachenko décrète donc hymne national le texte ancien – mais soigneusement épuré – de Mikhas Klimkovich, sur la musique de Nestor Sakalouski. L'hymne s'intitule toujours *Nous, Biélorusses*.

(Extrait)

Version en biélorusse

My, Bielarusy

Мы, беларусы - мірныя людзі,
Сэрцам адданыя роднай зямлі,
Шчыра сябруем, сілы гартуем
Мы ў працавітай, вольнай сям'і.

Слаўся, зямлі нашай светлае імя!
Слаўся, народаў братэрскі саюз!
Наша любімая маці-Радзіма,
Вечна жыві і квітней, Беларусь!

Разам з братамі мужна вякамі
Мы баранілі родны парог,
У бітвах за волю, бітвах за долю
Свой здабывалі сцяг перамог!

Слаўся…

Дружба народаў - сіла народаў -
Наш запаветны, сонечны шлях.
Горда ж узвіся ў ясныя высі,
Сцяг пераможны - радасці сцяг!

Слаўся…

Paroles de Mikhas Klimkovich (1899-1954)
Musique de Nestor Sakalouski (1902-1950)
Adopté comme hymne national en 2002

Nous, Biélorusses

Nous, Biélorusses, sommes un peuple pacifique,
Nos cœurs sont dédiés à notre patrie.
Au sein de notre famille libre et laborieuse,
Ensemble, nous sommes forts et amicaux.

Nous louons le nom sublime de notre pays !
Nous louons l'union fraternelle des nations !
Notre mère patrie bien-aimée,
Puisses-tu vivre et prospérer pour toujours, Biélorussie !

Ensemble, avec nos vaillants frères,
Nous avons défendu nos foyers pendant des siècles.
Dans le combat pour la liberté, dans le combat pour le bonheur,
Nous avons gagné la bannière de la victoire !

Nous louons, etc.

L'amitié entre les nations est le pouvoir de toutes les nations.
C'est le chemin lumineux qui nous a été transmis.
Que la bannière victorieuse, bannière du bonheur,
S'élève avec fierté dans un ciel clair !

Nous louons, etc.

Bosnie-Herzégovine

Le 10 février 1998, le Parlement bosniaque adopte de nouveaux symboles nationaux. L'hymne, qui ne comporte pas de paroles, a été choisi par une commission comprenant des musiciens bosniaques et étrangers, le tout étant supervisé par la communauté internationale. Adopté en 1995 à la suite d'un concours, l'ancien hymne s'appelait *Zemljo Tisucljetna*, c'est-à-dire *Le pays qui a mille ans*. Un chant écrit par Dino Merlin, un musicien populaire de Sarajevo, mais qui était mal perçu par les communautés serbe et croate du pays.

Hymne sans paroles
Musique de Dušan Šestić (né en 1946)
Adopté comme hymne national en 1998

Bulgarie

L'hymne de la **République bulgare**, *Chère patrie*, a été composé en 1885, à l'époque où la Bulgarie vient d'incorporer de force la Roumélie – région du sud des Balkans – à son territoire et entre en guerre contre la Serbie voisine, qui a déclaré à ce propos les hostilités contre elle. L'auteur du texte, Tsvetan Tsvetkov Radoslavov, est un jeune étudiant nationaliste, qui prend alors une part active dans les combats et exalte la beauté de son pays natal. Cette guerre serbo-bulgare voit la victoire de la Bulgarie, qui accède ainsi à l'indépendance complète à l'égard de l'Empire ottoman en 1908.
L'hymne a été adopté en 1964, en remplacement d'un hymne communiste faisant explicitement référence à la dépendance bulgare envers Moscou et l'Union soviétique.

Paroles et musique de Tsvetan Tsvetkov Radoslavov (1863-1931)
Adopté comme hymne national en 1964

Chère patrie

Les sommets des Balkans s'élèvent fièrement,
À leurs pieds coule le Danube bleu ;
Le soleil brille sur la Thrace
Les monts du Pirin se couvrent de pourpre.

Ô cher pays natal,
Paradis sur terre !
Ton excellence et ta beauté
Charmeront toujours nos yeux.

De nombreux guerriers ont donné leur vie
Pour notre cher pays.
Mère, donne-nous la force
De suivre leurs pas.

Ô cher pays, etc.

Version en bulgare
Mila Rodino

Горда Стара планина,
До ней Дунава синей,
Слънце Тракия огрява,
Над Пирина пламеней.

Мила Родино,
Ти си земен рай,
Твойта хубост, твойта прелест,
Ах, те нямат край.

Паднаха борци безчет
За народа наш любим,
Майко, дай ни мъжка сила
Пътя им да продължим.

Мила Родино…

CHYPRE

Chypre

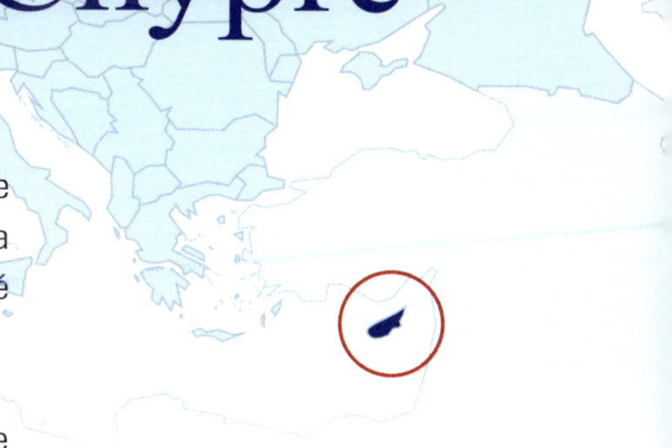

Depuis son accession à l'indépendance en 1960, l'hymne de l'île de **Chypre**, ancienne colonie britannique, est tout simplement celui de la Grèce, écrit par Dionysios Solomós. Un hymne bien évidemment rejeté par la partie turque de l'île, en sécession de fait depuis 1974.

■ Il y a quelques mois, dans le cadre d'une action d'envergure destinée à mettre un terme à des décennies d'instabilité politique et d'affrontements entre les deux communautés grecque et turque, les Nations unies avait décidé l'ouverture d'un concours pour créer à la fois un nouveau drapeau et un nouvel hymne national, le tout devant faciliter la réunification ultérieure de l'île. L'hymne ne devait pas obligatoirement comporter de paroles et la mélodie ne devait pas excéder soixante secondes. Le gagnant ne recevait aucune récompense, si ce n'est « l'honneur d'être le créateur d'un moment historique », selon un responsable de l'ONU. Les nouveaux emblèmes nationaux de Chypre n'auraient été adoptés que dans le cadre d'un règlement global, après l'approbation et la mise en place d'un plan de paix. Mais il faut reconnaître que la route sera longue. Après le référendum du 24 avril 2004, rejetant le plan de réunification, Chypre reste coupée en deux par une frontière hermétique. Seule la partie grecque a intégré l'Union européenne le 1er mai suivant le vote. Chypre unie sous un même drapeau et avec un même hymne national reste toujours un rêve lointain.

Se reporter à l'hymne grec, page 240.

Croatie

Composé en 1835, le texte de l'hymne national de la **République de Croatie** apparaît pour la première fois cette même année sous le titre *La Patrie croate* dans la revue locale *Danica*. Mis en musique en 1846, puis harmonisé en 1891, *Lijepa naša Domovino* devient le chant national de la Croatie jusqu'à la création de la Yougoslavie au lendemain de la Première Guerre mondiale. Lorsque le pays recouvre son indépendance en 1991, c'est tout naturellement que l'hymne ancien reprend sa place.

Paroles d'Antun Mihanovic (1796-1861)
Musique de Josip Runjanin (1821-1878)
Adopté comme hymne national en 1990

Version en croate

Lijepa naša Domovino

Lijepa naša domovino,
Oj junačka zemljo mila,
Stare slave djedovino,
Da bi vazda sretna bila!
Mila, kano si nam slavna,
Mila si nam ti jedina.
Mila, kuda si nam ravna,
Mila, kuda si planina!

Teci Dravo, Savo teci,
Nit' ti Dunav silu gubi,
Sinje more svijetu reci,
Da svoj narod Hrvat ljubi.
Dok mu njive sunce grije,
Dok mu hrašće bura vije,
Dok mu mrtve grobak krije,
Dok mu živo srce bije!

Notre belle patrie

Notre belle patrie,
Qu'elle est belle notre patrie,
Féconde mère de héros,
À jamais sois fière et chérie, antique legs de leurs travaux !
Notre amour égal à ta gloire,
Notre amour est seul tout à toi.
Nous aimons tes plaines de moire,
Tes montagnes au port de roi.

Roule ô Save : tes flots rapides,
Et toi, Danube, hâte ton cours,
Azur, à tes rives splendides,
Du Croate dis les amours.
Tant qu'au soleil luiront tes plaines,
Patrie, et que sur tes hauteurs
La foudre ébranlera nos chênes,
Jusqu'à la tombe, à toi nos cœurs !

DANEMARK

Danemark

Le **Royaume du Danemark**, plus ancien d'Europe, a l'originalité de posséder un hymne national et un hymne royal. Le premier est un chant patriotique qui s'intitule *Der er et yndigt land, Il est un doux pays*, composé vers 1819. Joué à l'occasion de rencontres sportives ou lors de la fête nationale, ce chant est considéré par de nombreux Danois comme leur principal hymne national. Ce chant mélodieux est devenu très populaire au Danemark après son interprétation par des étudiants le 4 juillet 1844, lors d'une fête, devant douze mille personnes.

Paroles d'Adam Gottlob Oehlenschläger (1779-1850)
Musique de Hans Ernst Krøyer (1798-1879), adaptée par
Thomas Laub (1852-1927) et Carl Nielsen (1865-1931)
Adopté comme hymne national en 1844

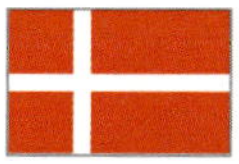

Version en danois

Der er et yndigt land

Der er et yndigt land,
Det star med brede bøge,
Nær salten østerstrand. *(bis)*
Det bugter sig i bakke, dal,
Det hedder gamle Danmark,
Og det er Frejas sal. *(bis)*

Der sad i fordums tid
De harnisk klædte kæmper,
Udhvilede fra strid; *(bis)*
Så drog de frem til fjenders men,
Nu hvile deres bene
Bag højens bavtasten. *(bis)*

Det land endnu er skønt,
Thi blå sig søen bælter,
Og løvet står så grønt; *(bis)*
Og ædle kvinder, skønne mø'r
Og mænd og raske svende
Bebo de danskes øer. *(bis)*

Hil drot og fædreland!
Hil hver en danneborger,
Som virker, hvad han kan! *(bis)*
Vort gamle Danmark skal bestå,
så længe bøgen spejler
Sin top i bølgen blå. *(bis)*

Il est un doux pays

Il est un doux pays
Avec de larges hêtres
Le long des pages de l'est. *(bis)*
Il ondule en collines, vallées,
Il s'appelle le vieux Danemark
Et c'est le cénacle de Freja. *(bis)*

Y étaient assis dans les temps anciens
Des guerriers en armure,
Se reposant après les combats. *(bis)*
Avant de repartir vers l'ennemi ;
Leurs ossements reposent aujourd'hui
Sous les grands tertres ras. *(bis)*

Ce pays est toujours si beau,
Entouré du bleu de la mer
Avec ses frondaisons si vertes. *(bis)*
De belles jeunes filles et de nobles femmes
Des hommes et de vaillants garçons
Vivent sur les îles danoises. *(bis)*

Saluez la noblesse et la patrie !
Saluez chaque citoyen danois
Qui agit du mieux qu'il peut ! *(bis)*
Notre vieux Danemark restera
Aussi longtemps que le hêtre reflètera
Sa cime dans la vague bleue. *(bis)*

Îles Féroé

Pays associé avec le Danemark, les îles Féroé possèdent leurs propres institutions et leur propre hymne national depuis 1948. L'hymne est écrit en langue féroïenne, langue scandinave ancienne assez proche de l'islandais. L'auteur des paroles, Símun av Skarði, est l'un des écrivains les plus renommés de ce petit archipel situé au nord de l'Écosse. Il a notamment traduit Albert Camus en féroïen.

Paroles de Símun av Skarði (né en 1911)
Musique de Peter Alberg (1885-1940)

Mon pays, cher trésor

Mon pays, ô si beau,
Bien si cher !
Tu m'es si proche
Ton étreinte si forte,
Calme en été
Couvert de neige en hiver.
Magnifiques îles
Au nom béni de Dieu,
Le nom que les hommes t'ont donné
Quand ils t'ont découvert.
Oui, Dieu t'a béni, Féroé mon pays !

Version en féroïen

Tú alfagra land mitt

Tú alfagra land mítt,
Mín dýrasta orn!
Á vetri so randhvítt,
Á sumri við logn,
Tú tekur meg at tær
So tætt í tín favn.
Tit oyggjar so mætar,
Gud signi tað navn,
Sum menn tykkum góvu,
Tá teir tykkum sóu.
Ja, Gud signi Føroyar, mítt land!

Groenland

Colonie danoise depuis 1721, le Groenland accède à l'autonomie politique en 1979, tout en restant territoire de la couronne du Danemark. La grande île possède donc un parlement, un gouvernement autonome et ses propres symboles nationaux.
L'hymne du Groenland est un texte ancien, adopté en 1916. L'auteur de ses paroles, le poète danois Henrik Lund, est l'un de ces intellectuels et artistes qui n'ont cessé, dès le début du xxe siècle, d'appeler le peuple inuit à prendre en main sa destinée. L'hymne est écrit dans les deux langues officielles du pays, l'inuktitut, parlé par la majorité de la population inuit, et le danois. Après 1979, un second texte, Nuna asiilasooq (La Grande Terre), *devient un second hymne, tout aussi officiel que le premier.*

Paroles de Henrik Lund (1875-1948)
Musique de Jonathan Petersen (1891-1960)

Toi notre vieux pays

Notre terre immémoriale, sous le fanal de sa glace brillante
Avec ta chevelure de neige flamboyante autour de la tête !
Toi mère fidèle qui nous tient dans son étreinte,
Tandis que l'océan joue le long de tes côtes promises !

Version en inuktitut

Nunarput utoqqarsuanngoravit

Nunarput, utoqqarsuanngoravit
Niaqqut ulissimavoq qînik!
Qîtornatit kissumiaannarpatit,
Tunillugit sineriavit pînik!

Version en danois

Vort ældgamle land

Vort ældgamle land under isblinkens havn
Med lysende snehår om dit hoved!
Du trofaste moder, som bar os i din favn,
Mens dine kysters rigdom du os loved!

Espagne

L'origine de l'hymne espagnol, peu connue, est l'objet de nombreuses questions, voire de quelques polémiques. Selon certains, il pourrait s'agir d'un air français que le roi Philippe V, premier Bourbon à monter sur le trône d'Espagne et petit-fils de Louis XIV, roi de France, aurait amené avec lui et sa cour en franchissant les Pyrénées en 1700. Certains penchent plutôt pour une mélodie allemande, offerte par le roi de Prusse Frédéric le Grand à Charles III entre 1759 et 1788.

■ Ce qui est certain, c'est que l'hymne est l'un des plus anciens d'Europe puisque, dès la fin du XVIIIe siècle, il s'impose durablement et gagne en popularité chez les Espagnols. On en trouve l'une des premières traces dans un manuel d'infanterie de 1761, dans lequel l'air est appelé *Marcha granadera*, soit la *Marche des grenadiers*. Le 3 septembre 1770, le roi Charles III lui confère le titre de *Marche d'honneur* et exige qu'il soit interprété en toutes occasions officielles. Une « officialisation » qui associe la marche avec la famille royale et amènera ainsi peu à peu les Espagnols à la rebaptiser *Marche royale*. En 1869, un concours national est bien organisé par le général Prim pour doter le pays d'un autre hymne officiel, mais il n'y aura pas de suite. La *Marcha real* garde sa place d'hymne espagnol.

■ Les seules parenthèses auront lieu pendant les périodes libérale et républicaine de 1822 et de 1873 à 1874, puis, bien plus tard, pendant la IIe République espagnole, entre 1931 et 1939. La *Marcha real* est alors remplacée par l'*Hymne de Riego*, du nom du commandant Rafael del Riego, qui mène la révolution libérale de 1820, une marche qui s'affirme comme un symbole fort de l'opposition à la monarchie. Mais à l'issue de la guerre civile et une fois tombée la république, le général Franco rétablit l'hymne ancien en juillet 1942 et lui accorde le statut d'hymne national du **Royaume d'Espagne**. Un statut qui ne sera plus jamais remis en question et sera même confirmé en octobre 1997 par un décret royal.

■ Aujourd'hui, la *Marcha real* ne possède toujours pas de texte officiel, ce qui est assez rare dans le monde. Bien que différents auteurs comme José María Pemán ou Eduardo Marquina aient tenté d'y adapter des paroles, il s'agit toujours d'un hymne purement instrumental, dont la partition est très officiellement définie, qu'il soit interprété par un orchestre symphonique ou par une fanfare militaire.
Il en existe une version longue de cinquante-deux secondes et une autre, plus courte, de seulement vingt-sept secondes. Les circonstances dans lesquelles la *Marcha real* doit être jouée sont l'objet de dispositions réglementaires précises.

Marcha real
Hymne sans paroles
Compositeur inconnu
Adopté comme hymne national en 1942

ESTONIE

Estonie

Dès 1940, et pendant toute la période de l'occupation soviétique en Estonie, les symboles anciens du pays sont strictement interdits. Il est même fortement déconseillé de porter trop ostensiblement du noir, du bleu et du blanc, les couleurs du drapeau national. Interprété pour la première fois en 1869, l'hymne estonien *Mon pays natal, ma joie, ma fierté* reprend sa place d'autrefois lorsque le pays retrouve son indépendance après la chute de l'URSS en 1991. La mélodie de l'hymne de la **République d'Estonie** est la même que celle de l'hymne finlandais, les deux pays étant géographiquement mais surtout culturellement très proches.

Paroles de Johann Voldemar Jannsen (1819-1900)
Musique de Fredrik Pacius (1809-1891)
Adopté comme hymne national en 1991

Mon pays natal, ma joie, ma fierté

Mon pays natal, ma joie enchantée,
Comme tu es beau et éclatant !
Nulle part dans le monde
Un tel lieu ne peut être trouvé,
Autant aimé que je t'aime,
Mon cher pays natal !

Mon petit berceau est sur ton sol
Dont la bénédiction facilite mon travail ;
Je te remercierai jusqu'à mon dernier soupir
Car jusqu'à la mort je te serai toujours fidèle !
Ô digne, aimé et délicat,
Toi, mon très cher pays !

Puisse Dieu dans le ciel te défendre
Mon cher, mon très cher pays !
Puisse-t-Il être le garde et le bouclier,
Qu'Il bénisse et appuie à jamais
Avec bonté toutes tes actions,
Toi, mon très cher pays !

Version en estonien

Mu Isamaa, mu Õnn ja Rõõm

Mu isamaa, mu õnn ja rõõm,
Kui kaunis oled sa!
Ei leia mina iial teal
See suure laia ilma peal,
Mis mull'nii armas oleks ka
Kui sa mu isamaa!

Sa oled mind ju sünnitand
Ja üles kasvatand;
Sind tänan mina alati
Ja jään sul truuks surmani!
Mul kõige armsam oled sa,
Mu kallis isamaa!

Su üle Jumal valvaku,
Mu armas isamaa!
Ta olgu sinu kaitseja
Ja võtku rohkest' õnnista,
Mis iial ette võtad sa,
Mu kallis isamaa!

Finlande

■ Les Finlandais ont coutume de dire que leur pays est né le 13 mai 1848. Ce jour-là, à Helsinki, les étudiants s'approprient le poème de Johan Ludvig Runeberg, *Vårt land*, *Notre pays* en suédois, et en font l'un de leurs chants les plus populaires, développant ainsi un puissant sentiment d'identité nationale.

■ Il faut dire que depuis la guerre russo-suédoise de 1808-1809, le pays a été cédé par la Suède à la Russie et que, comme partout en Europe, le printemps des peuples se manifeste par une profonde volonté d'indépendance et de liberté. Ces remous nationalistes resteront cependant assez calmes, même si un certain sentiment révolutionnaire se manifeste à Helsinki, avec *La Marseillaise* comme porte-étendard. La Finlande est alors un grand-duché russe et bénéficie malgré tout d'une large autonomie. Écrit en suédois, sa langue maternelle, le poème de Johan Ludvig Runeberg n'est pas un appel aux armes, mais plutôt une vibrante déclaration d'amour à son pays. Il sera traduit plus tard en finnois, quand cette langue deviendra également langue officielle du pays.

■ Ce n'est qu'en 1917 que la Finlande obtiendra totalement son indépendance de la Russie. Mais la **République finlandaise** ne sera proclamée qu'en 1919, au terme de plusieurs mois d'une violente guerre civile.

Paroles de la version suédoise de Johan Ludvig Runeberg (1804-1877)
et pour la version finnoise de Paavo Eemil Kajander (1846-1913)
Musique de Fredrik Pacius (1809-1891)
Interprété pour la première fois en 1848 et adopté comme hymne national en 1917

Notre pays

Patrie ! ô patrie ! notre pays natal !
Retentis bien haut nom chéri !
Il n'est pas une cime dressée au bord du ciel,
Pas une vallée profonde, pas une rive baignée par la mer
Qui soit plus aimée que notre terre du Nord,
Le pays de nos pères !

Notre pays est pauvre
Et le sera toujours pour qui demande de l'or.
L'étranger passera dédaigneusement devant lui sans s'arrêter,
Mais nous l'aimons ainsi.
Avec ses landes, ses rochers, ses récifs,
C'est pour nous un pays d'or.

Ton épanouissement encore contenu
Dans le bouton éclatera un jour ;
Délivré de toute contrainte.
Vois ! Ta lumière, ton espoir, ta splendeur, ta joie
Surgiront de notre tendresse,
Et notre hymne filial retentira alors plus haut que jamais.

Version en suédois

Vårt land

Vårt land, vårt land, vårt fosterland,
Ljud högt, o dyra ord!
Ej lyfts en höjd mot himlens rand,
Ej sänks en dal, ej sköljs en strand,
Mer älskad än vår bygd i nord,
Än våra fäders jord!

Vårt land är fattigt, skall så bli
För den, som guld begär,
En främling far oss stolt förbi;
Men detta landet älska vi,
För oss med moar, fjäll och skär
Ett guldland dock det är.

Din blomning, sluten än i knopp,
Skall mogna ur sitt tvång;
Se, ur vår kärlek skall gå opp
Ditt ljus, din glans, din fröjd, ditt hopp,
Och högre klinga skall en gång
Vår fosterländska sång.

Version en finnois

Maamme

Oi maamme, Suomi, synnyinmaa!
Soi, sana kultainen!
Ei laaksoa, ei kukkulaa,
Ei vettä, rantaa rakkaampaa,
Kuin kotimaa tää pohjoinen,
Maa kallis isien !

On maamme köyhä, siksi jää,
Jos kultaa kaivannet.
Sen vieras kyllä hylkäjää,
Mut meille kallein maa on tää,
Sen salot, saaret, manteret
Ne meist on kultaiset.

Sun kukoistukses kuorestaan
Keerrankin puhkeaa!
Viel'lempemme saa nousemaan
Sun toivos, riemus loistossaan,
Ja kerran laulus, synnyinmaa ,
Korkeemman kaiun saa.

FRANCE

France

Air de liberté ou chant séditieux, hymne des armées révolutionnaires, *La Marseillaise* est le symbole absolu de cet idéal de liberté qui souffle sur les peuples d'Europe et du monde dans le sillage mouvementé de la Révolution française. Historiens et politiques s'accordent à dire, aujourd'hui, qu'elle est un modèle incontesté, véritable ancêtre de tous les hymnes modernes.

■ Au long de son existence, elle a souvent été vénérée, parfois délaissée, régulièrement attaquée, interdite longtemps. Mais de la pleine gloire à la pire disgrâce, quel destin extraordinaire que le sien ! Un destin que personne, lors de sa composition à Strasbourg en 1792, n'aurait pu concevoir.

Il est loin désormais le simple chant de guerre écrit par un obscur officier du génie pour galvaniser les volontaires de la toute jeune république ! *La Marseillaise* n'appartient plus depuis longtemps à la seule nation française. Sa puissance, son génie et sa légende ont largement débordé ses frontières. Elle possède une incroyable magie qui fait d'elle, depuis deux siècles, un symbole révolutionnaire unique. Aucun autre hymne dans le monde, officiel ou non, ne peut revendiquer une telle force, une telle aura.

Dans son *Histoire de la Révolution française*, l'historien anglais Thomas Carlyle écrit qu'elle fait « bouillir le sang dans les veines » et qu'on la chante « avec des pleurs et du feu dans les yeux, avec un cœur bravant la mort ». « Elle donne l'élan, double les forces, voile la mort », avait déjà écrit Lamartine.

Au début de la révolution bolchevique, c'est elle que les marins révoltés du *Potemkine* et les matelots de Kronstadt entonnent en montant à l'assaut des troupes tsaristes. C'est à ses accents que les révolutionnaires sud-américains se battent pour un monde nouveau. On chante *La Marseillaise* à Prague en 1968 devant les chars soviétiques. Dans les stades de Santiago du Chili, aux pires heures de la répression, c'est encore *La Marseillaise* qui fleurit sur les lèvres ! Et plus récemment encore, place Tian'anmen, les étudiants chinois entonnent toujours, même maladroitement et sans en connaître les paroles, le vieux chant révolutionnaire écrit jadis par un certain Rouget de Lisle...

■ Ces quelques mesures ont fait le tour du monde, identifiant mieux que bien des discours les idéaux de la Révolution française. Une poignée de notes bien souvent reprises, qu'il s'agisse de Tchaïkovski ou de Debussy, des Beatles dans *All You Need Is Love* ou de Django Reinhardt avec sa version jazzy. Sans oublier bien entendu Serge Gainsbourg et sa *Marseillaise* en reggae qui fit tant couler d'encre.

Pourquoi l'hymne de la **République française** est-il devenu un tel mythe ? Il faut en chercher l'explication dans son origine.

Strasbourg en guerre

En 1792, au cœur de la Révolution française, Strasbourg est en pleine effervescence guerrière. Quelques jours auparavant, le 20 avril, l'Assemblée législative a déclaré la guerre au « roi de Bohême et de Hongrie », pour ne pas nommer l'archiduc François II d'Autriche, neveu de Marie-Antoinette.

En fait, il s'agit de combattre les puissances alliées, menées par feu l'empereur Léopold II d'Autriche et le roi Frédéric-Guillaume II de Prusse. Face à cette coalition, les premiers combats tournent à la catastrophe. Les Français subissent une véritable déroute. Mais devant la menace, à travers le pays, c'est une levée générale d'une ampleur inégalée qui est organisée. Partout, poussés par une incroyable ferveur patriotique, des milliers de volontaires s'engagent, des hommes en armes – on les appellera vite des « fédérés » – qui accourent de toutes les provinces de France vers les frontières de l'est.

La révolution est en danger. Il faut des hommes pour la défendre. Et ces hommes ont non seulement besoin d'armes et de poudre, mais aussi de chants pour les soutenir en marchant à la mort ! Des hymnes bien plus martiaux et plus puissants que les airs chantés jusque-là par les sans-culottes des faubourgs parisiens. Des musiques et des paroles capables de les unir dans un même combat face aux escadrons ennemis. Des chants à même de leur inculquer l'esprit de cette nation qu'ils doivent défendre.

■ À Strasbourg, au sein de l'état-major du maréchal Luckner, ancien officier du roi de Prusse, se trouve alors un jeune capitaine du génie, poète et musicien à ses heures. Né dans une famille de la petite bourgeoisie de Lons-le-Saunier, il s'appelle Claude Joseph Rouget de Lisle. En cette soirée du 25 avril, dans les salons de la place Broglie, où le baron de Dietrich, maire de la ville, homme du siècle des Lumières et vieil ami de La Fayette, offre un grand dîner, le capitaine figure au rang des invités. Avec lui, tout ce que la ville compte de personnalités du monde civil et militaire est présent.

L'ambiance est pour le moins particulière, à la fois tendue et exaltée. Le lendemain, la plupart des participants partent au combat, y compris ce jeune officier de trente-deux ans. La guerre est sur toutes les lèvres ! Au cours du repas, les convives de Dietrich, tous fervents révolutionnaires, déplorent l'absence de chants patriotiques capables d'emmener les hommes à l'assaut. Se souvenant alors que Rouget de Lisle vibre de passion pour les belles-lettres et les notes de musique, Dietrich se tourne vers l'officier et lui propose : « Monsieur de Lisle, vous qui parlez le langage des dieux et qui savez manier la harpe d'Orphée, écrivez-nous quelque beau chant hardi, pour ce peuple soldat qui surgit de toutes parts à l'appel de la patrie en danger ! Vous aurez bien mérité de la Nation. »

Gêné et timide, le capitaine refuse tout d'abord. Il n'est qu'un simple amateur ! Mais les invités s'enflamment pour un tel projet et entourent le jeune officier. Le général de Chastellet, qui, comme toute l'armée, doit quitter la ville le lendemain matin, lui fait alors promettre d'apporter un chant avant son départ. Gagné par l'enthousiasme, Rouget accepte. Mais contrairement au tableau de Pils, peint cinquante ans plus tard, et qui montre Rouget de Lisle interprétant sa création devant tous les convives lors de cette mémorable soirée, c'est chez lui que le jeune capitaine se retire pour travailler.

■ Dans la nuit strasbourgeoise, seul dans sa chambre de la rue de la Mésange, l'officier prend son violon et compose. La légende raconte que, pris d'une inspiration soudaine, Rouget écrit six strophes d'un seul jet. Cela est certainement vrai. Les mots qu'il choisit n'ont rien de très original en cette époque de patriotisme exacerbé.

Précisons notamment que le maire Dietrich a fait apposer sur les murs de Strasbourg une proclamation de la Société des amis de la Constitution, c'est-à-dire le club des Jacobins, qui dit :

Aux armes, citoyens !
L'étendard de la guerre est déployé, le signal est donné !
Aux armes ! Il faut combattre, vaincre ou mourir.
Aux armes, citoyens !
Si nous persistons à être libres, toutes les puissances de l'Europe verront échouer leurs sinistres complots.
Qu'ils tremblent donc, ces despotes couronnés !
L'éclat de la liberté luira pour tous les hommes.
Vous vous montrez dignes enfants de la liberté, courez à la victoire, dissipez les armées des despotes !
Marchons !
Soyons libres jusqu'au dernier soupir, et que nos vœux soient constamment pour la félicité de la patrie et le bonheur de tout le genre humain.

Ajoutons que le bataillon de Rouget de Lisle s'appelle Les enfants de la Patrie.

Quoi qu'il en soit, le lendemain matin à dix heures, le chant est prêt. N'ayant pas dormi de la nuit, Rouget retourne chez le maire Dietrich qui convie alors une dizaine d'invités de la veille pour écouter le nouveau chant. S'accompagnant au violon, Rouget entonne un air qui séduit une assistance en larmes. Il s'agit d'un véritable chant de guerre. Martial et déterminé, il appelle les citoyens aux armes pour défendre fils et compagnes et combattre les rois conjurés et les traîtres. Mais c'est aussi, et surtout, un hymne qui reflète les vraies aspirations de cette révolution qui est en marche, la liberté et l'amour sacré de la patrie qui justifient d'abattre la tyrannie et les « vils despotes ». Les mots sonnent juste, les formules sont efficaces et simples ! Quand on lui demande quel est le titre de sa composition, il annonce simplement : « Hymne de guerre dédié au maréchal de Luckner. »

■ Trois jours plus tard, alors que les huit cent douze hommes du bataillon Rhône-et-Loire l'interprètent pour la première fois sur la place d'armes de la ville, les couplets de Rouget de Lisle ont changé de nom et s'intitulent *Chant de guerre pour l'armée du Rhin*. Le peuple et la troupe sont séduits. Dès cet instant, le *Chant de guerre*, signé simplement « Rouget », est imprimé en toute hâte à Strasbourg et cette édition, vendue deux liards, va se répandre dans le pays comme une traînée de poudre.

Le Chant des Marseillais

Quand François Mireur, médecin, délégué de la Société montpelliéraine des amis de la Constitution et futur général de l'armée d'Égypte, vient à Marseille pour organiser la marche des volontaires de Montpellier et de Marseille vers Paris, il a bien pris soin de se munir de cette partition. Le soir du 22 juin 1792, chez le traiteur David, en compagnie de son ami Henri Goguet, il assiste à un grand banquet patriotique. À la fin des agapes, sous le titre *Chant de guerre aux armées aux frontières*, le jeune Mireur l'entonne alors lui-même devant une assistance encore une fois séduite et émue. Dès le lendemain, il le fait publier et distribuer aux troupes dont il a la charge. Tous l'adoptent immédiatement.

Dans leur lente montée vers la capitale, au rythme de leurs pas, les volontaires marseillais et montpelliérains ne cessent de faire entendre ce chant puissant dans toutes les régions qu'ils traversent. Le 30 juillet 1792, quand ils entrent enfin dans Paris, ils ont à la bouche cet air que les Parisiens baptiseront vite l'*Hymne des Marseillais*, puis la *Chanson marseillaise*. C'est une petite publication, La *Feuille villageoise*, qui, la première, parlera tout simplement de *La Marseillaise*. L'appellation sera reprise par le peuple et restera à jamais.

■ Le 10 août, en réponse au manifeste du duc de Brunswick qui menace de détruire Paris si Louis XVI n'est pas rétabli sur son trône, les sans-culottes parisiens s'allient aux cinq cent seize fédérés marseillais, mais aussi montpelliérains et bretons, pour prendre le palais des Tuileries où s'abrite le roi. C'est aux accents de *La Marseillaise* que les troupes révolutionnaires donnent l'assaut et que les derniers défenseurs du palais sont tués. Louis XVI se rend, puis se réfugie à l'Assemblée avant d'être emprisonné avec sa famille dans le donjon du Temple. Son destin est scellé ! Dès lors, loin devant les chants purement révolutionnaires comme *La Carmagnole* ou *Ça ira*, *La Marseillaise* devient le véritable symbole musical et martial de cette France nouvelle qui lutte pour sa liberté.

■ Pourquoi *La Marseillaise* s'est-elle à ce point imposée dans tous les milieux et dans toutes les couches sociales de la France de l'époque ? Chantée aussi bien par la foule des faubourgs que par les intellectuels ou les artistes ? C'est un exemple quasi unique. Il est certain qu'elle correspond parfaitement aux sentiments et aux discours de l'époque. À Paris, on la chante à tous les carrefours. Des centaines de parodies en reprennent l'air. Dans les théâtres « patriotiques », c'est elle que l'on reprend à l'entracte. Porte Maillot, devant un restaurant, les acteurs de l'Opéra entonnent l'air nouveau devant une foule nombreuse. Témoin de la scène, Louis Du Bois, un ami de Rouget de Lisle, raconte : « En plein air, sur une espèce de théâtre, improvisé au carrefour des deux allées avec quelques planches et des futailles vides, les acteurs de l'Opéra se placèrent. Alors Laïs, avec toute la puissance de son talent, toute l'ampleur et la solennité de sa voix, commença le chant demandé, dont le refrain était répété en chœur par ses camarades. Cet air, cette voix, ces paroles retentissant dans le silence de la nuit, au milieu des bois, à la clarté mystérieuse de la lune, tout concourait à donner à l'émotion générale un caractère religieux ; et, à ces mots : "Amour sacré de la patrie", d'un mouvement unanime et spontané, la foule entière fléchit le genou. »

De Valmy à Jemmapes

La guerre s'approche de Paris. Le 23 août 1792, la garnison de Longwy capitule devant les violents bombardements d'un artilleur prussien, le colonel Tempelhof. Le 2 septembre, c'est au tour de Verdun. L'Assemblée législative proclame alors « la patrie en danger » et arme de nouveau des volontaires. Le 20 septembre, les généraux Dumouriez et Kellermann partent au-devant de l'ennemi et regroupent leurs armées sur le plateau de Valmy, une petite ville de la Marne, à deux cents kilomètres à peine de Paris. Parmi ces quarante-sept mille soldats français adossés à un moulin et qui font face à trente-quatre mille Prussiens commandés par le duc de Brunswick, il y a l'ancien duc de Chartres, qui deviendra plus tard le roi Louis-Philippe. Dans l'après-midi, quand Kellermann donne le signal de l'attaque en levant son épée au bout de laquelle il a placé son chapeau au panache tricolore, les soldats hurlent « Vive la nation ! » et partent à l'assaut en entonnant une puissante *Marseillaise*.
Au même moment, dans les lignes adverses,

invité du duc Charles-Auguste de Saxe-Weimar, l'écrivain allemand Johann Wolfgang von Goethe, l'auteur francophile et francophone de *Faust*, assiste à la bataille. À ceux qui l'entourent, il lance : « De ce lieu et de ce jour date une époque nouvelle dans l'histoire du monde ; vous pourrez dire que vous y étiez ! » Surtout, fasciné par cette *Marseillaise* qui sort des poitrines françaises, il n'hésite pas, dans sa *Campagne de France*, à comparer le chant de guerre à un cantique : « Ce *Te Deum* révolutionnaire a toujours quelque chose de triste, même quand il est allégrement joué ; mais en ce moment où les musiciens réglaient leur mesure sur le pas lent des cavaliers, il avait quelque chose de saisissant et de terrible. »

Après la bataille, le général Servan, ministre de la Guerre, ordonne au général en chef des armées de l'Argonne que l'hymne soit joué face aux troupes victorieuses en guise d'hommage. Plus tard, à Wissembourg, quand il défait les Autrichiens et empêche ainsi que l'Alsace ne soit envahie, c'est une fois de plus *La Marseillaise* que le général Lazare Hoche fait chanter à ses troupes. En Belgique et dans le Nord, marchant à l'assaut, c'est encore elle que l'armée entonne aux combats de Jemmapes et de Wattignies.

Dans le rapport de la bataille qu'il adresse au Comité de salut public, le lieutenant-colonel Guillaume-Philippe Duhesme, futur général d'Empire, raconte ainsi : « Le bataillon retourne à la charge en entonnant l'hymne des Marseillais, "Allons, enfants de la patrie", favorisant l'enthousiasme du moment, et se rend maître de la batterie autrichienne. » « Au matin de Jemmapes, *La Marseillaise* tient lieu d'eau-de-vie », écrira Michelet. « Elle a fourni dix mille soldats à la patrie », ajoutera Carnot.

Toujours en Belgique, à Liège, où Dumouriez est accueilli en libérateur, les habitants ajoutent spontanément trois couplets à La Marseillaise. L'un d'eux, devançant le message universel que le chant répandra à travers le monde dans les années futures, dit :

Je vois jaillir cette lumière
Qui doit éclairer l'univers...
Ô ! France ! de la terre entière
Hâtez-vous de briser les fers ! (bis)
De l'homme soyez la patrie,
Et s'il reste encor des tyrans,
Qu'ils éprouvent tous les tourments
Qu'a causés leur rage ennemie !

La Marseillaise contestée

À Paris, le 24 novembre 1793 (4 frimaire an II), la Convention montagnarde institue *La Marseillaise* hymne national. Elle devra être jouée ou chantée dans tous les spectacles. Mais la partie n'est pas si facile.

Après la chute et l'arrestation de Robespierre le 27 juillet 1794 (9 thermidor an II), la colère monte au sein de la population contre ce qui fut la Terreur. Le matin du 10 thermidor, les députés Lindet et Cambacérès annoncent la fin de la Révolution. La Terreur est abandonnée. Le député « terroriste » Fouquier-Tinville est emprisonné. Des milliers de « suspects » sont libérés. La France souffle et profite du calme enfin retrouvé. Mais très vite, dans Paris et les grandes villes, apparaissent des bandes de jeunes gens qui se nomment eux-mêmes les « muscadins ». Issus de la jeunesse dorée lasse de la censure et de la « vertu » terroristes, ces « incroyables » et ces « merveilleuses » appellent à la contre-révolution et exigent le retour de la monarchie. Leur code vestimentaire est strict. Ils portent des bottes basses et des bas blancs, un collet noir qui symbolise le deuil de Louis XVI, une large cravate, et leur habit comporte dix-sept boutons de nacre pour évoquer ce Louis XVII qu'ils appellent de leurs vœux sur le trône de France. Agressifs et violents, ils ont à la main ce qu'ils appellent leur « pouvoir exécutif », un gourdin plombé avec lequel ils rossent ou assassinent tout ce qui ressemble de près ou de loin à un sans-culotte.

■ Bien entendu, leur refus de la Révolution et leur chasse aux symboles républicains se traduisent par un rejet total de *La Marseillaise* et de ce qu'elle représente. Ils s'approprient très vite un chant de Jean-Marie Souriguière et de Pierre Gaveaux : *Le Réveil du peuple*. Une vibrante protestation contre les excès révolutionnaires qui devient leur signe de ralliement et qu'ils tentent d'imposer par la force comme hymne de la France. Un chant qui commence ainsi :

Peuple français, peuple de frères,
Peux-tu voir sans frémir d'horreur
Le crime arborer les bannières
Du carnage et de la terreur ?
Et qui se termine par cette promesse :
Le jour tardif de la vengeance
Fait enfin pâlir vos bourreaux !

Entre *La Marseillaise* de la troupe et des foules armées et *Le Réveil du peuple* de la jeunesse et des adversaires de la Révolution, la bataille sera réelle, profonde et violente, les partisans de chacun des deux hymnes étant tout aussi déterminés à ne jamais céder.

À cette époque, les chants sont des médias puissants. Bien plus accessibles au peuple – souvent illettré – que les pamphlets, journaux et autres discours publics, ils sont le vecteur des opinions politiques et des idéaux révolutionnaires. Une chanson, ça s'apprend vite, ça se retient bien et ça diffuse les idées nouvelles bien plus efficacement que la plupart des autres écrits. C'est une arme ! Elle est conçue comme telle. On la combat comme telle. On la défend comme telle ! Pour mettre fin au conflit entre *Marseillaise* et *Réveil*, il faudra l'arbitrage définitif du Directoire.

Chant national de la République

Le 14 juillet 1795 (26 messidor an III), un décret de la Convention stipule :
« Article 1. L'hymne patriotique intitulé *Hymne des Marseillais*, composé par le citoyen Rouget de Lisle, et *Le Chœur de la liberté*, paroles de Voltaire, musique de Gossec, exécutés aujourd'hui, anniversaire du 14 Juillet, dans la salle de ses séances, seront insérés en entier au *Bulletin*.
Article 2. Les airs et chants civiques qui ont contribué au succès de la Révolution seront exécutés par les corps de musique des gardes nationales et des troupes de ligne. Le comité militaire est chargé de les faire exécuter chaque jour par la garde montante du Palais national. En conséquence, il y a lieu de se conformer à cette loi dans toutes les circonstances où les musiques militaires sont appelées à jouer un air officiel. »
Le 8 janvier 1796 (18 nivôse an IV), la plupart des muscadins partisans du Réveil du peuple sont arrêtés et emprisonnés. Leur chant est interdit. *La Marseillaise* est officiellement proclamée « chant national de la République » par la Convention. Rouget de Lisle, un temps accusé de tiédeur révolutionnaire et incarcéré comme suspect, est réhabilité par le gouvernement et reçoit un hommage officiel.

Les années sombres

Sous le Consulat et l'Empire, *La Marseillaise* connaît à nouveau une réelle disgrâce. Napoléon Bonaparte reconnaît pourtant la force et la puissance du chant. « *La Marseillaise* a été le plus grand général de la République », dira-t-il même. Mais de manière générale, il n'apprécie guère les chants patriotiques de l'époque, bien trop révolutionnaires pour l'officier rigide et amateur d'ordre qu'il est.

Une anecdote rapporte que, au siège de Toulon, un officier entreprend de faire jouer *La Marseillaise* pour accompagner les troupes qui montent à l'assaut d'un bastion anglais. Furieux, Bonaparte fait face à la troupe et ordonne d'une voix forte : « Point de musique ! mais la charge ! rien que la charge, entendez-vous ! » L'ouvrage est emporté, mais au son des flûtes et tambours réglementaires. Et bien que ses soldats entonnent toujours *La Marseillaise* au col du Saint-Bernard, à Marengo, en franchissant la Berezina ou, plus tard, lorsque la vieille garde formera le dernier carré de défenseurs à Waterloo, l'Empereur la rejette et la proscrit. Bonaparte lui préfère d'abord la *Marche consulaire*, puis, dès l'instauration de l'Empire, un vieux chant révolutionnaire tiré d'un opéra de D'Alayrac, *Veillons au salut de l'Empire*, de meilleure facture selon lui. À cette époque, par « empire » on entend généralement la nation dans son ensemble.

Rappelant leurs liens passés à l'armée, Rouget de Lisle, républicain de cœur, tente à plusieurs reprises de défendre sa *Marseillaise* en protestant avec véhémence, par écrit, auprès de Napoléon. Mais en vain. Entre l'Empereur et lui, la discorde sera toujours forte et vive.

Berlioz

Les années qui suivent Waterloo seront les années noires de *La Marseillaise*. Pendant les deux Restaurations, Louis XVIII interdit ce chant antimonarchiste. Il tente tout d'abord de le remplacer par une chanson purement royaliste intitulée *Vive Henri IV*. Il s'agit en fait d'une vieille chanson grivoise que tous les Français connaissent et fredonnent lors des repas de noce, mais dont les paroles sont changées pour qu'elles soient plus respectables, ce qui fera surnommer le chant « *La Marseillaise* des honnêtes gens ». Par la suite, le roi tente d'imposer comme hymne *Charmante Gabrielle*, une naïve bluette, mais sans plus de succès.

■ Du 27 au 29 juillet 1830, lors des journées révolutionnaires qui resteront dans l'histoire sous l'appellation des Trois Glorieuses, et qu'illustrera Delacroix dans son célèbre tableau *La Liberté guidant le peuple*, *La Marseillaise* retrouve brièvement sa place et sa vocation.
Au cœur du soulèvement populaire parisien qui fera tomber Charles X pour mettre Louis-Philippe Ier sur le trône, un témoin raconte : « Les vainqueurs des barricades virent avec acclamation *La Marseillaise* s'élancer dans leurs rangs, surpris de trouver si vivante et si jeune la contemporaine de leurs pères. Et ceux de ces pères, dont le cœur n'avait point vieilli, revinrent avec émotion à leurs premieres amours. Alors, depuis le balcon du prince jusqu'à l'échoppe de l'ouvrier, on la vit rallier toutes les voix dans un chœur universel. »

■ Quand cette révolution éclate, Hector Berlioz se prépare à passer, pour la quatrième fois, le concours de Rome. Enfermé dans l'Institut, malgré le bruit des combats et les balles qui claquent contre les murs de sa chambre, il compose sa cantate, *La Dernière Nuit de Sardanapale*, qui lui vaudra le prestigieux premier prix. Mais pour l'heure, le vent de révolte qui souffle sur la capitale fascine le jeune compositeur. « Je n'oublierai jamais la physionomie de Paris pendant ces journées célèbres, écrit-il dans ses *Mémoires*. La bravoure forcenée des gamins, l'enthousiasme des hommes, la frénésie des filles publiques, la triste résignation des suisses et de la garde royale, la fierté singulière qu'éprouvaient les ouvriers d'être, disaient-ils, maîtres de la ville et de ne rien voler ; et les ébouriffantes gasconnades de quelques jeunes gens. Et la musique, et les chants, et les voix rauques dont retentissaient les rues, il faut les avoir entendus pour s'en faire une idée ! »

■ Au cœur du mouvement révolutionnaire auquel il prend part activement, « le pistolet au poing, avec la sainte canaille », dit-il, Berlioz reçoit « une secousse musicale d'une violence extraordinaire ». Il poursuit : « Je traversais la cour du Palais-Royal, quand je crus entendre sortir d'un groupe une mélodie à moi bien connue. Ravi de la découverte, j'entre dans le cercle des chanteurs et leur demande la permission de me joindre à eux. On me l'accorde. [...]

« Nous commençons *La Marseillaise*.

« Aux premières mesures, la bruyante cohue qui s'agitait sous nos pieds s'arrête et se tait. Après le second couplet, on se tait encore, après le troisième, même silence. Ce n'était pas mon compte. À la quatrième strophe n'y tenant plus, je leur crie : "Eh ! sacredieu ! chantez donc !"

« Le peuple, alors, de lancer son "Aux armes, citoyens !" avec l'ensemble et l'énergie d'un chœur exercé.

« Il faut se figurer que ces quatre ou cinq mille voix étaient entassées dans un lieu sonore fermé à droite et à gauche, en haut par des vitraux, et en bas par des dalles retentissantes, il faut penser, en outre, que la plupart des chanteurs, hommes, femmes et enfants, palpitaient encore de l'émotion du combat de la veille, et l'on imaginera peut-être quel fut l'effet de ce foudroyant refrain.

« Pour moi, sans métaphore, je tombai à terre, et notre petite troupe, épouvantée de l'explosion, fut frappée d'un mutisme absolu, comme les oiseaux après un éclat de tonnerre. »

C'est probablement à cet instant précis que Berlioz décide de réorchestrer *La Marseillaise*. Sans doute pour qu'elle ressemble à jamais à ce qu'il vient d'entendre et qu'elle en restitue toute l'émotion. Le résultat, c'est un arrangement à la fois brillant et spectaculaire, « pour deux chœurs et une masse instrumentale ». Quand il envoie le résultat de son travail à Rouget de Lisle, cet « aîné révolutionnaire » qu'il admire et vénère, celui-ci lui répond : « Votre tête paraît être un volcan toujours en éruption » et le remercie chaleureusement.

Mais l'arrangement de Berlioz, qui restera définitif, n'empêche pas la monarchie de Juillet de rejeter *La Marseillaise*. Pour Louis-Philippe, il n'est pas question de raviver ce chant directement issu de la Révolution. Le cousin de Louis XVI reçoit pourtant l'investiture du peuple parisien à l'Hôtel de Ville en adoptant le drapeau tricolore que lui remet La Fayette et en entonnant en public *La Marseillaise*. Mais au-delà de ces symboles républicains, le roi des Français tente de substituer à l'hymne de Rouget de Lisle un chant d'origine allemande, *La Parisienne*, qui n'arrivera jamais vraiment à s'imposer.

■ Lorsque la IIe République est proclamée en février 1848, c'est à nouveau un vent de liberté qui souffle sur la France. Le nouveau pouvoir redonne brièvement sa place à cette *Marseillaise* qui fut dans les cachots de la monarchie restaurée l'hymne de ralliement de tous les républicains. Le coup d'État du prince président Louis Napoléon Bonaparte, le 2 décembre 1851, renvoie une fois de plus *La Marseillaise* au rang des chants subversifs et interdits. Pour la remplacer, Napoléon III adopte *Partant pour la Syrie*, parfois appelé *Le Beau Dunois* d'après ses premiers vers. Un chant qui n'emportera jamais l'adhésion des foules. Il s'agit d'une romance écrite vers 1807 par

Hortense de Beauharnais, sa propre mère. Pourtant, c'est bien encore *La Marseillaise* qu'entonnent les déportés que l'on exile aux frontières coloniales de l'Empire.

■ En 1870, la guerre contre la Prusse et ses alliés amène les armées françaises durement malmenées à redécouvrir *La Marseillaise*. Une ferveur patriotique intacte la fait résonner à nouveau sur les champs de bataille comme aux grandes heures de la Révolution. Et la défaite de Sedan ne fera que renforcer ce sentiment. Comme les soldats de Napoléon III, le peuple n'a jamais cessé d'aimer *La Marseillaise* et de la chanter ouvertement ou clandestinement selon les époques et les gouvernants.

En 1871, pendant la Commune de Paris, nombre de révolutionnaires la rejettent avec vivacité en l'accusant d'être l'hymne de « la bourgeoisie au pouvoir ». Louise Michel déclare même : « L'Empire l'a profanée, nous autres révoltés, nous ne la disons plus. » Pourtant, elle est encore chantée sur les barricades, fustigeant les traîtres et les versaillais.

Peu étonnant donc que les premiers dirigeants de la IIIe République, dont Adolphe Thiers et surtout Patrice de Mac-Mahon, ancien chef de l'armée chargée de reprendre Paris aux communards, ne la rejettent. En 1878, ce dernier affrontera même avec violence un député de Vendée, le capitaine Laissant, lequel proposait d'accorder à *La Marseillaise* le statut d'hymne national.

La consécration

Il faut en fait attendre 1879 et la présidence de Jules Grévy, un républicain convaincu, pour que la loi du 14 février – sur proposition de Gambetta – ne réhabilite véritablement et totalement *La Marseillaise*. Elle est reconnue, cette fois de manière définitive, comme hymne national de la France.

Pourtant, un dernier problème subsiste qui va mobiliser bien des énergies. Il existe à cette époque un tel nombre de versions, toutes différentes, qu'un véritable désordre musical ne manque pas de régner lors des cérémonies officielles. En fait, chaque fanfare, chaque orchestre militaire l'interprète à sa façon. Il faut le coup de sang du général Boulanger en 1886 pour remettre un peu d'ordre. Révolté d'être accueilli à travers la France par des *Marseillaise* de fantaisie qui ne se ressemblent guère entre elles, le général ministre de la Guerre ordonne aux chefs de musique de toute l'armée française de lui envoyer leurs partitions. Il en reçoit quatre-vingt-dix-neuf, toutes différentes !

En 1887, à la demande du ministère de la Guerre, une commission formée de musiciens professionnels et présidée par le compositeur Ambroise Thomas détermine enfin une partition et un texte officiels de *La Marseillaise*. Tous deux en vigueur depuis lors.

■ En 1914, avec l'Union sacrée, *La Marseillaise* retrouve en France sa véritable vocation. Un chant de guerre pour mener les hommes au combat, mais aussi un formidable chant de lutte contre l'envahisseur. Des Flandres à la Champagne, des Dardanelles au Chemin des Dames, Français, Anglais et Australiens confondus la chantent dans les tranchées et dans toutes les batailles de la Grande Guerre. Témoin ce chant, fort populaire sur le front et intitulé *Verdun, on ne passe pas* ! :

Mais nos enfants, dans un élan sublime
Se sont dressés, et bientôt l'aigle noir,
La rage au cœur impuissant en son crime,
Vit disparaître son suprême espoir,
Les vils corbeaux devant l'âme française
Tombent sanglants, c'est le dernier combat.

Pendant que nous chantons La Marseillaise,
Les assassins fuient devant les soldats.

À Paris, comme aux plus beaux jours de la Révolution, *La Marseillaise* s'empare de la rue. Elle est de tous les spectacles et de toutes les manifestations patriotiques. Le 14 juillet 1915, événement on ne peut plus symbolique et grandiose, les cendres de Rouget de Lisle sont transférées aux Invalides. L'occasion pour le président Poincaré de tracer un parallèle entre la France de 1792 et celle de la Grande Guerre. « La sublime improvisation de Rouget de Lisle a été [...] le cri de vengeance et d'indignation du noble peuple qui venait de proclamer les droits de l'homme et qui se refusait fièrement à ployer le genou devant l'étranger », lancera-t-il dans un discours enflammé.

Le 11 novembre 1918, à onze heures du matin, les clairons sonnent le cessez-le-feu sur toute la longueur du front. Dans toute la France, les cloches des églises sonnent à la volée. Mais des tranchées, c'est une fois de plus *La Marseillaise* qui jaillit à pleins poumons des poitrines françaises et alliées.

■ Après la victoire de 1918, de la droite extrême antiparlementaire à la gauche révolutionnaire, chacun va tour à tour s'approprier et rejeter *La Marseillaise*. Dans un pamphlet intitulé *Hourra l'Oural*, le poète Louis Aragon propose avec des mots très durs de remplacer l'hymne français par *L'Internationale* : « Quatre ans de *Marseillaise* avec les pieds dans la merde et la gueule en sang, *Marseillaise* des Dardanelles, *Marseillaise* de Verdun... Cède le pas, ô *Marseillaise*, à *L'Internationale*... Debout les damnés de la terre ! »

Pourtant, en 1935, le secrétaire général du Parti communiste, Jacques Duclos, s'exclame lors de la prestation de serment du Front populaire : « *La Marseillaise* est un chant révolutionnaire, un chant de liberté. » D'un cœur uni devant la montée des fascismes, les communistes affirmeront dès lors ne pas vouloir « laisser au fascisme le drapeau de la grande Révolution ni même *La Marseillaise* des soldats de la Convention ». De leur côté, c'est aussi en scandant *La Marseillaise* que les ligues d'extrême droite ont marché vers l'Assemblée nationale le 6 février 1934.

En 1940, après l'effondrement et l'occupation de la France, le régime de Vichy conserve tout d'abord *La Marseillaise*, mais il lui préfère peu à peu le piètre *Maréchal, nous voilà* ! L'interdiction par les Allemands de chanter *La Marseillaise* ne provoque d'ailleurs aucune réaction du gouvernement de collaboration.

À l'inverse, magnifiée et exaltée par la Résistance et le gouvernement de la France libre, *La Marseillaise* sortira du deuxième conflit mondial renforcée et grandie. À côté du *Chant des partisans*, elle aura été le chant des prisons, des torturés, des fusillés et des actions clandestines. Il est fortement symbolique que le général de Gaulle l'ait entonnée à Notre-Dame de Paris lors de la libération de la capitale.
Aragon lui-même, qui lui préférait *L'Internationale* au lendemain de la Première Guerre mondiale, rend un formidable hommage à cette *Marseillaise* chantée dans les camps d'extermination ou face aux pelotons d'exécution :
Il chantait, lui, sous les balles,
Des mots : "sanglant est levé".
D'une seconde rafale,
Il a fallu l'achever.
Une autre chanson française
À ses lèvres est montée,
Finissant La Marseillaise
Pour toute l'humanité !

■ La France à peine libérée, en septembre 1944, pour « célébrer notre libération et nos martyrs », le ministère de l'Éducation nationale exige que La Marseillaise soit apprise et chantée dans toutes les écoles de France. Les Constitutions des IVe et Ve Républiques la consacreront définitivement hymne national en ces termes sobres :
« Article 2. La langue de la République est le français.
« L'emblème national est le drapeau tricolore, bleu, blanc, rouge.
« L'hymne national est *La Marseillaise*.
« La devise de la République est Liberté, Égalité, Fraternité.
« Son principe est : gouvernement du peuple, par le peuple et pour le peuple. »

■ En 1974, à la demande de Valéry Giscard d'Estaing, alors président de la République, il est demandé au compositeur Roger Boutry de mettre au goût du jour d'anciennes partitions, en harmonisant l'hymne sur un tempo plus lent. « Avec trompettes mais sans tambours », lui est-il demandé. Il faut avouer que le résultat – qualifié de « *Marseillaise* oratorio » – ne séduit pas grand monde. Dès son arrivée au pouvoir en mai 1981, François Mitterrand se hâte de redonner à l'hymne son rythme d'antan, qui n'a pas bougé depuis.

■ Le 14 juillet 1989, célébrant le bicentenaire de la Révolution française, la cantatrice américaine Jessye Norman, drapée d'une robe tricolore dessinée par le couturier Azzedine Alaïa, interprète une *Marseillaise* inoubliable sur la place de la Concorde, à Paris. Symbolisant une fois de plus, et de manière éclatante, l'universalité de l'un des hymnes les plus célèbres au monde.

11 novembre 1940, place de l'Étoile

Novembre 1940. Vaincue, écrasée par la guerre éclair des armées allemandes, la France est à genoux. Paris est occupé. Avec les troupes d'occupation s'installe une oppression quotidienne faite de censures, d'interdictions et d'arrestations. Dans le Quartier latin, toujours prompt à s'enflammer, quelques étudiants tentent bien de réagir, notamment en brandissant furtivement ici ou là deux cannes à pêche tenues à bout de bras, homonymes dérisoires mais courageux de ce mystérieux de Gaulle qui continue la lutte au-delà de la Manche.
Le véritable premier acte de résistance de ces jeunes gens aura lieu le 11 novembre de cette année-là. La commémoration de la victoire de 1918 sur l'Allemagne est bien entendu interdite par les autorités d'occupation. Mais les esprits sont particulièrement échauffés après l'arrestation par la Gestapo du professeur Langevin, figure éminente du Front populaire et physicien de réputation mondiale. À la BBC, le 10 novembre, Maurice Schumann, porte-parole de la France libre, lance : « Sur les tombes de vos martyrs, renouvelez le serment de vivre et de mourir pour la France. »
Le lendemain, c'est en chantant La Marseillaise *– redevenue dans la bouche de ces étudiants un puissant chant subversif de lutte pour la liberté – que des centaines de jeunes garçons et filles convergent par petits groupes vers la place de l'Étoile. La répression sera féroce. Mais pour beaucoup, c'est ce jour-là que quelques « enfants de la patrie » auront sauvé l'honneur d'un pays entier.*

Paroles et musique de Claude Joseph Rouget de Lisle (1760-1836)
Adopté comme hymne national en 1795, puis en 1879

La Marseillaise

Allons, enfants de la patrie,
Le jour de gloire est arrivé !
Contre nous de la tyrannie
L'étendard sanglant est levé. *(bis)*
Entendez-vous dans les campagnes
Mugir ces féroces soldats ?
Ils viennent jusque dans nos bras
Égorger nos fils, nos compagnes.

Aux armes, citoyens !
Formez vos bataillons !
Marchons ! Marchons !
Qu'un sang impur
Abreuve nos sillons !

Que veut cette horde d'esclaves,
De traîtres, de rois conjurés ?
Pour qui ces ignobles entraves,
Ces fers dès longtemps préparés ? *(bis)*
Français ! pour nous, ah ! quel outrage !
Quels transports il doit exciter !
C'est nous qu'on ose méditer
De rendre à l'antique esclavage !

Aux armes, etc.

Quoi ! ces cohortes étrangères
Feraient la loi dans nos foyers !
Quoi ! ces phalanges mercenaires
Terrasseraient nos fiers guerriers ! *(bis)*
Grand Dieu ! par des mains enchaînées
Nos fronts sous le joug se ploieraient ;
De vils despotes deviendraient
Les maîtres de nos destinées !

Aux armes, etc.

Tremblez, tyrans ! et vous, perfides,
L'opprobre de tous les partis,
Tremblez ! vos projets parricides
Vont enfin recevoir leur prix ! *(bis)*
Tout est soldat pour vous combattre.
S'ils tombent, nos jeunes héros,
La France en produit de nouveaux,
Contre vous tout prêts à se battre !

Aux armes, etc.

Français, en guerriers magnanimes,
Portez ou retenez vos coups !
Épargnez ces tristes victimes,
À regret s'armant contre nous. *(bis)*
Mais ces despotes sanguinaires,
Mais ces complices de Bouillé,
Tous ces tigres qui, sans pitié,
Déchirent le sein de leur mère !

Aux armes, etc.

Amour sacré de la patrie,
Conduis, soutiens nos bras vengeurs !
Liberté, liberté chérie,
Combats avec tes défenseurs. *(bis)*
Sous nos drapeaux, que la victoire
Accoure à tes mâles accents !
Que tes ennemis expirants
Voient ton triomphe et notre gloire !

Aux armes, etc.

Les autres couplets de La Marseillaise

■ Dans la nuit strasbourgeoise, Rouget de Lisle a composé six couplets. Mais il en existe un septième, dit couplet « des enfants », dont l'origine est plus controversée puisque deux auteurs au moins s'en disputent la paternité.

Il s'agit tout d'abord de l'abbé Antoine Pessonneau, qui en aurait écrit les paroles avec ses élèves dans un collège de Vienne, en Isère, après avoir assisté au passage des fédérés marseillais. Une hypothèse souvent jugée fantaisiste. On parle aussi de l'historien et poète Louis-François Du Bois, un ami de Rouget de Lisle, qui affirme avoir rajouté ces paroles en octobre 1792, sur une idée empruntée au chant des Spartiates, rapporté par Plutarque.

Nous entrerons dans la carrière
Quand nos aînés n'y seront plus ;
Nous y trouverons leur poussière
Et la trace de leurs vertus. *(bis)*
Bien moins jaloux de leur survivre
Que de partager leur cercueil,
Nous aurons le sublime orgueil
De les venger ou de les suivre !

■ Le même Du Bois faisant d'ailleurs état d'un huitième couplet peu connu qu'il attribue à Collot d'Herbois. Strophe parue en 1794 à Lyon, titrée « À l'arbre de la liberté » et dont voici le texte :

Arbre chéri, deviens le gage
De notre espoir et de nos vœux ;
Puisses-tu fleurir d'âge en âge
Et couvrir nos derniers neveux ! *(bis)*
Que, sous ton ombre hospitalière,
Le vieux guerrier trouve un abri ;
Que le pauvre y trouve un ami ;
Que tout Français y trouve un frère !

■ Enfin, pour le plaisir, citons cette parodie d'auteur anonyme mais contemporaine de l'original :

Allons, enfants de la courtille
Le jour de boire est arrivé....
C'est pour vous que le boudin grille,
Et que le bon vin est tiré. *(bis)*
Entendez-vous dans la cuisine
Rôtir et dindons et gigots !
Ma foi ! nous serions bien nigauds
Si nous leur faisions triste mine.
À table, citoyens ! vidons tous les flacons.
Buvons ! Buvons !
Et qu'un vin pur abreuve nos poumons !

Veillons au salut de l'empire (1791)

Bien que Napoléon Ier l'ait choisie comme hymne officiel, il ne s'agit aucunement d'une chanson napoléonienne, mais d'un vieux chant révolutionnaire composé en 1791 sur une romance extraite d'un opéra de D'Alayrac. Le mot « empire » peut surprendre, mais il a longtemps été utilisé, même avant la Révolution, du temps de la royauté. Il est à prendre au sens romain ancien de nation.

Veillons au salut de l'empire,
Veillons au maintien de nos lois.
Si le despotisme conspire,
Conspirons la perte des rois.
Liberté, que tout mortel te rende hommage.
Tremblez, tyrans, vous allez expier vos forfaits !
Plutôt la mort que l'esclavage :
C'est la devise des Français.

Du salut de notre patrie
Dépend celui de l'univers.
Si jamais elle est asservie
Tous les peuples sont dans les fers.
Liberté, que tout mortel te rende hommage.
Tremblez, tyrans, vous allez expier vos forfaits !
Plutôt la mort que l'esclavage :
C'est la devise des Français.

Ennemis de la tyrannie,
Paraissez tous, armez vos bras,
Du fond de l'Europe avilie
Marchez avec nous au combat :
Liberté, que ce nom sacré nous rallie.
Tremblez, tyrans, vous allez expier vos forfaits !
Nous servons la même patrie
Les hommes libres sont français !

Jurons union éternelle
Avec tous les peuples divers,
Jurons une guerre mortelle
À tous les rois de l'univers.
Liberté, que ce nom sacré nous rallie.
Poursuivons les tyrans, punissons leurs forfaits !
On ne voit plus qu'une patrie
Quand on a l'âme d'un Français.

Partant pour la Syrie ou Le Beau Dunois (1807)

Peu après son coup d'État du 2 décembre 1851, le prince président Louis Napoléon Bonaparte devient Napoléon III, interdit *La Marseillaise* et tente d'imposer *Partant pour la Syrie*, quelquefois appelé *Le Beau Dunois*, comme hymne national. La musique a sans doute été écrite vers 1807 au château de Malmaison par la reine Hortense de Beauharnais, sa propre mère. Le chant est systématiquement interprété en présence de l'empereur ou de sa famille, lors des cérémonies officielles.

Partant pour la Syrie,
Le jeune et beau Dunois
Venait prier Marie
De bénir ses exploits.
Faites, Reine immortelle,
Lui dit-il en partant,
Que j'aime la plus belle *(bis)*
Et sois le plus vaillant. *(bis)*

Il écrit sur la pierre
Le serment de l'honneur
Et va suivre à la guerre
Le comte, son seigneur.
Au noble vœu fidèle,
Il dit en combattant :
Amour à la plus belle *(bis)*
Honneur au plus vaillant. *(bis)*

On te doit la victoire
Vraiment ! dit le seigneur,
Puisque tu fais ma gloire
Je ferai ton bonheur !
De ma fille Isabelle,
Sois l'époux à l'instant,
Car elle est la plus belle *(bis)*
Et toi le plus vaillant. *(bis)*

À l'autel de Marie,
Ils contractent tous deux
Cette union chérie
Qui seule rend heureux.
Chacun dans la chapelle
Disait en les voyant :
Amour à la plus belle *(bis)*
Honneur au plus vaillant. *(bis)*

Maréchal, nous voilà ! (1940)

Hymne officieux de l'État français sous le régime de Vichy et l'Occupation, *Maréchal, nous voilà* ! a été créé en 1940 et fut chanté par tous les écoliers de France et d'Afrique du Nord. Les paroles à la gloire du « vieux soldat » de quatre-vingt-cinq ans sont adaptées d'une chanson populaire de l'époque, *Voilà le Tour qui passe*, dont le refrain débutait ainsi : « Attention, les voilà ! les coureurs, les géants de la route. »

Une flamme sacrée
Monte du sol natal
Et la France enivrée
Te salue, maréchal !
Tous tes enfants qui t'aiment
Et vénèrent tes ans
À ton appel suprême
Ont répondu présent.

Maréchal, nous voilà !
Devant toi, le sauveur de la France
Nous jurons, nous, tes gars
De servir et de suivre tes pas.
Maréchal, nous voilà !
Tu nous as redonné l'espérance,
La patrie renaîtra !
Maréchal, maréchal, nous voilà !

Tu as lutté sans cesse
Pour le salut commun.
On parle avec tendresse
Du héros de Verdun.
En nous donnant ta vie,
Ton génie et ta foi,
Tu sauves la patrie
Une seconde fois.

Maréchal, etc.

Quand ta voix nous répète
Afin de nous unir :
« Français, levons la tête,
« Regardons l'avenir ! »
Nous, brandissant la toile
Du drapeau immortel,
Dans l'or de tes étoiles,
Nous voyons luire un ciel.

Maréchal, etc.

La guerre est inhumaine,
Quel triste épouvantail !
N'écoutons plus la haine,
Exaltons le travail
Et gardons confiance
Dans un nouveau destin.
Car Pétain, c'est la France,
La France, c'est Pétain !

Maréchal, etc.

Grande-Bretagne

Majestueux et incontournable *God Save the Queen* ! Immuable symbole de la monarchie britannique et de cet immense empire sur lequel – de Hongkong au Cap et de Vancouver à Sydney – le soleil ne se couchait jamais ! Interprété pour la première fois vers le milieu du XVIIIe siècle, cet hymne que l'on se plaît à considérer comme le plus ancien au monde n'est pourtant pas si bien connu. Il recèle même une grande part de mystère. Quelle est son origine ? Qui donc en est l'auteur ? Bien des incertitudes demeurent, sans compter les polémiques qui s'y attachent.

■ Selon de nombreux historiens, c'est un certain Dr John Bull, organiste de la chapelle royale pendant le règne de Jacques Ier, qui en aurait écrit paroles et musique en novembre 1605, lors de la découverte à Londres de la « Conspiration des Poudres ». À cette époque troublée de luttes farouches entre catholiques et protestants, quelques gentilshommes partisans du pape avaient amassé plusieurs barriques de poudre dans une cave située sous la Chambre des lords pour faire sauter le roi Jacques Ier et les membres des Communes. Le complot fut découvert le 5 novembre et les conspirateurs exécutés. La date devint alors fête nationale. Bull s'installe ensuite de 1617 à 1628, toujours comme organiste, à Notre-Dame d'Anvers. C'est là que se trouverait encore un manuscrit original prouvant qu'il a bien écrit le *God Save the King*. Mais est-ce suffisant pour lui en attribuer la paternité ?

Pour d'autres chercheurs britanniques, l'hymne aurait été créé par le chanteur et compositeur Henry Carey. Mais là encore, rien n'est certain. Vers 1740, s'inspirant des travaux de Bull, Carey en aurait entièrement réécrit les paroles et la musique à l'occasion de l'anniversaire de Georges II. Les Écossais affirment de leur côté que l'air est inspiré d'un de leurs cantiques datant de 1611 et intitulé *Remember O Thou Man*. Enfin, les spécialistes de la Royal Navy rappellent avec flegme et un brin de dédain que sous le règne d'Henri VIII, la phrase « God save the king » servait de mot de passe à Portsmouth entre marins de Sa Très Gracieuse Majesté. La réponse rituelle à cette première phrase étant « Long reign over us », c'est-à-dire « Que son règne sur nous dure longtemps ».

Quant à la date de sa première interprétation, là encore le mystère est total. D'aucuns affirment que le *God Save the King* aurait été chanté pour la première fois en 1740 pour célébrer la destruction de Portobelo, dans les Caraïbes espagnoles, par l'amiral Vernon. Mais n'était-ce pas en 1746, après la victoire remportée par le duc de Cumberland sur les jacobites à Culloden ? De quoi y perdre à la fois son latin et son anglais...
Reste enfin une hypothèse. Assez sérieuse pour se voir accorder du crédit par de nombreux historiens, y compris britanniques, elle se révèle plutôt séduisante pour les Français. Certains chercheurs n'hésitent pas en effet à affirmer que le *God Save the King* ne serait que le vulgaire plagiat d'un cantique français du XVIIe siècle écrit à l'attention du Roi-Soleil... Comment est-ce donc possible ?

■ À cette époque, en 1686 très exactement, dans son palais de Versailles, le malheureux Louis XIV souffre d'une grave fistule anale qui le tourmente jour et nuit. La seule solution consiste

royal, Charles-François Félix, n'a jamais tenté un tel acte opératoire. Le 18 novembre de cette année-là, pourtant, à sept heures du matin, l'intervention a finalement lieu, dans la chambre du roi, en présence de quelques dignitaires, dont Madame de Maintenon. On craint fort pour la vie du monarque et, dans les églises de Paris, bon peuple et bourgeoisie se réunissent pour prier avec ferveur. Mais l'opération réussit et deux mois plus tard, le 11 janvier 1687, Louis XIV se remet lentement et effectue sa première promenade dans l'orangerie de Versailles. Malgré ses souffrances postopératoires, le Roi-Soleil ira même visiter les religieuses de la maison d'éducation de Saint-Cyr. Ce jour-là, la supérieure générale de l'institution, une certaine madame de Brinon, salue la venue du souverain avec une fervente prière qu'elle a elle-même écrite pour obtenir du Très-Haut la guérison du roi et la fin de ses souffrances. Les paroles en sont assez troublantes :

Grand Dieu, sauvez le roi,
Grand Dieu, vengez le roi,
Vive le roi !
Qu'à jamais glorieux
Louis victorieux
Voye ses ennemis
Toujours soumis.

Très vite, Jean-Baptiste Lully met cette prière en musique et la transforme en un cantique qui devient rapidement assez populaire. Un véritable succès ! À tel point que Georg Friedrich Haendel, musicien officiel de la cour d'Angleterre, s'en serait emparé lors d'un passage à Saint-Cyr. Le futur compositeur du *Messie* n'aurait pas hésité à s'en inspirer largement pour écrire à son tour un hymne en l'honneur de son employeur, l'électeur de Hanovre, qui deviendra en 1714 Georges Ier, roi d'Angleterre ! Haendel aurait ainsi copié non seulement les paroles, mais se serait aussi purement et simplement approprié la musique. Une autre version du « plagiat » attribue à Madame de Maintenon l'introduction de cet air auprès des partisans de Jacques III Stuart, réfugiés à l'époque à Saint-Germain-en-Laye. Partisans qui l'auraient ensuite emporté dans leurs bagages lors de leur retour outre-Manche en août 1745.

■ Quelle que soit la véritable origine du *God Save the King*, le succès est au rendez-vous, avec la « carrière » que l'on connaît. Aujourd'hui, selon la très officielle version de la monarchie britannique, les auteurs du *God Save the King* sont et resteront à jamais « anonymes », l'air ayant été interprété pour la première fois en 1745. Cette année-là, le jeune prétendant au trône, le prince Charles Édouard Stuart, battait en Écosse l'armée du roi Georges II. De retour à Londres, dans un élan de ferveur patriotique, le chef d'orchestre du théâtre royal, à Drury Lane, fit jouer *God Save the King* à la fin de la représentation. Un formidable succès amena très vite les autres théâtres à faire de même. Datant de cette époque, il est possible aujourd'hui de voir, au British Museum, un arrangement écrit par un certain Thomas Arne pour le Drury Lane Theatre. Cette tradition d'interpréter l'hymne lors des représentations publiques sera maintenue jusqu'au XXe siècle dans toutes les salles de spectacle, et par la suite aussi dans les cinémas.

■ Pendant longtemps, l'hymne britannique a été repris dans bien d'autres pays. Il fut copié, traduit et chanté en Prusse, en Suisse, en Suède, au Danemark, en Russie et bien entendu en Amérique du Nord, où il fut utilisé bien après l'indépendance des États-Unis. Des compositeurs aussi prestigieux que Beethoven, Haydn, Debussy, Paganini ou Brahms s'en sont largement inspirés.

■ Adopté officiellement comme hymne du **Royaume uni de Grande-Bretagne et d'Irlande du Nord** en 1825 seulement, il n'existe pourtant aucune version écrite officielle de ce chant. En 1933, sous l'influence du roi Georges V, de simples directives avaient été données aux orchestres militaires, pour harmoniser les interprétations. Mais en Angleterre, tout est affaire de tradition et les paroles actuelles du premier couplet – le seul à être chanté – sont toujours celles de 1745. Avec un seul changement selon les occasions : *king* et *queen*, roi ou reine, sont interchangeables selon les époques et les souverains.

Fair-play les Anglais !
*En décembre 2002, pour célébrer son soixante-dixième anniversaire, la BBC World Service, filiale internationale de la mondialement célèbre radio-télévision britannique, organise un concours auprès de ses auditeurs pour choisir la plus belle chanson de tous les temps. Surprise ! Loin devant des standards tels qu'*Imagine*, de John Lennon, c'est* A Nation Once Again*, interprété par le groupe folk The Wolfe Tones qui arrive en tête. Écrit en 1841 par Thomas Davis, leader d'un mouvement indépendantiste irlandais, cette chanson est l'un des grands classiques de la lutte contre les Anglais et fut même choisie comme hymne national de l'Irlande de 1922 à 1926.*

Paroles et musique d'auteur anonyme
Adopté comme hymne national en 1825

Dieu sauve la reine

Dieu sauve notre gracieuse reine,
Longue vie à notre noble reine,
Dieu sauve la reine.
Qu'un règne victorieux,
Heureux et glorieux,
S'étende longtemps sur nous :
Dieu sauve la reine.

Ô Seigneur, ô Dieu, élève-la,
Disperse ses ennemis,
Et provoque leur chute ;
Emmêle leurs stratagèmes,
Empêche leurs tours de coquin,
En toi s'ancrent nos espérances :
Dieu sauve-nous tous.

Les présents de choix que tu gardes,
Répands-les sur elle,
Que son règne dure longtemps.
Qu'elle défende nos lois,
Et nous donne toujours l'envie
De chanter avec notre cœur et notre voix,
Dieu sauve la reine.

Version en anglais

God Save the Queen

God save our gracious queen,
Long live our noble queen,
God save the queen.
Send her victorious,
Happy and glorious,
Long to reign over us:
God save the queen.

O Lord, our God, arise,
Scatter thine enemies,
And make them fall;
Confound their politics,
Frustrate their knavish tricks,
On thee our hopes we fix:
God save us all.

Thy choicest gifts in store
On her be pleased to pour,
Long may she reign.
May she defend our laws,
And ever give us cause
To sing with heart and voice,
God save the queen.

Écosse

Bien entendu, l'Écosse fait partie de la Grande-Bretagne et à ce titre n'est pas un pays indépendant. Officiellement, il n'existe donc pas d'hymne national écossais. Mais qui oserait affirmer que l'Écosse n'est pas une vraie nation, fière de ses couleurs, de son histoire, de ses traditions séculaires et bien entendu de ses hymnes ? Ceux qui ont eu la chance d'entendre *Flower of Scotland* ou *Scotland the Brave* repris en chœur dans les Highlands ou à Murrayfield lors d'un match de rugby ne doutent plus qu'il existe bel et bien des chants qui symbolisent l'âme de ce grand peuple.

■ *Flower of Scotland* est actuellement l'un des plus chantés. Pourtant, cet air patriotique est de composition tout à fait récente. Œuvre d'un groupe folklorique, les Corries, dans les années soixante-dix, ce chant rappelle la victoire du roi d'Écosse Robert Bruce contre le roi d'Angleterre Édouard II à la bataille de Bannockburn en 1314. Une victoire qui marqua pour longtemps la fin de la domination de Londres sur les terres écossaises.

■ Il y a une vingtaine d'années, dans les stades de rugby et de football, les spectateurs écossais avaient pris l'habitude d'entonner avec force *Flower of Scotland* pendant que le très officiel *God Save the Queen* était interprété, rendant ainsi l'hymne inaudible... et gênant terriblement les autorités sportives et politiques.
Singulièrement, ce fut un membre de la famille royale qui trouva la solution la plus digne et la plus fair-play. En ouverture d'une rencontre sportive, à Murrayfield précisément, la princesse Anne elle-même se mit au diapason du public et entonna *Flower of Scotland* avec quelques dizaines de milliers d'Écossais émus et ravis. Il est admis depuis que *Flower of Scotland* soit joué en lieu et place de l'hymne britannique en l'honneur des couleurs écossaises.

Paroles et musique de Roy Williamson (1936 -1990),
du groupe The Corries

Mon pays natal, ma joie, ma fierté

Ô fleur d'Écosse,
Quand te verrons-nous
De nouveau,
Ceux qui se sont battus et sont morts pour
Tes minuscules collines et vallées
Et se sont dressés contre lui,
L'armée du fier Édouard,
Et l'ont renvoyé chez lui,
Ils y pensent encore.

Les collines sont nues maintenant,
Et les feuilles d'automne
Forment une couche épaisse et tranquille,
Sur la terre qui est maintenant perdue,
Avec ceux auxquels nous tenions tant,
Et qui se sont dressés contre lui,
L'armée du fier Édouard,
Et l'ont renvoyé chez lui,
Ils y pensent encore.

Ces jours sont du passé désormais,
Et dans le passé
Ils doivent rester,
Mais nous pouvons encore nous lever
Et être à nouveau une nation
Qui se dresse contre lui,
L'armée du fier Édouard,
Et le renvoyer chez lui,
Ils y pensent encore.

Ô fleur d'Écosse,
Quand te verrons-nous
De nouveau,
Ceux qui se sont battus et sont morts pour
Tes minuscules collines et vallées
Et se sont dressés contre lui,
L'armée du fier Édouard,
Et l'ont renvoyé chez lui,
Ils y pensent encore.

Version en anglais

Flower of scotland

O Flower of Scotland,
When will we see
Your like again,
That fought and died for,
Your wee bit Hill and Glen,
And stood against him,
Proud Edward's Army,
And sent him homeward,
Tae think again.

The Hills are bare now,
And Autumn leaves
lie thick and still,
O'er land that is lost now,
Which those so dearly held,
That stood against him,
Proud Edward's Army,
And sent him homeward,
Tae think again.

Those days are past now,
And in the past
they must remain,
But we can still rise now,
And be the nation again,
That stood against him,
Proud Edward's Army,
And sent him homeward,
Tae think again.

Flower of Scotland,
When will we see
your like again,
That fought and died for,
Your wee bit Hill and Glen,
And stood against him,
Proud Edward's Army,
And sent him homeward,
Tae think again.

Pays de Galles

Un matin de janvier 1856, un tisserand de Pontypridd, Evan James, écrit un texte en langue galloise pour accompagner un air composé par son fils James James. Mélodie probablement fondée sur une musique ancienne du folklore gallois, jouée le plus souvent à la harpe celtique. Le chant, qui traduit le profond sentiment national du peuple gallois, est très certainement interprété en public pour la première fois en 1856 dans la sacristie de la chapelle de Tabor, à Maesteg, la première version n'étant imprimée que deux ans plus tard, en 1858. Son interprétation est de plus en plus fréquente. En 1874, à l'occasion du National Eisteddfod, grande fête galloise qui a lieu à Bangor, il devient véritablement un hymne national, reconnu par l'ensemble de la population. Aujourd'hui, *Hen Wlad Fy Nhadau* est interprété en de multiples occasions, sportives, culturelles et même parfois officielles.

Version en gallois

Hen Wlad Fy Nhadau

Paroles d'Evan James (1809-1878)
Musique de James James (1833-1902)

Mae hen wlad fy nhadau yn annwyl i mi,
Gwlad beirdd a chantorion, enwogion o fri;
Ei gwrol ryfelwyr, gwladgarwyr tra mad,
Tros ryddid collasant eu gwaed.

Gwlad, gwlad, pleidiol wyf i'm gwlad,
Tra môr yn fur i'r bur hoff bau,
O bydded i'r hen iaith barhau.

Hen Gymru fynyddig, paradwys y bardd,
Pob dyffryn, pob clogwyn i'm golwg sydd hardd;
Trwy deimlad gwladgarol, mor swynol yw si
Ei nentydd, afonydd, i mi.

Gwlad, etc.

Os treisiodd y gelyn fy ngwlad tan ei droed,
Mae hen iaith y Cymry mor fyw ag erioed;
Ni luddiwyd yr awen gan erchyll law brad,
Na thelyn berseiniol fy ngwlad.

Gwlad, etc.

Vieille terre de mes pères

La vieille terre de mes pères m'est précieuse,
Vieille terre où les ménestrels sont honorés et libres ;
Ses défenseurs si courageux et si braves,
Ont donné leur sang pour la liberté.

Mon pays, mon pays, fidèle je suis à mon pays,
Alors que les mers protègent cette terre si pure,
Ô, puisse se perpétuer la vieille langue.

Vieux pays de Galles montagneux, paradis des bardes,
Chaque vallée et chaque falaise traduit sa beauté ;
À travers l'amour de mon pays, chaque ruisseau et chaque rivière
Sera pour moi une voix pleine de charme.

Mon pays, etc.

Bien que l'ennemi ait piétiné ma terre sous ses pieds,
La langue de la Cambrie est plus vivante que jamais ;
La muse n'est pas vaincue par la main tranchante du traître,
Pas plus que n'est réduite au silence la douce harpe de ma terre.

Mon pays, etc.

Grèce

Au début du XIXe siècle, la Grèce lutte intensément pour se libérer de la tutelle turque. En mai 1823, dans un contexte révolutionnaire exacerbé, un jeune poète, Dionysios Solomós, écrit un *Hymne à la liberté* qui ne comporte pas moins de cent cinquante-huit strophes !

■ Il s'agit en fait d'une véritable déclaration politique qui s'adresse non seulement aux Grecs qui affrontent l'Empire ottoman dans des conditions difficiles, mais surtout qui lance un véritable appel au secours aux grandes nations européennes. Solomós met en avant le combat de ses compatriotes pour recouvrer leur liberté et leur religion et en appelle au soutien de pays comme la France et la Grande-Bretagne.

Effectivement, face à la répression violente des Turcs, qui fera plus de deux cent mille morts à Chio, le combat des Grecs bouleverse les opinions publiques et mobilise les intellectuels amoureux de ce pays. En 1827, la France, le Royaume-Uni et la Russie entrent en guerre contre les Ottomans et leurs alliés égyptiens. En envoyant sur place flotte et force expéditionnaire, les Européens auront vite raison de la coalition turque. Le 3 février 1830, à Londres, le sultan Mahmud II est contraint de mettre fin à quatre siècles d'occupation ottomane. La Grèce est enfin indépendante.

■ En juin 1865, peu après le rattachement des îles Ioniennes à la Grèce, le roi Georges Ier y effectue un voyage officiel. Pour l'accueillir, l'orchestre philharmonique de l'île de Corfou interprète en son honneur l'*Hymne à la liberté*. Ému et impressionné, le roi ordonne alors que cet air soit interprété lors des occasions officielles. Deux mois plus tard, un décret institue l'*Hymne à la liberté* de Solomós, mis en musique par Nikolaos Mántzaros en 1828, chant national officiel.

■ Aujourd'hui, alors que Dionysios Solomós, surnommé le « Dante grec » est considéré comme poète national, seules les deux premières strophes constituent l'hymne national officiel de la **République hellénique**.

Paroles de Dionysios Solomós (1798-1857)
Musique de Nikolaos Mántzaros (1795-1873)
Adopté comme hymne national en 1864

Hymne à la Liberté

Je te reconnais au tranchant
De ton glaive redoutable ;
Je te reconnais à ce regard rapide
Dont tu mesures la terre.

Sortie des ossements sacrés des Hellènes,
Et forte de ton antique énergie,
Je te salue, je te salue, ô liberté !

Depuis longtemps tu gisais dans la poudre,
Couverte de honte, abreuvée d'amertume,
Et tu attendais qu'une voix généreuse
Te dît : « Sors de la tombe ! »

Sortie des ossements, etc.

Combien il tardait ce jour tant désiré !
Partout régnait un morne silence ;
Les cœurs étaient glacés de crainte,
Et comprimés par l'esclavage.

Sortie des ossements, etc.

Version en grec

Humnos eis tin Elphtherian

Σε γνωρίζω από την κόψη
Του σπαθιού την τρομερή,
Σε γνωρίζω από την όψη
Που με βία μετράει τη γη.

Απ'τα κόκαλα βγαλμένη
Των Ελλήνων τα ιερά,
Και σαν πρώτα ανδρειωμένη,
Χαίρε, ω χαίρε, Ελευθερία!

Έχει μέσα εκατοικούσες
Πικραμένη, εντροπαλή,
Κι' ένα στόμα ακαρτερούσες,
Ελα πάλι, να σου πη.

Απ'τα κόκαλα...

Άργειε νάλθη εκείνη η μέρα,
Και ήταν όλα σιωπηλά,
Γιατί τάσκιαζε η φοβέρα
Και τα πλάκωνε η σκλαβι.

Απ'τα κόκαλα...

HONGRIE

Hongrie

C'est en 1828 que le poète hongrois Ferenc Kölcsey écrit les paroles du texte qui deviendra l'hymne de son pays. En 1842, un concours public est organisé pour y adapter une musique et donner véritablement naissance à l'hymne national. C'est la composition de Ferenc Erkel, chef d'orchestre, créateur de l'Opéra national hongrois et directeur de l'Académie nationale de musique, qui est choisie. L'hymne terminé est interprété pour la première fois sur la scène du Théâtre national de Budapest en 1844, mais il faudra attendre 1903 pour qu'il soit véritablement officialisé. Le poème original de Ferenc Kölcsey comporte huit strophes, mais l'hymne actuel de la **République de Hongrie** n'en utilise que la première.

Paroles de Ferenc Kölcsey (1790-1838)
Musique de Ferenc Erkel (1810-1893)
Adopté comme hymne national en 1903

Bénis le Hongrois, ô Seigneur

Bénis le Hongrois, ô Seigneur,
Fais qu'il soit heureux et prospère,
Tends vers lui ton bras protecteur
Quand il affronte l'adversaire ;
Donne à qui fut longtemps broyé,
Des jours paisibles et sans peines,
Ce peuple a largement payé
Pour les temps passés ou qui viennent !

Version en hongrois

Isten áldd meg a Magyart

Isten, áldd meg a Magyart
Jó kedvvel, bőséggel,
Nyújts feléje védő kart,
Ha küzd ellenséggel;
Bal sors akit régen tép,
Hozz reá víg esztendőt,
Megbünhödte már e nép
À multat sjövendőt!

À travers la Hongrie, un autre poème est considéré comme un deuxième hymne national. Il s'intitule Exhortation, *et est souvent entonné à la fin des réunions officielles. Composé en 1840, son auteur est le poète Mihály Vörösmarty (1800-1855), sur une composition de Béni Egressy (1814-1851).*

Reste fidèle à ta patrie,
Hongrois, c'est ton berceau.
De sa chair elle t'a nourri
Et sera ton tombeau.
Au vaste monde, ailleurs qu'en elle,
Pas de place pour toi.
À vivre et mourir là t'appelle
Ton destin quel qu'il soit.

IRLANDE

Irlande

L'hymne national irlandais est souvent controversé. Certains lui reprochent ses paroles militaristes, et on l'accuse même parfois d'entretenir la discorde entre le nord et le sud de l'île. Comme bien d'autres hymnes avant lui – *La Marseillaise* en particulier –, Le Chant du soldat reflète pourtant la naissance violente et dramatique d'une nation : la **République d'Irlande**.

■ Depuis le XVIIIe siècle, les Irlandais n'ont eu de cesse que de se séparer de la Couronne britannique. Tout au long du XIXe siècle, soulèvements, révoltes et combats se succèdent. La Convention française accorde même aux Irlandais une aide militaire pour lutter contre les troupes anglaises, mais en vain. C'est à cette époque qu'est créé le drapeau de la future république. Le vert de l'Irlande nationaliste et l'orange des loyalistes, séparés par le blanc de la paix...

Jusqu'à la Première Guerre mondiale, la tension ne cesse de monter, accrue par une terrible famine qui pousse une partie de la population à émigrer vers l'Amérique, et surtout par la permanente répression anglaise. Plusieurs armées secrètes se créent et gagnent en puissance. L'affrontement est inévitable.
Il survient le 24 avril 1916, jour de Pâques, à Dublin. Ce jour là, les « volontaires irlandais » prennent la poste centrale, proclament la république et créent l'Armée républicaine irlandaise, l'IRA. La réaction britannique est violente. Pourchassés et arrêtés, les rebelles sont tous exécutés ! L'expression la plus forte de cette répression est le massacre de Croke Park à Dublin, qui restera dans la mémoire collective irlandaise comme le *Bloody Sunday*, le « dimanche sanglant ». Dans les années qui suivent, négociations et violents combats alternent sans cesse, mais malgré sa supériorité numérique et son armement, l'armée anglaise ne viendra jamais à bout des clandestins de l'IRA.

Finalement, en 1922, faisant appliquer le Home Rule, Londres partage l'île en deux entités. Les vingt-six comtés du Sud à majorité catholique deviennent l'État libre d'Irlande (*Saorstát Éireann*), alors que les six comtés du Nord restent acquis au Royaume-Uni. Pour le Sud, il ne s'agit pas d'indépendance ! L'État libre devient un dominion qui fait toujours allégeance à la Couronne britannique. Il n'a donc pas d'hymne national, excepté le *God Save the King*, interprété lors des occasions officielles.

De voir ainsi démantelés les trente-deux comtés historiques de l'île révolte les mouvements révolutionnaires, dont l'IRA, qui dénonce avec violence le traité signé avec l'Angleterre. La guerre civile est inévitable. Elle va durer plusieurs années et fera – affirment certains – plus de victimes que la répression britannique. Le 16 décembre 1922, une Constitution irlandaise est votée à Dublin. Elle adopte comme hymne *A Nation Once Again*, *De nouveau une nation*, avec des paroles en anglais. Un texte qui affirme : « L'Irlande n'est plus une province, elle est de nouveau une nation. » En mai 1923, l'IRA dépose les armes. Les tensions s'apaisent.

■ Trois ans plus tard, en 1926, un nouvel hymne est choisi. Symbole fort, il s'agit d'un chant écrit en gaélique, la vieille langue irlandaise longtemps interdite par les autorités britanniques. Il s'intitule *Amhrán na bhFiann*, *Le Chant du soldat*, et raconte la lutte des « hommes de l'île de la Destinée », autre nom de l'Irlande, contre « l'ennemi saxon ».

Son auteur, Peadar Ó Cearnaigh (O'Kearney, en anglais), est né à Dublin en 1883. Militant actif de la cause irlandaise, il est membre de plusieurs fraternités nationalistes. La nuit, il enseigne le gaélique, langue qui fut un moment menacée de disparaître sous la pression anglaise. C'est pour l'une des associations auxquelles il adhère, le Oliver Bond 1798 Club, qu'il écrit son *Chant du soldat* en 1907. Un ami proche, Patrick Heaney, l'aide à le mettre en musique. En 1912, l'hymne est publié dans le journal clandestin *Irish Freedom*, la « Liberté irlandaise ». Très vite, il devient le chant de marche de la milice des *Irish Volunteers*, mais restera cantonné au monde souterrain des activistes paramilitaires. Ce n'est qu'après les « Pâques sanglantes » de 1916 qu'il atteindra sa véritable renommée.

■ Après le Home Rule, le Conseil exécutif de l'État libre lui accordera un statut d'hymne officieux, interprété seulement à l'intérieur du pays. En dehors des frontières, c'est *Let Erin Remember (Que l'Irlande se souvienne)*, moins violent à l'égard des Britanniques, qui sera interprété. Mais personne n'est vraiment satisfait. En juin 1924, un journal, le *Dublin Evening Mail*, lance même un concours, offrant un prix de cinquante guinées à qui présentera un hymne national pour l'Irlande. Mais les résultats sont trop décevants pour aller plus loin. En juillet 1926, Dublin impose finalement *Le Chant du soldat*. Il devra être interprété lors de toutes les occasions officielles, en Irlande comme ailleurs. Se pose alors la question du *God Save the King*, toujours présent lors des cérémonies officielles, surtout en présence du gouverneur général de Sa Gracieuse Majesté, puisque l'Irlande n'est pas vraiment indépendante. Les deux hymnes ne font pas vraiment bon ménage, et la polémique va durer des années. Finalement, en 1931, une astuce est trouvée afin de ne plus heurter les sensibilités : lors des cérémonies officielles, l'hymne irlandais sera joué « entre Irlandais » avant l'arrivée des autorités britanniques, alors que le *God Save the King* sera interprété à la fin, en toute discrétion ! « Alors que tout le monde est parti », affirment les mauvaises langues…

■ En 1937, à la fureur de Londres, l'Irlande du Sud proclame son indépendance de manière unilatérale, en devenant la République d'Irlande. République qui adopte *Le Chant du soldat* comme hymne national. Il faudra pourtant attendre 1948 pour que tout lien constitutionnel avec le Royaume-Uni soit effectivement supprimé.

Paroles de Peadar Ó Cearnaigh (1883-1942)
Musique de Peadar Ó Cearnaigh et de Patrick Heaney (1881-1911)
Adopté comme hymne national en 1926

Version en gaélique

Amhrán na bhFiann

Seo dhibh, a cháirde, duan Óglaigh,
Cathréimeach bríomhar ceolmhar,
Ár dtinte cnámh go buacach táid,
'S an spéir go mín réaltógach.
Is fonnmhar faobhrach sinn chun gleo
'S go tiúnmhar glé roimh thigheacht do'n ló
Fé chiúnas chaoimh na hoiche ar seol:
'Seo libh canaídh Amhrán na bhFiann.

Sinne Finna Fáil a tá fé gheall ag Érinn,
Dhea buin dár sluagh tar tinn do ráinig chughainn:
Fámhóid bheith saor, sean-tír ár sinnseair feasta
Ní fhagfar fé'n tiorán ná fé'n trail:
Anocht a theigeamh sa bhearna bhaoghail,
Le gean ar Ghaedhil chun báis nó saoghail,
Le guna screach fá lamhach na piléar
Seo libh, canaidh Amhrán na bhFiann.

Cois bánta réidhe, ar árdaibh sléibhe,
Ba bhuachach ár sinsir romhainn,
Ag lámhach go tréan fé'n sár-bhrat séin
Tá thuas sa ghaoith go seolta.
Ba dhúchas riamh d'ár gcine cháidh
Gan iompáil siar ó imirt áir,
'S ag siúl mar iad i gcoinne námhad
Seo libh, canaídh Amhrán na bhFiann.

Sinne Fianna...

À bhuíon nách fann d'fhuil Ghaeil is Gall,
Sin breacadh lae na saoirse,
Ta scéimhle 's scanradh i gcroíthe namhad,
Roimh ranna laochra árd tire;
Ár dtinte is tréith gan spréach anois,
Sin luisne ghlé san spéir anoir,
'S an bíobha i raon na bpiléar agaibh:
Seo libh, canaídh Amhrán na bhFiann.

Sinne Fianna...

Le Chant du soldat

Nous chanterons un chant, un chant de soldats,
Avec un chœur réconfortant et enthousiaste,
Alors que nous affluons autour de nos feux ardents,
Les cieux étoilés au-dessus de nous ;
Avides de la bataille à venir,
Alors que nous attendons la lumière du matin,
Ici, dans le silence de la nuit,
Nous chanterons un chant de soldats.

Des soldats nous sommes, dont les vies sont promises à l'Irlande.
Certains sont venus d'un pays au-delà des vagues.
Jurons d'être libres, jamais plus notre vieux pays natal
N'abritera le despote ou l'esclave.
Ce soir, que viennent le malheur et les larmes,
Nous resterons vigilants au danger pour la cause de l'Irlande,
Dans le rugissement des canons et la fusillade,
Nous chanterons notre chant de soldats.

Dans la verte vallée, sur le roc imposant,
Nos ancêtres ont combattu avant nous
Et ont vaincu, sous le même vieux drapeau
Qui flottait au-dessus d'eux.
Nous sommes à jamais une race de combattants,
Qui n'a jamais connu la honte,
Et, marchant face à l'ennemi,
Nous chanterons notre chant de soldats.

Des soldats nous sommes, etc.

Fils de Gael, hommes du Pale,
Le long jour tant attendu se lève :
Les rangs serrés des hommes de l'île de la Destinée
Vont faire trembler le tyran ;
Nos feux de camp brûlent doucement maintenant,
Vois à l'est une lueur argentée,
Là-bas nous attend l'ennemi saxon,
Alors chante un chant de soldats.

Des soldats nous sommes, etc.

Islande

L'hymne national islandais est composé en 1874, à l'occasion des grandes fêtes commémorant le millénaire du peuplement de cette île nordique. C'est en effet en l'an 874 que les Vikings norvégiens franchissent cette partie de l'Atlantique Nord sur leurs fragiles drakkars pour s'installer définitivement sur la terre d'Islande. En cette fin du XIXe siècle, l'Islande appartient encore à la Couronne danoise, et le millième anniversaire de la colonisation du pays est l'occasion de multiples célébrations à travers tout le pays. Outre les fêtes populaires, un décret royal demande à chaque église de célébrer pour l'occasion un office particulier.

À cette époque, Matthías Jochumsson, pasteur et fils de paysan, se consacre entièrement à la poésie. Ses œuvres sont nombreuses et lui confèreront une immense popularité. Pour le millénaire, il écrit un long psaume, que son compatriote Sveinbjörn Sveinbjörnsson se charge de mettre en musique.

Interprété à la cathédrale de Reykjavík au cours de trois messes solennelles, le futur hymne – en fait un cantique religieux – gagnera peu à peu en popularité. Quand l'île obtiendra de former un gouvernement local, puis accèdera à la souveraineté en juin 1944, *Ô Dieu de notre patrie !* trouvera tout naturellement sa place comme hymne national de la **République d'Islande**.

Paroles de Matthías Jochumsson (1835-1920)
Musique de Sveinbjörn Sveinbjörnsson (1847-1926)
Adopté comme hymne national en 1944

Version en islandais

Ó, Guðvors lands!

Ó, Guð vors lands ! Ó, land vors Guðs,
Vér lofum þitt heilaga, heilaga nafn.
Úr sólkerfum himnanna hnýta þér krans
Þínir herskarar, tímanna safn.
Fyrir þér er einn dagur sem þúsund ár
Og þúsund ár dagur, ei meir :
Eitt eilífðar smáblóm með titrandi tár,
Sem tilbiður Guð sinn og deyr.
Íslands þúsund ár,
Eitt eilífðar smáblóm með titrandi tár,
Sem tilbiður Guð sinn og deyr.

Ô Dieu de notre patrie !

Ô Dieu d'Islande ! Ô Dieu d'Islande !
Nous chantons ton nom, ton nom mille fois saint.
Les cohortes des temps te font une couronne
Des soleils du firmament sans fin.
Devant toi un seul jour est comme mille ans,
Et mille ans un jour, ô Seigneur,
Une fleur d'éternité, sur la lande tremblant,
Qui adore son Dieu et puis meurt.
Ô mille ans d'Islande,
Une fleur d'éternité, sur la lande tremblant,
Qui adore son Dieu et puis meurt.

ITALIE

Italie

L'hymne italien, *Fratelli d'Italia* (*Frères d'Italie*), a souvent été appelé « *La Marseillaise* italienne ». Il est vrai que les deux hymnes sont nés dans des circonstances révolutionnaires comparables, qu'ils chantent l'un et l'autre la liberté et la révolte contre l'oppression, et surtout qu'ils dégagent une même puissance émotionnelle. *Fratelli d'Italia* est indéniablement l'un des chants patriotiques les plus populaires dans la péninsule. Il est écrit en 1847, au cœur du Risorgimento, cette suite de soulèvements, de révoltes et de combats qui, entre 1820 et 1870, mènent à l'unification de l'Italie sous l'impulsion d'hommes tels que Giuseppe Mazzini et surtout Giuseppe Garibaldi.

■ En 1815, à l'issue du congrès de Vienne qui réorganise l'Europe postnapoléonienne, l'Italie est contrainte d'oublier ses rêves d'unité et de liberté, écartelée qu'elle est entre huit États plus ou moins inféodés aux puissances étrangères. Dès lors, les idées révolutionnaires et les rêves d'unité ne cessent de se développer à travers la péninsule, essaimés par nombre de jeunes intellectuels qu'enflamment les idées du siècle des Lumières et les idéaux de la Révolution française.

L'un d'entre eux, un jeune poète exalté, se nomme Goffredo Mameli. Né à Gênes en 1827, il est de tous les mouvements populaires, de toutes les manifestations. Il n'a pas encore vingt ans, mais il n'est pas un soir où il ne se réunisse avec ses amis pour rêver ensemble de liberté, d'indépendance nationale, d'actions et de combats. Patriote romantique, il a déjà écrit nombre de poèmes enflammés sur ces thèmes qui lui sont chers.
On raconte qu'un soir, le 8 septembre 1847, dans la maison du consul américain à Gênes, au cours d'une réception, on parle, bien entendu, dans une atmosphère fiévreuse des événements politiques qui se déroulent en Italie. Goffredo Mameli est présent et chacun le presse alors d'écrire un nouveau poème patriotique. Il accepte et en improvise sur place les premiers vers. *Fratelli d'Italia* est né, même si la légende veut que ce soir-là Mameli ait fait commencer son poème non pas par *Fratelli*, mais par *Evviva l'Italia*, « Vive l'Italie ».
Le 23 novembre 1847, le jeune Mameli se rend à Turin et présente son poème à l'un de ses amis musiciens, Michele Novaro, au cours d'une soirée que donne ce dernier. Enthousiaste, le compositeur s'installe immédiatement, dit-on, à son piano pour plaquer des notes sur le poème patriotique. Quelques jours plus tard, *Fratelli d'Italia* est interprété pour la première fois à Turin par un groupe d'exilés politiques au café de la Lega Italiana.

Légende ou réalité ? difficile à dire avec certitude. Il existe d'autres versions de la genèse de l'hymne, moins romantiques, mais qu'importe. Une chose est certaine, le futur hymne italien ne cesse de se répandre du nord au sud de la péninsule. Chant de subversion, de révolte et surtout de ralliement pour tous les patriotes italiens, il s'appellera tantôt *Canto degli Italiani*, le *Chant des Italiens*, tantôt *Fratelli d'Italia*.

■ Mais ce succès ne suffit guère au jeune poète. Goffredo Mameli rêve de défendre ses idées non seulement avec une plume, mais aussi et surtout avec un fusil ! En 1848, lors de la première guerre d'indépendance, quand la Lombardie et la Vénétie se soulèvent contre l'armée autrichienne, il part se battre avec un groupe d'amis, tous aussi jeunes que lui. Après un armistice imposé contre lequel il s'élève avec véhémence, il rejoint les troupes de Garibaldi avec lesquelles il fait une entrée triomphale dans Rome.

Le 25 avril 1849, une force expéditionnaire française, commandée par le maréchal Oudinot, débarque à Civitavecchia puis assiège Rome pour mettre fin à cette République romaine, proclamée deux mois plus tôt et qui, en mettant en fuite Pie IX, prétend mettre fin au pouvoir temporel du pape. Mameli prend une part active à la défense de la ville. Le 3 juin 1849, lors d'affrontements contre les troupes françaises, il est gravement blessé à une jambe. Les médecins refusent de l'amputer, mais cette blessure ne guérit pas et provoque sa mort quelques semaines plus tard, le 6 juillet 1849. Un mois seulement avant son vingt-deuxième anniversaire. Les Français prendront la ville de Rome et l'occuperont jusqu'en 1870, malgré les attaques fréquentes de Garibaldi. Ils ne l'évacueront qu'après la défaite de Napoléon III contre la Prusse. C'est seulement à cette date que Rome deviendra enfin la capitale d'une Italie unifiée.

■ *Fratelli d'Italia* devient-il pour autant l'hymne de la nouvelle Italie ? Pas le moins du monde ! En 1861, c'est la *Marcia reale d'ordinanza*, *Marche royale d'ordonnance*, composée par Giuseppe Gabetti comme hymne de la maison de Savoie qui devient le seul et unique hymne du royaume transalpin. Elle le restera jusqu'en 1946, après la chute de Mussolini et du fascisme... La nouvelle **République italienne** choisira alors l'œuvre de Mameli, symbole d'une certaine renaissance et toujours immensément populaire.
Goffredo Mameli repose aujourd'hui à Rome, non loin du lieu où il a violemment combattu pour la défense de la Ville éternelle. Il demeure aujourd'hui l'un des héros italiens les plus vénérés.

Frères d'Italie

Frères d'Italie,
L'Italie s'est levée,
Du casque de Scipion
Elle a ceint sa tête.
Où est la victoire ?
Elle penche sa chevelure vers toi,
Toi, que Dieu a créée
Esclave de Rome.

Formons nos cohortes,
Nous sommes prêts à mourir, *(bis)*
L'Italie nous a appelés !
(bis)

Depuis des siècles,
Nous avons été opprimés et raillés,
Parce que nous ne sommes pas un peuple,
Parce que nous sommes divisés ;
Qu'un seul drapeau,
Qu'un seul espoir nous unisse ;
L'heure a sonné
D'unir nos forces.

Formons nos cohortes, etc.

Unissons-nous, aimons-nous,
L'union et l'amour
Révèlent aux peuples
Les voies du Seigneur ;
Jurons de libérer
Le sol natal :
Unis par Dieu
Qui pourra nous vaincre ?

Formons nos cohortes, etc.

Des Alpes à la Sicile
N'importe où il se bat
Chaque homme de fer
A du cœur, de la poigne,
Les enfants d'Italie
Clament ainsi merci,
Le son de toutes les cloches
Sonnent les vêpres.

Formons nos cohortes, etc.

Elles sont en jonc flexible
Les épées vendues :
Déjà l'aigle d'Autriche
A perdu ses plumes.
Il a bu le sang d'Italie
Le sang polonais
Et celui du Cosaque,
Mais son cœur lui brûle.

Formons nos cohortes, etc.

Paroles de
Goffredo Mameli (1827-1849)
Musique de
Michele Novaro (1818-1885)
Adopté comme hymne national en 1946

Version en italien

Fratelli d'Italia

Fratelli d'Italia
L'Italia s'è desta
Dell'elmo di Scipio
S'è cinta la testa.
Dov'è la vittoria?
Le porga la chioma,
Chè schiava di Roma
Iddio la creò.

Stringiamoci a coorte,
Siam pronti alla morte, *(bis)*
L'Italia chiamò!
(bis)

Noi siamo da secoli
Calpesti e derisi,
Perchè non siam popolo,
Perchè siam divisi;
Raccolgaci un'unica
Bandiera, un speme;
Di fonderci insieme;
Già l'ora suonò.

Stringiamoci a coorte, etc.

Uniamoci, amiamoci;
L'unione e l'amore
Rivelano ai popoli
Le vie del Signore;
Giuriamo far libero
Il suolo natio:
Uniti per Dio
Chi vincer ci può?

Stringiamoci a coorte, etc.

Dall'Alpi a Sicilia
Dovunque è Legnano
Ogn' uom di Ferruccio
Ha il cuor e la mano,
I bimbi d'Italia
Si chiamano Balilla,
Il suon d'ogni squilla
I vespri suonò.

Stringiamoci a coorte, etc.

Son giunchi che piegano
Le spade vendute:
Già l'aquila d'Austria
Le penne ha perdute.
Il sangue d'Italia
E il sangue polacco
Bevè, col Cosacco,
Ma il cor le bruciò.

Stringiamoci a coorte, etc.

Lettonie

Dieu, bénis la Lettonie ! est écrit vers la fin du XIXe siècle, à l'époque de l'éveil de la nation lettone. Pour Karlis Baumanis, son auteur, il s'agit d'un véritable défi au pouvoir tsariste que de parler ouvertement de Lettonie. L'Empire russe, comme plus tard l'Union soviétique, accepte en effet très mal les aspirations nationalistes des peuples baltes et ne cesse de les combattre par tous les moyens, y compris les plus violents.

L'hymne est chanté pour la première fois à Riga en 1873, mais ne devient véritablement hymne national qu'en 1920, deux ans après l'indépendance de la **République de Lettonie**. En 1940, comme les autres États baltes, la Lettonie est occupée militairement puis annexée par l'URSS. Tous les symboles nationaux sont alors interdits. Ils ne sont restaurés qu'en 1990, lorsque le pays retrouve enfin son indépendance.

Paroles et musique de Karlis Baumanis (1834-1904)
Adopté comme hymne national en 1990

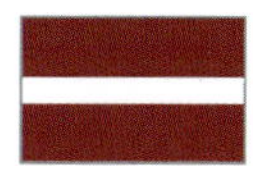

Version en letton

Dievs, svētī Latviju!

Dievs, svētī Latviju,
Mūs'dārgo tēviju,
Svētī jel Latviju,
Ak, svētī jel to!
(bis)

Kur latvju meitas zied,
Kur latvju dēli dzied,
Laid mums tur laimē diet,
Mūs'Latvijā!
(bis)

Dieu, bénis la Lettonie !

Bénis la Lettonie, ô Dieu,
Notre belle terre natale,
Où se tenaient les héros de la Baltique,
Veille sur elle !
(bis)

Nos belles filles sont là,
Nos chansons résonnent,
Puisse la chance nous sourire,
Honneur à la Lettonie !
(bis)

Liechtenstein

LIECHTENSTEIN

Dernier vestige du Saint Empire romain germanique et de sa myriade d'États et de principautés, le **Liechtenstein** a conservé comme mélodie de son hymne celle du *God Save the King* chère aux empereurs du XIXe siècle. Le texte, long de cinq strophes, a été écrit par un homme d'Église autour de 1850. Il a été adopté officiellement en 1951, puis raccourci en 1963.

Paroles de Jakob Joseph Jauch (1802-1859)
Musique du God Save the King
Adopté comme hymne national en 1951

Au-dessus du jeune Rhin

Au-dessus du jeune Rhin
S'étend le Liechtenstein, calme
Sur ses hauteurs alpines.
Ce pays natal aimé,
Cette chère patrie
A été choisie pour nous
Par la sage main de Dieu.
Ce pays natal aimé,
Cette chère patrie
A été choisie pour nous
Par la sage main de Dieu.

Longue vie au Liechtenstein
Qui fleurit sur le jeune Rhin
Heureux et fidèle.
Longue vie au prince de ce pays,
Longue vie à la patrie,
Par des liens fraternels
Unis et libres.
Longue vie au prince de ce pays,
Longue vie à la patrie,
Par des liens fraternels
Unis et libres.

Version en allemand
Oben am jungen Rhein

Oben am jungen Rhein
Lehnet sich Liechtenstein
An Alpenhöh'n.
Dies liebe Heimatland,
Das teure Vaterland,
Hat Gottes weise Hand
Für uns erseh'n.
Dies liebe Heimatland,
Das teure Vaterland,
Hat Gottes weise Hand
Für uns erseh'n.

Hoch lebe Liechtenstein,
Blühend am jungen Rhein,
Glücklich und treu.
Hoch leb'der Fürst vom Land,
Hoch unser Vaterland,
Durch Bruderliebe-Band
Vereint und frei.
Hoch leb'der Fürst vom Land,
Hoch unser Vaterland,
Durch Bruderliebe-Band
Vereint und frei.

Lituanie

Journaliste, écrivain et physicien, Vincas Kudirka est l'un des personnages le plus actif dans le mouvement pour la première indépendance de la Lituanie vers la fin du XIXe siècle. *Tautiska Giesme* apparaît pour la première fois dans le journal clandestin lituanien *Varpas* (« La Cloche ») et devient l'hymne de la **République de Lituanie** indépendante entre les deux guerres mondiales, de 1918 à 1940. Après l'annexion de la Lituanie par l'Union soviétique en 1940, l'hymne est interdit. Pendant l'occupation, deux hymnes sont alors officiels : celui de l'Union soviétique et celui de la République socialiste soviétique de Lituanie. À cette époque, chanter ou évoquer *Tautiska Giesme* est non seulement interdit, mais peut amener de graves persécutions.

À l'été 1988, l'hymne ancien est à nouveau chanté publiquement, avant de redevenir l'hymne national de la Lituanie indépendante le 18 novembre de cette même année, un an et demi avant la proclamation de son indépendance retrouvée.

Paroles et musique de Vincas Kudirka (1858-1899)
Adopté comme hymne national en 1918, puis en 1990

Version en lituanien

Tautiska Giesme

Lietuva, Tėvyne mūsų
Tu didvyrių žeme,
Iš praeities Tavo sūnūs
Te stiprybę semia.
Tegul Tavo vaikai eina
Vien takais dorybės,
Tegul dirba Tavo naudai
Ir žmonių gėrybei.

Tegul saulė Lietuvoj
Tamsumas prašalina,
Ir šviesa, ir tiesa
Mūs žingsnius telydi.
Tegul meilė Lietuvos
Dega mūsų širdyse,
Vardan tos Lietuvos
Vienybė težydi!

Le Chant national

Ô Lituanie, notre patrie,
Toi, terre de vaillants hommes,
Que tes enfants puisent leur force
Dans ton glorieux passé.
Que tes enfants suivent
Les chemins de la vertu,
Qu'ils travaillent à ton profit
Et au bien-être des gens.

Que le soleil de la Lituanie
Chasse les ténèbres,
Que la lumière et la vérité
Accompagnent nos actions.
Que l'amour de la Lituanie
Brûle dans nos coeurs,
Qu'au nom de cette Lituanie
Fleurisse l'unité !

LUXEMBOURG

Luxembourg

L'hymne national du **Grand Duché de Luxembourg** est constitué de la première et de la dernière strophe d'un poème écrit en 1859 par Michel Lentz et qui s'intitule *Notre patrie*, mis en musique par Jean-Antoine Zinnen et interprété pour la première fois en 1864. Il est à noter que l'hymne grand-ducal est le *Wilhelmus*, par ailleurs hymne national des Pays-Bas.

Paroles de Michel Lentz (1820-1893)
Musique de Jean-Antoine Zinnen (1827-1898)
Adopté comme hymne national en 1895

Notre Patrie

Où l'Alzette arrose champs et prés
La Sûre baigne les rochers.
Où la Moselle, riante et belle
Nous fait cadeau du vin.
C'est notre pays pour lequel
Nous risquons tout sur terre,
Notr'chère et adorable patrie
Dont notr' âme est remplie.

Ô Toi aux cieux qui nuit et jour
Dirige les nations du monde,
Écarte du pays de Luxembourg
L'oppression étrangère !
Enfants nous avons reçu de Toi
L'esprit de la liberté.
Permets au soleil de liberté
De luire à tout jamais.

Version en luxembourgeois

Ons Heemecht

Wou d'Uelzecht durech d'Wisen zéit,
Duerch d'Fielsen d'Sauer brëcht.
Wou d'Rief laanscht d'Musel dofteg bléit,
Den Himmel Wäin ons mëcht.
Dat as onst Land, fir dat mir géif,
Heinidden alles won.
Ons Heemechtsland, dat mir sou déif
An onsen Hierzer dron.

O Du do uewen, deem séng Hand
Duurch d'Welt d'Natioune leet,
Behitt Du d'Lëtzebuerger Land
Vru friemem Joch a Leed!
Du hues ons all als Kanner schon
De fräie Geescht jo gin.
Looss viru blénken d'Fräiheetssonn
Déi mir sou laang gesin.

Macédoine

L'hymne de **Macédoine** a été écrit vers la fin de la Seconde Guerre mondiale, adopté par la république yougoslave de Macédoine et finalement repris par la nouvelle république indépendante. La république de Kruševo dont il est question dans l'hymne marque l'un des sommets de la lutte des Macédoniens contre les Turcs en 1903. République bien éphémère puisqu'elle ne dure que douze jours, mais qui demeure lourde de symboles, y compris pendant la période yougoslave. Nikola Karev, Jane Sandanski, Pitu Guli, Damjan Gruev et Goce Delchev, également mentionnés dans l'hymne, sont les héros nationaux de cette lutte contre l'Empire ottoman.

Paroles de Vlado Maleski (1919-1984)
Musique de Todor Skalovski (né en 1909)
Adopté comme hymne national en 1992

Version en macédonien

Desnes nad Makedonija

Денес над Македонија се раѓа,
Ново сонце на слободата!
Македонците се борат,
За своите правдини!
Македонците се борат,
За своите правдини!

Од сега веќе знамето се вее,
На Крушевската република!
Гоце Делчев, Питу Гули,
Даме Груев, Сандански!
Гоце Делчев, Питу Гули,
Даме Груев, Сандански!

Горите шумно пеат,
Нови песни, нови весници!
Македонија слободна,
Слободна живее!
Македонија слободна,
Слободна живее!

Aujourd'hui sur la Macédoine

Aujourd'hui sur la Macédoine
Se lève le soleil nouveau de la liberté !
Les Macédoniens se battent
Pour leurs droits !
Les Macédoniens se battent
Pour leurs droits !

Et de nouveau flotte
Le drapeau de la république de Kruševo !
Goce Delchev, Pitu Guli,
Dame Gruev, Sandanski !
Goce Delchev, Pitu Guli,
Dame Gruev, Sandanski !

La Macédoine boisée chante gaiement,
Nouveau chant, nouveau réveil
La libre Macédoine,
Vis libre !
La libre Macédoine,
Vis libre !

MALTE

Malte

Dans les années vingt, un directeur d'école du nom de Laferla demande à Dun Karm Psaila, prêtre et poète fort connu de l'île, de lui écrire un hymne scolaire qu'il pourrait utiliser en classe et chanter avec ses élèves. L'écrivain accepte et compose une véritable prière patriotique dont il entrevoit très vite le destin national.

Interprété en public dès 1923, le poème mis en musique par Robert Sammut ne cesse de gagner en popularité parmi les Maltais. Il est effectivement déclaré hymne national de la **République de Malte** en 1945.

Paroles de Dun Karm Psaila (1871-1961)
Musique de Robert Sammut (1870-1934)
Adopté comme hymne national en 1945

Hymne de Malte

Garde-la, ô Seigneur, comme Tu l'as toujours gardée
Cette patrie si chère dont nous portons le nom :
Garde-la à l'esprit comme Tu l'as si justement fait.

Puisse Celui qui dirige être empli de sagesse,
Un maître plein de pitié voit la force de l'homme augmenter :
Maintiens-nous tous dans l'unité et la paix.

Version en anglais

Hymn of Malta

Guard her, O Lord, as ever Thou hast guarded,
This motherland so dear whose name we bear:
Keep her in mind, whom Thou hast made so fair.

May He who rules, for wisdom be regarded,
In master mercy, strength in man increase:
Confirm us all, in unity and peace.

Version en maltais

Innu Malti

Lil din l-art helwa, l-Omm li tatna isimha,
Hares, Mulej, kif dejjem Int harist:
Ftakar li lilha bl-ohla dawl libbist.

Aghti, kbir Alla, id-dehen lil min jahkimha,
Rodd il-hniena lis-sid, sahha 'l-haddiem:
Seddaq il-ghaqda fil-Maltin u s-sliem.

Moldavie

Lors de l'effondrement de l'Union soviétique en 1991, la petite République socialiste soviétique de Moldavie devient indépendante. Dans le pays, nombreux sont ceux qui souhaitent alors une réunification avec la Roumanie, pays voisin dont la population moldave est en grande partie originaire. Très vite, drapeau et hymne roumains sont adoptés, et l'on va même jusqu'à abandonner les caractères cyrilliques, ce qui rend la langue moldave totalement identique au roumain. Mais les minorités russe et ukrainienne du pays refusent l'annexion. Un nouvel hymne est alors adopté par la **République de Moldavie**, qui rend un vibrant hommage – sans la citer nommément – à la langue « moldave », qui est en fait le roumain ! L'auteur du texte est un prêtre, Alexei Mateevici, passionné par l'histoire du peuple moldave, par sa langue et par sa christianisation. Enrôlé comme aumônier militaire, il est tué pendant la Première Guerre mondiale.

Paroles d'Alexei Mateevici (1888-1917)
Musique d'Alexandru Cristi (né en 1955)
Adopté comme hymne national en 1994

Limba noastra

Limba noastră-i o comoară
În adâncuri înfundată
Un şirag de piatră rară
Pe moşie revărsată.

Limba noastră-i foc ce arde
Într-un neam, ce fără veste
S-a trezit din somn de moarte
Ca viteazul din poveste.

Limba noastră-i numai cântec,
Doina dorurilor noastre,
Roi de fulgere, ce spintec
Nouri negri, zări albastre.

Limba noastră-i graiul pâinii,
Când de vânt se mişcă vara;
In rostirea ei bătrânii
Cu sudori sfinţit-au ţara.

Limba noastră-i frunză verde,
Zbuciumul din codrii veşnici,
Nistrul lin, ce-n valuri pierde
Ai luceferilor sfeşnici.

Nu veţi plânge-atunci amarnic,
Că vi-i limba prea săracă,
Şi-ţi vedea, cât îi de darnic
Graiul ţării noastre dragă.

Limba noastră-i vechi izvoade.
Povestiri din alte vremuri;
Şi citindu-le 'nşirate,
Te-nfiori adânc şi tremuri.

Limba noastră îi aleasă
Să ridice slava-n ceruri,
Să ne spiue-n hram şi-acasă
Veşnicele adevăruri.

Limba noastră-i limbă sfânta,
Limba vechilor cazanii,
Care o plâng şi care o cântă
Pe la vatra lor ţăranii.

Înviaţi-vă dar graiul,
Ruginit de multă vreme,
Stergeţi slinul, mucegaiul
Al uitării 'n care geme.

Strângeţi piatra lucitoare
Ce din soare se aprinde
Şi-ţi avea în revarsare
Un potop nou de cuvinte.

Răsări-vă o comoară
In adâncuri înfundată,
Un sirag de piatră rară
Pe moşie revărsată.

Notre langue

Notre langue est un trésor qui surgit
Des profondeurs sombres du passé,
Chaîne de pierres précieuses dispersées
À travers notre vieux pays.

Notre langue est une flamme brûlante
Parmi un peuple, qui s'éveille
D'un sommeil de mort, sans prévenir
Comme l'homme courageux des légendes.

Notre langue est faite de chansons
Des désirs les plus profonds de notre âme,
Lueurs d'éclairs frappant promptement
À travers les nuages sombres et les horizons bleutés.

Notre langue est la langue du pain,
Quand les vents soufflent à travers l'été ;
Poussés par nos aïeux qui
Ont béni le pays de leur travail.

Notre langue est la feuille la plus verte
Des forêts éternelles,
Les rides de la douce rivière Dniestr
Lumière cachée des étoiles, brillante et luisante.

Ne crions plus avec amertume
Que notre langage est trop pauvre,
Et vous verrez avec quelle abondance
Les mots submergeront notre précieux pays.

Notre langue est pleine de légendes,
D'histoires des jours anciens ;
En lire une, et puis une autre
Nous fait frissonner, trembler et gémir.

Notre langue est choisie
Pour élever les prières vers le ciel,
Prononçant avec une ferveur constante
Les vérités qui ne cessent jamais de séduire.

Notre langue est plus que sainte,
Mots des anciennes homélies,
Pour toujours pleurées et chantées
Dans les fermes de notre peuple.

Faisons revivre à nouveau notre langage,
Rouillé par les années qui ont passées,
Effaçons saleté et moisissures qui se sont formées
En l'oubliant à travers notre pays.

Rassemblons maintenant les pierres moussues
Et saisissons la lumière brillante du soleil.
Vous verrez venir une inondation
Sans fin de nouveaux mots.

Un trésor jaillira rapidement
Des profondeurs sombres du passé,
Chaîne de pierres précieuses dispersées
À travers notre vieux pays.

Monaco

Pour être l'un des plus petits États au monde, de la **Principauté de Monaco** n'en est pas moins l'un des plus anciens. Le pays existe depuis sept siècles, et depuis sept siècles, c'est la famille Grimaldi qui en assure la destinée. *La Marche de Monaco*, hymne national, est écrite sous le règne du prince Charles III, dont le nom est à l'origine de l'appellation Monte-Carlo, c'est-à-dire mont Charles.

Paroles de Théophile Bellando de Castro (1820-1903)
Musique de Charles Albrecht (1817-1895)
Adopté comme hymne national en 1867

Marche de Monaco

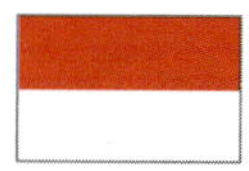

Principauté de Monaco, ma patrie,
Oh ! combien Dieu est prodigue pour toi.
Ciel toujours pur, rives toujours fleuries,
Ton souverain est plus aimé qu'un roi. *(bis)*

Fiers compagnons de la garde civique,
Respectons tous la voix du commandant.
Suivons toujours notre bannière antique.
Le tambour bat, marchons tous en avant. *(bis)*

Oui, Monaco connut toujours des braves.
Nous sommes tous leurs dignes descendants.
En aucun temps nous ne fûmes esclaves,
Et loin de nous, régnèrent les tyrans. *(bis)*

Que le nom d'un prince plein de clémence
Soit répété par mille et mille chants.
Nous mourrons tous pour sa propre défense,
Mais après nous combattront nos enfants. *(bis)*

NORVEGE

Norvège

■ Au cours du XIXe siècle, la Norvège, dont les drakkars vikings ont découvert autrefois l'Islande, le Groenland et l'Amérique du Nord, n'est pas encore redevenue le royaume indépendant qu'elle fut jadis. Elle ne le sera qu'en 1905. Au terme des guerres napoléoniennes, après quatre siècles d'une union avec le Danemark, le vieux pays nordique a été tout simplement « donné » à la Suède de Bernadotte, rangée dans le camp des pays vainqueurs de Napoléon. Après avoir été sous la coupe du Danemark, les Norvégiens vivent très mal cette dépendance suédoise. Un vent puissant de nationalisme souffle alors sur le pays des fjords.

■ Dramaturge, romancier, poète, journaliste, mais aussi homme politique, Bjørnstjerne Bjørnson ne cesse de s'opposer par ses écrits à cette tutelle imposée. En 1863, il traduit cette aspiration à la liberté dans un long texte qui devient vite immensément populaire et dans lequel il exalte la beauté unique de son pays et la force de son peuple. Le poème apparaît même dans les livres de lecture et les écoliers norvégiens le déclament lors des parades patriotiques. Ami du grand compositeur norvégien Grieg, c'est Rikard Nordraak qui met alors en musique le texte de son cousin Bjørnson.

■ Le 17 mai 1864, à l'occasion du cinquantième anniversaire de la Constitution que les Norvégiens se sont donnée, *Ja, vi elsker dette landet* est interprété pour la première fois de manière officielle et devient de fait l'hymne national du **Royaume de Norvège**. Dans les années suivantes, l'hymne ne cesse d'être interprété en de multiples occasions, notamment chaque 17 mai, devenu jour de la fête nationale norvégienne.

■ Au fil de ses écrits, Bjørnstjerne Bjørnson devient l'une des figures les plus marquantes de la littérature norvégienne. Il ne cesse de se battre pour la liberté et le droit des opprimés. Son œuvre imposante et riche lui vaudra en 1903 le prix Nobel de littérature.

Paroles de Bjørnstjerne Bjørnson (1832-1910)
Musique de Rikard Nordraak (1842-1866)
Adopté comme hymne national en 1864

Oui, nous aimons ce pays

Oui, nous aimons ce pays
Qui se dresse, rude, tempétueux
Au-dessus de l'océan,
Avec ses milliers de foyers.
Aime, aime-le et pense
À nos pères et à nos mères
Et aux vieux contes qui, la nuit tombée,
Amènent autant de rêves sur notre terre,
Et aux vieux contes qui, la nuit tombée,
Amènent autant de rêves sur notre terre.

Homme norvégien dans ta maison ou ton châlet,
Remercie ton grand Dieu !
Il voulait défendre son pays
Malgré l'obscurité.
Tous nos pères ont combattu
Et nos mères ont pleuré,
Notre Dieu nous a apaisés
Et nous avons gagné nos droits,
Notre Dieu nous a apaisés
Et nous avons gagné nos droits.

Oui, nous aimons ce pays
Qui se dresse, rude, tempétueux
Au-dessus de l'océan,
Avec ses milliers de foyers.
Les combats de nos pères ont magnifié
Sa richesse et son honneur,
Nous aussi, nous nous lèverons à l'appel
Armés pour défendre sa paix,
Nous aussi, nous nous lèverons à l'appel
Armés pour défendre sa paix, sa paix !

Version en norvégien

Ja, vi elsker dette landet

Ja, vi elsker dette landet,
Som det stiger frem,
Furet, værbitt, over vannet,
Med de tusen hjem.
Elsker, elsker det og tenker
På vår far og mor
Og den saganatt som senker
Drømme på vår jord,
Og den saganatt som senker
Senker drømme på vår jord.

Norske mann i hus og hytte,
Takk din store Gud!
Landet ville han beskytte
Skjønt det mørkt så ut.
Alt hva fedrene har kjempet,
Mødrene har grett,
Har den Herre stille lempet,
Så vi vant vår rett,
Har den Herre stille lempet,
Så vi vant, vi vant vår rett.

Ja, vi elsker dette landet,
Som det stiger frem,
Furet, værbitt, over vannet,
Med de tusen hjem.
Og som fedres kamp har hevet
Det av nød til seir,
Også vi, nar det blir krevet,
For dets fred slår leir,
Også vi, nar det blir krevet,
For dets fred, dets fred slår leir!

Pays-Bas

Composé de quinze huitains, le *Wilhelmus* a certainement été écrit entre 1569 et 1578 par Philip van Marnix, pendant la guerre de Quatre-Vingts Ans, au cours de laquelle les Hollandais cherchent à se libérer de l'emprise du roi d'Espagne Philippe II.

■ Écrivain et diplomate flamand, le baron de Sainte-Aldegonde veut alors rendre hommage au prince Guillaume d'Orange, membre de la maison d'Orange-Nassau et inspirateur de la lutte contre l'Espagne pour arracher l'indépendance des Pays-Bas. Un véritable chant guerrier dans lequel l'auteur n'hésite pas à comparer Guillaume d'Orange, plus connu sous le nom de Guillaume le Taciturne, au roi David. Le texte évoque le peuple néerlandais opprimé et tente d'attirer la sympathie des souverains du Saint Empire romain germanique voisins envers ce prince qui lutte notamment pour la liberté religieuse. La mélodie s'inspire d'un chant militaire français remontant probablement au siège de Chartres par le prince de Condé en 1568. Publié à Anvers, le *Wilhelmus* sera interprété lors du siège de Haarlem en 1573, et à l'occasion de l'entrée du prince d'Orange à Bruxelles, le 18 septembre 1578. En 1626, la mélodie, reprise par le musicien hollandais Adriaan Valerius, est consignée dans un recueil de chants qui s'intitule *Nederlandtsche Gedenckclanck*.

■ Malgré sa popularité, ce n'est pourtant pas ce chant qui est choisi comme hymne national lors de la création de la principauté des Pays-Bas en 1813, royaume depuis 1815, mais un poème intitulé *Wien Neerlands Bloed, Qui a du sang néerlandais*. Il faudra attendre le 10 mai 1932 pour que le gouvernement décide d'attribuer au *Wilhelmus* le statut définitif d'hymne national. Seuls le premier et le sixième couplets sont interprétés lors des cérémonies officielles. Deux strophes qui sont particulièrement proches du peuple hollandais.

■ Il est à noter que l'hymne du **Royaume des Pays-Bas** est certainement le seul au monde qui soit un acrostiche. Employé en poésie, l'acrostiche est cette figure de style qui fait que les initiales de chaque vers ou de chaque strophe, lues verticalement, forment un nom ou un mot-clé. Dans le texte original, les premières lettres de chacun des quinze couplets forment le nom, en ancien néerlandais, de Willem van Nazzov, soit Guillaume de Nassau en français.

Paroles de Philip van Marnix, baron de Sainte-Aldegonde (1540-1598)
Musique originale de compositeur inconnu, arrangements d'Adriaan Valerius (1575-1625)
Adopté comme hymne national en 1932

Guillaume de Nassau

Guillaume je m'appelle,
Nassau des Pays-Bas,
À la patrie fidèle
Toujours, jusqu'au trépas :
Je suis prince d'Orange
Et reste franc sans peur :
Du souverain d'Espagne
J'ai maintenu l'honneur.

Je crains mon Dieu, mon maître ;
L'ayant toujours servi,
Je fus chassé pour être
Sans peuple, sans pays.
Mais le Seigneur me traite
Comme un bon instrument ;
J'attends qu'il me remette
Dans mon gouvernement.

L'épreuve vous oppresse,
Mes bons sujets tout francs ;
Mais Dieu ne vous délaisse
Jamais dans vos tournents.
Qui de l'aimer s'efforce,
L'invoque nuit et jour,
Afin que j'aie la force
De vous porter secours.

Les biens, la vie entière,
Pour vous j'ai tout risqué ;
Mes très illustres frères
Pour vous ont tout quitté ;
Adolphe offrit sa vie
En Frise, aux champ fameux ;
Son âme, en la patrie,
Attend le jour de Dieu.

Au chef du Saint Empire
Je dois naissance et rang,
D'un prince ayant le titre.
Comme un chrétien fervent,
Pour la parole sainte
J'ai intrépidement,
Tel un héros sans crainte,
Risqué mon noble sang.

Ma force, ma défense,
Seigneur, est dans ton bras ;
En Toi j'ai confiance,
Ne m'abandonne pas.
Fais-moi, toute ma vie,
Rester ton serviteur,
Chasser la tyrannie,
Qui m'a percé le cœur.

Emporte tous les pièges
De mes persécuteurs
Mon Dieu, garde et protège
Ton digne serviteur.
Que nul jamais n'atteigne
Ses criminelles fins,
Que nul jamais ne baigne
Dans son sang pur les mains.

David dut fuir la haine
De Saül, le tyran.
J'ai dû gémir en peine
Avec maint noble et grand.
Mais Dieu fit sa victoire,
De tous maux le sauva ;
Au trône de la gloire
Israël l'éleva.

Enfin, l'épreuve amère
Fondra dans la douceur,
Qu'un noble prince espère
De Dieu, son vrai Seigneur.
Puissé-je voir ma vie
Finir au champ d'honneur,
Toujours dans la patrie
Être un héros vainqueur.

Non, rien ne m'est contraire,
Dans mes malheurs et croix,
Autant que la misère
Des bons pays du roi.
Les Espagnols t'oppressent,
Ô noble et doux pays.
Ces souvenirs me laissent
Le cœur saignant, meurtri.

Ardents sur nos montures,
Beau prince et grands soldats,
Du fier tyran parjure
Nous voulions le combat.
Mais sous Maastricht l'alarme
Le retenait au camp.
Mes cavaliers en armes
Hardis foulaient ces champs.

Si Dieu puissant et sage
L'avait alors voulu,
J'aurais chassé l'orage
Qui vous tient abattus ;
Mais le Seigneur céleste,
Qui tout règle et conduit,
Qu'il faut bénir sans cesse,
Lors ne l'a point permis.

Si chrétienne et vaillante
Fut ma princière ardeur,
Qu'elle est restée constante
Malgré tous les malheurs.
Je prie avec instance
Mon Dieu, d'un cœur aimant,
Qu'il prenne ma défense,
Me proclame innocent.

Adieu, troupeau que j'aime,
Adieu pauvre oppressé.
Mais ton pasteur quand même
Te garde, dispersé.
À Dieu je te confie ;
Écoute ton Sauveur ;
Chrétienne soit ta vie ;
Bientôt ici tout meurt.

Voici que je proclame
Devant le Dieu puissant ;
Je n'ai honni dans l'âme
Le roi un seul instant.
Mais au Seigneur, mon maître,
Suprême majesté,
J'ai bien dû me soumettre ;
Justice m'a guidé.

Version en néerlandais

Wilhelmus van Nassouwe

Wilhelmus van Nassouwe
ben ick van Duytschen Bloedt,
den Vaderland ghetrouwe
blijf ick tot in den doet
een prince van Orangien
ben ick vry onverveert
den Coninck van Hispangien
heb ick altijt ghe-eert

In Godes vrees te leven
Heb ik altijd betracht
Daarom ben ik verdreven
Om land, om luid' gebracht.
Maar God zal mij regeren
Als een goed instrument,
Dat ik zal wederkeren
In mijnen regiment.

Lijdt u, mijn onderzaten
Die oprecht zijn van aard,
God zal u niet verlaten,
Al zijt gij nu bezwaard.
Die vroom begeert te leven,
Bidt God nacht ende dag,
Dat Hij mij kracht wil geven
Dat ik u helpen mag.

Lijf en goed al te samen
Heb ik u niet verschoond,
Mijn broeders hoog van namen
Hebben 't u ook vertoond:
Graaf Adolf is gebleven
In Friesland in den slag,
Zijn ziel in 't eeuwig leven
Verwacht den jongsten dag.

Edel en hoog geboren,
Van keizerlijken stam,
Een vorst des rijks verkoren,
Als een vroom christenman,
Voor Godes woord geprezen,
Heb ik, vrij onversaagd,
Als een held zonder vreden
Mijn edel bloed gewaagd.

Mijn schild ende betrouwen
Zijt Gij, o God mijn Heer,
Op u zo wil ik bouwen,
Verlaat mij nimmermeer.
Dat ik doch vroom mag blijven,
Uw dienaar t'aller stond,
Die tirannie verdrijven
Die mij mijn hart doorwondt.

Van al die mij bezwaren
En mijn vervolgers zijn,
Mijn God, wil doch bewaren
Den trouwen dienaar dijn,
Dat zij mij niet verassen
In hunnen bozen moed,
Hun handen niet en wassen
In mijn onschuldig bloed.

Als David moeste vluchten
Voor Saul den tiran,
Zo heb ik moeten zuchten
Als menig edelman.
Maar God heeft hem verheven,
Verlost uit alder nood,
Een koninkrijk gegeven
In Israel zeer groot.

Na 't zuur zal ik ontvangen
Van God mijn Heer dat zoet,
Daar na zo doet verlangen
Mijn vorstelijk gemoed:
Dat is, dat ik mag sterven
Met eren in dat veld,
Een eeuwig rijk verwerven
Als een getrouwe held.

Niet doet mij meer erbarmen
In mijnen wederspoed
Dan dat men ziet verarmen
Des Konings landen goed.
Dat u de Spanjaards krenken,
O edel Neerland zoet,
Als ik daar aan gedenke,
Mijn edel hart dat bloedt.

Als een prins opgezeten
Met mijner heires-kracht,
Van den tiran vermeten
Heb ik den slag verwacht,
Die bij Maastricht begraven,
Bevreesde mijn geweld;
Mijn ruiters zag men draven
Zeer moedig door dat veld.

Zo het den wil des Heren
Op die tijd had geweest,
Had ik geern willen keren
Van u dit zwaar tempeest.
Maar de Heer van hier boven,
Die alle ding regeert,
Die men altijd moet loven,
En heeft het niet begeerd.

Zeer christlijk was gedreven
Mijn prinselijk gemoed,
Standvastig is gebleven
Mijn hart in tegenspoed.
Den Heer heb ik gebeden
Uit mijnes harten grond,
Dat hij mijn zaak wil reden,
Mijn onschuld maken kond.

Oorlof, mijn arme schapen
Die zijt in groten nood,
Uw herder zal niet slapen,
Al zijt gij nu verstrooid.
Tot God wilt u begeven,
Zijn heilzaam woord neemt aan,
Als vrome christen leven,
'T zal hier haast zijn gedaan.

Voor God wil ik belijden
En zijner groter macht,
Dat ik tot genen tijden
Den koning heb veracht,
Dan dat ik God den Heere,
Der hoogsten Majesteit,
Heb moeten obediëren
In der gerechtigheid.

POLOGNE

Pologne

La Pologne ne sera jamais morte tant qu'il y aura des Polonais ! C'est cette affirmation ancestrale que reprend avec puissance leur hymne. Un raccourci saisissant de l'histoire de cette grande nation. Longtemps dépecée par des voisins qui, au fil des siècles, n'ont cessé de vouloir la rayer de la carte de l'Europe, la Pologne et les Polonais ont toujours farouchement résisté. L'hymne polonais est né à la fin du XVIIIe siècle, dans la mouvance et dans l'esprit de la Révolution française.

■ À l'époque où les événements qui secouent la France font souffler sur l'Europe un vent de révolte, la Pologne, occupée par la Prusse, l'Autriche et la Russie, n'existe plus ! Mais il y a encore des Polonais, et ces derniers, pour appeler à l'aide et lutter contre les envahisseurs, se tournent tout naturellement vers cette France qui chante le droit des peuples à disposer d'eux-mêmes. En 1797, le général Jan Henryk Dabrowski commande la Légion polonaise qui s'est mise au service de la Révolution et de Bonaparte dans la campagne d'Italie. Comme tous ses compatriotes, son espoir secret est que la France et ce jeune et brillant général avec qui il se bat rendront sa liberté à la Pologne. À la mi-juillet de cette année-là, à Reggio, l'un des principaux artisans de la création de cette Légion, Józef Wybicki, écrit un chant en l'honneur des soldats polonais qui partent au combat derrière leur général, Dabrowski.

Interprété sur l'air d'une mazurka traditionnelle et fort populaire, le texte exalte l'idée d'une Pologne enfin libre et indépendante. Il devient vite la marche des soldats polonais, sous l'appellation de *Mazurek Dąbrowskiego*, c'est-à-dire la *Mazurka de Dabrowski*. La popularité de l'hymne est immédiate ! Dans cette Pologne occupée par trois armées étrangères, il devient le signe de ralliement de tous ces patriotes qui brûlent de voir les armées de Bonaparte et les légions italiennes venir à eux et chasser les envahisseurs. Il leur faudra pourtant attendre. Malgré les pressions et les suppliques de son amie Marie Walewska, Bonaparte, devenu Napoléon, n'accèdera jamais vraiment aux rêves des Polonais. Au faîte de sa puissance, loin de recréer la Pologne historique d'autrefois, il leur accordera seulement en 1807 un modeste grand-duché de Varsovie, qui ne survivra pas à la victoire des alliés et au congrès de Vienne.

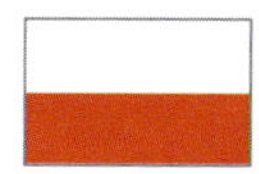

■ Quand la Pologne accède finalement à l'indépendance, en 1918 seulement, elle ne se dote pas immédiatement d'hymne national. Il faudra attendre 1927 pour que la *Mazurka de Dabrowski* soit reconnue officiellement. Aujourd'hui, l'hymne de la **République polonaise** est le seul hymne au monde à célébrer Bonaparte.

Paroles de Józef Wybicki (1747-1822)
Musique de Michal Kleofas Oginski (1765-1833)
Adopté comme hymne national en 1927

Mazurka de Dabrowski

La Pologne n'est pas encore morte,
Aussi longtemps que nous vivons.
Ce que l'étranger nous a pris par la force,
L'épée en main, nous le regagnerons.

Marche, marche, Dabrowski !
De l'Italie à la Pologne,
Sous ta conduite
Nous nous unirons à la nation.

Nous traverserons la Vistule, nous traverserons la Warta,
Nous serons Polonais,
Bonaparte nous a montré
Comme il nous faut triompher.

Marche, marche, etc.

Comme Czarniecki regagna Poznań
En combattant les Suédois,
Pour délivrer notre patrie,
Nous reviendrons par la mer.

Marche, marche, etc.

Déjà, là-bas, le père
Dit en pleurant à sa Basia : « Écoute-donc,
« Ce sont les nôtres
« Qui battent le tambour. »

Marche, marche, etc.

Version en polonais

Mazurek Dąbrowskiego

Jeszcze Polska nie zginęła,
Kiedy my żyjemy.
Co nam obca przemoc wzięła,
Szablą odbierzemy.

Marsz, marsz, Dąbrowski,
Z ziemi włoskiej do Polski!
Za twoim przewodem
Złaczym się z narodem.

Przejdziem Wisłę, przejdziem Wartę,
Będziem Polakami,
Dał nam przykład Bonaparte,
Jak zwyciężąć mamy.

Marsz, marsz...

Jak Czarniecki do Poznania
Po szwedzkim zaborze,
Dla Ojczyzny ratowania
Wrócim się przez morze.

Marsz, marsz...

Już tam ojciec do Swej Basi
Mówi zapłakany:
"Słuchaj jeno, pono nasi
"Biją wtarabany."

Marsz, marsz...

PORTUGAL

Portugal

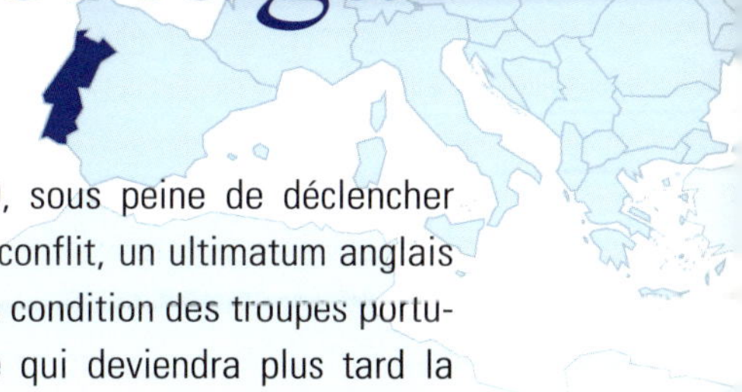

■ Écrit en 1890, l'hymne portugais est né au cœur d'une très forte discorde entre Lisbonne et Londres au sujet des colonies africaines du Portugal. En cette fin de XIXe siècle, âge d'or de l'aventure coloniale, les grandes nations européennes – Grande-Bretagne, France, Allemagne et Portugal – donnent libre cours à leur appétit de terres nouvelles, notamment en Afrique. Un continent sur lequel, de l'océan Atlantique à l'océan Indien, Lisbonne projette alors de réunir les immenses territoires qui séparent ses colonies d'Angola et du Mozambique, découvertes autrefois par ses explorateurs. Paris et Berlin, qui n'ont aucune ambition dans la région, acceptent, mais Londres y oppose un veto catégorique. Au faîte de sa puissance, l'Angleterre projette en effet d'établir un vaste couloir colonial nord-sud, baptisé « C to C », c'est-à-dire du Caire au Cap. Et il n'est pas question de laisser le petit Portugal contrecarrer cette œuvre grandiose.

■ En janvier 1890, sous peine de déclencher immédiatement un conflit, un ultimatum anglais exige le retrait sans condition des troupes portugaises du territoire qui deviendra plus tard la Rhodésie, puis le Zimbabwe. Un navire de guerre anglais entre même en rade de Lisbonne. Le roi Charles Ier et son gouvernement sont contraints de céder. Mais l'orgueil portugais est profondément blessé et la rue manifeste sa colère. On cesse d'enseigner l'anglais dans les écoles et les magasins refusent de servir les citoyens britanniques... Au cours de ces journées de colère et d'humiliation, un poète et un musicien, Henrique Lopes de Mendonça et Alfredo Keil do Amaral, traduisent la rage du peuple contre le diktat de l'Angleterre, pourtant l'un des plus anciens alliés du pays. Leur chant plein de révolte exalte la grandeur de leur pays. En 1911, une loi en fera l'hymne national de la **République portugaise**.

Paroles d'Henrique Lopes de Mendonça (1856-1931)
Musique d'Alfredo Keil do Amaral (1850-1907)
Adopté comme hymne national en 1911

Version en portugais

A Portugesa

Heróis do mar, nobre povo,
Nação valente, imortal,
Levantai hoje de novo,
O esplendor de Portugal
Entre as brumas da memória.
Ó pátria sente-se a voz
Dos teus egrégios avós
Que há-de guiar-te à vitória.

Às armas! Às armas!
Sobre a terra e sobre o mar!
Às armas! Às armas!
Pela pátria lutar!
Contra os canhões marchar, marchar!

Desfralda a invicta bandeira
A luz viva do teu céu
Brade a Europa à terra inteira
Portugal não pereceu!
Beija o solo teu jucundo
O oceano a rujir d'amor;
E o teu braço vencedor
Deu mundos novos ao mundo!

Às armas...

Saudai o sol que desponta
Sobre um ridente porvir;
Seja o eco d'uma afronta
O sinal de ressurgir.
Raios d'essa aurora forte
São como beijos de mãe
Que nos guardam, nos sustêm,
Contra as injúrias da sorte.

Às armas...

La Portugaise

Héros de la mer, peuple noble,
Nation vaillante, immortelle,
Relevez à nouveau aujourd'hui
La splendeur du Portugal
Entre les brumes de la mémoire.
Ô patrie, on entend la voix
De tes illustres aïeux
Qui te guidera vers la victoire.

Aux armes ! Aux armes !
Sur la terre et sur la mer !
Aux armes ! Aux armes !
Pour la patrie il faut lutter !
Et contre les canons, marcher, marcher !

Déployons l'invincible bannière
Dans la lumière vive de notre ciel
Crions à toute l'Europe et au monde entier
Que le Portugal n'est pas mort !
Notre terre heureuse est embrassée
Par l'océan qui lui parle avec amour ;
Et tes bras conquérants
Ont donné au monde de nouveaux mondes !

Aux armes, etc.

Saluons le soleil qui se lève
Sur un avenir radieux ;
Laissons l'écho de l'affront
Devenir le signal de notre renaissance.
Les rayons de cette aube puissante
Sont comme les baisers d'une mère
Qui nous protège et nous soutient
Contre l'injure du destin.

Aux armes, etc.

Roumanie

En décembre 1989, lors de la révolution qui marque la fin du régime communiste de Nicolae Ceauşescu, les Roumains qui manifestent et se battent dans les rues redécouvrent de manière spontanée l'un de leurs hymnes anciens, *Éveille-toi, Roumain !*. Il s'agit d'un texte écrit par le poète et journaliste Andreiu Mureşanu pendant la révolution de 1848 intitulé à l'origine *L'Écho*. Mis en musique par Anton Pann en quelques jours seulement, l'ensemble est rebaptisé *Éveille-toi, Roumain !* avant d'être interprété pour la première fois le 29 juin 1848.

Immensément populaire, ce chant est repris à chaque période difficile de l'histoire du pays, de la guerre d'indépendance aux deux conflits mondiaux. Mais en décembre 1947, quand le roi Michel de Roumanie est chassé du pouvoir par les communistes, l'hymne est strictement interdit. Il faut attendre 1990 pour que, sous la pression populaire, le chant devienne hymne national de la **République roumaine**. Il est à noter que, lors de son accession à l'indépendance après l'effondrement de l'URSS, la république voisine de Moldavie avait choisi l'hymne roumain comme hymne national, avant d'adopter plus tard son propre hymne.

Paroles d'Andreiu Mureşanu (1816-1863)
Musique d'Anton Pann (1796-1854)
Adopté comme hymne national en 1990

Éveille-toi, Roumain !

Éveille-toi, Roumain, de ton sommeil de mort,
Où te plongèrent les despotes criminels !
Maintenant ou jamais, forgeons un autre sort,
Qui fasse s'incliner tes ennemis cruels !

Maintenant ou jamais, démontrons fièrement
Que dans nos bras coule encore le sang romain
Et que nos poitrines gardent jalousement
Un nom victorieux, héritier de Trajan !

Regardez, esprits de Michel, Étienne, Corvin,
La nation roumaine, tous vos descendants,
Les bras armés de votre courage divin,
« Vie libre ou mort ! » exigent-ils en criant.

Prêtres, haut la croix ! Car l'armée est sainte,
Sa devise, la liberté, un but sacré,
Mieux vaut mourir au champ d'honneur, sans plainte,
Qu'être à nouveau esclaves en nos contrées !

Version en roumain

Deşteaptă-te, Române!

Deşteaptă-te, Romane, din somnul cel de moarte,
In care te-adânciră barbarii de tirani!
Acum ori niciodată croieşte-ţi altă soarte,
La care să se-nchine şi cruzii tăi duşmani!

Acum ori niciodată să dăm dovezi în lume
Că-n aste mâni mai curge un sânge de roman,
Şi că-n a noastre piepturi păstrăm cu fală-un nume
Triumfător în lupte, un nume de Traian!

Priviţi, mărețe umbre, Mihai, Ştefan, Corvine,
Români naţiune, ai voştri strănepoţi,
Cu braţele armate, cu focul vostru-n vine,
"Viaţă-n libertate ori moarte !" strigă toţi.

Preoţi, cu crucea-n frunte! Căci oastea e creştină,
Deviza-i libertate şi scopul ei preasfânt,
Murim mai bine-n luptă, cu glorie deplină,
Decât să fim sclavi iarăşi în vechiul nost'pământ!

Russie

■ À la fin de l'année 2000, les députés de la Douma, le parlement de la **Fédération de Russie**, adoptent un nouvel hymne national, officialisé par Vladimir Poutine lui-même le 1er janvier 2001. Dix ans après la chute de l'Union soviétique, les autorités de Moscou retrouvent ainsi – à la surprise du monde entier et à la colère de nombreux défenseurs des droits de l'homme – la musique de l'hymne communiste choisi par Staline en 1944, sur des paroles nouvelles, mais écrites par l'ancien auteur de l'hymne soviétique lui-même, Sergheï Mikhalkov, âgé alors de quatre-vingt-sept ans ! La polémique est réelle mais ne dure guère. Les Russes aimaient et s'identifiaient profondément à leur ancien hymne. Ils sont une majorité à être heureux d'en retrouver la musique.

■ Depuis le XIXe siècle, le pays a pourtant changé plusieurs fois de chant national. Sous Pierre le Grand, l'Empire russe adopte officiellement *God Save the King*. Un air sur lequel des paroles russes sont adaptées et auquel il est de coutume d'ajouter un texte de Dimitri Bortiansky en l'honneur du tsar. Puis, en 1833, le tsar Nicolas Ier commande au poète Vassili Joukovski un poème à sa gloire, mis en musique par le prince Lvov, compositeur et musicien. Cette mélodie reste toujours très proche de l'hymne britannique et s'intitule d'ailleurs *Dieu protège le tsar*. Après la révolution d'octobre 1917, le régime communiste adopte tout d'abord *La Marseillaise* comme hymne national, avec des paroles en russe. Mais quelques mois plus tard, c'est le chant de ralliement des révolutionnaires du monde entier, *L'Internationale*, qui est choisi. Traduit en russe et dans chacune des langues qui compose l'URSS, il reste l'hymne national soviétique jusqu'en 1944.

Cette année-là, alors que la Seconde Guerre mondiale fait rage, Staline ressent le besoin d'exalter le nationalisme russe plutôt que la révolution ouvrière. Pour soutenir les efforts de l'Armée rouge, il commande alors au poète Sergheï Mikhalkov un hymne spécifique à la gloire de « l'Union soviétique indestructible ». Mis en musique par Aleksandr Aleksandrov, le chant s'intitule simplement *Hymne de l'URSS*. Cette marche imposante et grandiose est officiellement adoptée le 15 mars 1944, et identifiera longtemps l'empire communiste. Pendant plusieurs années après la mort de Staline, les paroles ne sont plus guère utilisées. Il faut attendre 1977 pour que Leonid Brejnev en demande la modification en ôtant toute allusion au « petit père des peuples ».

■ Lors de la dissolution de l'Union soviétique en 1991, le nouveau président Boris Eltsine hésite longtemps quant au choix d'un nouvel hymne. Impossible de revenir à l'hymne tsariste d'autrefois et pas question de garder l'hymne de 1944 et ses références au communisme triomphant. Il choisit donc un air plutôt anodin de Mikhaïl Glinka, compositeur du début du XIXe siècle et fondateur de l'opéra russe moderne.

Parallèlement, une commission est nommée pour lui trouver de nouvelles paroles. En vain. Le nouveau *Chant patriotique* reste sans paroles pendant une dizaine d'années et ne suscite aucun engouement populaire.

Paroles de Sergheï Vladimirovitch Mikhalkov (né en 1913)
Musique d'Aleksandr Vassilievitch Aleksandrov (1883-1946)
Adopté comme hymne national en 2001

Hymne de la Fédération de Russie

La Russie est notre force sacrée,
La Russie est notre pays bien-aimé.
Volonté puissante et grande gloire
Sont à toi pour toujours !

Gloire à toi, libre patrie,
Peuples frères unis depuis des siècles,
Populaire sagesse transmise par nos ancêtres !
Sois glorieux, notre pays ! Nous sommes fiers de toi !

Des terres arctiques aux mers du Sud
S'étendent nos forêts et nos champs.
Rien de tel n'existe dans le monde,
Terre natale protégée par Dieu !

Gloire à toi, etc.

De larges espaces pour rêver et pour vivre
Sont là et nous attendent dans les années futures,
La foi dans notre pays nous donne la force.
Comme cela a toujours été et comme cela sera toujours !

Gloire à toi, etc.

Version en russe

Gimn Rossiiskaïa Federatsia

Россия – священная наша держава,
Россия – любимая наша страна.
Могучая воля, великая слава –
Твое достоянье на все времена!

Славься, Отечество наше свободное,
Братских народов союз вековой,
Предками данная мудрость народная!
Славься, страна! Мы гордимся тобой!

От южных морей до полярного края
Раскинулись наши леса и поля.
Одна ты на свете! Одна ты такая –
Хранимая Богом родная земля!

Славься...

Широкий простор для мечты и для жизни
Грядущие нам открывают года.
Нам силу дает наша верность Отчизне.
Так было, так есть и так будет всегда!

Славься...

L'hymne de l'URSS (1944)

De la révolution bolchevique à la fin de 1943, l'hymne de l'URSS est *L'Internationale*, le poème d'Eugène Pottier mis en musique par Pierre Degeyter. Mais alors que l'Armée rouge affronte les forces allemandes, Staline exige un hymne qui puisse motiver les troupes avec plus d'intensité, et surtout qui soit totalement russe. Écrit par Sergheï Mikhalkov sur une musique d'Aleksandr Aleksandrov, le nouvel hymne est présenté à Staline le 1er janvier 1944 pour être adopté le 15 mars suivant.

Paroles de Sergheï Vladimirovitch Mikhalkov (né en 1913)
Musique d'Aleksandr Vassilievitch Aleksandrov (1883-1946)
Adopté comme hymne national en 1944

Version en russe

Gimn Sovetskovo Soyuza

Союз нерушимый республик свободных
Сплотила навеки великая Русь
Да здравствует созданный волей народов
Единый, могучий Советский Союз!

Славься, Отечество наше свободное,
Дружбы народов надежный оплот!
Партия Ленина – сила народная
Нас к торжеству коммунизма ведет!

Сквозь грозы сияло нам солнце свободы,
И Ленин Великий нам путь озарил:
На правое дело он поднял народы,
На труд и на подвиги нас вдохновил!

Славься…

В победе бессмертных идей коммунизма
Мы видим грядущее нашей страны,
И красному знамени славой отчизны
Мы будем всегда беззаветно верны!

Славься…

Hymne de l'Union soviétique

Indestructible union de républiques libres
La grande Russie a été forgée à jamais pour résister,
Créée dans les combats par la volonté des peuples,
Unie et puissante, notre terre soviétique !

Gloire à notre patrie libre
Garante de l'amitié entre les peuples !
Parti de Lénine, force du peuple,
Guidez-nous vers le triomphe du communisme !

Le soleil de la liberté brille à travers les tempêtes
Et le grand Lénine nous montre le chemin :
Il a soulevé les peuples pour une juste cause
Leur inspirant le travail et de valeureuses actions !

Gloire, etc.

Dans la victoire des idéaux immortels du communisme
Se tient le futur de notre cher pays,
Et nous resterons fidèles pour toujours
À sa palpitante bannière écarlate !

Gloire, etc.

SAINT-MARIN

Saint-Marin

Avec soixante et un kilomètres carrés et vingt-sept mille habitants, la **République sérénissime de Saint-Marin** est sans doute l'un des plus petits États de la planète, mais ce territoire totalement enclavé dans l'Italie, au sud-ouest de Rimini, est aussi la plus ancienne république du monde.

En l'an 301, le moine dalmate saint Marin crée sur les collines de cette région d'Italie une communauté chrétienne. Fortifiée, elle devient autonome dès le IXe siècle et se dote même d'une Constitution écrite en octobre 1600. Toujours en vigueur, elle est la plus ancienne encore en application. Admise à l'ONU en 1992, la république de Saint-Marin est dirigée par deux capitaines-régents, élus tous les six mois.

Écrit par le violoniste et compositeur Federico Consolo, l'hymne de Saint-Marin reprend un ancien chant choral tiré d'un bréviaire monastique du Xe siècle. Il ne comporte aucunes paroles.

Inno Nazionale

Hymne sans paroles

Musique de Federico Consolo (1841-1906)

Adopté comme hymne national en 1894

Serbie-Monténégro

■ Avant la prise de pouvoir par les communistes en 1941, et afin que chacun des peuples de la confédération s'y reconnaisse, l'hymne de la Yougoslavie est composé d'un subtil mélange d'airs serbe, croate et slovène. Avec l'arrivée de Tito au pouvoir, un nouvel hymne est alors imposé, qui s'appelle « *Hé ! Les Slaves !* ».

■ Avec l'éclatement du pays dans les années quatre-vingt-dix, la Croatie, la Bosnie-Herzégovine et la Slovénie arrachent leur indépendance dans des circonstances souvent dramatiques et adoptent dès lors leurs propres symboles nationaux.

Au mois de février 2003, décision formellement ratifiée par les Nations unies, la « République de Yougoslavie » cesse définitivement d'exister au profit de la « Serbie-Monténégro ». Se pose alors avec acuité le problème des symboles nationaux. Officiellement, drapeau et hymne de l'ancienne Yougoslavie ont cessé d'avoir existence légale, ce qui signifie que le nouveau pays ne dispose pas de symboles reconnus.

Pendant plusieurs mois, le flou est total et « *Hé ! Les Slaves !* » demeure malgré tout l'hymne de la Serbie-Monténégro.

■ Finalement, en août 2004, pour mettre fin à cette étrange situation, le Parlement de Serbie se réunit et vote à l'unanimité le rétablissement des symboles de l'ancienne monarchie serbe, dont l'hymne royal écrit en 1872 et adopté en 1904. Une mesure qui semble préparer une rupture prochaine et inévitable de l'union entre la **République serbe** et le **Monténégro**. D'autant que quelques semaines plus tôt, les députés monténégrins avaient également choisi un nouveau drapeau et un nouvel hymne national, « *Oj svijetla majska zoro* ».

■ En attendant l'accession véritable des deux pays à l'indépendance – probablement par référendum dès 2006 – un hymne commun reprenant quelques vers et quelques mesures de chacun des deux hymnes sera utilisé si nécessaire, par exemple lors des compétitions sportives.

Considérant qu'il n'existe plus vraiment d'hymne de la Serbie-Monténégro, voici donc les hymnes serbes et monténégrins actuels.

Hymne serbe

Musique de Davorin Jenko (1835-1914)
Paroles de Jovan Đorđević (1826-1900)
Adopté en 1904 puis en 2004

Dieu de justice

Dieu de justice, Toi qui nous as sauvés
Quand Tu as entendu les voix de Tes enfants serbes,
Plongés dans un profond esclavage
Comme par le passé, sois notre sauveur.

Soutiens-nous de Ta main puissante,
Apaise notre rude chemin.
Dieu, notre espoir, protège et chéris
Les terres serbes et le peuple de Serbie !

Resserre les liens qui nous unissent
Apprends-nous l'amour indéfectible,
Puisse la folle haine de la discorde
Ne jamais s'imposer parmi nous,

Que les fruits dorés de l'unité
Décorent notre jeune arbre de liberté
Dieu, notre Maître ! Guide et fais prospérer
Les terres serbes et le peuple de Serbie !

Seigneur ! Détourne de nous Ta vengeance,
Tonnerre de Ta redoutable colère ;
Bénis chaque ville et chaque hameau serbe,
Chaque montagne, chaque prairie, chaque cœur et chaque flèche.

Quand nous partons au combat
Pour étreindre la mort ou la victoire
Dieu des armées, sois notre Chef
Renforce alors la race serbe !

Sur nos tombeaux d'éternité,
Perce l'aube de la résurrection.
Se relevant de l'esclavage le plus extrême
La Serbie nouvelle est née.

Pendant cinq cents ans
Nous nous sommes agenouillés devant Toi,
Délivre O Dieu, tous nos proches
Te supplie la race serbe !

Version en serbe

Bože pravde

Боже правде, ти што спасе
од пропасти досад нас,
чуј и одсад наше гласе
и од сад нам буди спас.

Моћном руком води,брани
будућности српске брод,
Боже спаси, Боже храни,
српске земље, српски род!

Сложи српску браћу драгу
на свак дичан славан рад,
слога биће пораз врагу
а најјачи српству град.

Нек на српској блиста грани
братске слоге знатан плод,
Боже спаси, Боже храни
српске земље, српски род!

Нек на српско ведро чело
твог не падне гнева гром
Благослови Србу село поље,
њиву, град и дом!

Кад наступе борбе дани
к' победи му води ход
Боже спаси, Боже храни
српске земље, српски род!

Из мрачнога сину гроба
српске славе нови сјај
настало је ново доба
Нову срећу, Боже дај!

Отаџбину српску брани
пет вековне борбе плод
Боже спаси, Боже брани
моли ти се српски род!

Hymne monténégrin

Paroles et musique de Sekula Drljević (1884 – 1945)
Adopté en 2004

Version monténégrine

Oj svijetla majska zoro

Oj svijetla majska zoro
Majko naša Crna Goro
Sinovi smo tvog stijenja
I čuvari tvog poštenja

Volimo vas, brda tvrda,
I stravične vaše klance
Koji nikad ne poznaše
Sramotnoga ropstva lance.

Lovćen nam je oltar sveti,
Vazda smo mu vjerni bili,
U njega smo vjerovali
I njime se ponosili.

Dok lovćenskoj našoj misli
Naša sloga daje krila,
Bit će gorda, bit će slavna
Domovina naša mila.

Slobode će čuvar biti
Naša brda, naše gore,
Dokle zemlju sunce grije
I dokle se ljudi bore.

Rijeka će naših vala,
Uskačući u dva mora,
Glas nositi oceanu,
Da je vječna Crna Gora.

Ô brillante aube de Mai

Ô brillante aube de Mai,
Notre mère le Monténégro.
Nous sommes fils de tes montagnes
Et gardiens de ta probité.

Nous t'aimons, avec tes monts rocheux
et tes gorges encaissées
Qui ne connaîtront jamais
Les chaînes honteuses de l'esclavage.

Le mont Lovćen est notre autel sacré.
Nous lui avons toujours été fidèles
Nous croyons en lui
Et puisons notre fierté en lui.

Alors que notre unité
Donne des ailes à la cause du Lovćen
Elle sera fière, elle sera renommée
Notre chère Patrie.

Les gardiennes de notre liberté
Sont nos collines, nos montagnes
Tandis que le pays est réchauffé par le soleil
Tandis que le peuple se bat.

Nos vagues forment un fleuve
Se jetant dans deux mers,
Et portant jusqu'à l'Océan le message
Que le Monténégro durera pour l'éternité.

SLOVAQUIE

Slovaquie

Lors de la partition de la Tchécoslovaquie, le 1er janvier 1993, la **République de Slovaquie** a décidé de conserver comme hymne national *Nad Tatrou sa blyská*, la partie de l'ancien hymne tchécoslovaque qui lui était propre. Il s'agit d'un texte écrit au XIXe siècle sur un air populaire intitulé *Kupala studienku*. Les monts Tatras auxquels il fait référence sont une large chaîne de montagnes qui s'étend à l'est du pays.

Paroles de Janko Matúžka (1821-1877)
Musique traditionnelle slovaque de compositeur inconnu
Adopté comme hymne national en 1993

Il y a des éclairs au-dessus des Tatras

Il y a des éclairs au-dessus des Tatras, le tonnerre résonne sauvagement. *(bis)*
Laissons-les passer, mes frères, ils vont sûrement disparaître et les Slovaques revivront. *(bis)*

Cette Slovaquie, qui est à nous, a dormi jusqu'à maintenant, *(bis)*
Mais le tonnerre et les éclairs l'encouragent à reprendre vie. *(bis)*

Version en slovaque

Nad Tatrou sa blyská

Nad Tatrou sa blýska, hromy divo bijú. *(bis)*
Zastavme ich, bratia, ved sa ony stratia, Slováci ožijú. *(bis)*

To Slovensko naše posial tvrdo spalo, *(bis)*
Ale blesky hromu vzbudzujú ho k tomu, aby sa prebralo. *(bis)*

Slovénie

Zdravljica a été écrit à l'automne 1844 et publié seulement quatre ans plus tard à cause de la censure imposée jusque-là par l'absolutisme autrichien du chancelier Metternich. Caractéristique de ce printemps des peuples qui secoue l'Europe, l'hymne de France Prešeren a souvent été qualifié, comme bien d'autres hymnes européens, de *Marseillaise*. Fasciné comme beaucoup d'écrivains de l'époque par les idées de liberté et d'égalité propagées par la Révolution française, Prešeren y chante sa vision d'une Slovénie libre, coexistant pacifiquement avec ses voisins.

Zdravljica est chanté pendant toutes les périodes difficiles de l'histoire de la Slovénie. Entre 1941 et 1945, sous l'occupation allemande, puis dans les années quatre-vingt, avant que le pays ne retrouve son indépendance. Le chant est proclamé hymne national le 27 septembre 1989. Figure importante du romantisme européen, France Prešeren est actuellement l'un des poètes les plus vénérés de la **République de Slovénie**.

Paroles de France Prešeren (1800-1849)
Musique de Stanko Premrl (1880-1965)
Adopté comme hymne national en 1989

Un toast

Bénédiction de Dieu sur toutes les nations
Qui attendent et œuvrent pour ce jour brillant,
Quand, au-dessus du monde où nous vivons
Ni guerres, ni luttes n'imposeront plus leur emprise ;
Attendons de voir tous ces hommes libres,
Qu'il n'y ait plus d'ennemis, mais seulement des voisins !

Version en slovène

Zdravljica

Žive naj vsi naródi,
Ki hrepené docakat'dan,
Da, koder sonce hodi,
Prepir iz svéta bo pregnan;
Da rojak prost bo vsak,
Ne vrag, le sosed bo mejak!

SUEDE

Suède

L'hymne national suédois est l'exemple même d'un chant devenu peu à peu hymne national sans avoir reçu de consécration officielle, simplement du fait de sa teneur et de sa grande popularité. Écrit vers 1850 par l'écrivain et compositeur Richard Dybeck, *Du gamla, du fria* est un véritable hymne à la généreuse nature scandinave et aux charmes du temps passé. La musique a été adaptée par Dybeck lui-même à partir d'une chanson populaire de la province de Västmanland. Seules les deux premières strophes du long poème original sont aujourd'hui considérées comme étant l'hymne national du **Royaume de Suède**.

Paroles et musique de Richard Dybeck (1811-1877)
Interprété pour la première fois en 1844

Toi l'ancienne, toi la libre

Toi l'ancienne, toi la libre, toi Nord montagneux,
Toi la calme, toi la beauté joyeuse !
Je te salue, plus belle terre au monde,
Ton soleil, ton ciel, tes vertes prairies. *(bis)*

Tu trônes sur la mémoire des jours anciens,
Quand l'honneur de ton nom se répandait sur le monde.
Je sais que tu es et que tu resteras ce que tu fus.
Oui, je vivrai et je mourrai dans le Nord. *(bis)*

Version en suédois

Du gamla, du fria

Du gamla, du fria, du fjällhöga nord
Du tysta, du glädjerika sköna!
Jag hälsar dig, vänaste land uppå jord,
Din sol, din himmel, dina ängder gröna. *(bis)*

Du tronar på minnen från fornstora dar,
Då ärat ditt namn flög över jorden.
Jag vet att du är och du blir vad du var.
Ja, jag vill leva jag vill dö i Norden. *(bis)*

Suisse

Vers la fin du XIXe siècle et jusqu'au milieu du XXe, l'hymne national suisse s'intitule *Ô monts indépendants*. Un texte utilisé lors de toutes les occasions officielles et dont la mélodie n'est autre que celle de l'hymne britannique, *God Save the King*. Pourtant, depuis fort longtemps, un nombre croissant de Suisses exigent qu'un hymne purement helvétique – le *Cantique suisse* – lui soit substitué. Écrit par l'auteur zurichois Leonhard Widmer et mis en musique par le prêtre et compositeur Alberich Zwyssig, ce cantique connaît une immense popularité dès le milieu du XIXe siècle et de nombreuses chorales le reprennent en chœur lors de fêtes patriotiques. Sollicité à plusieurs reprises, le Conseil fédéral refuse pourtant le changement. Il faut attendre 1961 pour que le *Cantique suisse* représente – provisoirement – la Suisse dans les cérémonies militaires et diplomatiques. Après plusieurs périodes d'essai et l'étude de quelques propositions pour adopter un nouvel hymne national, le Conseil fédéral adopte définitivement, en avril 1981, le *Cantique* comme hymne national de la **Confédération helvétique**. Hymne qualifié de « purement suisse, digne et solennel, ainsi que le souhaite une grande partie de nos confédérés et confédérées ».

Paroles de la version française de Charles Chatelanat (1833-1907), pour la version allemande de Leonhard Widmer (1808-1868), pour la version italienne de Camillo Valsangiacomo (1898-1978) et pour la version romanche de Gion Antoni Buhler (1825-1897)
Musique d'Alberich Zwyssig (1808-1854)
Adopté comme hymne national en 1981

Cantique suisse

Sur nos monts, quand le soleil
Annonce un brillant réveil,
Et prédit d'un plus beau jour le retour,
Les beautés de la patrie
Parlent à l'âme attendrie ;
Au ciel montent plus joyeux *(bis)*
Les accents d'un cœur pieux,
Les accents émus d'un cœur pieux.

Lorsqu'un doux rayon du soir
Joue encore dans le bois noir,
Le cœur se sent plus heureux près de Dieu
Loin des vains bruits de la plaine
L'âme en paix est plus sereine ;
Au ciel montent plus joyeux *(bis)*
Les accents d'un cœur pieux,
Les accents émus d'un cœur pieux.

Lorsque dans la sombre nuit,
La foudre éclate avec bruit,
Notre cœur pressent encore le Dieu fort.
Dans l'orage et la détresse,
Il est notre forteresse.
Offrons-Lui des cœurs pieux : *(bis)*
Dieu nous bénira des cieux,
Dieu nous bénira du haut des cieux.

Des grand monts vient le secours,
Suisse ! espère en Dieu toujours !
Garde la foi des aïeux, vis comme eux !
Sur l'autel de la patrie
Mets tes biens, ton cœur, ta vie !
C'est le trésor précieux *(bis)*
Que Dieu nous bénira des cieux,
Que Dieu nous bénira du haut des cieux.

Version en allemand
Schweizer Psalm

Trittst im Morgenrot daher,
Seh'ich dich im Strahlenmeer,
Ich, du Hocherhabener, Herrlicher!
Wenn der Alpenfirn sich rötet,
Betet, freie Schweizer, betet.
Eure fromme Seele ahnt *(bis)*
Gott im hehren Vaterland!
Gott, den Herrn, im hehren Vaterland!

Kommst im Abendglühn daher,
Find'ich dich im Sternenheer,
Dich, du Menschenfreundlicher, Liebender!
In des Himmels lichten Räumen
Kann ich froh und selig träumen;
Denn die fromme Seele ahnt *(bis)*
Gott im hehren Vaterland!
Gott, den Herrn, im hehren Vaterland!

Ziehst im Nebelflor daher,
Such'ich dich im Wolkenmeer,
Dich, du Unergründlicher, Ewiger!
Aus dem grauen Luftgebilde
Bricht die Sonne klar und milde,
Und die fromme Seele ahnt *(bis)*
Gott im hehren Vaterland!
Gott, den Herrn, im hehren Vaterland!

Fährst im wilden Sturm daher,
Bist du selbst uns Hort und Wehr,
Du, allmächtig Waltender, Rettender!
In Gewitternacht und Grauen
Lasst uns kindlich ihm vertrauen!
Ja, die fromme Seele ahnt *(bis)*
Gott im hehren Vaterland!
Gott, den Herrn, im hehren Vaterland!

Version en italien

Salmo svizzero

Quando bionda aurora
Il mattin c'indora
L'alma mia t'adora, Re del ciel!
Quando l'Alpe già rosseggia
A pregare allor t'atteggia;
In favor del patrio suol, *(bis)*
Cittadino Dio lo vuol. *(bis)*

Se di stelle è un giubilo
La celeste sfera,
Te ritrovo a sera, o Signor!
Nella notte silenziosa
L'alma mia in Te riposa:
Libertà, concordia, amor, *(bis)*
All'Elvezia serba ognor. *(bis)*

Se di nubi un velo
M'asconde il tuo cielo
Pel tuo raggio anelo, Dio d'amore!
Fuga o sole quei vapori,
E mi rendi i tuoi favori:
Di mia patria deh! *(bis)*
Pietà brilla, sol di verità. *(bis)*

Quando rugge e strepita
Impetuoso il nembo,
M'è ostel Tuo grembo, o Signor!
In ti fido, onnipossente:
Deh, proteggi nostra gente:
Libertà, concordia, amor, *(bis)*
All'Elvezia serba ognor. *(bis)*

Version en romanche

Psalm svizzer

En l'aurora la damaun
Ta salida il carstgaun,
Spiert etern Dominatur, Tutpussent!
Cur ch'ils munts straglischan sura,
Ura, liber Svizzer, ura!
Mia olma senta ferm *(bis)*
Dieu en tschiel, il Bab etern!
Dieu en tschiel, il Bab, il Bab etern!

Er la saira en splendur
Da las stailas en l'azur
Tai chattain nus, Creatur, Tutpussent!
Cur ch'il firmament sclerescha
En noss cors fidanza crescha.
Mia olma senta ferm *(bis)*
Dieu en tschiel, il Bab etern!
Dieu en tschiel, il Bab, il Bab etern!

Ti a nus es er preschent
En il stgir dal firmament,
Ti inperscrutabel spiert, Tutpussent!
Tschiel e terra t'obedeschan
Vents e nivels secundeschan.
Mia olma senta ferm *(bis)*
Dieu en tschiel, il Bab etern!
Dieu en tschiel, il Bab, il Bab etern!

Cur la furia da l'orcan
Fa tremblar il cor uman,
Alur das ti a nus vigur, Tutpussent!
Ed en temporal sgarschaivel
Stas ti franc a nus fidaivel.
Mia olma senta ferm *(bis)*
Dieu en tschiel, il Bab etern!
Dieu en tschiel, il Bab, il Bab etern!

République tchèque

Composé en 1834 et adopté en 1919, l'hymne de l'ancienne Tchécoslovaquie était formé de deux parties bien distinctes, l'une en tchèque et l'autre en slovaque. Lors de la partition pacifique du pays le 1er janvier 1993, chacune des deux nouvelles républiques a gardé la partie de l'hymne ancien qui lui était propre. La **République tchèque** a donc adopté *Kde domov můj* comme hymne national.

Paroles de Josef Kajetán Tyl (1808-1856)
Musique de František de Jan Škroup (1801-1862)
Adopté comme hymne national en 1919, puis en 1993

Où est mon foyer ?

Où est mon foyer, où est mon foyer ?
Les eaux murmurent à travers les prairies,
Les forêts de pins bruissent sur les rochers escarpés,
Les fleurs du printemps scintillent dans les vergers,
Cela ressemble au paradis sur terre !
Et c'est mon superbe pays !
La terre tchèque, mon foyer ! *(bis)*

Version en tchèque

Kde domov můj?

Kde domov můj, kde domov můj?
Voda hučí po lučinách,
Bory šumí po skalinách,
V sadě skvi se jara květ,
Zemský ráj to na pohled!
A to je ta krásná země,
Země česká, domov můj! *(bis)*

Ukraine

Avant d'être absorbée par l'Union soviétique quelques années après la révolution bolchevique de 1917, l'**Ukraine** avait été brièvement indépendante, avec son propre drapeau et son propre hymne national. En 1991, après l'éclatement de l'URSS, le pays retrouve son indépendance et se dote de nouveaux symboles. En 1992, le parlement ukrainien choisit l'hymne de 1917 comme hymne national. Le texte de Pavlo Chubynskyi exprime toute la lutte du peuple ukrainien pour acquérir sa liberté. Le poème s'intitule *L'Ukraine n'est pas encore morte*, ce qui n'est pas sans rappeler l'hymne de la Pologne voisine. En 2003, le Parlement ukrainien entérine le choix de l'hymne. Seuls le premier couplet et le refrain du chant original sont retenus.

Paroles de Pavlo Chubynskyi (1839-1884)
Musique de Mikhaïl Verbytskyi (1815-1870)
Adopté comme hymne national en 1917, puis en 1992

Version en ukrainien

Chtche ne vmerla Ukraïna

Ще не вмерла Україна, ні слава, ні воля,
Ще нам, браття-українці, усміхнеця доля.
Згинуть наші воріженьки, як роса на сонці,
Заживемо і ми, браття, у своїй сторонці.

Душу й тіло ми положим за нашу соботу
І покажем, що ми, браття, козацького роду.

Станем браття, всі за волю, від Сяну до Дону
В рідним краю панувати не дамо ні кому.
Чорне море ще всміхнеця, дід Дніпро зрадіє,
Ще на нашій Україні доленька доспіє.

Душу…

А завзятта праця щира свого ще докаже,
Ще ся вомі в Україні пісьн гучна розляже.
За Карпати відібється, згомонить степами,
України слава стане поміж гародами.

Душу…

L'Ukraine n'est pas encore morte

L'Ukraine n'est pas encore morte, ni sa gloire, ni sa liberté,
La chance nous sourira toujours, frères ukrainiens.
Nos ennemis mourront, comme la rosée au soleil,
Et nous aussi, frères, nous vivrons heureux sur notre terre.

Pour la liberté, nous n'épargnerons ni nos âmes ni nos corps
Et nous prouverons, frères, que nous sommes de la race des cosaques.

Levons-nous tous, frères, depuis le Sain jusqu'au Don,
Nous ne laisserons personne s'emparer de notre patrie.
La mer Noire sourira encore, le grand-père Dniepr se réjouira,
Et dans notre Ukraine, la chance nous sourira.

Pour la liberté, etc.

Notre persévérance, notre labeur sincère prouveront leur justesse,
Notre puissant chant de liberté résonnera toujours à travers l'Ukraine.
Il résonnera jusqu'aux Carpates, se répandra dans les steppes
Et la gloire de l'Ukraine surgira au cœur de notre peuple.

Pour la liberté, etc.

VATICAN

Cité du Vatican

C'est en 1950, à l'occasion de l'année sainte, que le pape Pie XII décide que la *Marche pontificale* deviendrait l'hymne officiel de l'**État de la Cité du Vatican**. Œuvre du compositeur français Charles Gounod, créateur de *Faust* et inoubliable auteur de l'*Ave Maria*, la *Marche pontificale* a été écrite en 1869 à l'occasion de l'anniversaire de Pie IX. Le nouvel hymne pontifical a été exécuté pour la première fois le 24 décembre 1949. Dès ce jour, la *Marche pontificale* remplace l'ancien hymne composé en 1857 par Vittorino Hallmayer.

Paroles d'Antonio Allegra (1905-1969)
Musique de Charles Gounod (1818-1893)
Adopté comme hymne national en 1950

Version en italien

Marcia pontificale

Salve, salve Roma, patria eterna di memorie,
Cantano le tue glorie, mille palme e mille altari.

Roma degli apostoli, madre guida dei redenti,
Roma luce delle genti, il mondo spera in te!

Salve, salve Roma, la tua luce non tramonta,
Vince l'odio e l'onta lo splendor di tua beltà.

Roma degli Apostoli, etc.

Marche pontificale

Salut, salut Rome, patrie éternelle de la mémoire,
Mille palmes et mille autels chantent tes louanges.

Rome des apôtres, mère et guide des élus
Rome, lumière des nations, le monde espère en toi !

Salut, salut Rome, ta lumière ne pâlira jamais,
La splendeur de ta beauté éclipse la haine et la honte.

Rome des apôtres, etc.

Océanie

Australie
Îles Fidji
Kiribati
Îles Marshall
Micronésie
Nauru
Nouvelle-Zélande
Palau
Papouasie-Nouvelle-Guinée
Îles Salomon
Samoa
Tonga
Tuvalu
Vanuatu

Australie

Quel est donc le véritable hymne national australien ? Le chant qui fait véritablement vibrer les habitants de l'île-continent de Perth à Sydney et dans lequel chacun se reconnaît ? La question pourrait prêter à sourire, mais la réponse n'est pas si simple !

■ Historiquement, les liens avec l'ancienne mère patrie sont à ce point puissants qu'il ne fait aucun doute que *God Save the Queen* arrive en bonne position et conserve de sérieux atouts sentimentaux. Outre la présence de l'Union Jack dans un angle de leur drapeau, il faut se souvenir que, jusqu'en 1964, les citoyens australiens possédaient toujours un passeport britannique. Londres et Canberra conservent le même hymne national – *God Save the King*, puis *God Save the Queen* – jusque dans les années soixante-dix. Aujourd'hui, Sa Très Gracieuse Majesté reste le chef du **Commonwealth d'Australie**, même si le Premier ministre du pays détient, à n'en pas douter, l'ensemble des pouvoirs. Il n'est cependant toujours pas question que l'Australie devienne une république… Mais il n'y a pas que le *God Save the Queen* !

Pour qui a entendu des stades entiers l'entonner avec ferveur, y compris lors des derniers Jeux olympiques de Sydney ou pendant les matchs de la Coupe du monde 2003 de rugby, c'est bien *Waltzing Matilda*, cette vieille valse un peu triste, qui bouleverse le cœur des Australiens, toutes générations confondues.

Officiellement pourtant, il n'y a aucun doute. C'est un troisième chant, *Advance Australia Fair* (« En avant, belle Australie »), qui est l'incontestable hymne national. Aussi officiel, en tout cas, qu'une élection puisse l'être, puisque c'est au terme d'une vaste consultation populaire que ce chant a été choisi vers la fin des années soixante-dix. Pas facile de s'y reconnaître ! En fait, il aura fallu plus d'un siècle aux Australiens eux-mêmes pour choisir leur hymne.

Certes, le *God Save the King* a été l'hymne australien depuis 1788. Mais, dès cette époque, de très nombreuses tentatives ont été faites pour doter le pays d'un hymne qui lui soit propre et qui symbolise non plus l'Empire britannique, mais cette terre de pionniers qu'est alors l'Australie.

■ En 1878, un Écossais d'origine, Peter Dodds McCormick, compose *Advance Australia Fair*, qui glorifie le courage des habitants et la beauté du pays. Le chant gagnera en popularité au fil des années, même si, sous la pression des femmes australiennes, certaines paroles jugées trop sexistes devront être changées. Il faudra, par exemple, modifier les premières paroles de l'hymne, qui annonçaient « Fils d'Australie, réjouissons-nous », pour un « Australiens, réjouissons-nous tous », plus consensuel…

■ Mais il y a aussi *Waltzing Matilda* ! Sans doute introduite en Australie par des immigrants allemands, l'expression « Waltzing Matilda » est très vite devenue populaire dans des contrées sauvages du bush australien. En allemand, *auf die Walze gehen* signifie « parcourir le pays », en référence notamment à ces apprentis et compagnons qui devaient autrefois prendre la route, de ville en ville, pour apprendre leur métier chez de nombreux maîtres. Quant à Matilda, l'expression a tout d'abord désigné les femmes qui suivaient les troupes en campagne lors des guerres européennes, puis, par extension, les couvertures que portaient les soldats dans leur dos et qui, elles aussi, leur « tenaient chaud la nuit »... Pour les Australiens, « Waltzing Matilda » signifia vite parcourir le pays à pied, à la recherche d'un travail, avec sur le dos de quoi dormir en pleine nature...

Vers la fin du XIXe siècle, les Australiens ont idéalisé ces pionniers qui allaient de ferme en ferme défricher le pays ou tondre les moutons. Sur des paroles de « Banjo » Paterson, l'un des poètes les plus célèbres de l'époque, ils ont fait de *Waltzing Matilda* une valse lente, chantée dès lors en toute occasion et par toutes les catégories sociales, pour partir à la guerre aussi bien que pour célébrer une rencontre sportive, dans les écoles comme dans les bars perdus en pleine brousse.

Malgré son immense popularité, *Waltzing Matilda* resta l'hymne de cœur des Australiens et ne devint jamais l'hymne national officiel.

■ Pendant de nombreuses années, les Australiens furent interrogés pour qu'ils puissent décider eux-mêmes de leur hymne. Mais les scrutins n'attirèrent jamais les foules et aucun gouvernement n'osa réellement trancher. Il fallut attendre mai 1977 pour que plus de sept millions d'électeurs australiens choisissent définitivement leur hymne national. Le résultat des urnes étant très clair : *Advance Australia Fair*, 43,2 %, *Waltzing Matilda*, 28,3 %, *God Save the Queen*, 18,7 %, et *Song of Australia*, écrit par l'avocat Carl Linger en 1860, 9,6 %.

Le 19 avril 1984, par décision du gouverneur général, *Advance Australia Fair* devint donc officiellement l'hymne national du pays, dans sa version non sexiste. Mais une proclamation déclara que le *God Save the Queen*, hymne royal, serait toujours interprété en Australie en présence de la reine ou d'un autre membre de la famille royale britannique. Bien souvent, pourtant, dans les stades, c'est *Waltzing Matilda* qui est chanté par la foule alors que, sur la pelouse, *Advance Australia Fair* est interprété par la musique officielle...

Waltzing Matilda

Si vous souhaitez reprendre en cœur les paroles originales de Waltzing Matilda avec un public australien – ce qui est, à n'en pas douter, une inoubliable expérience – voici le premier couplet et le refrain de cette chanson si populaire.

Once a jolly swagman camped by a billabong,
Under the shade of a coolibah tree,
And he sang as he watch'd and waited till his billy boiled,
You'll come a waltzing Matilda with me.

Waltzing Matilda, Waltzing Matilda,
You'll come a waltzing Matilda with me,
And he sang as he watch'd and waited 'til his billy boiled,
You'll come a waltzing Matilda with me.

Un jour un joyeux vagabond campait près d'un point d'eau,
Sous l'ombre d'un eucalyptus,
Et il chantait, regardant et attendant de voir sa gamelle bouillir,
Tu viendras faire "waltzing Matilda" avec moi.

"Waltzing Matilda", "waltzing Matilda",
Tu viendras faire "waltzing Matilda" avec moi,
Et il chantait, regardant et attendant de voir sa gamelle bouillir,
Tu viendras faire "waltzing Matilda" avec moi.

Paroles et musique de Peter Dodds McCormick (1834-1916)
Adopté comme hymne national en 1984

En avant belle Australie

Australiens, réjouissons-nous tous,
Car nous sommes jeunes et libres ;
Nous avons un sol en or et de la richesse pour travailler,
Notre foyer est ceint par la mer ;
Notre terre abonde de dons de la nature
D'une beauté rare et riche ;
Présente à chaque page de l'histoire
En avant belle Australie !
Dans l'épreuve pleins de joie chantons,
En avant belle Australie !

Sous notre rayonnante Croix du Sud,
Nous travaillerons avec nos cœurs et nos mains ;
Pour faire de notre Commonwealth
Le plus renommé de tous les pays ;
Pour ceux qui sont venus d'au-delà les mers
Nous avons des plaines sans limites à partager ;
Avec courage rassemblons-nous
Pour faire progresser notre belle Australie.
Dans l'épreuve pleins de joie chantons,
En avant belle Australie !

Version en anglais

Advance Australia Fair

Australians all let us rejoice,
For we are young and free ;
We've golden soil and wealth for toil,
Our home is girt by sea ;
Our land abounds in nature's gifts
Of beauty rich and rare ;
In history's page, let every stage
Advance Australia Fair !
In joyful strains then let us sing,
Advance Australia Fair !

Beneath our radiant Southern Cross,
We'll toil with hearts and hands ;
To make this Commonwealth of ours
Renowned of all the lands ;
For those who've come across the seas
We've boundless plains to share ;
With courage let us all combine
To Advance Australia Fair.
In joyful strains then let us sing,
Advance Australia Fair !

Îles Fidji

Îles de l'archipel de Mélanésie, qui comprend également les îles Salomon, la Nouvelle-Guinée et la Nouvelle-Calédonie, la **République des îles Fidji** comprennent trois cent trente-deux îles, dont cent six seulement sont habitées. Indépendantes du Royaume-Uni depuis 1970, année d'adoption de l'hymne national, le pays devient une république le 6 octobre 1987.

Version en anglais

God Bless Fiji

Blessing grant oh God of nations on the isles of Fiji,
As we stand united under noble banner blue
And we honour and defend the cause of freedom ever.
Onward march together, God bless Fiji.

For Fiji, ever Fiji, let our voices ring with pride.
For Fiji, ever Fiji, her name hail far and wide,
A land of freedom, hope and glory to endure what ever befall.
May God bless Fiji
Forever more!

Blessing grant oh God of nations on the isles of Fiji,
Shores of golden sand and sunshine, happiness and song.
Stand united, we of Fiji, fame and glory ever.
Onward march together, God bless Fiji.

Paroles de Michael Francis
Alexander Prescott (né en 1928)
Musique tirée d'un air traditionnel fidjien
Adopté comme hymne national en 1970

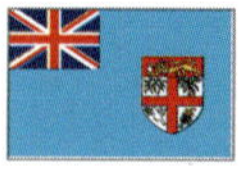

Version en fidjien

Meda Dau Doka

Meda dau doka ka vinakata na vanua,
E ra sa dau tiko kina na savasava
Rawa tu na gauna ni sautu na veilomani.
Biu na i tovo tawa savasava.

Me bula ga ko Viti
Ka me toro ga ki liu
Me ra turaga vinaka ko ira na i liuliu
Me ra liutaki na tamata
E na veika vinaka
Me oti kina na i tovo ca!

Me da dau doka ka vinakata na vanua,
E ra sa dau tiko kina na savasava
Rawa tu na gauna ni sautu na veilomani
Me sa biu na i tovo tawa yaga.

Bale ga vei kemuni na cauravou e Viti
Ni yavala me savasava na vanua
Ni kakua ni vosota na dukadukali
Ka me da sa qai biuta vakadua.

Dieu bénisse les Fidji

Accorde ta bénédiction, Dieu des nations, sur les îles Fidji,
Alors que nous nous tenons unis sous la noble bannière bleue
Et honorons et défendons à jamais la cause de la liberté.
En avant, marchons ensemble, Dieu bénisse les Fidji.

Pour les Fidji, toujours les Fidji, laissons nos voix résonner fièrement.
Pour les Fidji, toujours les Fidji, saluons partout son nom,
Une terre de liberté, d'espoir et de gloire prête à tout endurer.
Puisse Dieu bénir les Fidji
Pour toujours !

Accorde ta bénédiction, Dieu des nations, sur les îles Fidji,
Rivages de sable doré et soleil, bonheur et chansons.
Tenons-nous unis, Fidjiens, gloire et renommée pour toujours.
En avant, marchons ensemble, Dieu bénisse les Fidji.

Kiribati

Située entre Polynésie et Micronésie, la **République de Kiribati** est une ancienne possession britannique composée de trente-trois îles. Le pays a obtenu son autonomie en 1977 et son indépendance le 12 juillet 1979, date de l'adoption de son hymne national.

Paroles et musique d'Urium Tamuera Ioteba (1910-1988)
Adopté comme hymne national en 1979

Version en anglais

Stand up Kiribati

Stand up, Kiribati!
Sing with jubilation!
Prepare to accept responsibility
And to help each other!
Be steadfastly righteous!
Love all our people!
Be steadfastly righteous!
Love all our people!

The attainment of contentment
And peace by our people
Will be achieved when all
Our hearts beat as one,
Love one another!
Promote happiness and unity!
Love one another!
Promote happiness and unity!

We beseech You, O God,
To protect and lead us
In the days to come.
Help us with Your loving hand.
Bless our government
And all our people!
Bless our government
And all our people!

Debout Kiribati

Debout, Kiribati !
Chante avec joie !
Prépare-toi à accepter la responsabilité
De nous aider les uns les autres !
Sois résolument droit !
Aime tout notre peuple !
Sois résolument droit !
Aime tout notre peuple !

La réalisation du contentement
Et de la paix par notre peuple
Sera achevée quand tous
Nos cœurs battrons ensemble,
Aimons-nous les uns les autres !
Promouvons la joie et l'unité !
Aimons nous les uns les autres !
Promouvons la joie et l'unité !

Nous T'implorons, ô Dieu,
De nous protéger et de nous diriger
Dans les jours à venir.
Aide-nous de Tes mains aimantes.
Bénis notre gouvernement
Et tout notre peuple !
Bénis notre gouvernement
Et tout notre peuple !

Version en kiribati

Teirake Kaini Kiribati

Teirake kaini Kiribati,
Anene ma te kakatonga,
Tauraoi nakon te nwioko,
Ma ni buokia aomata.
Tauaninne n te raoiroi,
Tangiria aoma ta nako.
Tauaninne n te raoiroi,
Tangiria aomata.

Reken te kabaia ma te rau
Ibuakoia kaain abara
Bon reken te nano ae banin
Ma te i-tangitangiri naba.
Ma ni wakina te kab'aia,
Ma n neboa abara.
Ma ni wakina te kab'aia,
Ma n neboa abara.

Ti butiko ngkoe atuara
Kawakinira ao kairika
Nakon taai aika i maira.
Buokira ni baim ae akoi.
Kakabaia ara Tautaeka
Ma ake a makuri iai.
Kakabaia ara Tautaeka
Ma aomata ni bane.

ILES MARSHALL

Îles Marshall

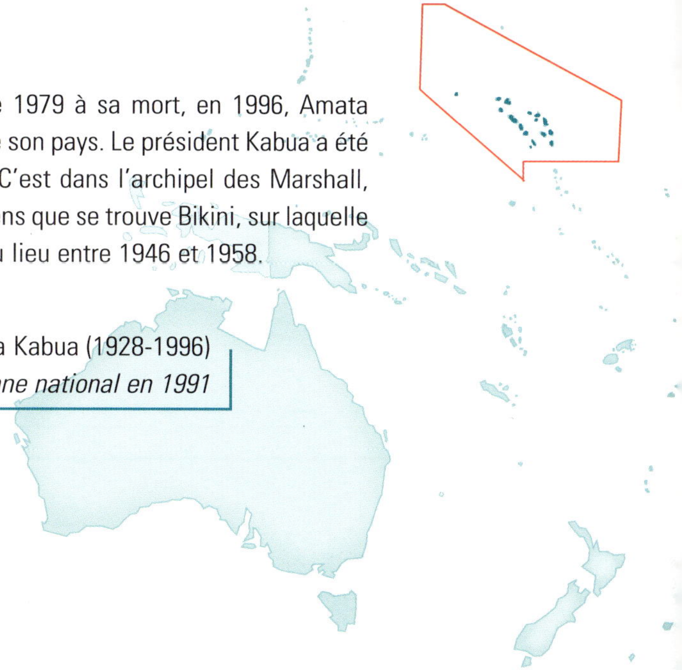

Président de la **République des îles Marshall** de 1979 à sa mort, en 1996, Amata Kabua a personnellement écrit et composé l'hymne de son pays. Le président Kabua a été l'un des leaders les plus importants de Micronésie. C'est dans l'archipel des Marshall, composé de quelque trente et une îles et atolls coraliens que se trouve Bikini, sur laquelle de très nombreux essais nucléaires américains ont eu lieu entre 1946 et 1958.

Paroles et musique d'Amata Kabua (1928-1996)
Adopté comme hymne national en 1991

Les îles Marshall pour toujours

Mon île s'étend sur l'océan ;
Comme une couronne de fleurs sur la mer ;
Avec la lumière de Mekar tout au-dessus ;
Étincelante de l'éclat de ses rayons de vie ;
Création merveilleuse de Notre Père ;
Léguée à nous, notre mère patrie ;
Je ne quitterai jamais mon doux foyer ;
Dieu de nos pères, protège et bénis à jamais les îles Marshall.

Version en marshallais

Aelon eo ao ion lome-to;
Einwot wut ko loti ion dren elae;
Kin meram in Mekar jen ijoilan;
Erreo an romak ioir kin meramin mour;
Iltan pein Anij eweleosim woj;
Kejolit kij kin ijin jikir emol;
Ijjamin llok jen in aolemo ran;
Anij an ro jemem wonakke im kej rammon Aelin kein am.

Version en anglais

Forever Marshall Islands

My island lies o'er the ocean;
Like a wreath of flowers upon the sea;
With the light of Mekar from far above;
Shining with the brilliance of rays of life;
Our Father's wondrous creation;
Bequeathed to us our motherland;
I'll never leave my dear home sweet home;
God of our forefathers protect and bless for ever Marshall Islands.

Micronésie

Archipel de quelque six cents îles situées au nord de la Nouvelle-Guinée, les **États fédérés de Micronésie** ont obtenu leur indépendance des États-Unis en 1980.

Paroles d'Emi Amy Mukaida (né en 1917)
Musique traditionnelle allemande adaptée par Emi Amy Mukaida
Adopté comme hymne national en 1980

Version en anglais

Patriots of Micronesia

We, people of Micronesia,
Exercise sov'reignty.
Establish our constitution
Of Federated States.
Affirm our common wish to live
In peace and harmony.
To preserve heritage of past
And promise of future.

Make one nation of many isles,
Diversity of our cultures.
Our diff'rences will enrich us,
Waters bring us all together.
They don't sep'rate.
They sustain us.
Our islands our nation
Get larger and make us stronger
And make us much stronger.

Our ancestors made their homes here,
Displaced no other man,
We who remain wish unity,
Been ruled we seek freedom,
Our days began when men explored
Seas in rafts and canoes.
Our nation is born when men voyaged
The seas via the stars.

Make one nation, etc.

The world itself is an island
We are seen from all nations.
Peace, friendship, co-operation,
Love and humanity.
With this Constitution,
We now become proud guardian
Of our beautiful islands.

Make one nation, etc.

Patriotes de Micronésie

Nous, peuple de Micronésie,
Exerçons notre souveraineté.
Établissons notre constitution
D'États fédérés.
Affirmons notre souhait commun
De vivre en paix et en harmonie.
Pour préserver l'héritage du passé
Et les promesses de l'avenir.

Faire une nation à partir de nombreuses îles,
Diversité de nos cultures.
Nos différences nous enrichiront,
Les flots nous rassemblent.
Ils ne nous séparent pas.
Ils nous soutiennent.
Nos îles et notre nation
Grandissent et nous rendent plus forts
Et nous rendent bien plus forts.

Nos ancêtres ont établi ici leurs foyers,
Ne supplantant personne,
Nous qui restons voulons l'unité.
Ayant été dominés, nous cherchons la liberté,
Nos jours ont commencé quand les hommes
Ont exploré les mers sur des radeaux et des canoës.
Notre nation est née quand les hommes ont voyagé
Sur les mers en se guidant sur les étoiles.

Faire une nation, etc.

Le monde lui-même est une île
Nous sommes vus par toutes les nations.
Paix, amitié, coopération,
Amour et humanité.
Avec cette constitution,
Nous devenons maintenant les fiers gardiens
De nos superbes îles.

Faire une nation, etc.

NAURU

Nauru

Avec une superficie de 21,2 km², la **République de Nauru** – petite île du Pacifique Sud – est l'un des plus petits États souverains au monde. Administrée par l'Australie à la fin de la Seconde Guerre mondiale, Nauru obtint son indépendance le 31 janvier 1968 et adopta dès lors son hymne national.

Paroles de Margaret Hendrie (1924-1990)
Musique de Laurence Henry Hicks (1912-1997)
Adopté comme hymne national en 1968

Le chant de Nauru

Nauru notre patrie, le pays que nous aimons de tout notre cœur.
Nous prions tous pour toi et prions aussi ton nom.
Depuis longtemps, tu as été le berceau de nos grands aïeux
Et le seras encore pour les générations à venir.
Nous nous retrouvons tous pour honorer ton drapeau,
Et nous nous réjouirons ensemble en disant Nauru pour toujours !

Version en nauruan

Nauru Bwiema

Nauru bwiema, ngabena ma auwe.
Ma dedaro bwe dogum, mo otata bet egom.
Atsin ngago bwien okor, ama bagadugu
Epoa ngabuna ri nan orre bet imur.
Ama memag ma nan epodan eredu won engiden,
Miyan aema ngeiyin ouge, Nauru eko dogin!

Version en anglais

Song of Nauru

Nauru our homeland, the land we dearly love.
We all pray for you and we also praise your name.
Since long ago you have been the home of our great forefathers
And will be for generations yet to come.
We all join in together to honour your flag,
And we shall rejoice together and say Nauru for evermore!

Nouvelle-Zélande

En 1876, un journal néo-zélandais, le *Saturday Advertiser*, et une société littéraire, la New Zealand Literary Miscellany, organisent un concours pour trouver une musique pouvant s'adapter au poème de l'écrivain et journaliste Thomas Bracken, *Dieu, défends la Nouvelle-Zélande*. Récompense, un prix de dix guinées... C'est un obscur instituteur originaire de la petite ville de Lawrence, John Joseph Woods, qui arrive en tête et qui l'emporte. Quelques mois plus tard, le jour de Noël 1876, l'hymne national, mais non officiel, du pays est interprété par le Royal Artillery Band au Dunedin's Queen's Theatre. Non officiel car le *God Save the King* (puis *Queen*) reste alors et restera encore pendant des décennies le seul et unique hymne néo-zélandais.
Il faudra attendre 1977 pour que la couronne britannique, en la personne de la reine Élisabeth II elle-même, accepte d'accorder à *Dieu, défends la Nouvelle-Zélande* un statut égal à celui de son propre hymne. Aujourd'hui, la **Nouvelle-Zélande** possède toujours deux hymnes officiels.

Paroles de la version anglaise de Thomas Bracken (1843-1898) et pour la version maorie de Thomas Henry Smith (1824-1907)
Musique de John Joseph Woods (1849-1934)
Adopté comme hymne national en 1977

les Hakas

Les hakas – littéralement les « danses » – ont de tout temps été les principaux rituels guerriers des Maoris, ces habitants d'Aotearoa – la « Terre du long nuage blanc » – ancien nom donné à la Nouvelle-Zélande. Aujourd'hui, l'équipe nationale de rugby, les légendaires All Blacks, ne pourrait pas débuter un match sans l'une de ces impressionnantes danses de guerre. Une équipe dans laquelle doit obligatoirement figurer un joueur maori pour que le cérémonial puisse avoir lieu.
Les paroles du haka suivant font référence à Te Rauparaha, l'un des plus grands chefs de guerre maoris du XIXe siècle. Pourchassé par ses ennemis, ce dernier se serait réfugié dans une fosse profonde. Il y serait mort sans l'aide d'un guerrier chevelu venu l'en extirper pour lui permettre de voir à nouveau le soleil.

C'est la mort. C'est la mort.	Ka mate. Ka mate.
C'est la vie. C'est la vie.	Ka ora. Ka ora.
C'est la mort. C'est la mort.	Ka mate. Ka mate.
C'est la vie. C'est la vie.	Ka ora. Ka ora.
Voici l'homme chevelu	Tenei te tangata puhuruhuru
Qui fait briller à nouveau le soleil pour moi.	Nana i tiki mai whakawhiti te ra.
En haut de l'échelle. En haut de l'échelle.	Upane. Upane.
En haut de l'échelle. Tout en haut	Upane. Kaupane
Le soleil brille !	Whiti te ra!

Dieu, défends la Nouvelle-Zélande

Dieu des nations ! À Tes pieds
Nous nous réunissons dans les liens de l'amour,
Entends notre voix, nous te supplions,
Dieu, protège notre pays libre.
Garde la triple étoile du Pacifique
Des abîmes des conflits et de la guerre,
Fais que ses prières soient entendues de loin,
Dieu, défends la Nouvelle-Zélande.

Des hommes de toutes croyances et de toutes races,
Rassemblés ici devant Ta face,
Te demandent de bénir cet endroit,
Dieu, protège la Nouvelle-Zélande.
Des dissensions, de l'envie, de la haine,
Et de toute corruption garde notre État,
Rends notre pays bon et grand,
Dieu, défends la Nouvelle-Zélande.

La paix, non la guerre, sera notre orgueil,
Mais si l'ennemi doit assaillir nos côtes,
Fais alors de nous des hôtes terribles,
Dieu, protège la Nouvelle-Zélande.
Dieu des batailles, par Ton pouvoir,
Mets nos ennemis en fuite,
Que notre cause soit juste et droite,
Dieu, défends la Nouvelle-Zélande.

Que notre amour pour Toi augmente,
Que Ta bénédiction jamais ne cesse,
Donne-nous l'abondance, donne-nous la paix,
Dieu, protège la Nouvelle-Zélande.
Du déshonneur et de la honte
Protège le nom sans tache de notre pays,
Couronne-le d'une gloire immortelle,
Dieu, défends la Nouvelle-Zélande.

Que nos montagnes soient toujours
Des remparts de la liberté sur la mer,
Fais que nous Te soyons fidèles,
Dieu, protège la Nouvelle-Zélande.
Guide-la dans le concert des nations,
Prêchant aux hommes l'amour et la vérité,
Travaillant à Ton glorieux projet,
Dieu, défends la Nouvelle-Zélande.

Version en maori

Aotearoa

E Ihowa Atua,
O nga iwi matou ra
Ata whakarongona;
Me aroha noa.
Kia hua ko te pai;
Kia tau to atawhai;
Manaakitia mai
Aotearoa.

Ona mano tangata
Kiri whero, kiri ma,
Iwi Maori Pakeha,
Repeke katoa,
Nei ka tono ko nga he
Mau e whakaahu ke,
Kia ora marire
Aotearoa.

Tona mana kia tu!
Tona kaha kia u;
Tona rongo hei paku
Ki te ao katoa
Aua rawa nga whawhai
Nga tutu a tata mai;
Kia tupu nui ai
Aotearoa.

Waiho tona takiwa
Ko te ao marama;
Kia whiti tona ra
Taiawhio noa.
Ko te hae me te ngangau
Meinga kia kore kau;
Waiho i te rongo mau
Aotearoa.

Tona pai me toitu
Tika rawa, pono pu;
Tona noho, tana tu;
Iwi no Ihowa.
Kaua mona whakama;
Kia hau te ingoa;
Kia tu hei tauira;
Aotearoa.

Version en anglais

God Defend New Zealand

God of nations! At Thy feet
In the bonds of love we meet,
Hear our voices, we entreat,
God defend our free land.
Guard Pacific's triple star
From the shafts of strife and war,
Make her praises heard afar,
God defend New Zealand

Men of ev'ry creed and race,
Gather here before Thy face,
Asking Thee to bless this place,
God defend our free land.
From dissension, envy, hate,
And corruption guard our State,
Make our country good and great,
God defend New Zealand.

Peace, not war, shall be our boast,
But, should foes assail our coast,
Make us then a mighty host,
God defend our free land.
Lord of battles in Thy might,
Put our enemies to flight,
Let our cause be just and right,
God defend New Zealand.

Let our love for Thee increase,
May Thy blessings never cease,
Give us plenty, give us peace,
God defend our free land.
From dishonour and from shame
Guard our country's spotless name,
Crown her with immortal fame,
God defend New Zealand.

May our mountains ever be
Freedom's ramparts on the sea,
Make us faithful unto Thee,
God defend our free land.
Guide her in the nations' van,
Preaching love and truth to man,
Working out Thy glorious plan,
God defend New Zealand.

Îles Cook

De par leur statut de territoire en libre association qui les lient depuis 1965 à la Nouvelle-Zélande, l'hymne national officiel des îles Cook est God Defend New Zealand. *Les îles ont cependant adopté en 1982 un hymne officieux, largement accepté et interprété en de multiples occasions. Son compositeur, Sir Thomas Davis, fut Premier ministre de l'archipel entre 1978 et 1987.*

Paroles de Lady Pa Ariki Davis (1923-1990)
Musique de Sir Thomas Davis (né en 1917)

À Dieu tout-puissant

À Dieu tout-puissant,
Seigneur des îles de la mer.
Entends notre appel,
Protège-nous,
Couronne-nous de la liberté,
Puissent la paix et l'amour
Régner sur tout le pays.

Version en anglais : **To God Almighty**

To God Almighty,
Ruler of the isles of the sea.
Hearken our call,
Protect us,
Crown us with liberty,
May peace and love reign supreme
Throughout the land.

Version en maori : **Te Atua Mou'e**

Te Atua mou'e
Ko koe rai te pu
O te pa enua e
Akarongo mai
I to matou nei reo
Te kapiki atu nei
Paruru mai
Ia matou nei
Omai te korona mou
Kia ngateitei
Kia vai rai te aroa
O te pa enua e.

PALAU

Palau

Version en anglais

Our Palau

Palau is coming forth with strength and power,
By her old ways abides still every hour.
One country, safe, secure, one government
Under the glowing, floating soft light stands.

Let's build our economy's protecting fence,
With courage, faithfulness and diligence.
Our life is anchored in Palau, our land,
We with our might through life and death defend.

In spirit let's join hands, united, one
Care for our homeland, from forefathers on.
Look after its concord, its glory keep,
Through peace and love and heart's devotion deep.

God bless our country, our island home always,
Our sweet inheritance from ancient days,
Give us strength and power and all the rights
To govern with to all eternity.

Successivement occupée par la Grande-Bretagne, l'Espagne, l'Allemagne, le Japon, puis par les Américains après la Seconde Guerre mondiale, la **République de Palau**, petit archipel de vingt-six îles situé à cinq cents kilomètres à l'est des Philippines, est longtemps restée sous la tutelle financière et administrative des États-Unis avant d'obtenir son indépendance en 1994.

Paroles écrites par un collectif de citoyens
Musique d'Ymesei Ezekiel (1926-1984)
Adopté comme hymne national en 1980

Version en palauan

Belau er Kid

Belau loba klisiich er a kelulul,
El dimia ngarngii ra rechuodelmei.
Meng mengel uoluu er a chimol beluu,
El ngar cheungel a rirch lomke sang.

Bo dole ketek a kerruul er a belluad,
Lolab a blakelreng ma duchelreng.
Belau a chotil a klengar re kid,
Mebo dorurtabedul msa klisichel.

Bod kai ue reke dchim lokiu a reng,
E dongedmokel ra dimla koted.
Lomcheliu a rengrdel ma klebkellel,
Lokiu a budch ma beltikelreng.

Dios mo mek ngel tengat ra Be lumam,
El dimla dikesam ra rechuodelmei,
Beskemam a klisicham ma llemeltam,
Lorrurt a klungiolam elmo ch'rechar.

Notre Palau

Palau arrive désormais avec force et pouvoir,
Par son ancienneté, elle supporte tranquillement chaque heure.
Un pays, sûr et sans danger. Un gouvernement uni,
Sous le formidable rayonnement se tient une douce lumière.

Construisons la barrière pour protéger notre économie,
Avec courage, fidélité et rapidité.
Notre vie est ancrée à Palau, notre pays,
De toutes nos forces nous le défendrons, dans la vie comme dans la mort.

Avec détermination, joignons nos mains, unis, un,
Protection de notre patrie, depuis nos aïeux.
Occupons-nous de son harmonie, gardons-lui sa gloire
Par la paix, l'amour et la profonde dévotion du cœur.

Dieu bénisse notre pays, notre île, foyer pour toujours,
Notre doux héritage des jours anciens,
Donne-nous la force et le pouvoir et tous les droits
De la gouverner pour l'éternité.

Papouasie-Nouvelle-Guinée

L'hymne national de la Papouasie-Nouvelle-Guinée a été composé en 1975, peu de temps avant que ce pays n'accède à l'indépendance. Son compositeur, Tom Shacklady, est le chef d'orchestre du Royal Papua New Guinea Constabulary Band, la fanfare de la police nationale. Chaque année, le 16 septembre, l'**État indépendant de Papouasie-Nouvelle-Guinée** célèbre son indépendance en chantant en chœur, à travers tout le pays, *O Arise, All You Sons*.

Paroles et musique de Thomas Shacklady (né en 1917)
Adopté comme hymne national en 1975

Ô debout, vous les fils

Ô debout, vous les fils de cette terre,
Chantons notre joie d'être libre,
Priant Dieu et nous réjouissant d'être
La Papouasie-Nouvelle-Guinée

Crie notre nom de la montagne à la mer
Papouasie-Nouvelle-Guinée ;
Élevons nos voix et proclamons
La Papouasie-Nouvelle-Guinée.

Remercions maintenant le bon Seigneur qui est au ciel
Pour Sa bonté, Sa sagesse et Son amour,
Pour ce pays de nos pères, si libre,
La Papouasie-Nouvelle-Guinée.

Crie encore pour que le monde entier entende
La Papouasie-Nouvelle-Guinée ;
Nous sommes indépendants et nous sommes libres,
La Papouasie-Nouvelle-Guinée.

Version en anglais

O Arise, All You Sons

O arise, all you sons of this land,
Let us sing of our joy to be free,
Praising God and rejoicing to be
Papua New Guinea.

Shout our name from the mountains to seas
Papua New Guinea;
Let us raise our voices and proclaim
Papua New Guinea.

Now give thanks to the good Lord above
For His kindness, His wisdom and love,
For this land of our fathers so free,
Papua New Guinea.

Shout again for the whole world to hear
Papua New Guinea;
We're independent and we're free,
Papua New Guinea.

Îles Salomon

Ancienne colonie britannique, les **Salomon** comprennent quelque huit cents îles qui se situent à l'est de la Papouasie-Nouvelle-Guinée. L'hymne national fut adopté l'année de son indépendance, en 1978.

Paroles et musique de Panapasa Balekana (né en 1929)
Adopté comme hymne national en 1978

Dieu sauve nos îles Salomon

Dieu sauve nos îles Salomon d'une côte à l'autre.
Bénis tous ses habitants et ses terres
De Tes mains protectrices.
Joie, paix, progrès et prospérité ;
Que les hommes soient frères, que les nations voient
Nos îles Salomon, nos îles Salomon,
Notre nation, les îles Salomon,
Se dresse pour toujours.

Version en anglais
God Save our Solomon Islands

God save our Solomon Islands from shore to shore.
Bless all her people and her lands
With Your protecting hands.
Joy, peace, progress and prosperity;
That men should brothers be, make nations see
Our Solomon Islands, our Solomon Islands,
Our nation, Solomon Islands,
Stands for evermore.

Samoa

Îles de Polynésie, les Samoa occidentales étaient placées sous mandat néo-zélandais avant d'acquérir leur indépendance le 1er janvier 1962 et d'adopter le statut d'**État indépendant de Samoa** en 1997.

Paroles et musique de Sauni Iiga Kuresa (1900-1978)
Adopté comme hymne national en 1962

La bannière de la liberté

Samoa, debout et brandis ta bannière qui est aussi ta couronne !
Oh ! vois et admire les étoiles sur le drapeau qui flotte !
Elles sont le signe que Samoa peut se gouverner.
Oh ! Samoa, tiens bon
Ta liberté pour toujours !
N'aie pas peur, car tu es fondée sur Dieu ;
Notre précieuse liberté chérie.
Samoa, debout et brandis
Ta bannière qui est aussi ta couronne !

Version en samoan

Samoa Tula'i

Samoa, tula'i ma sisi ia lau fu'a, lou pale lea;
Samoa, tula'i ma sisi ia lau fu'a, lou palelea;
Vaai i na fetu o loo ua agiagia ai;
Le faailoga lea o Iesu namaliu ai mo Samoa Oi!
Samoa e, uu mau lau pule ia faavavau.
'Aua e te fefe, o le Atua lo ta fa'a vae
O lota Sa'o lotoga,
Samoa, tula'i, ia agiagia lau
Fu'a lou pale lea.

Version en anglais

The Banner of Freedom

Samoa, arise and raise your banner that is your crown!
Oh! see and behold the stars on the waving banner!
They are a sign that Samoa is able to lead.
Oh! Samoa, hold fast
Your freedom for ever!
Do not be afraid, as you are founded on God;
Our treasured precious liberty.
Samoa, arise and wave
Your banner that is your crown!

Tonga

Archipel de plus de cent soixante et onze îles situé en Polynésie, le **Royaume des Tonga** est un pays fort ancien puisque l'union des îles sous une même couronne remonte à 1845. En 1875, un an après que son hymne national a été adopté, le Tonga devient une monarchie constitutionnelle, avant de devenir protectorat britannique en 1900. Le pays redeviendra réellement souverain et indépendant en 1970, tout en restant membre du Commonwealth.

Paroles du prince Uelingatoni Ngu Tupoumalohi (1854-1885)
Musique de Karl Gustavus Schmitt (1834-1900)
Utilisé depuis 1874

Version en tongan
'E 'Otua Mafimafi

'E 'Otua Mafimafi,
Ko ho mau 'Eiki Koe,
Ko Koe Koe fa la la 'anga,
Mo ia 'ofa ki Tonga.

'Afio hifo 'emau lotu,
'Aia 'oku mau fai ni,
Mo Ke tali homau loto,
'O mala'i 'a Tupou.

Ô Dieu tout-puissant

Ô Dieu tout-puissant,
Tu es notre Seigneur et notre protection,
En Ta bonté nous avons confiance,
Et notre Tonga Te donne son amour.

Entends notre prière, même ténue,
Nous savons que Tu as béni notre terre,
Accorde-nous notre plus sérieuse supplique,
Protège et sauve Tupou notre roi.

Version en anglais
Oh Almighty God Above

Oh Almighty God above,
Thou art our Lord and sure defence,
In our goodness we do trust Thee,
And our Tonga Thou dost love.

Hear our prayer, for though unseen,
We know that Thou hast blessed our land,
Grant our earnest supplication,
Guard and save Tupou our king.

Tuvalu

Archipel de vingt-six kilomètres carrés s'étendant sur une surface maritime de trois millions et demi de kilomètres carrés dans le Pacifique Sud, **Tuvalu** est un ancien protectorat britannique qui a obtenu son indépendance en 1978. Le 5 septembre 2000, il est le dernier État – le 189e – à rejoindre les Nations unies au xxe siècle. Il est l'un des plus petits pays au monde, malgré son immense étendue océanique.

Paroles et musique d'Afaese Manoa (né en 1942)
Adopté comme hymne national en 1978

Tuvalu pour le Tout-Puissant

« Tuvalu pour le Tout-Puissant »
Ce sont les mots qui nous sont les plus chers ;
Car aussi bien le peuple que les dirigeants
De Tuvalu, nous partageons tous
La certitude que Dieu
Règne dans le ciel,
Et que dans Sa main
Nous sommes unis dans Son amour.
Nous construisons sur de solides fondations
Lorsque nous avons confiance dans la grande loi de Dieu ;
« Tuvalu pour le Tout-Puissant »
Que cela soit notre chant pour toujours !

Remettons nos vies
Au Roi que nous prions,
Avec nos yeux fermement posés sur Lui :
Il nous montre le chemin.
« Régnons avec Lui dans la gloire »
Que cela soit notre chant pour toujours,
Car Son terrible pouvoir
Est notre force d'une côte à l'autre.
Crie tout haut, en pleine joie
Au Roi que nous adorons.
« Tuvalu libre et uni »
Que cela soit notre chant pour toujours !

Version en tuvaluan

Samoa Tula'i

« Tuvalu mo te Atua »
Ko te Fakavae sili,
Ko te alu foki tena,
O te manuia katoa;
Loto lasi o fai,
Tou malo saoloto;
Fusi ake katoa
Ki te loto alofa;
Kae amo fakatasi
Ate atu fenua.
« Tuvalu mo te Atua »
Ki te se gata mai!

Tuku atu tau pulega
Ki te pule mai luga,
Kilo tonu ki ou mua
Me ko ia e tautai.
« Pule tasi mo ia »
Ki te se gata mai,
Ko tena mana
Ko tou malosi tena.
Pati lima kae kalaga
Ulufonu ki te tupu.
« Tuvalu ko tu saoloto »
Ki te se gata mai.

Version en anglais

Tuvalu for the Almighty

« Tuvalu for the Almighty »
Are the words we hold most dear;
For as people or as leaders
Of Tuvalu we all share
In the knowledge that God
Ever rules in heav'n above,
And that we in this land
Are united in His love.
We build on a sure foundation
When we trust in God's great law;
« Tuvalu for the Almighty »
Be our song for evermore!

Let us trust our lives henceforward
To the King to whom we pray,
With our eyes fixed firmly on Him:
He is showing us the way.
« May we reign with Him in glory »
Be our song for evermore,
For His almighty power
Is our strength from shore to shore.
Shout aloud in jubilation
To the King Whom we adore.
« Tuvalu free and united »
Be our song for evermore!

Polynésie française

Le 27 mai 1992, les autorités de Polynésie française lancent un concours pour doter le territoire d'un hymne qui le représente spécifiquement à côté de l'officielle Marseillaise. *Parmi les dix-sept œuvres qui sont présentées, c'est la* Ora 'O Tahiti Nui *qui est choisi et est officiellement adopté comme chant national l'année suivante par l'Assemblée de la Polynésie française. L'hymne est interprété à chaque fois que la Polynésie en tant que telle doit être représentée, mais une certaine polémique demeure, dans la mesure où le texte ne fait mention que de la seule île de Tahiti, en oubliant les autres archipels tels que les îles de la Société, les Marquises ou les Tuamotu.*

Paroles et musique de Patrick Amaru, Maeva Bougues, Jean-Pierre Célestin, Louis Mamatui, Johanna Nouveau, Irmine Tehei et Angèle Terorotua.

Pour que vive Tahiti Nui

Mon pays est né de Dieu,
Collier d'îles multiples
Aux délicates senteurs,
Reliées d'une tresse immortelle.
Aujourd'hui je te loue,
Voici que s'élève la voix de tes enfants :
Répands ton amour
Pour que vive Tahiti Nui.

Version en polynésien de Tahiti

Ora 'O Tahiti Nui

'Ua rahu te atua (i) to'u 'ai'a,
Hono no'ano'a o te motu rau
Heihei i te pua ri'i au é,
E firi nape morohi 'ore.
'O ta'u ia e fa'ateniteni nei,
Te Tuoro nei te reo here o te hui'a :
'A hi'i to aroha
'Ia ora o Tahiti Nui é.

Vanuatu

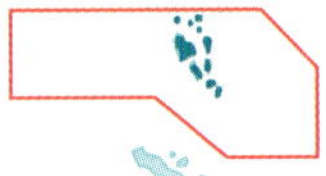

Petit archipel montagneux de la Mélanésie dans le Pacifique Sud, la **République de Vanuatu** est un ancien condominium franco-britannique connu autrefois sous le nom de Nouvelles-Hébrides. Le pays, qui a obtenu son indépendance en juillet 1980, adopte dès lors *Yumi, Yumi, Yumi* comme hymne national.

Paroles et musique de
François Vincent Ayssav (né en 1955)
Adopté comme hymne national en 1980

Version en anglais

We, We, We

We are happy to proclaim
We are the people of Vanuatu!

God has given us this land;
This gives us great cause for rejoicing.
We are strong, we are free in this land;
We are all brothers.

We are happy, etc.

We have many traditions
And we are finding new ways.
Now we shall be one people,
We shall be united for ever.

We are happy, etc.

We know there is much work to be done
On all our islands.
May God, our Father, help us!

We are happy, etc.

Version en bichlamar

Yumi, Yumi, Yumi

Yumi, Yumi, Yumi i glat blong talem se,
Yumi, Yumi, Yumi i man blong Vanuatu!

God i givim ples ia long yumi,
Yumi glat tumas long hem,
Yumi strong moyumi fri long hem,
Yumi brata evriwan!

Yumi, Yumi, Yumi, etc,

Plante fasin blong bifo i stap,
Plante fasin blong tedei,
Be yumi i olsem wan nomo,
Hemia fasin blong yumi!

Yumi, Yumi, Yumi, etc,

Yumi save plante wok i stap,
Long ol aelan blong yumi,
God i help em yumi evriwan,
Hemi papa blong yumi.

Yumi, Yumi, Yumi, etc.

Nous, nous, nous

Nous sommes heureux de proclamer
Nous sommes le peuple de Vanuatu !

Dieu nous a donné cette terre ;
C'est une grande raison de nous réjouir.
Nous sommes forts, nous sommes libres sur cette terre ;
Nous sommes tous frères.

Nous sommes heureux, etc.

Nous avons de nombreuses traditions
Et nous trouvons de nouvelles voies.
Désormais, nous serons un seul peuple,
Nous serons unis pour toujours.

Nous sommes heureux, etc.

Nous savons qu'il y a beaucoup de travail à faire
Sur toutes nos îles.
Puisse Dieu, Notre Père, nous aider !

Nous sommes heureux, etc.

Les autres hymnes

L'hymne européen

■ À la fin de la Seconde Guerre mondiale, l'Europe se relève de ses blessures profondes et ressent de manière intuitive la nécessité d'une union forte et durable. La question d'un drapeau puis d'un hymne commun se pose alors avec une grande acuité. Ces symboles forts et indispensables sont très vite au cœur des préoccupations. Dès 1949, le Conseil de l'Europe, première institution commune, créée à Strasbourg, affirme qu'un hymne européen marquera « un grand pas [...] dans le sens de l'union nécessaire ». De fait, des centaines de propositions spontanées – textes et partitions – affluent vers la capitale alsacienne pour suggérer un hymne. Mais les Européens ne savent pas trop comment choisir ni comment procéder. Certains envisagent de réunir un jury pour étudier les propositions, d'autres de lancer un vaste concours à l'échelle du continent. Mais ce n'est pas si simple. Sur quels critères juger d'un hymne européen ? Quels éléments devront entrer en ligne de compte ? On évoque alors l'idée de choisir l'œuvre d'un compositeur résolument européen. Les noms avancés sont nombreux. On pense à Charpentier (qui a composé l'indicatif utilisé par l'Eurovision), mais d'autres propositions évoquent également Mozart, Beethoven, Verdi, Haendel ou même Tchaïkovski.

■ Le 20 avril 1955, Strasbourg commémore le dixième anniversaire du Conseil de l'Europe. À cette occasion, les chœurs de Saint-Guillaume interprètent l'*Ode à la joie* de Ludwig van Beethoven. Ce n'est pas vraiment une nouveauté. Depuis 1951, la *9e Symphonie* a été souvent pressentie comme hymne européen, et il est vrai que le nom de Beethoven, compositeur né à Bonn, d'origine flamande et fervent européen, commence à être de plus en plus évoqué. En 1964, les communes d'Europe insistent à leur tour sur la nécessité de se doter d'un hymne officiel, afin de créer un véritable sentiment d'adhésion à la grande idée d'une Europe unie. En 1969, en France, on évoque encore l'idée d'un concours. L'année suivante, en mai 1970, le maire de Strasbourg, Pierre Pflimlin, organise un Grand Prix de la chanson européenne, qui n'est rien de moins qu'une tentative pour trouver un hymne. Mais les autorités européennes sont de plus en plus séduites par Beethoven.

■ En juillet 1971, la résolution 192 de la commission permanente de l'Assemblée consultative du Conseil de l'Europe préconise que les pays membres adoptent comme hymne européen « les vingt premières mesures du quatrième mouvement de la *9e Symphonie* de Ludwig van Beethoven », c'est-à-dire le prélude de l'*Ode à la joie*, composée en 1824. L'œuvre musicale est qualifiée de « représentative du génie de l'Europe » et pourra être interprétée « dans toute manifestation à caractère européen », accompagnée ou non des hymnes nationaux respectifs. Mais pour des raisons de traduction et d'adaptation, certainement aussi de susceptibilité, la commission n'officialise pas le texte original, en allemand, de Friedrich von Schiller. L'hymne européen comportera donc une partition musicale mais pas de paroles.

■ Officialisé à Strasbourg le 19 janvier 1972 par le Conseil des ministres des pays de l'Europe, l'hymne est alors confié au chef d'orchestre Herbert von Karajan pour en écrire les arrangements. Karajan se met au travail et compose trois versions de l'*Ode à la joie*. Une pour fanfare, l'autre pour piano et une dernière pour un orchestre symphonique. Version qu'il interprète lui-même pour la première fois en dirigeant son orchestre philharmonique de Berlin.
Dès cette époque, pourtant, les polémiques sont nombreuses à travers toute l'Europe. D'abord quant au choix même de l'*Ode à la joie*, que de nombreux Européens n'apprécient guère. Il est vrai que l'œuvre de Beethoven est marquée d'un passé que certains qualifient de chargé. Elle a été jouée pour l'ouverture des jeux Olympiques de Berlin en 1936, a fait partie à plusieurs reprises du concert officiel marquant l'anniversaire de Hitler et fut tout de même l'œuvre la plus jouée en Allemagne de 1941 à 1942. N'y avait-il pas de musique plus adaptée ? C'est une question qui est sur bien des lèvres lors de son adoption comme hymne européen. Même chose en ce qui concerne Karajan, prestigieux chef d'orchestre, mais au passé contesté et dont les arrangements coûteux lui procurent de juteux droits d'auteur à chaque interprétation publique. N'était-il pas plus simple de faire appel à un arrangeur professionnel qui aurait cédé ses droits comme c'est le cas de bien des hymnes de part le monde ?

■ Peu de temps après ces polémiques, l'affaire de la Rhodésie vient conforter les opposants à l'hymne. En 1974, le régime blanc de Rhodésie – l'actuel Zimbabwe –, farouche partisan de l'apartheid, adopte l'*Ode à la joie* comme hymne national. Le symbole européen comme soutien des Blancs du pays en quelque sorte... L'affaire fait grand bruit, mais comme les autorités rhodésiennes ont pris soin de choisir la version de Beethoven, tombée dans le domaine public, et non celle de Karajan, aucun recours légal n'est possible et l'affaire en reste là.

■ Certains responsables européens continueront à émettre des réserves sur la validité juridique du choix de l'hymne et sur l'absence de paroles. C'est sans doute pour cela qu'il faudra attendre mai 1986 pour que « *La Marseillaise* de l'humanité », comme il est parfois appelé, ne soit définitivement adopté. En 1989, lors de la chute du mur de Berlin, Leonard Bernstein exige d'interpréter la *9e Symphonie de Beethoven*, transformée pour l'occasion en *Ode à la liberté*, rejoignant ainsi l'esprit du grand compositeur qui, à travers la joie, voulait avant tout chanter la liberté européenne.
Outre sa devise, « Unie dans la diversité », et son drapeau, la Constitution de l'Europe – si elle est adoptée un jour – devrait très officiellement préciser que l'hymne de l'Union est « tiré de l'*Ode à la joie* de la *9e Symphonie* de Ludwig van Beethoven ».

Musique de Ludwig van Beethoven (1770-1827)

Adopté sans paroles comme hymne de l'Union européenne en 1986

Ode à la joie

(Extrait)

L'hymne olympique

En 1896, à l'occasion des premiers jeux Olympiques de l'ère moderne, qui se tiennent à Athènes, un compositeur grec, Spíros Samarás, et son compatriote écrivain Kostis Palamas élaborent un *Hymne olympique* à la gloire du sport, de la jeunesse et de la paix.
« Cet hymne chanté en plein air et en plein soleil, au milieu de plusieurs milliers de spectateurs profondément émus, a quelque chose d'antique et d'imposant », aurait déclaré le baron Pierre de Coubertin, créateur de l'olympisme moderne. Mais la composition des deux auteurs grecs ne devient officielle qu'après que le Comité international olympique approuve l'hymne lors de sa cinquante-cinquième session en 1958, à Tokyo.

Paroles de Kostis Palamas (1859-1943)
Musique de Spíros Samarás (1861 -1917)
Adopté comme hymne olympique en 1958

Hymne olympique

Esprit antique et éternel, créateur auguste
De la beauté, de la grandeur et de la vérité,
Descends ici, parais, brille comme l'éclair
Dans la gloire de la terre et de ton ciel.
Dans la course et la lutte et le poids
Des nobles jeux éclaire l'élan,
Prépare la couronne faite de la branche immortelle
Et donne au corps la force de l'acier et la dignité.
Les campagnes, les monts, les mers brillent autour de toi,
Comme un grand temple fait de pourpre et de blancheur,
Et dans ce temple ici accourent tous les peuples
Pour se prosterner devant toi,
Esprit antique et éternel.

L'Internationale

■ Étendard des révolutionnaires du monde entier et symbole puissant de la Commune de Paris, *L'Internationale* a longtemps été l'un des chants les plus subversifs qui soient. Chanté lors des Internationales ouvrières, il est même devenu, de la révolution bolchevique de 1917 au 15 mars 1944, l'hymne officiel de l'Union soviétique, avant d'être remplacé par un chant russe qui avait les faveurs de Staline en personne.

Ancrée en Russie, *L'Internationale* est pourtant peu chantée pendant la révolution bolchevique. Curieusement, le chant de guerre que les révoltés russes s'approprient et brandissent, c'est *La Marseillaise* ! Des marins du *Potemkine* aux mutins de la mer Noire, c'est le chant de la Révolution française qu'ils reprennent en chœur lors des combats. Il est vrai que *L'Internationale* est un hymne plus profond, en un sens bien plus politique. À chaque fois qu'il est entonné, il s'agit avant tout de bien montrer le caractère internationaliste de la révolution socialiste et prolétarienne.

■ L'auteur de *L'Internationale*, Eugène Pottier, a souvent été qualifié de « poète du peuple ». Il naît à Paris le 4 octobre 1816. Bien qu'il ait fréquenté l'école des bons pères, il s'ouvre sans doute aux idéaux révolutionnaires lors des dramatiques journées de 1830, les Trois Glorieuses. Malgré ses quatorze ans, on dit qu'il fait son apprentissage politique sur les barricades de la capitale. Non loin de lui, Berlioz prépare les arrangements de *La Marseillaise*... En 1871 c'est la Commune de Paris. Le sang, la poudre, la terrible répression versaillaise. Pottier prend conscience du drame qu'il vit et de ses répercussions historiques. C'est là qu'il écrit *L'Internationale*.

■ Condamné et recherché pour ses textes et ses prises de position, il se réfugie en Belgique, puis, pendant deux, ans en Angleterre. En 1873, il embarque pour le Nouveau Monde et reste deux ans à Boston. Là, militant farouche de la classe ouvrière, il rejoint les rangs du Labour Party. Franc-maçon, il adhère à la loge des Égalitaires, constituée par d'anciens communards proscrits comme lui. En 1880, une amnistie lui est accordée et c'est le retour en France. Mais Pottier ne parvient plus à vivre à Paris et se voit contraint de retourner en Angleterre, à Manchester. C'est là qu'il meurt, dans la misère la plus totale, en 1887.

■ Aux cris de « Vive Pottier ! Vive la Commune ! », son enterrement est l'occasion d'une immense manifestation qui rassemble plus de dix mille personnes. Les affrontement avec la police sont violents. Un an plus tard, en 1888, Gustave Delory, le maire socialiste de Lille, demande à Pierre Degeyter, ouvrier et compositeur amateur lillois d'origine belge, de mettre le poème en musique. Installé au café La Liberté, ce dernier compose en trois jours une mélodie qu'il adapte au texte original de *L'Internationale*. En juin, sous la direction de Degeyter lui-même, une société musicale, la Lyre des travailleurs, interprète pour la première fois ce qui deviendra le plus représentatif et le plus mondialement connu des hymnes révolutionnaires.

Paroles d'Eugène Pottier (1816-1887)
Musique de Pierre Degeyter (1848-1932)
Créé en 1888

L'Internationale

Debout les damnés de la terre !
Debout les forçats de la faim !
La raison tonne en son cratère,
C'est l'éruption de la fin.
Du passé faisons table rase,
Foule esclave, debout ! debout !
Le monde va changer de base:
Nous ne sommes rien, soyons tout !

C'est la lutte finale :
Groupons-nous, et demain,
L'Internationale
Sera le genre humain.
(bis)

Il n'est pas de sauveurs suprêmes :
Ni Dieu, ni césar, ni tribun,
Producteurs, sauvons-nous nous-mêmes !
Décrétons le salut commun !
Pour que le voleur rende gorge,
Pour tirer l'esprit du cachot,
Soufflons nous-mêmes notre forge,
Battons le fer quand il est chaud !

C'est la lutte, etc.

L'État comprime et la loi triche ;
L'impôt saigne le malheureux ;
Nul devoir ne s'impose au riche ;
Le droit du pauvre est un mot creux.
C'est assez languir en tutelle,
L'égalité veut d'autres lois ;
« Pas de droits sans devoirs », dit-elle,
« Égaux, pas de devoirs sans droits ! »

C'est la lutte, etc.

Hideux dans leur apothéose,
Les rois de la mine et du rail
Ont-ils jamais fait autre chose
Que dévaliser le travail :
Dans les coffres-forts de la bande
Ce qu'il a créé s'est fondu.
En décrétant qu'on le lui rende
Le peuple ne veut que son dû.

C'est la lutte, etc.

Les rois nous soûlaient de fumées,
Paix entre nous, guerre aux tyrans !
Appliquons la grève aux armées,
Crosse en l'air et rompons les rangs !
S'ils s'obstinent, ces cannibales,
À faire de nous des héros,
Ils sauront bientôt que nos balles
Sont pour nos propres généraux.

C'est la lutte, etc.

Ouvriers, paysans, nous sommes
Le grand parti des travailleurs ;
La terre n'appartient qu'aux hommes,
L'oisif ira loger ailleurs.
Combien de nos chairs se repaissent !
Mais, si les corbeaux, les vautours,
Un de ces matins, disparaissent,
Le soleil brillera toujours !

C'est la lutte, etc.

Quelques données

Quand les politiques prennent la plume

- Charles Rogier (1800-1885), Premier ministre belge, reprend entièrement l'hymne de son pays.
- Léopold Sédar Senghor (1906-2001), président de la République du Sénégal, écrit les paroles de son hymne.
- Sun Yat Sen (1866-1925), fondateur et premier président de la République de Chine, a écrit ce qui est aujourd'hui l'hymne de Taïwan.
- Daniel Bashiel Warner (1815-1880), président du Liberia de 1864 à 1868, a écrit l'hymne de son pays.
- Rafael Núñez (1825-1894), plusieurs fois élu président de Colombie, est aussi l'auteur de l'hymne de son pays.
- Amata Kabua (1928-1996), président de l'archipel des îles Marshall de 1979 à 1996, a écrit et composé l'hymne de son pays.
- Le capitaine Thomas Sankara (1949-1987), président de la Haute-Volta, change le nom de son pays en Burkina Faso et en écrit le nouvel hymne.

L'hymne le plus long

La Grèce, dont le poème original ne comporte pas moins de cent cinquante-huit strophes !

Les hymnes les plus anciens

- Le Japon, avec un poème traditionnel, écrit au IXe siècle.
- Les Pays-Bas, avec une mélodie qui s'inpire d'un chant français remontant probablement à 1568.
- La Grande-Bretagne, dont le *God Save the King* a été interprété pour la première fois dans la première moitié du XVIIIe siècle.

Quand des étrangers écrivent l'hymne d'un autre pays

- Le Français Charles Gounod (1818-1893) a écrit la mélodie de l'hymne du Vatican.
- L'Italien Leopoldo Benedetto Vincenti (1815-1914) a composé la mélodie de l'hymne bolivien.
- Le Français Pierre Jean de Béranger (1780-1857) est à l'origine de la mélodie de l'hymne malaisien.
- Le Français Jean-François Coillard (1834-1904) a écrit l'hymne du Lesotho.
- Le Français Herbert Pepper (né en 1912) a composé les mélodies des hymnes sénégalais et centrafricain.
- L'Allemand Antonio Neumane (1818-1871) est l'auteur de l'hymne de l'Équateur.
- Le Russo-français Tolia Nikiprowetzky (1916-1997) a composé l'hymne mauritanien.
- Le Hongrois Francisco José Debali (1791-1859) a écrit l'hymne de l'Uruguay.
- L'Autrichien Joseph Haydn (1732-1809) a composé l'hymne allemand.

Index

D

E

F

G

H

I

Q

R

S

T

U

V

WXYZ

Remerciements

- Khalil et Shéhérazade
- Nataliya Baardsen
- Irina Nicolayshvili
- Olga Nibe
- Anna Aracs
- Mohammad Alnawab
- Mariela Ege
- Jackie Lossius
- Gilbert Ahnée, rédacteur en chef au *Mauricien*
- Adam Albion
- Office économique et culturel, Taipei
- Équipe rédactionnelle du *Courrier des Balkans*
- The Australian Department of Foreign Affairs and Trade
- The Palestinian Academic Society for the Study of International Affairs, Jérusalem
- Rédaction internationale de l'Oman TV and Radio
- Lloyd Costley, Russian Cultural Centre, Washington
- Magali Hurtrel, documentaliste à la médiathèque Institut culturel français, Santiago du Chili
- Anneli Taimio, secrétaire de l'APFF de Finlande
- Suzanne Gharamian, présidente de l'Association arménienne des enseignants de français et de l'Alliance française d'Arménie
- Georgi Jetchev, Association des professeurs de français en Bulgarie
- Olga Ursu, Association des professeurs de français de Moldavie
- Peiwha Chi Lee, présidente de l'Association des professeurs de français de Taïwan, université Tamkang
- Xavier Raj, président de l'Indian Association of Teachers of French
- Felino Martínez, président de l'Association des professeurs de français à Cuba
- Professeur Cejudo Otero, Association de linguistes en français à Cuba
- Jeanne Aroutiounova, Association des professeurs de français de Russie
- Véra et Alain Marigo, Centre d'études et de recherches documentaires sur l'Afghanistan
- Thierry Dauplais, coordinateur du French Supported Project in Rural Development, Windhoek
- Carla Sierra, conseillère, délégation du Costa Rica auprès de l'UNESCO, Paris
- Alia al-Hathloul, conseillère, délégation de Saint-Kitts-et-Nevis auprès de l'UNESCO, Paris
- Nancy Martínez, professeur de français, Costa Rica
- Justin Morel Junior, administrateur communication, Unicef Guinée
- Khalirou Bah, *Guinées News*
- Tierno S. Bah, éditeur de *webGuinée*
- M. Cailbault, délégation permanente du Belize auprès de l'UNESCO
- Rémy Chassaignon, consulat honoraire de Finlande à Lille
- Frédéric Lecloux, agenda d'*Africultures*
- Diallo Souleymane (Guinée)
- Gharraa Mehanna, Association des professeurs de français en Égypte
- David Matvey, directeur de *LegacyRus.com*, site d'information sur la Biélorussie
- Sojida Djakhfarova, service de l'information, Tadjikistan
- M. R. Ghanoonparvar, professeur de littérature perse, The University of Texas, Austin
- Carolina Belaunde, conseillère pour les affaires culturelles, ambassade du Pérou à Paris
- Sophie Chergui, service d'information et de communication, ambassade de Lituanie à Paris
- Imran Ali, second secrétaire de l'ambassade du Pakistan à Washington
- Abeer Alsobahi, conseiller à l'ambassade du Royaume d'Arabie saoudite, Washington

- Michael Bagratuni, Deputy Chief of Mission, ambassade de la République d'Arménie au Canada
- Berna Kasnakh Sevinç, second secrétaire à l'ambassade de la République de Turquie en Norvège
- K. Jueterbock, bureau d'information de l'ambassade d'Égypte à Berlin
- Sisamay Luangchandavong, service culturel, ambassade de la République démocratique populaire lao
- Eivind Lande, secrétaire à l'information , ambassade du Japon, Oslo
- Zamira Kurbonbekova, ministère de l'Information du Tadjikistan
- Nurbolat Alimbayev, ambassade du Kazakhstan à Paris
- Malene Melbye, Centre culturel et d'information, ambassade du Japon au Danemark
- Sylvie Schoyer, assistante consulaire, ambassade de Singapour, Bruxelles
- Batsukh Galsan, ambassade de Mongolie, Ottawa
- Jennifer Fletcher, service coréen de culture et d'information, ambassade de la République de Corée, Ottawa
- Marija Mitic, assistante de l'ambassadeur, ambassade de Serbie-et-Monténégro, Washington
- Pitch Sookmark, ambassade royale de Thaïlande, Ottawa
- Laraine Bethkenhagen, ambassade de la République de Singapour, section consulaire, Berlin
- Ivan Kandijas, premier secrétaire, ambassade de Serbie-et-Monténégro, Stockholm
- Ambassade du Liban au Canada
- Ambassade d'Éthiopie en Suède
- Ambassade du Bahreïn aux États-Unis
- Ambassade de la République d'Arménie en Italie
- Ambassade de la République bolivarienne du Venezuela en France
- Ambassade d'Allemagne à Paris
- Ambassade d'Australie à Paris
- Ambassade du Mexique à Paris
- Ambassade d'Espagne à Paris, service de presse
- Ambassade de Cuba à Paris
- Ambassade du Danemark à Paris
- Ambassade d'Albanie à Paris
- Ambassade de Hongrie à Paris
- Ambassade du Sri Lanka à Paris
- Ambassade de Finlande à Paris
- Ambassade du Royaume des Pays-Bas à Paris
- Ambassade du Royaume hachémite de Jordanie à Berlin
- Ambassade de la République islamique d'Iran, section culturelle, Oslo
- Ambassade du Japon, Helsinki
- Ambassade de Mongolie à Paris
- Ambassade de Grèce à Paris
- Ambassade de Serbie-et-Monténégro, Oslo
- Ambassade d'Israël en France, service de l'information
- Ambassade du Koweït, Berlin
- Consulat d'Égypte à New York
- Consulat général du Royaume du Népal, Oslo
- Secrétariat de l'ambassade de Serbie-et-Monténégro, Paris
- Service presse, information et culture, ambassade de l'Inde, Paris
- Section information, Singapore High Commission, Londres
- Bureau de représentation de Taipei en France, service d'information
- Délégation de l'Espagne auprès de l'UNESCO, Paris
- Délégation de la Roumanie auprès de l'UNESCO, Paris